Gerhard Spitzer

ENTSPANNT ERZIEHEN

Mit den Augen Ihres Kindes sehen
Stressfrei reagieren

Dieses Buch gehört
Janine Handrock

UEBERREUTER

ISBN 978-3-8000-7238-5

Covergestaltung: Thomas Esterer, www.bueroesterer.com
Coverfoto: Gerhard Spitzer

Druck: Druckerei Theiss GmbH, A-9431 St. Stefan i. L.
7 6 5 4 3

Ueberreuter im Internet: www.ueberreuter.at

Vorwort

Meine Gattin Aino-Irina und ich haben schon für viele Bücher das Vorwort verfasst. Jedes Werk ist in irgendeiner Weise spezifisch und wir haben das in den Vorworten gewürdigt. Das gilt auch für das vorliegende Erstlingswerk von Gerhard Spitzer.
Dieses Buch hat neben der hohen Spezifität noch etwas ganz anderes anzubieten: Kurzweil und die Kunst, Geschichten mehr als plastisch zu erzählen, so als ginge der Autor neben den ProtagonistInnen entspannt einher. Wir haben das Werk mit großer (Ent-)Spannung gelesen und mit akribischer Gründlichkeit durchstudiert. Dabei ist es uns immer schwerer gefallen, dieses spannende Buch auch mal zu unterbrechen. Die zahlreichen Beispiele aus der langjährigen und reflektierten Praxis von Gerhard Spitzer sind beeindruckend, äußerst anschaulich, hochkreativ und mit tiefgründigem Humor vorgetragen. Die Exempel sind erfrischend und intelligent – nicht nur für die Erziehung der »Normalkinder«, sondern auch für besonders »Verhaltenskreative«. Die Beispiele fordern zum unmittelbaren Handeln heraus – inklusive Perspektivenwechsel: Sehen mit den Augen Ihres Kindes/Ihrer Kinder!
Der polnische Autor Stanislaw Lec hat einmal gemeint: *»Es genügt nicht, zur Sache zu reden, man muss zu den Menschen reden.«* Gerhard Spitzer gelingt dies auf hervorragende Weise. Die »Sache Erziehung« ist durch mögliche Perspektivenvielfalt sachgerecht aufgearbeitet. »Man muss zu den Menschen reden«, mit Verständnis, Eingehen-Wollen, Vertrauen und Liebe! Das gelingt dem Autor nicht nur wegen der hochentwickelten Prägnanz und ausgereiften Anschaulichkeit, sondern auch aufgrund des liebevollen Stils.
Der gewählte Problemlöseansatz (»Szenarienansatz«) erscheint uns voll sachgerecht. Ein »Falsch« oder »Richtig« gibt es in Erziehungsfragen ohnehin nicht. Sie selbst entscheiden mit Ihrem Kind/Ihren Kindern, was als (Problem-)Lösung für Sie ins Kalkül kommt.
Der Salzburger Pädagoge Hans-Jörg Herber hat erst unlängst – mit einem gewissen Schuss Ironie – die Meinung vertreten: *»Wer immer selbstlos ist, ist bald das Selbst los!«* Die Aussagen des Buches »Entspannt erziehen« erscheinen unendlich wichtig und problemangemessen. Es sollte allerdings auch eine wohlbegründete Basis für partnerschaftliche Erziehung

und Begegnung sein – für die Kinder selbst und für das Selbst der Eltern! Wir wünschen, dass Sie viel Freude mit diesem Buch haben und dass Sie das Problemlösen mit Ihrem Kind/Ihren Kindern gemeinsam lernen. Wir hoffen, ge- wie entspannt, dass das Erstlingswerk von Gerhard Spitzer nicht das letzte Erziehungsbuch sein möge.

Prof. Dr. Friedrich Buchberger
Pädagogische Hochschule Linz

Univ.-Prof. PhD Aino-Irina Buchberger
Universität Helsinki

Inhalt

Einleitung

Liebe geneigte Leserin,
lieber geneigter Leser,
liebe Eltern,
werte Kolleginnen,
werte Kollegen!

Drei Dinge sind uns aus dem Paradies geblieben:
die Sterne der Nacht, die Blumen des Tages und die Augen der Kinder.
Dante Alighieri

Schön, dass Sie mein Buch erworben haben! Oder auch nur ausgeborgt? *Gratuliere!* Ein guter Anfang! *Und eine gute Wahl!* ... Wenn ich so unbescheiden sein darf! Aber ich bin mir sicher, nicht zu Unrecht, denn Sie halten nun keinen klassischen Erziehungsratgeber in Händen.
Das vorliegende Werk ist zuallererst einmal ein Motivationstrainer, denn es soll Sie motivieren, vieles, wenn auch vielleicht längst nicht alles in Ihrer häuslichen »Erziehungsarbeit« aus einem viel entspannteren Blickwinkel zu sehen: aus dem Blickwinkel Ihres Kindes.
Sie werden erstaunt sein, wie einfach und klar diese Sichtweise ist, wenn man sie nur zulässt. Und genau zu diesem »Zulassen« möchte ich Sie bewegen.
In zweiter Linie ist der Inhalt natürlich dazu angetan, Ihnen als Erziehenden möglicherweise einen kleinen, aber frisch polierten »Spiegel« vorzuhalten! Das ist sicher schon schwieriger: Denn wer hat das schon gerne? Etwas vorgehalten zu bekommen, meine ich! Schon gar nicht in Bezug auf die Erziehung der eigenen Kinder!
»Ein Fremder?«, werden Sie vielleicht sagen! *»Und der will mir einen Spiegel vorhalten?«*
»Na – so weit käme es noch!«
»Schluss! Aus!«
»Das Buch wird zugemacht! Zurück damit ins Regal!«
»Obwohl ...!«
»Es könnte ja spannend werden, wenn mir mein eigenes Kind diesen Spiegel vorhält ... sofern es mir seine Gedanken verrät!«

Und genau das habe ich, gemeinsam mit meinen vielen kleinen »MitarbeiterInnen«, deren »Fälle« wir hier nachlesen können, in diesem Buch vor!
Spannend wird es sicher nicht nur für jene Eltern, die schon durch einige Erziehungsprobleme hindurchgegangen sind. Auch junge Menschen, die jetzt erst ein Kind »planen«, werden ihre künftige »häusliche Welt« mithilfe dieses Buches nun vielleicht ganz entspannt durch die Augen eines Kindes betrachten können. Zu guter Letzt kann es für viele meiner geschätzten Kollegen und Kolleginnen, die in der außerschulischen Jugendarbeit tätig sind, spannend und vielleicht sogar lehrreich werden. Schließlich tragen auch sie oft einen ganz wichtigen Teil zur familiären Erziehungsarbeit bei.

Viel Spaß und gutes Gelingen beim Erhalten des harmonischen, häuslichen Familienlebens, manchmal aber auch beim notwendigen Wiederherstellen desselben,
wünscht Ihnen

Ihr
Gerhard Spitzer

Ein Kind ist sichtbar gewordene Liebe.
Novalis

Intentionen oder Was Sie hier eigentlich erwartet

Im ersten Kapitel spreche ich kurz darüber, was ich Ihnen mit diesem Werk überhaupt näherbringen will, und vor allem: was nicht! Alsbald stoßen Sie so bereits auf erste, erstaunliche Erkenntnisse und können sich »lustvoll« mit einer möglichen, ganz neuen Sichtweise vertraut machen: mit der Sichtweise Ihres Kindes.

»Entspannt erziehen« versteht sich als »Nachschlagewerk mit Unterhaltungswert« für viele erzieherische Situationen und klassische Problemfälle. Das vorliegende Buch ist kein »Erziehungsratgeber« im üblichen Sinne! Es ist ein »Reisebegleiter« in die kindliche Gedankenwelt und deren Sichtweise. Es soll Sie mitnehmen an einen ruhigen Ort, der Entspannung verheißt. Nebenbei wird es Ihnen helfen beim Erkennen und Ausmerzen versteckter »Erziehungsfallen« und beim Erlernen einfacher, pädagogisch sinnvoller Methoden zum entspannten Umgang mit Ihren Kindern.
»Entspannt erziehen« soll sich von vielen anderen Erziehungsratgebern deutlich abheben

– durch den starken Bezug zu meiner eigenen langjährigen Praxis, mit teilweise klassisch »schwierigen« Kindern, und das dabei erfahrene positive Feedback;
– durch seinen Charakter als Primärliteratur! Das heißt: Es ist nichts irgendwo abgeschrieben. Ich zitiere andere Fachleute nur, wenn es sich um Sinnsprüche von zeitloser Gültigkeit handelt;
– durch die Besonderheit, kindliche Gedankengänge »belauschen« zu können;
– durch die Einführung in verschiedene einfache, aber, wie ich glaube, hocheffiziente, erzieherische Ansätze. Wie zum Beispiel das »Home-Coaching-Modell«;
– durch die anschließend mit Sicherheit einsetzende Entspannung bei der häuslichen Erziehungsarbeit.

Viele Methoden, noch mehr Trends

Es gibt sie ja wie »Sand am Meer«, die »richtigen« Erziehungsmethoden, und vor allem die »modernen Trends«. Die »antiautoritäre Erziehung« ist ein bekanntes Beispiel dafür. Mit der Laissez-faire[1]-Pädagogik zum Beispiel fand die Gegnerschaft jedweder Erziehungsmaßnahme einen unrühmlichen Höhepunkt!
Ich möchte hier jedoch ausdrücklich keinen neuen Trend setzen und keine »ultramoderne Heimpädagogik« einführen. Ich will Ihnen schlicht die Möglichkeit geben, sich ganz entspannt und mit viel Gemütsruhe lustvoll auf Ihr(e) Kind(er) einzulassen und dabei auch noch selbst Spaß, gepaart mit Stolz und innerer Zufriedenheit, zu empfinden. Das ist, meiner Meinung nach, mehr als genug, um »richtig« erziehen zu können und dabei immer weniger Belastung und innere Spannung zu empfinden.
Von Ihrem neuen, gemütlicheren Blickwinkel und dem ebenso gemütlichen Leseplatz in Ihrem Wohnzimmer aus sollen Sie schon während der Lektüre dieses Buches neuen Mut zum Spaß in der »Erziehungsarbeit« finden. Die in ein wenig Schmunzeln »verpackten« Beispiele aus der Praxis und dem Alltag vieler »geplagter« Eltern lassen Sie sicher neue, leichtere Wege in vielen erzieherischen Belangen finden. Auch etwas mehr eigenes Schmunzeln und gute Laune sollten Platz finden, dort, wo bisher vielleicht kein Platz dafür war! Denn auch ein Kind betrachtet ja vieles mit seinen oft schelmischen Hintergedanken und stets auch mit einem lächelnden Auge.

Mut zum Scheitern oder »Einsatz am Limit«

Aber auch den »Mut zum Scheitern« möchte ich Ihnen mitgeben. Denn dazu gehört eine sehr kräftige Portion Mut. Scheitern dürfen Sie eben auch hin und wieder. Fehler sind nicht nur erlaubt, sondern sogar Gebot, weil sie auch Chancen bedeuten. Wir Menschen machen eben Fehler. Überall! Das ist das Menschliche an uns. Diese menschliche »Komponente« sollten auch Ihre Kinder begreifen und akzeptieren lernen. Das wieder-

---

1 Der Laissez-faire-Stil bezeichnet das Gegenteil zum autoritären Erziehungsbegriff. In letzter Konsequenz wird dabei Erziehung als eine nicht legitime Maßnahme aufgefasst. Laissez faire (franz.): »Lasst sie machen«.

um tun sie am leichtesten, wenn sie erleben, dass ihre Eltern begangene Fehler auch mühelos eingestehen können. Damit will ich allerdings nicht sagen, dass Sie ab nun getrost »alles falsch« machen sollen! Aber meiner Ansicht nach liegt der größte Fehler der meisten Erziehenden darin, alles **richtig** machen zu wollen. Jedoch: Perfekt zu sein ist schlicht unmöglich und obendrein pädagogisch bedenklich! Und zwar deshalb, weil »perfekt sein« **keine Entspannung** zulässt! Und genau das spüren Kinder!
Ihr Kind macht Ihnen ja, wenn überhaupt, nur deshalb Schwierigkeiten, weil es mit seinen »feinen Antennen« spürt, dass etwas in Ihnen, als wichtigste Bezugsperson, unentspannt abläuft. Also reagiert Ihr Kind unmittelbar darauf: Es wird »schlimm«! Dass Ihr Kind schon wieder »schlimm« ist, lässt wiederum Sie noch unentspannter werden! Der »Teufelskreis« im klassischen Erziehungsstress ist eröffnet: Einsatz am Limit!

Die »andere Seite« oder »Spaziergang im Frühlingsregen«

Entspannen Sie sich jetzt bitte gleich wieder! Es kommt nämlich noch viel Schönes. Nähern wir uns deshalb neugierig einer »anderen Seite«. Auf dieser wartet die schönste Aufgabe auf Sie, die man sich vorstellen kann: das zutiefst erfüllende Erlebnis, junges Leben heranzuziehen. Eben zu erziehen!
Wenn Sie an diese wunderbare Aufgabe ab nun vielleicht ein wenig entspannter, aber trotzdem mit einfachen wie pädagogisch sinnvollen Maßnahmen »herangehen«, so ist das …

… wie spazieren gehen in einem Frühlingsregen![2]
Curt Goetz

Dieser wunderschöne Satz soll nun nicht bedeuten, dass alles ab jetzt ein »Kinderspiel« werden wird. Aber er soll Ihnen sagen, dass Erziehung nicht notwendigerweise stress- und spannungsgeladen »ablaufen« muss. Manche unter Ihnen leben dies sicher schon längst vor: Sie »leiden« nicht

2 Aus dem Bühnenstück »Dr. med. Hiob Prätorius« von dem genialen deutschen Humoristen und begnadeten Schauspieler Curt Goetz (eigentlich Kurt Walter Götz, 1888 bis 1960), meinem erklärten Lieblingsautor (dort allerdings im Kontext »Freundschaft«)!

unter irgendeiner »Erziehungslast« und könnten uns hier wahrscheinlich ebenfalls viele Tipps und Ratschläge geben! Diese Menschen wissen es sicher bereits: Im Grunde ist es sehr einfach, mit einem Kind gänzlich stressfrei umzugehen.
Diese Behauptung wird so manchem(r) Leser(in) »unhaltbar« vorkommen. Doch es ist wirklich einfach: Sie müssen nur eine Fähigkeit wiederfinden, die uns Erwachsenen schon lange abhanden gekommen zu sein scheint! Genau genommen, seit wir unser letztes Paar Kinderschuhe in den »Trophäenschrank« gestellt haben: die Fähigkeit, wie ein Kind zu denken und mit den Augen eines Kindes zu sehen!

Mit den Augen Ihres Kindes

Meine mir sehr wertvolle »Gabe«, wie ein Kind denken zu können, möchte ich in diesem Buch gerne mit Ihnen teilen! In vielen konkreten Fallstudien werden Sie also mit den jeweiligen Kindern »gemeinsam denken«. Sie werden, mit anderen Worten, »klammheimlich« in ihre Gedanken hineinschauen können. Wenn Ihnen dies später auch bei Ihrem eigenen Kind gelingt, könnten Sie bald viele erzieherische Maßnahmen zu einem entspannten, ja sogar »schönen Erlebnis« für Sie werden lassen! Vor allem aber verlieren Sie mit Sicherheit bald den so gefürchteten und kräfteraubenden »Stressfaktor«!
Öffnen wir also wieder weit unsere »kindlichen« Augen und schauen »klammheimlich« nach, wie Kinder uns sehen, wenn wir gestresst vor ihnen stehen, um eine »Standpauke« loszuwerden! Oder wenn wir ihnen wieder mal vorlügen, dass wir *»eh nicht böse mit ihnen sind«*, während wir verspannt und knapp vor dem »Zerplatzen« vor ihnen stehen. Lassen wir uns doch »herab«, selbst so zu denken wie sie, die Kinder! Und das, bevor wir in bestimmten Situationen »ausrasten« oder Strafen »austeilen«, die nichts mit dem gerade verübten »Vergehen« zu tun haben!
Vielleicht gelingt es mir, Sie dorthin zu führen, wo es nicht mehr notwendig ist, in letzter Verzweiflung oder auch nur in »weiser Voraussicht« einen weiteren Erziehungsratgeber zu »konsultieren« oder gar *»einfach nicht mehr weiterzuwissen«*. Lassen Sie uns am Ende des Buches einen neuen Weg gefunden haben, der von einer Sache beherrscht wird: von Ihrer Intuition! Diesen »goldenen Mittelweg« zwischen »pädagogisch korrekt« und »intuitiv richtig« zu finden, will ich Ihnen gerne helfen! Ich

freue mich sehr, wenn ich dazu beitragen kann, dass Sie auf Ihr Kind vielleicht bald noch ein wenig besser eingehen können.
Orientieren Sie sich in Zukunft also eher intuitiv an der unglaublichen Feinfühligkeit der Kinder und an ihrer toll ausgeprägten sozialen Intelligenz. Denn Kinder sind intelligent, ja geradezu weise! Nehmen Sie die oft genialen Handlungen Ihres Kindes sehr bewusst wahr und »laben« Sie sich an dieser besonderen Intelligenz. Vielleicht lernen Sie sogar dabei einiges für sich selbst!
Unsere Kinder als Lehrmeister/Lehrmeisterinnen. Welch fantastische und ebenso schöne wie weitreichende Perspektive.

Geben und Nehmen

Wenn Sie diese Perspektive zulassen, **nehmen** Sie sich damit auch etwas von Ihrem Kind. Das ist nämlich Ihr gutes Recht. Nicht nur das Geben! Machen Sie sich doch gleich eine Liste, was Ihnen persönlich guttun würde. Sprechen Sie dann diese Dinge ruhig, aber deutlich an! Sie werden sehen, wie gern Ihr Kind darauf eingeht! Gleichzeitig aber sollten Sie Ihrem Kind wiederum genügend Raum lassen, dass es sich auch von Ihnen das nimmt, was es braucht, ohne Sie »auszusaugen«.

Was »passieren« wird

Nach der Lektüre dieses Buches sollte es Ihnen gelingen, für Sie bisher schwer lösbare Erziehungssituationen aus einem ganz neuen Blickwinkel heraus zu sehen. Vielleicht lassen Sie dann manche selbst auferlegte Hürden, Vorgaben und »hehre« Ziele hinter sich? Nicht zuletzt unnötigen Stress und vielleicht auch »verborgene« Ängste. Vor allem aber sollten Sie nicht mehr versuchen, perfekt zu sein, denn: *»Es gibt keine perfekten Menschen, nur perfekte Absichten …«*
Und mein Buch lesen zu wollen ist ja fast schon eine perfekte Absicht!

Zum Verständnis des Buches und dessen »Anwendung«

Political Correctness oder Trans-Gendering

Sie haben wahrscheinlich schon bemerkt, dass ich mir Mühe gegeben habe, bis jetzt »politisch korrekt« in der »gegenderten« Form, sprich weiblich/männlich zu schreiben. Aber spätestens ab hier sage ich Ihnen: Ich gebe auf! Es ist unglaublich mühsam, so zu schreiben. Überdies »zerhackt« es erheblich den Textfluss, verlangsamt sicher die Lesegeschwindigkeit, und *es macht mir außerdem keinen Spaß!* Dass ich heftig übertriebene und »zwangsverordnete« Trends wie diesen ganz allgemein problematisch finde, steht auf einem »anderen Blatt«! Und pädagogisch bedenklich ist übertriebener »Mainstream« ohnehin, vor allem wenn es um die damit einhergehende veränderte Selbstwahrnehmung von Kindern geht!
Also, bitte nehmen Sie meine einleitenden Bemühungen als das, was sie sind: als ein Zeichen meines guten Willens.

Tipps und Textattribute

- Alle **Fallstudien** sind durchnummeriert und unverwechselbar »kenntlich« gemacht! So können Sie diese auch bei späterem »Nachschlag« ganz rasch den Themen zuordnen und wiederfinden!
- **Lösungsansätze** für besonders »spannende« Situationen finden Sie mit diesem Button gekennzeichnet.
- Eigene, neue oder neu interpretierte erzieherische **Theorien** sind jeweils in einem Rahmen zu finden! Wenn Sie nach Beendigung von »Entspannt erziehen« diese Theorien sammeln, haben Sie eigentlich alles, was Sie brauchen, um tatsächlich ganz entspannt erziehen zu können!
- Direkte Rede sowie Gedanken, die ich für Sie und andere Erwachsene zu denken versuche, und vor allem die Gedanken unserer »Problemkinder«, die sich für die Erkundung ihrer kindlichen/jugendlichen Gedankenwelt zur Verfügung gestellt haben, sind *kursiv* gedruckt.

- Zuletzt meine Bitte um Vorsicht und Nachsicht: Nicht alle Begriffe sind hundertprozentig wörtlich gemeint in diesem Buch! Deshalb stehen auch recht viele unter »Anführungszeichen«!

Übrigens: An manchen Stellen verwende ich im Text »Kind« und »Kinder«, also die Ein- und Mehrzahl! Aber eben nicht immer! Es bremst den Lesefluss ebenso wie die permanente geschlechtssensible Schreibweise! Daher: Auch jene, die mehr als ein Kind haben, mögen sich mit der singulären Formulierung bitte immer angesprochen fühlen!

TEIL 1

NEUE BLICKWINKEL ODER ERZIEHEN BIS COACHEN

In diesem ersten Teil des Buches befassen wir uns mit dem, was Kinder eigentlich ausmacht, was sie beschäftigt und wie einfach es sein kann, sie zu verstehen. Natürlich ist auch dies nur ein »Auszug« aus der komplexen und doch so einfachen Lebenswelt unserer Kids! Aber ich habe versucht, den Bogen zwischen Erklärung und Einsicht so zu spannen, dass eine solide Basis für unser Ziel, die deutliche Entspannung in der Erziehungsarbeit, errichtet werden kann.

»Irziohan« oder »Ins rechte Licht gerückt«

Bevor wir uns überhaupt mit entspanntem Erziehen befassen, fühle ich mich verpflichtet, erst einmal das bloße Wort selbst zu »entspannen«! Genau das tue ich im folgenden Absatz! Kurz und bündig ...

Die eine Hälfte des Lebens verbringt der Mensch damit,
die falschen Vorstellungen seiner Vorfahren loszuwerden;
die andere damit, seinen Kindern falsche
Ansichten beizubringen.
Winston Churchill

Haben Sie es auch bemerkt, dass das Wort »erziehen«, irgendwo beiläufig erwähnt, prompt einen schalen Beigeschmack bei etwaigen Zuhörern verursacht? Oder haben Sie selbst diesen Effekt schon verspürt? Dann geht es Ihnen nicht anders als mir oder jedem, der schon Gespräche über »Erziehung« geführt hat. Die Worte »erziehen« oder besonders »Erzieher« sind, wie so viele andere klare und wertfreie Begriffe, bereits zu »Buhworten« mutiert. Wahrscheinlich war die früher umgangssprachliche Anwendung des Wortes »Erziehungsheim« maßgeblich daran beteiligt. Daher bleibt mir gar nichts anderes übrig, als die Ehre dieses Wortes zu retten, damit wir es überhaupt entspannt anwenden können.
Das Wort »erziehen« hat seine Wurzeln in der althochdeutschen Sprache. Klangvoll heißt es hier »irziohan« und bedeutet nichts anderes als »herausziehen«. Auf die Erziehungswissenschaft, die natürlich postwendend aus solch einem schönen Wort entstehen musste, umgelegt, heißt es nichts Geringeres als: jemandes Geist und Charakter zu bilden und sich auf die Förderung seiner Entwicklung zu konzentrieren, mit Schwerpunkt auf die seelischen, körperlichen und geistigen Kräfte.

»Erziehen« heißt, wie Sie nun unschwer erkennen, also gar nicht das, was man allgemein damit in Verbindung bringt, nämlich:

- schimpfen
- maßregeln, strafpredigen
- bestrafen
- bremsen
- »niederreden«, belabern
- drängen
- überfordern
- unterfordern
- verwöhnen
- einengen, »überbemuttern«
- demütigen
- verletzen
- mit Ängsten »vollstopfen«

und zu guter Letzt der Klassiker unter den Begriffskillern:

- den Willen brechen.

»Erziehen« heißt eigentlich exakt das Gegenteil dessen, was diesem »armen Wort« den schlechten Ruf eingebracht hat! Genau so hat es bereits 1837 der deutsche Pädagoge und Begründer des ersten Kindergartens, Friedrich Fröbel, gesehen:

> *Bei der Erziehung muss man etwas aus dem Menschen herausbringen und nicht in ihn hinein.*

Wenn Sie also nun den Begriff ganz neu einordnen, so bedeutet er für Sie als Elternteil nichts anderes, als Ihrem Kind ein möglichst spannungsfreies Förderungsmodell zu bieten. Die mit der ursprünglichen Bedeutung des Wortes »irziohan« gemeinte »Forderung zur Förderung« kann mit so einem »Modell« ganz leicht und »lustvoll« erfüllt werden.
Betrachten Sie also das Wort Erziehung ab jetzt bitte nicht mehr als vielleicht »überholtes Negativwort«, sondern schlicht als einen Ausdruck für ein »modernes Modell«. Schon fühlen Sie sich, hoffentlich, in Ihrer derzeitigen »Haut« als Elternteil oder professioneller Erzieher entschieden wohler.

Alle Erziehung ist nur Handreichung zur Selbsterziehung.
Eduard Spranger

So gesehen muss es doch einfach sein, Ihrem Kind bloß die Hand zu reichen und sanft etwas »herauszuziehen«! Oder?
Haben Sie jetzt plötzlich auch das Gefühl, sich ganz entspannt zurücklehnen zu können?

Handlungsorientierung oder Die Genialität der Kids

Die folgenden Seiten werden uns einen ganz besonderen Einblick in die kindliche Gedankenwelt bescheren. Wir erfahren nämlich, dass es eigentlich nur zweierlei Dinge gibt, die Kinder zu einer Handlung bewegen. Aber gleichzeitig wird uns bewusst, dass es eben das *Handeln* ist, was ein Kind überhaupt ausmacht. Im selben »Aufwaschen« müssen wir gleich mal erkennen, dass es nicht gerade unser »Ding« ist, zu handeln. Wir »labern« lieber! Und genau dieser Selbsterkenntnis müssen wir uns in diesem Kapitel nähern, ob wir wollen oder nicht. Die beiden aufsässigen Töchter Sarah und Melanie stoßen uns mit ihrer Genialität aber freundlicherweise in eine ganz neue Rolle.

Dass wir wieder werden wie die Kinder, ist eine unerfüllbare Forderung. Aber wir können zu verhüten suchen, dass die Kinder werden wie wir.
Erich Kästner

»Zwei zu eins« oder Worauf sich »Kindsein« reduziert

Zunächst stelle ich einmal zwei »kurze und bündige« Behauptungen auf:
- *Ein Kind redet nicht, es **handelt**!*
- *Ein Kind tut von sich aus nur das, was es **gerne** tut und was ihm **leichtfällt**!*

Behauptungen dieser Art müssen Sie natürlich nicht einfach so glauben. Sie können und sollten es durch Beobachtung Ihrer lieben Kleinen einfach selbst feststellen. Schauen Sie also ab heute genau zu, was ihr Kind so von sich gibt an einem langen Tag. Dabei achten Sie aber nicht auf das, was es so sagt, sondern was, und vor allem wie es etwas **tut**. Sie werden staunen, was sich daraus alles ablesen lässt. Handlungen, Reaktionen, Stimmungen und Körpersprache Ihres Kindes sagen Ihnen nämlich um ein Vielfaches mehr als alle Worte.

Zum einen können Sie daraus ableiten: »*Auch wenn mein Kind schlimm ist, sagt es damit etwas Bestimmtes zu mir!*«
Zum anderen wissen Sie nun: »*Mein Kind tut das, was es gerade von selbst tut,* ***gerne****, und es muss ihm somit wohl auch eher* ***leicht****fallen. Sonst würde es dies oder jenes von sich aus einfach nicht machen!*«
Behalten Sie Letzteres bitte gut im Gedächtnis: Die beiden Begriffe werden immer wieder in dem Buch auftauchen. Ihr grundlegendes Verständnis dafür birgt beinahe schon das größte Potential für totale Entspannung.
Ist diese Sichtweise nicht überaus ermutigend? Und so einfach!

⏭ Fall 1: »Tobermann«

Im Einkaufszentrum: Tommy (6) nimmt seine Mutter, wenn Sie Nein sagt, schon lange nicht mehr ernst: Das teilt er ihr aber nicht mit blumenreichen Worten mit. Er beginnt einfach sofort zu handeln, als Muttern auf seinen ersten »Befehl« hin das erwünschte Spielzeuggeschäft nicht augenblicklich ansteuert. Rasch setzt er auf lautstarkes Toben und liefert gleich auch ein paar kunstvolle Tränen mit! Denn er weiß mit absoluter Sicherheit: »*Sie gibt schließlich sowieso nach, vor all den Leuten.*« Er hat zielbewusst gehandelt. Nicht darüber geredet, was er ernst nimmt und was nicht! Das Handeln ist ihm entschieden leichter gefallen. Und es war erfolgreich. Wie immer! Schon sind sie in dem bunten Laden! Tommy strahlt jetzt übers ganze Gesicht. Doch weniger wegen der total überfordernden Vielfalt der Angebote. Vielmehr weil er weiß, dass er den kurzen Kampf ganz klar »nach Punkten« gewonnen hat. Jedoch nicht mit Argumenten, sondern eben handlungsorientiert.

⏭ Fall 2: »Schocktherapie«

Melanie (13) hat es satt, dass der sehr konservative Vater ihr fast täglich Bekleidungsvorschriften macht. Also zieht sie heute Morgen das absolut schrillste Outfit an, das Papi je gesehen hat. Der Streit ist vorprogrammiert. Melanie weiß das! Deshalb setzt sie auf wortlose Taktik: Sie »flutscht« an diesem Morgen einem Streit einfach davon! Ziemlich spät kommt sie aus ihrem Zimmer die Treppe heruntergehetzt. Schon von oben hat sie laut ausgerufen: »*Mein Gott, bin ich spät dran!*« Sie rennt quer durchs Wohnzimmer, steuert in Richtung Papi, der vor Entsetzen kaum den Mund zukriegt, und drückt ihm den feuchtesten Kuss auf die Wange, den der geschlagene Mann je gefühlt hat! Und mit einem zuckersüßen *»Tschüss, Papi!«* ist sie bei der Tür draußen! Sie weiß: So wird Vater entweder nachgeben, oder es wird endlich einmal zwischen ihm und Mama ausdiskutiert. Denn Mutter sieht das mit dem Outfit ohnehin ganz anders. Auch das weiß die kluge Melanie genau! Indessen sitzt der geschockte Vater noch immer fassungslos daheim und jammert vor sich hin: *»Ach, was hab ich nur für eine schlimme, aufsässige Tochter!«*

Mitnichten! Lieber Papa! Sie haben eine geniale Tochter! Melanie hat mit einer einfachen, aber überaus wirksamen Strategie auf Ihr stressiges und sicher belastendes Verhalten und vielleicht auf Ihre Kompromisslosigkeit reagiert. Handlungsorientiert! Nichts weiter.

Obendrein war sie sehr erfolgreich: Es gab den erwarteten Disput zwischen den Eltern! Heftig! Befreiend! Und Mama hat gewonnen! Dauerhaft! Melanie hat sich jetzt auf Ihr Wunsch-Outfit eingependelt. Und es ist nicht ganz so schrill. Den Vater stört das übrigens schon seit Langem nicht mehr. Ihm ist es offenbar um etwas ganz anderes gegangen. Vielleicht darum, seinen Einfluss zu behalten? Etwa seine Macht zu zeigen? Seine Tochter zu behalten? Sein kleines Mädchen halt! *Wer weiß!*

Aber war Melanies Aktion nun »schlimm« oder gar »aufsässig«? Keines von beiden! Sie hat sich einfach klassisch kindgerecht verhalten! Sie hat es sich **leicht** gemacht, das Problem zu lösen. Das extrem schrille Outfit hat sie übrigens auch **gerne** angezogen! Auf jeden Fall war ihre Lösung **leichter**, als vielleicht selbst auf Konfrontationskurs mit ihrem Vater zu gehen. Eine persönliche Diskussion mit ihrem Vater hätte sie glatt verloren. Mutter aber hat sie für Melanie gewonnen. *Bingo!* Geniale Kids! Nicht einfach nur »schlimm«!

⏭ Fall 3: »Nachbarschaftshilfe«

Im Supermarkt: Klein Harry quengelt sofort los, als Muttern vor dem Gummibärchen-Regal nicht augenblicklich einer größeren Anschaffung zustimmt. Mutter ist zwar klar dagegen, drückt sich aber wie immer etwas verwaschen aus: *»Hast du nicht schon genug von dem Zeug gegessen in den letzten Tagen?«* Sie antwortet mit einer Frage und nicht mit einem klaren Nein. Was wird der Kleine darauf wohl antworten? Was erwartet man sich wohl von so einer Frage? Mami denkt rational: *»Der Junge muss doch auch der gleichen Ansicht sein!«*

Nein, Mami! Ist er nicht! Und er zeigt es Ihnen: Statt einer Antwort lässt er sich auf den Boden fallen und trommelt das ewige Lied des zornigen Kindes auf den nicht ganz so sauberen Boden zwischen den Regalen. Dazu wird sein Gejammer so laut, dass es nur noch einen Weg geben kann: Schnell legt Mami die riesige Packung rotes Zeugs in den Wagen! Denn vor kaum einer Minute hat man die »liebste« aller Nachbarinnen erspäht, die wohl gleich um die Ecke just dieses Ganges kommen wird, um sich mit ihrer typischen »Säusel-Stimme« bei Harrys Mami »einzuschleimen«. Harry hasst das sowieso wie die Pest! Und Mami fürchtet sich vor der üblen Nachrede, die prompt kommen wird: *»Na, diese Blamage brauchen wir ja nicht! Oder? Jetzt steh schon auf, Harry!«*

Harry hat gewonnen. Und zwar nicht mit Argumenten! Nein! Er hat gehandelt! Und zwar sehr zielführend! Erstens hat er ohne Wortwechsel erreicht, was er wollte. Und zweitens weiß er nun umso sicherer, unter welchen Bedingungen sein Anliegen am schnellsten durchgeht. Und überdies relativ **leicht**! Überhaupt dann, wenn gewisse Leute plötzlich auftauchen. Hoffen wir also beim nächsten Mal wieder auf das Erscheinen der lieben Nachbarin, die Klein Harry übrigens nun schon viel sympathischer findet ...!

Nun gilt es aber für Harrys Mutter, zu spüren, *was* ihr Sonnenschein mit dieser Handlung wirklich gezeigt hat. Was er damit sagen will! Erraten Sie es schon? Vielleicht denken Sie jetzt einfach: *»Ist ja klar! Er wollte Gummizeug und hat es auf diese Art bekommen, ohne zu betteln.«*

Nein! Das ist nicht der Punkt! Mit dieser Handlung hat Harry etwas viel Wichtigeres kundgetan. Und zwar: *»Mami! Ich nehme dich nicht ernst. Ich habe meine Methoden! Und es sind solche, gegen die du absolut machtlos bist: Ich habe dich in der Hand! Immer! Und immer wieder!«*

Der Kreis hat sich geschlossen: Tommy aus Fall 1 denkt nämlich ganz genau so.

⏭ Fall 4: »Essenszeit«

Martha (8), ein etwas rundliches, verwöhntes »Prinzesschen«, weigert sich schlicht seit drei Tagen, ihr Zimmer aufzuräumen! *»Martha, räum deinen Schweinestall auf!«*, keift Mami, wegen eines Streits mit ihrem Chef im Büro heute schon etwas gestresst. Als Reaktion darauf schreit die Kleine hysterisch: *»Ich geh dort überhaupt nie mehr rein!«*, und sie geht wie so oft am Tag zum Eiskasten, um sich eine jener »gesunden« Kinder-Schnitten zu holen. Doch sie ist überhaupt nicht hungrig! Sie demonstriert damit auf ihre Art trotzig, dass sie heute wirklich nicht mehr vorhat, in ihr Zimmer zu gehen. Dabei liebt sie die rosa Kuschelecke in ihrem schönen, hellen Zimmer über alles. Mami versteht die Welt nicht mehr!

Doch Mami hat übersehen: Die Anordnung auszuführen, fällt Martha so sicher nicht gerade leicht. Erstens spürt Martha die hochexplosive Spannung in der Luft. Zweitens ist schon das Wort »Schweinestall« ziemlich »böse«, weil sie sich damit nicht identifizieren kann. Drittens ist sie mit dieser Anordnung total überfordert (siehe Kapitel TÜFA). Marthas Abwehrhandlung ist immer öfters: essen! Das tut sie **gerne**, und es fällt ihr **leichter**, als aufzuräumen!

Marthas Weigerung war also eine handlungsorientierte Reaktion auf etwas, das ein Erwachsener wohl ausgesprochen hätte: *»Kannst du bitte klar sagen, was ich für dich in dem Zimmer machen soll, damit du zufrieden bist?«* Und: *»Nennst du mein schönes Zimmer, übrigens mein einziges auf dieser Welt, bitte nicht mehr Schweinestall?«*

Alles klar?

Aber das alles sollte für Sie nun nicht der Anlass für ein überlastetes Stöhnen sein: *»Na Mahlzeit! Auf all das muss ich in Zukunft aufpassen? Unmöglich! Da hab ich ja keine Zeit mehr zum Luftholen!«*

Ganz im Gegenteil. Alles, was ich Ihnen hier näherzubringen versuche, wird Ihre Erziehungs-Arbeit letztendlich um vieles leichter und somit deutlich entspannter machen! Und schließlich müssen Sie ja nicht gleich auf alles gleichzeitig aufpassen! Sie wissen aber immerhin nun einmal Bescheid. Und da haben Sie schon einen entscheidenden Vorteil gegenüber anderen Eltern, die daheim Programme mit Mega-Spannung und »Einsatz am Limit« fahren.

Handlungsorientierung für Erwachsene und die Bereitschaft zur Selbstkritik

Wir wissen also jetzt um ein neues, ganz wichtiges Faktum in der Gedankenwelt der Kinder: ihre strikte Handlungsorientierung. Genau genom-

men sind sie damit genial, diese Kids! Lernen wir doch von ihnen! Sie geben uns ihre Lektionen sogar gratis! Aber sicher nicht umsonst!
Aber während Sie nun auf die nächste »Lektion« warten, können Sie sich entspannt zurücklehnen, weil Sie ja nur die nächste Reaktion Ihres Kindes beobachten müssen, um daraus Ihre Rückschlüsse zu ziehen und vielleicht sogar Ihr eigenes Verhalten abzulesen. Selbstkritisch! Auch wenn ein selbstkritisches Hinterfragen nicht jedermanns Sache ist. Es ist überaus hilfreich. Beobachten Sie sich selbst und hinterfragen Sie Ihr eigenes Tun.
Die wichtigste Frage ist nun: Wie interagiere[3] ich eigentlich mit meinem Kind? *Rede ich vielleicht viel zu viel? Oder bin ich mehr handlungsorientiert? Bin ich also ein »Macher« oder ein »Redner«?*

»Gelaber« im Brennpunkt
oder Reden ist Silber, Schweigen ist ... wirkungsvoller!

Kinder halten eine Menge aus!
Soviel ist sicher! Viel mehr, als man so allgemein annimmt und leider auch kolportiert. Kinder **müssen** wohl auch hart im Nehmen sein, wenn sie ins Leben hineinwachsen, und nicht gebückt und völlig unterlegen ihre Kindheit beenden wollen. Aber abgesehen von Liebesverlust können sie eine weitere Sache einfach nicht ertragen:
Und das ist »belabert« zu werden.
Dabei müssen zwei Situationen strikt auseinander gehalten werden: die **gespannte** und die **entspannte**!

Spannung und Entspannung

In einer **angespannten** »Situation« (im Stress, nach einer Meinungsverschiedenheit oder einem Fehlverhalten), wirkt so ziemlich **alles**, was Sie Ihrem Kinde mitteilen wollen, als »Belabern«. Es stresst und belastet Ihr Kind ganz unvermeidbar! Bei gereizt klingenden Strafpredigten, Ermahnungen, Zurechtweisungen, sträubt sich alles im Gemüt eines Kindes. Es möchte am liebsten wegrennen. Und weil es das just während einer Moralpredigt sicher nicht darf, geht es kurz darauf handlungsorientiert auf Abwehr: Es verhält sich schlimm. Schon wieder! *»Mein Gott, was ziehe ich da für ein Früchtchen groß!«*, denken Sie vielleicht verzweifelt.
Wenn Sie das aber mit den Augen Ihres Kindes sehen, wird das »Früchtchen« mit einem Mal vielleicht doch wieder ein wenig bekömm-

---

3 Interaktion: Wechselbeziehung zwischen Personen und Gruppen

licher: *»Ich bin nicht schlimm! Ich halte es bloß nicht aus, belabert zu werden! Punktum!«*, denkt Junior. Daran gibt es nichts zu »rütteln«.

Übrigens: Erreichen werden Sie in einer Spannungssituation mit Reden sowieso eher nichts! Jedenfalls nicht so, wie Sie sich das gerade wüschen. Dann sollten Sie sich eher aufs »Handeln« verlegen.
Dazu kommen wir gleich!

In einer weitgehend **entspannten** Situation jedoch, (nach Spaß, Spie , Kuscheln, Familiengespräch, eben in momentaner Harmonie) kann sogar ein längerer »Vortrag« durchaus als konstruktives Gespräch oder als »Erklärung« empfunden werden. Und keine Sorge: Entspannte Momente stellen sich ganz von alleine ein. Immer wieder! Oder helfen Sie ein klein wenig dabei nach: Gemütlich, vielleicht auf dem Boden sitzend, was Kinder ganz besonders lieben, kann man dann auch mit Reden einiges erreichen. *»Aber bitte nicht wieder sooo lang wie gestern. Kurz, bündig, klar verständlich! Weniger ist mehr!«*, denkt der 12-jährige Robert.

⏭ Fall 5: »Bandsalat«

Sarah (13) bindet sich einfach nie die Schuhbänder auf, wenn sie aus- und einsteigt. Und das bei den ziemlich teuren Schuhen, die sie sich so lange gewünscht hatte. Vater schmerzt das gehörig! Er ist mächtig sauer, und hält ihr einen gereizten Vortrag: *»Schon wieder machst du ... ich hab' dir doch gesagt ... und so teuer ... wie die hinten schon aussehen ... ich kauf' dir nie mehr ... blabla!«*
Die junge Dame ist nur noch gestresst! Sie hat schon nach dem ersten Satz die Ohren »zugeklappt« und Paps labern lassen. Keine Spur von Lerneffekt! Das Ganze hört Sie jetzt zum dritten Mal und ist deshalb auf die »blöden Schuhe« total sauer: *»Ich hasse diese dämlichen Dinger! Außerdem hat's eh' keinen Sinn, mit Papa zu diskutieren, dass diese blöden, glatten Schuhbänder dauernd aufgehen!«* Die Schuhe zu »hassen«, anstatt ihre eigene Nachlässigkeit, macht ihr die jetzige Situation einfach leichter. Vor allem, weil sie spürt, dass Vater recht hat. Nach Ende der väterlichen Beschimpfungen reagiert Sarah aber schon mal handlungsorientiert: Sie schlägt ihre Türe vor Papas Nase zu ... dreht voll die Anlage auf ... und schmollt!

Papa ist ratlos: *»Sie hört mir ja gar nicht zu! Scheint es gar nicht zu begreifen!«* Und das ärgert ihn.

Falsch gedacht: Töchterchen begreift sehr gut. Aber nach dem Gelaber wird sie schon zum Trotz sicher kein Schuhband aufmachen. Sie geht wortlos auf Abwehr. *Handlungsorientiert!*

Lösungsansatz:
Heute »handelt« Sarahs Vater erstmals, anstatt zu »predigen«: Er wird Sarahs Mode-Schuhe wortlos gegen die »schrottreifen» alten Latschen austauschen, die immer noch existieren. Aber einen pädagogischen Schritt muss er noch machen: Sein Vorhaben ankündigen! Sarah schweigt zwar trotzig, als er dies mit völlig ruhiger Stimme tut, aber er setzt ihr dennoch gleichzeitig eine elfminütige Frist für das Öffnen der Schnürsenkel. Natürlich kennt Sarah Ihren Papa nur »schimpfend», und nicht »handelnd«. Sie nimmt ihn daher überhaupt nicht ernst.
Doch diesmal läuft es anders: Ohne ein weiteres Wort zu verlieren, tauscht Papa die Schuhe aus. Und später, als Sarah zu Ihren Freunden will, gibt es bloß »alte Galoschen« zur Wahl. *Gott, wie peinlich!* Sarah hat plötzlich kleinlaut ein Anliegen an Ihren Vater.

Darauf ist er nun vorbereitet:
Ganz ruhig erklärt er seiner Tochter, dass ihm ihr grober Umgang mit den teuren Schuhen echt weh tut. Er stelle sich nun vor, dass Sarah ab nun sehr sorgfältig mit dem Aufmachen der Bänder ist. Vati untermauert ruhig seinen Wunsch: *»Ich werde es einfach nicht mehr zulassen! Die Schuhe sind ohne weitere Vorwarnung endgültig fort, wenn es wieder passiert! Versprochen!«*
Und obwohl für Sie völlig ungewohnt, versteht Sarah Vaters wortloses Kopfnicken in Richtung Tür sofort: Sie springt auf, läuft ins Vorzimmer. Tatsächlich stehen dort wieder ihre geliebten, tollen Schuhe. Nur ein Handgriff und der »Bandsalat« ist Geschichte! Kein Protest, keine Tür, die zuschlägt. Sie hat es nach Vaters ruhigem »Outing« verstanden: *»Eigentlich war das eh klar! Blöd, dass ich Paps damit wehgetan habe.«* Damit aber auch er versteht, erzählt sie Papa sofort von den rutschigen Schnüren. Na klar! Schuhbänder wechseln ist angesagt. Kein Problem!
Entspannt, gelöst! *Handlungsorientiert!*

Entspannen durch Handlungsorientierung
Zu »handeln«, anstatt zu »reden«, könnte also vielleicht bald Ihre erste Wahl werden. Und es ist sicher die entspanntere Variante! Sie haben

mein Wort darauf! Wenn Sie dies probeweise einführen, werden Sie nach einiger Zeit erkennen: *»Wenn ich handle, erreiche ich um ein Vielfaches mehr bei meinem Kind, als wenn ich stundenlang oder auch nur minutenlang rede.«*
Und damit sind Sie dann genau so erfolgreich wie Ihr Kind. Erreicht es nicht auch bei Ihnen fast alles, indem es einfach irgendetwas tut, als es Ihnen lang und breit zu erklären? Also, warum machen wir es dann nicht ebenso? Zum Beispiel könnten Sie sich manchmal mehr durch Einsatz Ihrer Körpersprache durchsetzen (siehe Kapitel »Die Sprache Ihres Körpers«). Handeln kann aber auch heißen: Haben Sie den Mut dazu, öfters einmal, ohne jeden Kommentar, etwas »einzuziehen« oder einfach abzuschalten. Keine langen Drohungen. Jedoch vorher informieren, dass es irgendwann einmal geschehen könnte. Schon ist alles klar. Die spätere Handlung ist gerechtfertigt. Aber Achtung! Wenn Sie etwas angekündigt haben, tun Sie es dann bitte auch wirklich! Das ist Handlungsorientierung für Erwachsene. Andernfalls wäre es ja wieder nur »Gelaber«.
Dieses Verhalten bringt vor allem eines: Sie begeben sich damit auf die Ebene der kindlichen Denkweise und Erlebniswelt. Damit »schrauben« Sie dann auch Ihre eigenen Erwartungen viel weiter »herunter«. Sie erwarten nicht mehr die Dinge, die ein Erwachsener eben dauernd von einem Kind erwartet. Sie treffen einander auf einer Ebene, die Sie viel leichter erreichen können als Ihr Kind. Denn einem Kind wird es niemals ganz gelingen, die »Gedankenberge« eines Erwachsenen zu erklimmen. Wozu auch, das »Eintreten in die kindliche Gedankenwelt« ist ohnehin **unser** Job als Erziehende. Und obendrein ist es in der kindlichen Welt ja ohnehin viel spannender als in »unserer« eigenen.
Handlungsorientierte Kinder im gleichen Haushalt mit handlungsorientierten Erwachsenen. Das passt! Das kommuniziert! Oder wie man in der heutigen, technisierten Zeit sagen würde: Das ist kompatibel.

Realität und Erwartungen oder Was »nicht kompatibel« ist

Um das alles besser verständlich zu machen, möchte ich erst einmal gegenüberstellen, was *wir* als Erwachsene von Kindern eigentlich ständig erwarten, was Sie aber aufgrund ihres naturgegebenen Programms uns nicht geben können.

Ein Kind

- bespricht ein Problem nicht von sich aus. Es reagiert handlungsorientiert. Wir allerdings hoffen, dass es uns *alles* sagen wird, was es bedrückt, wodurch es gerade verletzt wurde, oder was es plant;
- analysiert seine eigenen Handlungen oder Aussagen nicht mit rationalen »Ergüssen«. Wir allerdings denken, dass es ab einem gewissen Alter ständig rational erklären kann, was es tut und vor allem *warum*;
- zieht keine Rückschlüsse und bringt damit gerade Erlebtes in Relation zu seinen Erfahrungen. Wir erwarten allerdings, dass es aus seinem bisherigen Erfahrungsschatz schon gelernt hat und auch möglichst »brav« und überlegt danach handeln wird;
- bremst sich nicht von selbst ein, um damit jemandem einen Gefallen zu tun, oder um höflich »Rücksicht« zu nehmen. Wir allerdings reden unserem Kind oft ein, dass es auch dann auf jemanden Rücksicht nehmen muss, wenn es gerade »Mega-Spaß« hat, und erwarten das meist auch;
- empfindet Lärm nicht als Belastung. Wir natürlich wollen Lärm nur mehr in bestimmten Maßen ertragen und empfinden Kinder als »schlimm« und »belastend«, wenn sie **unser** selbst gewähltes Maß an Lärmbelastung bereits erreicht haben;
- handelt zuerst und denkt – vielleicht – **dann** erst über sein Handeln nach. Wir aber wollen eigentlich, dass es immer **zuerst nachdenkt**, bevor es etwas tut, und dass es in vergleichbaren Situationen nie mehr wieder »schlimm« ist.

Warum erwarten wir das alles? Weil wir erwachsen sind und eben wie Erwachsene denken! Und wir erwarten diese Denkweise im Grunde unseres Herzens leider auch permanent von unseren Kindern! Doch davon müssten wir uns distanzieren.
Anders gesagt: Sie, als geneigter Leser, sollten es ab heute bewusst versuchen!
Also machen Sie sich bitte klar: Kinder denken nicht nur **ein wenig** anders, sie denken in vielen Bereichen **völlig** anders – und dennoch in so manchen Dingen völlig gleich!
Nehmen wir die Sache also ab heute wieder behutsam in unsere eigenen Hände! Im wahrsten Sinne des Wortes: *In die Hände, nicht in den Mund!* Orientieren Sie sich doch an der Handlungsorientierung Ihres Kindes, und verhalten Sie sich einfach ganz genau so! Indem Sie entspannt **handeln**!

»Dubbing«, »Mirroring« & Co oder »Hilfe! Mein Kind kopiert mich!«

Nun wird der schon erwähnte »Spiegel« frisch ausgepackt und kräftig poliert. Ihre Kinder und ich erlauben Ihnen einen sehr kritischen Blick tief hinein in Ihr eigenes Wesen. Ganz unkompliziert lernen wir neu erschaffene Worte wie »Dubbing«, »Mirroring« und »Sequelling« kennen und verstehen. Die Erkenntnis daraus wird es Ihnen ganz leicht ermöglichen, vieles im Verhalten Ihres Kindes entspannter zu sehen. Denn dieses Verhalten spiegelt tatsächlich ihr eigenes wider. Das müssen sogar die Eltern von Julia wehmütig erkennen.

Man kann seine Kinder noch so gut erziehen,
sie machen einem doch alles nach.
(unbekannte Quelle)

»Dubbing« oder Der »endlose Speicher«

Das Wort »Dubbing« stammt natürlich mal wieder aus dem Englischen und heißt so viel wie »exakt kopieren«. Ich habe für die folgende Erkenntnis gerade dieses Wort gewählt, weil es mich an meine Jugendzeit erinnert: Mein »Doppel-Kassettendeck« war das Kernstück meiner HiFi-Anlage! In ihm konnte ich Audio-Kassetten »eins zu eins« während des Abspielens von Band A hinüber auf Band B kopieren. Mit anderen Worten: Band B nahm exakt das auf, was ihm von Band A aus vorgespielt wurde!
»Was hat das alles mit der Kindererziehung zu tun?«, fragen Sie sich. Ich sage es Ihnen: Alles! Denn das Folgende sollten Sie sich ganz klar vor Augen führen: Ihre Kinder auf der einen und Sie oder Ihr Partner auf der anderen Seite »funktionieren« genau wie ein solches »Dubbing«-Deck. Bei dieser Metapher sind Sie jenes Band A! Sie spielen ihr »Ding« ab, während Ihr Kind Band B darstellt! Es nimmt exakt auf, was ihm von Band A vorgespielt wird, und hat dabei nicht die geringsten Probleme mit dem verfügbaren »Speicherplatz«.
Ich führe Ihnen das deshalb so »blumenreich« vor Augen, weil es zu den

wichtigsten Erkenntnissen im Umgang mit unseren Kleinen zählt: Ihr Kind kopiert Sie und/oder Ihren Partner so, wie Sie es ihm Tag für Tag vorleben. Und das viel mehr, als Sie denken. Bei jeder Handlung, jedem Minenspiel und jeder Äußerung, besonders bei denen der unkontrollierten Art. Von etwaigen »Ausbrüchen« ganz zu schweigen. Von all dem kann und wird Ihr Kind in seinem »Endlosspeicher« eine Kopie erstellen und später, oft erst viel später, damit zu »arbeiten« beginnen! Ganz so, wie ein gutes Computersystem, oder eben ein »B«-Tonband.
Dieses permanente Kopieren ist völlig normal und gehört zum Weg des Kindes auf seiner »Freitreppe« nach oben: Kinder brauchen dies für Ihre Entwicklung unbedingt. Es ist ihr Halt, ihr Anker! Es ist das tägliche Gewinnen an Stärke und die Strategie zum Überleben, wenn es seine (oder beide) wichtige(n) Bezugsperson(en) in allem kopieren kann! Hauptsächlich fällt dabei jener Elternteil ins Gewicht, der die »Zielperson Nummer eins« im Fühlen des Kindes darstellt. Einer der Elternteile ist schließlich immer das größere Vorbild, der persönliche Anker, der Halt bei seelischer Unsicherheit und der »Topstar« im Freundeskreis des Kindes und insgeheim für sich selbst. Es ist also ganz normal, dass ein Kind einem der beiden Elternteile mehr Aufmerksamkeit widmet als dem anderen. *»Der Junge ist aber ein richtiges Abziehbild seines Vaters«*, sagen dann die Nachbarn, weil sich der Junior auffallend ähnlich verhält wie sein »Erzeuger«.

»Mirroring« oder »Hilfe! Mein Kind hält mir einen Spiegel vor!«

The Mirror – der Spiegel! Nachdem wir bereits ein Fremdwort wie das »Dubbing« eingeführt haben, sollte es, dachte ich mir, schon der Kontinuität wegen wieder ein solches geben! *Und auch, weil's gut klingt!* Aber lesen Sie selbst im folgenden Teil einfach nach, was ich damit meine und ob dieser Ausdruck wirklich passend ist!
Gehen wir einmal davon aus, dass an dem oben erklärten Phänomen des »Dubbings« nicht zu »rütteln« ist! Schon erschließt sich uns eine ganz neue Betrachtungsweise für so manches »schwierige« Verhalten, das ein Kind so an den Tag legt. Und somit die ganz wertfreie Frage: *»Zeigt mir mein Kind mit seinem momentanen Verhalten möglicherweise mein bisheriges eigenes oder das meines Partners?«*

Sollte ich »mich wundern« oder sollte ich »mich hinterfragen«?

Die Antwort darauf ist leicht: Mit unserer neuen Betrachtungsweise sind wir ja schon auf dem besten Wege zur gelegentlichen Selbstreflexion. Vielleicht fällt es Ihnen daher in Zukunft sogar leichter, in den »gnadenlosen« Spiegel zu schauen, den Ihr Kind Ihnen vorhält, als sich andauernd über dessen »schlimmes« Verhalten zu wundern oder gar zu ärgern.

Probieren Sie also einfach, ein paar Dinge zu hinterfragen, anstatt sich über sie zu wundern: Wenn ihr Kind mal wieder »stur« ist, wundern Sie sich nicht, wenn Sie darin, mit heutiger, neuer Erkenntnis, plötzlich jenen »Sturkopf« entdecken, der Sie eigentlich selbst manchmal sind.

Sollte Klein Tommy mal wieder heftig und aufbrausend auf eine milde Ermahnung reagiert haben und Sie verständnislos und tief verletzt den Kopf schütteln, dann sollte mit heutigem Tage die Frage auftauchen: *»Habe ich selbst nicht gestern und vorige Woche auf Tommys drängende Frage, ob wir endlich schwimmen gehen, heftig und aufbrausend reagiert? Eigentlich unbegründet?«* Oder: *»Bin ich, nach ätzendem Tage in meinem Büro, nicht öfters ziemlich gereizt? Sicher nicht ganz nachvollziehbar für mein Kind?«*

⏭ Fall 6: »Lügenprinzessin«

Die kleine Nana (8) lügt ihrer Mama schon wieder glatt ins Gesicht. Und das so offensichtlich, dass es schon fast wieder lieb ist. Trotzdem ist Nanas Mutter im Grunde ihres Herzens ziemlich getroffen. Bald schlägt das Gefühl in Ärger um: *»Himmel! Was wird sie wohl für ein unehrliches Persönchen! Was für ein Unglück!«* Und gleich darauf hadert sie schon ein wenig mit ihrem Schicksal: *»Warum gerade unsere Tochter?«* Und: *»Warum lügt mich mein Kind überhaupt an?«* Fragen, die in die falsche Richtung gehen. Nana betreibt in ihrer handlungsorientierten Kindlichkeit einfach »Mirroring«. Sie hält Ihrer Mutter schlicht und einfach einen Spiegel vor die Nase.

Die richtigen Fragen wären hier vielleicht: *»Wie oft habe(n) (wir) ich (unsere) meine kleine Nana schon angelogen oder schlicht versucht, sie mit Unwahrheiten zu überlisten?« Manchmal war es die berühmte »Notlüge« zu ihrem »eigenen Besten«. Ein andermal wieder geschah es völlig unbewusst. Oder aber es war einfach ein Versuch, sie »auszutricksen«. Aber natürlich immer im »pädagogischen Rahmen«.*

Manchmal haben dazu wohl auch ganz kleine Unwahrheiten, ganz unbedeutende Verzerrungen der Wahrheit oder unhaltbare Versprechungen beigetragen. Vor allem aber deren Häufigkeit.

Schauen wir uns am Beispiel Nanas also noch einmal die Eigendynamik von »Dubbing« und »Mirroring« an und ziehen damit eine

Zwischensumme

Nach dem Wahrnehmen von Unwahrheiten hat die kluge Nana diese erst mal abgespeichert. Wir wissen ja schon: Der »Speicherplatz« für solche Wahrnehmungen ist nahezu unbegrenzt. Auch bei Nana. Nach und nach hat sie sich dann dieses abgespeicherte Verhalten angeeignet und »führt« es schlussendlich ihrer Mutter vor.
Das von ihren Eltern vorgelebte »Anlügen« ist für Nana schon zur fixen Gegebenheit in ihrer Lebenswelt und somit in ihrem eigenen Denken und Fühlen geworden. Nana macht nun einfach ebenso leichtfertig unpräzise und unwahre Aussagen. Nana lügt eben. Und ihre Mutter hat ihr selbst gezeigt, wie es geht! Sie war das Cassettendeck »A«!

! Jede negative oder verletzende Aktion Ihres Kindes, und sei sie auch noch so belastend, verletzend oder unverständlich, könnte schließlich bloß eine Reaktion auf etwas sein, das Sie ihm vorgelebt oder »aufgebürdet« haben! Verletzend wird die Reaktion des Kindes für Sie vor allem dann, wenn das Vorgelebte von ihm als belastend empfunden und diese Belastung im Denken und Fühlen der jungen Seele noch nicht verarbeitet wurde.

Wenn das für Sie nun eventuell ein »harter Brocken« war, habe ich für jetzt die »butterweiche«, die absolut entspannende Seite des »Mirrorings« aufgehoben: Denn **auch Ihre Entspanntheit spiegelt das Kind wider.** Und es gibt sie wieder, sofern diese ihm eben vorgelebt wurde. Ihr Kind verhält sich also »lieb«. Es findet immer wieder ganz von selbst zu einem entspannten Umgang mit Ihnen. Manchmal sogar dann, wenn Sie selbst nicht gerade den besten Tag haben! Vorausgesetzt eben, es hat Sie und Ihren Partner während früherer Entwicklungsphasen oft genug gemeinsam entspannt erlebt. So einfach ist das! Und so schön!

Es gibt keine andere vernünftige Erziehung, als Vorbild sein,
wenn es nicht anders geht, ein abschreckendes.
Albert Einstein

Doch wir sind noch nicht ganz fertig mit diesem »harten, aber herzlichen« Kapitel.

»Sequelling« oder »Hilfe! Mein Kind wird wie ich!«

Das Sequel – der Fortsetzungsfilm! Umgelegt auf unsere Modelle mit »Dubbing« und »Mirroring« heißt das: »Dubbing« passiert immer gleich, wenn das Kind etwas vorgelebt bekommt. »Mirroring« ein wenig später, manchmal aber auch sofort nach dem »Abspeichern« des Erlebten. Das »Sequel« aber kommt erst viel später. Meist in der »unerträglichsten« Lebensphase eines Kindes: in der Pubertät.
Die Entwicklungsstufe der Pubertät ist in jeder Beziehung die einschneidendste im Leben eines jungen Menschen. In ihr beginnt das »Kind« zu sich selbst zu finden. Und genau dann, wenn der junge Mensch durch all die unglaublich belastenden Selbstfindungs-Phasen geht, die für alle Eltern so immens »stressig«, für viele sogar *»nicht auszuhalten«* sind, geht etwas Erstaunliches vor: In diesem Lebensabschnitt beginnt Ihr Kind, nach und nach vieles, das Sie ihm früher einmal vorgelebt haben, hemmungslos auszuleben; quasi nachzuleben. Das tut es einfach, um sich selbst zu erkennen. Und seinen eigenen Stellenwert im Leben.
Viele Handlungen und tief im Unterbewusstsein abgespeicherte, auch traumatische Erlebnisse kommen erst in dieser Phase ans Tageslicht und werden erst jetzt ganz massiv Teil der Persönlichkeit. Viele von den Eltern vorgelebte Tugenden oder Untugenden werden nun so richtig »ausprobiert« und eben manchmal »mit gleicher Münze heimgezahlt«. Zu diesen vorgelebten Dingen gehören auch solche, die schon in der Kleinkinderzeit wahrgenommen wurden.

⏭ Fall 7: »Trickbetrüger«

Peter wurde, vor allem bis zu seinem siebten Lebensjahr, immer wieder mit beliebten Kleinkinder-Tricks »überlistet«. Heute, mit 16, ist er Meister im »Hereinlegen« seiner Eltern. Er wendet diese Technik permanent an und erfindet immer neue Dinge, um seinen Eltern die Wahrheit vorzuenthalten oder diese kunstvoll zu »verdrehen«.

⏭ **Fall 8: »Glaubenssache«**

Julia (15) hat früher in ihrem täglichen Sprachgebrauch permanent Ungenauigkeiten gehört: Dinge wie *»Gleich komm ich, dir vorlesen ...«* oder *»Wir gehen bald in den Zoo ...«* Dass ein *»gleich«* bei Muttern fast immer eine halbe Stunde Verzögerung bedeutet hatte und Julia heute noch auf den vor Jahren versprochenen Zoobesuch wartet, hat sich im Unterbewusstsein des Mädchens stark eingeprägt. Besonders gut erinnert sich dieses jetzt daran, dass ihr Vater freitags immer schon vergessen hatte, was er ihr für das Wochenende versprochen gehabt hatte. Aber geglaubt hat sie ihm seine Zusagen trotzdem immer! Die Eltern können nun aber absolut nicht verstehen, warum sie gerade jetzt mit absoluter Hingabe Formulierungen wie diese anwendet: *»Ja, ja! Ich komme eh gleich.« »Ja! Morgen mach ich das dann ...!«* Wenn Julia *»gleich kommt«*, braucht man dann eben in der nächsten halben Stunde nicht mit ihr zu rechnen. Genau, wie vorgelebt. Wie gesagt, für die unglücklichen Eltern ist die Pubertierende deswegen *»kaum zu ertragen«*.

⏭ **Fall 9: »Wüterich«**

Michael war bis jetzt der recht ruhige, unauffällige Sohn einer allein erziehenden Mutter. Auch in der Schule ist er kaum aufgefallen! Doch jetzt, mit 15, kommen immer mehr Klagen: Er schreit andere an, hat öfters ungezügelte Wutausbrüche und geht bisweilen unmotiviert auf Kleinere los. Was die Lehrer nicht wissen: Schon als Michael sieben Jahre alt war, hat seine Mama sich scheiden lassen, weil der Vater so oft wütend geworden ist, daheim ...

Doch nun genug der »düsteren« Voraussagen. Es gibt auch andere: die schöne Seite des »Sequellings«.
Natürlich fallen in diese späte »Kopie« Ihres eigenen Verhaltens auch alle angenehmen und positiv besetzten Dinge, die Sie dem Kind so vorgelebt haben. Diese »guten Beispiele« werden ab nun auch dankbar und ganz automatisch für das spätere Leben angewendet. Auf diesem »Zweig« des »Sequellings« wollen wir eigentlich alle sitzen! Und die meisten tun es auch! Schön, wenn Sie viel Positives vorleben konnten. Liebe, Hingabe,

Ruhe, Humor, Pünktlichkeit, Verlässlichkeit, Einverständnis mit dem Partner und vieles mehr, sind solche wunderbaren Eigenschaften, die oft erst jetzt, in der Pubertät oder kurz danach, so richtig Platz greifen.
Es kann also gerade in der Zeit der Pubertät Ihres Kindes ungemein hilfreich für Sie sein, zu reflektieren, wie Sie sich selbst bisher verhalten haben. Auch moderne Pädagogen tun das stets, wenn sie mit Kindern gearbeitet haben: Sie reflektieren. Alleine oder im Gespräch. Es kann Ihnen auf Ihrem Weg zum entspannten Erziehen nur helfen, sich diese kleinen oder gröberen »Schnitzer« im eigenen Verhalten selbst einzugestehen. Und vielleicht auch Ihrem Kind gegenüber. Dann ist es höchst an der Zeit – und sicherlich nie zu spät –, sich ganz rasch neue und tauglichere Verhaltensmuster zu erarbeiten. Gemeinsam, wenn es geht.
Natürlich haben Sie nach dem Reflektieren auch Gelegenheit, die selbst erkannten, guten Vorbildhandlungen zu verstärken und ganz bewusst einem neuerlichen »Dubbing« auszusetzen. Und das zu jeder Zeit. Dann haben Sie auf jeden Fall schon mal einen entspannten Ansatz gefunden, gemeinsam mit Ihrem Jugendlichen daheim ganz neu anzufangen und die kopierten Fehler auszumerzen. Dass dieses neu Anfangen natürlich etwas mühsamer ist, als gewisse »Fallen« schon im Kleinkinderalter zu meiden, ist hier unbestritten.

Mitzuerleben, wie Kinder heranwachsen, ist eine große Freude.
Man erkennt an ihnen seine eigenen Fehler und die Tugenden seiner Frau.
Peter Ustinov

»Mami! Ich glaub, ich bin ›verhaltenskreativ‹« oder Die »Kunst«, ein schwieriges Kind zu sein

Nach der Lektüre dieses Kapitels stellen wir uns hoffentlich alle die Frage, ob es überhaupt ein schwieriges Kind gibt! Oder gibt es vielleicht doch immer bloß schwierige Umstände? Wir werden erkennen, dass wir nämlich die meisten Ursachen von Verhaltenskreativitäten bei uns selbst suchen müssen, und nicht mehr allein beim Kind! Dass ich mit diesem »Vorstoß« einige Menschen ganz schön »vergrämen« werde, nehme ich hiermit demütig in Kauf.

Ein schwieriges Kind daheim

Ich gehe davon aus, dass einige Leser dieses Buch gerade in Händen halten, weil zu Hause oder in der Schule *hie und da ein wenig* Schwierigkeiten mit Ihrem(n) Kinde(rn) aufkommen. Vielleicht ist das sogar stark untertrieben: Manche haben wahrscheinlich mehr Schwierigkeiten mit Junior oder der kleinen Prinzessin, als sie verkraften können.
Gratuliere! Vielleicht hat der eine oder andere ja ein »verhaltensoriginelles«, eben ein »schwieriges Kind« zu Hause.
Neuerdings gilt unter uns Professionisten sogar schon der pflichtverordnete Terminus »verhaltenskreativ« sowie weiterhin der obige Begriff »verhaltensoriginell«. Bald gibt es sicher noch mehr unsinnige Wörter, die verharmlosen oder beschönigen sollen, dass etwas am Verhalten des Kindes eben schlichtweg »auffällt«. Frühere, heute »verbotene« Begriffe: »verhaltensgestört, verhaltensauffällig«! Meine Meinung dazu: Nur wenn etwas auffällt, unternimmt man auch etwas! Wer fühlt sich wohl betroffen, wenn sein Kind bloß »kreativ« ist? Schließlich will ja jeder ein kreatives Kind zu Hause haben. Außerdem sagt es auch etwas aus, wenn ein Kind tatsächlich von außen in seinem Verhalten »gestört« wird, oder? Aber die Bewertung von Fachausdrücken ist nicht das Thema dieses Buches.
Uns soll hier vielmehr die Frage nach dem »Warum« beschäftigen!

Die Spannungskette

Meiner Wahrnehmung nach »erkennt« man Kinder heutzutage viel zu leichtfertig als »schwierig«. Man hinterfragt das »Warum« einfach zu wenig! Das allein löst schon die Entstehung einer Spannungskette aus: Ist ein Kind einmal als schwierig erkannt, wird es auch wie ein schwieriges Kind behandelt. Und das immer intensiver, je öfter es sich »auffällig« verhält. Man ist einfach rascher »entnervt« als bei einem sonst »braven« Kind! Eine Kette von Spannungssituationen taucht in der Folge auf, aus der man sich manchmal nicht so leicht herauswinden kann. Eine Kette, die sich bald eigendynamisch »verlängert« und so den Abstand, die Kluft zwischen Eltern und Kind dauernd erweitert, je öfter man daran »rüttelt«.
Am einen Ende dieser Kette steht das Kind, das sich problematisch verhält. Es legt eben permanent schwer steuerbare Besonderheiten an den Tag. Manchmal so sehr, dass das liebe Kind schon als »unlenkbar« gilt. Je mehr es jedoch als »schwieriges« Kind behandelt wird, desto mehr Verhaltensoriginalitäten tauchen wiederum als direkte Reaktion auf. Jeweils ein weiteres Glied in der unerwünschten und ungeliebten »Kette«. Diese wird somit, wie gesagt, wie von selbst immer länger. Am anderen Ende der »Problemkette« stehen nun vielleicht Sie, als Elternteil oder Obsorgepflichtiger, der sein Kind als »verhaltensauffällig« empfindet. Und mit jeder entnervten Aktion gegenüber Ihrem Kind fügen auch Sie ein weiteres »Kettenglied« ein. Der Abstand zwischen Ihnen wächst umso schneller! Und damit die Spannung!

Schwierige Kinder in der Gruppe

Obwohl in meiner langjährigen Arbeit mit Gruppen viele Kinder und Jugendliche dabei waren, die als klassisch verhaltensauffällig galten, hatte ich mit kaum einem Kind je wirkliche Probleme! Auch – und gerade dann nicht – wenn eines als »überaus schwierig« gegolten hatte. Und das war sehr oft der Fall!

Das führe ich auf dreierlei »Facts« zurück:
Fact eins – Entspannung: Ein entspannter Zugang, gerade zu »schwierigen« Kindern, ist mir immer sehr leichtgefallen!

Fact zwei – Dankbarkeit: Ich konnte feststellen: Je auffälliger ein Kind war, je »schwerer« es also zugänglich schien, desto leichter war es schließlich pädagogisch sinnvoll zu lenken! Vielleicht aus gewisser Dankbarkeit für »mein« Maß an Entspannung?
Fact drei – Grundeinstellung: Heute wie damals teile ich die Überzeugung des berühmten Pädagogen Hermann Nohl: *Es gibt in Wahrheit kein schwieriges Kind, sondern nur schwierige Umstände!* Also galt es einfach, die schwierigen Umstände zu erkennen und ernst zu nehmen.

Bevor es Unklarheiten gibt: Da ich öfters von meiner Praxis in der Gruppenarbeit spreche, sollte klar sein, dass alles, was in einer ganzen Gruppe funktioniert hat, selbstverständlich auch auf ein einzelnes Kind oder auf ein bis »viele« Geschwister leicht übertragbar ist.

Das »Böse« im Kinde?

Mit den vorgenannten »Facts im Gepäck« können auch Sie ab nun völlig ausschließen, dass Ihr Kind von sich aus etwas Bösartiges vorgehabt hat, als es eben gerade wieder einmal »schlimm« war. Oder dass es ihm tatsächlich Spaß gemacht hat, die schöne, alte Lampe im Vorzimmer zu »killen«. Auch dass es aus Jux und Tollerei gerade zu einem bestimmten Zeitpunkt »schmollt« oder gar überhaupt nicht mehr reagiert, können Sie ab nun ausschließen. Es hat immer einen Grund dazu.

> **!** Wir nehmen mit »schlimm sein« meist nur ein Symptom wahr und beginnen uns darauf »einzuschießen«! Die Ursache tritt in den Hintergrund.

Also liegt die Lösung für die totale Entspannung jedweder Erziehungssituation auf der Hand: Es gilt lediglich, jeweils rasch herauszufinden, welcher Grund vorliegt. Und **was**, vor allem aber **wer** der wirkliche Auslöser ist. Mit einigen dieser Auslöser werden wir uns schon im Teil 2 beschäftigen, mit anderen sowie dazugehörigen Lösungsansätzen im Teil 3 von »Entspannt erziehen«.

! Wenn Verhaltensoriginalitäten auftauchen, hat irgendjemand sie ausgelöst. In den seltensten Fällen das Kind selbst! Daraus lässt sich unzweifelhaft schließen: »Schwierig« im eigentlichen Sinne ist somit also kaum ein Kind!

Nachfragen statt »pädagogeln«

Besonders im Falle von »verhaltensoriginellen« Kindern vertrete ich seit Jahren die Ansicht, eher nachzufragen, anstatt zu intervenieren: *»Ist mein/unser Kind wirklich verhaltensoriginell? Oder hat es nur in letzter Zeit schwierige Umstände erlebt, mit denen es nicht fertig werden kann? Umstände, die ich/wir vielleicht selbst herbeigeführt haben?«*

! Bei wahrgenommenen Auffälligkeiten sollte vielleicht **nicht** sofort am Kind »pädagogelt« werden, sondern am Verursacher!

Meist befindet sich dieser, so sehr ich manche nun auch damit verletzen werde: im Elternhaus. Seltener ist er auch Teil des kindlichen Umfeldes außerhalb der sogenannten Kernfamilie (Freunde, Bekannte, Schule, Peergroup[4]).

Für uns »nichtig«, für das Kind wichtig!

Für uns Erwachsene erweist sich eine Öffnung auf diese neue Sichtweise oft deshalb als besonders schwierig, weil wir so viele Kleinigkeiten als bedeutungslos erachten. Was wir für eine »Nichtigkeit« halten, kann für das Kind aber »die Welt« bedeuten! Anders formuliert: Kleinigkeiten können oft große Verhaltensänderungen auslösen.

»Das ist ja das Allerschwerste«, sagt mir ein Vater kürzlich beim Gesprächstermin, *»auf die wirklichen Hintergründe draufzukommen, die mein Kind störrisch machen!«*

Ich muss Ihnen widersprechen, lieber Papa! Es geht meist einfacher, als man annehmen möchte, die Botschaften zu verstehen, zu belauschen, darauf einzugehen, und vielleicht sofort einen »Tigel Balsam« über der »wunden Seele« auszuleeren.

Versuchen Sie doch einfach einmal, Verhaltensauffälligkeiten von der

4 Peergroup: Fachausdruck für jene Gruppierung Gleichaltriger, mit der ein Jugendlicher sich identifiziert und umgibt

völlig anderen Seite, von der Seite des Kindes anzugehen. Doch dazu müssen Ihr Standpunkt und Ihre eventuell völlig neue Betrachtungsweise fixiert sein. Also führen wir unter Verwendung eines berühmten Zitates eine neue, mit Sicherheit aber immens wichtige Verhaltensregel ein:

Wir dürfen niemals von den Schwierigkeiten ausgehen, die ein Kind macht, sondern immer nur von denen, die es hat.
Hermann Nohl

Fall 10: »Tischregeln«

Frau Sulzer bittet mich um einen Coaching-Termin: *»Mein Sohn, Lauritz, zwölf, zeigt schwere Verhaltensauffälligkeiten. Und es kann nicht an* ***uns*** *liegen, denn er zeigt sie* ***nur*** *in der Schule! Bei uns daheim ist er folgsam, brav und leicht lenkbar. In der Schule aber schlägt er wild um sich, ist zu anderen bösartig, lügt, und vor allem beschimpft er die Lehrer auf das Übelste. Unlängst hat er einen Lehrer heftig beschimpft: ›Was Sie reden, ist total Scheiße! Schreiben Sie den Dreck doch selber!‹ Wie steh ich als Mutter jetzt da? Ich bin verzweifelt«*, klagt Frau Sulzer.

Nach kurzer Bestandsaufnahme ist klar: *Liebe Frau Sulzer, es liegt* ***doch*** *an euch selbst!*

Lauritz unterliegt daheim einem immensen Druck aus Einschränkungen und Verhaltenmaßregeln, die erstens undurchschaubar sind, zweitens immer vom Vater mit lauter Stimme durchgesetzt werden. Mutter hingegen vergisst oft ihre eigenen Vorgaben wieder. Aber das Schlimmste für Lauritz ist die Uneinigkeit seiner Eltern. Bei Tisch, Vaters »heiligem« Ort, gelten stets verschiedene Regeln, jeweils von beiden Eltern gesondert aufgestellt und von Lauritz absolut nicht zu durchschauen. Noch schwerer sind sie einzuhalten. Und die Stimmung zu den Essenszeiten ist fast immer mehr als angespannt.

Lauritz, ein äußerst sensibler Junge, kann diese verwaschenen Verhältnisse einfach nicht mehr aushalten. Die Spannungen daheim, die undurchschaubaren, oft verworfenen Regeln, die Ausbrüche des ansonsten sehr lieben Vaters, und auch noch eine offensichtliche Bevorzugung der älteren Schwester lassen den Jungen nicht mehr los. Also, muss er die Last dort loswerden, wo man ihn nicht so gut im Griff hat. In der Schule! Dass die Schule eigentlich sein Lieblingsort ist, weil er dort ein geschütztes Umfeld genießt, kann er nicht mehr

»rüberbringen«. Er muss einfach seinen Frust dort auslassen. So »büßen« es Lehrer, Mitschüler, vor allem kleinere Mädchen, dass er sich daheim nicht wohlfühlt ... Er ist in der Schule wie ausgewechselt, wie ein anderer Mensch. Eben verhaltensauffällig!
Die beiden folgenden Termine verlaufen sehr produktiv und kooperativ. Es ließ sich alles auf ein einziges Problem zurückführen: Niemand daheim hatte erkannt, dass er, Lauritz, ein dermaßen sensibles Kind ist, das nicht nur sehr verletzlich, sondern auch überaus genau ist. Punktum!

Lösungsansatz

Ganz schnell löst sich die Spannung innerhalb der Familie Sulzer. Die Eltern geben nun ganz genaue, leicht zu erfüllende Regeln aus, halten sich gemeinsam an ihre eigenen Zeitangaben und schreien außerdem Lauritz auch nicht mehr an. Also schreit auch er in der Schule nicht mehr mit den kleinen Mädchen herum. Und er hat sich sogar, nach kurzer Rücksprache mit mir, bei dem Lehrer entschuldigt. *»Ein tolles Erlebnis«*, wie er mir nachher erzählt.
Übrigens: Lauritz ist kein verhaltensoriginelles Kind mehr – er war es niemals! Er war bloß in seinem Verhalten **»gestört«** worden. Von seinen Eltern. Unbeabsichtigt natürlich.

Fall 11: »Schrottplatz«

Franzi ist »verhaltensoriginell«. Und zwar hauptsächlich beim Essen! Er wirft unmotiviert mit dem Gemüse herum, spuckt gerne auf den Tisch und produziert die unappetitlichsten Geräusche beim Essen. Außerdem isst er alles »wild« durcheinander. Sonst ist er aber »pflegeleicht« und relativ brav. Nur bei Tisch ist er wie ausgewechselt. Grauslich eben!
Nach zwei Coachings finden wir heraus: Franz erhält von seiner Mutter dauernd denselben Text vorgetragen: *»Du sollst es nicht so erleben wie* ***ich*** *bei* ***meiner*** *Mutter. Ich wurde gezwungen, jede Woche zweimal Spinat zu essen und obendrein dreimal die Woche Karotten. Es war die Hölle! Ich habe es gehasst! Deshalb koche ich dieses Zeug für* ***dich*** *gar nicht. Siehst du, wie gut es dir geht?«*
Ich musste ziemlich »direkt« werden: *»Liebe Franzens-Mami! Es überrascht Sie vielleicht, aber: Das ist* ***Ihr »Schrott«****, Ihr »Abwasser«, das Sie hier »in Ihr Kind hineinschütten«. Sie ganz allein wollen sich von Ihrem ganz persönlichen Spinat- und Karotten-Trauma lösen! Würden Sie bitte*

versuchen, die Sache mit den Augen Ihres Kindes zu sehen? Was kann Ihr Franzi dafür? Sie verweigern ihm zwei wichtige, gesunde Nahrungsquellen, die vielleicht sogar bald zu seinen Lieblingsspeisen zählen könnten, würde er sie nur mal, geschmackvoll zubereitet, bekommen!

Und tatsächlich: Franz wollte einfach ganz normal bewirtet werden. Das tut seine Mutter jetzt. Er nimmt das neue, ganz normale Gemüseangebot dankend an und hat rasch ganz von selbst aufgehört, sich bei Tisch wie ein Ferkel zu benehmen. Er spürt jetzt, dass Mami bei ihm ist und nicht bei ihrer eigenen Mutter, Franzis schon verstorbener Omi eben. Und keine Spur von irgendwelchen Verhaltensoriginalitäten mehr!

Viele Kinder führen ein verrücktes Leben
und reagieren sehr gesund auf ihre kranken Verhältnisse!
Hermann Nohl

»Aufschieberitis« oder Die Boxenstopp-Familie

Will man die Erkenntnis Hermann Nohls wirklich anwenden, gelangt man zu der Notwendigkeit, ein wenig Zeit aufzuwenden, um den Schwierigkeiten auf die Spur zu kommen, die das eigene Kind hat. In vielen modernen Familien geht man aber oft aus einem einzigen Grund nicht näher auf mögliche Auslöser von Verhaltensstörungen ein: Es fehlt eben einfach die Zeit dazu! Zeit, die jene wenigen Abendstunden nach heftigem Arbeitsstress oder die kurzen »Meetings« während des Tages einfach nicht mehr »hergeben«. Durchaus liebevoll möchte ich das angesprochene Phänomen hier »Boxenstopp-Familie« nennen. Oft fehlen hier auch Motivation und Kraft für tiefere Auseinandersetzungen mit den Problemen des Kindes. Eine Suche nach Ursache und Wirkung scheint tatsächlich Kraft zu kosten, die man eben nicht immer gleich aufbringen kann und will. Und so gerät man in den Zustand der berühmt-berüchtigten »Aufschieberitis«: *»Wir reden später! Oder morgen! Heute bin ich sehr müde! Schicken wir den Kleinen jetzt einfach ins Bett! Das Wochenende ist ja schließlich auch noch da! Da reden wir dann!«*

ADHS und ODD oder »Und wenn wir nun doch schwierig sind?«

Ein wenig muss ich meine getätigten Aussagen relativieren. Es gibt sie schon auch: die schwierigen Kinder. Und zwar dann, wenn ein Problem besteht, das nicht nur »hausgemacht« ist! Diesen Kindern und ihren Eltern ist diese kurze Analyse gewidmet. Besonders für das Phänomen ADHS möchte ich gerne »eine Lanze brechen«. Diese Kids haben es wirklich nicht gerade leicht in ihrer Kindheit. Und als spätere Erwachsene haben sie es oft noch schwerer! Und ich weiß, wovon ich rede: Ich bin einer von ihnen.

AD(H)S oder Der »Zappelphilipp«

ADHS scheint weiter verbreitet, als gemeinhin angenommen wird. Und es ist noch immer nicht ausreichend erforscht. Am wenigsten in Bezug auf Erwachsene. Kinder mit ADS oder ADHS haben oft große Schwierigkeiten. So viel ist klar. Aber das Syndrom richtig zu erkennen, und dann auch damit zu leben, das ist eine andere Sache. Vor allem für diejenigen, die selbst ein hyperaktives Kind oder einen solchen Partner zu Hause haben und es schon wissen, sollte dieser Punkt nicht unwesentlich sein.
AD(H)S bedeutet Aufmerksamkeits-Defizit-Hyperaktivitäts-Syndrom, auch bekannt als »Zappelphilipp«- oder früher »hyperkinetisches Syndrom«. Es ist eine erblich bedingte Stoffwechselstörung im Gehirn, die direkt in den Haushalt der Neurotransmitter und Rezeptoren eingreift und damit die »Datenübertragung« bei Denk- und Wahrnehmungsprozessen maßgeblich verändert. Das »H« in Klammer bedeutet, dass es diese Störung auch ohne die – natürlich ziemlich auffällige – Hyperaktivität gibt. Besonders häufig ist das bei Mädchen der Fall! Das sind die dauernd abwesenden »Träumerinnen«!

»Defizit« und »Benefit«

Bevor ich die typischen Merkmale von ADHS erläutere, muss ich mich selbst »outen«! Freilich nach reiflicher Überlegung. Nicht überall trifft man nämlich auf Verständnis, wenn man in irgendeiner Weise mit einem Defizit »gesegnet« ist.

Ja! Ich bin selbst ADHS-Betroffener! Und ich beschreibe nun in aller Kürze nicht nur mich, sondern mehr als 70.000 betroffene Erwachsene und derzeit wohl mehr als 100.000 betroffene Kinder und Jugendliche alleine in Österreich.

Defizit (Nachteil)

Die Hyperaktivität hat mich als Kind in die gleichen Schwierigkeiten gebracht wie viele andere meiner jugendlichen Leidensgenossen!

Hier eine kleine Aufstellung von Symptomen:

- Deutliche Hyperaktivität beziehungsweise über das durchschnittliche Maß unruhig, nervös, im Rededrang nicht zu bremsen, ruhelos.
- Aufmerksamkeits-Defizite beziehungsweise verminderte Aufmerksamkeits-Spanne, vermehrte, stark auffällige Ablenkbarkeit.
- Das betroffene Kind erreicht nicht sein volles Leistungspotential, das ihm zugetraut wird.
- Auffällige Vergesslichkeit, man wirkt sehr oft zerstreut. Man verlegt und vergisst mehrmals am Tag seine persönlichen Gegenstände. Man interpretiert aber auch vergangene Ereignisse anders, als die Umgebung diese wahrgenommen hat: Das wird einem ADHS-Betroffenen dann meist als »Charakterschwäche« ausgelegt!
- Probleme beim Befolgen von Anweisungen und Abschließen von Aufgaben.
- Verhaltensprobleme in der Schule wie übermäßiges Schwätzen in der Klasse, wiederholtes Ermahnen durch die Lehrer. Betroffene Kinder gelten als »ständige Störer« im Unterricht oder rufen auffällig oft impulsiv dazwischen.
- Bedingt durch die Impulsivität gibt es auffallend viele Unfälle. Man handelt halt, bevor man nachdenkt, und ist überaus risikofreudig!
- Übererregbarkeit beziehungsweise verminderte Stress- und Frustrationstoleranz.
- Das betroffene Kind neigt vermehrt zu Streitereien, Trotzverhalten und Wutausbrüchen.
- Häufig wird diese Störung mit dem ODD-Syndrom (oppositionelles Trotzverhalten) verwechselt. Doch dies ist weder erblich noch körperlich bedingt und kann daher nicht als Defizit bezeichnet werden. ODD ist psychosozial bedingt, wird also erst durch die Lebenswelt des Kindes ausgelöst und kann daher nur psychologisch betreut werden.

Nur ein Kindheitsproblem?

Da noch immer fast alle medizinischen Bücher behaupten, *»bei Erwachsenen wächst sich das Hyperaktivitäts-Syndrom aus«*, muss ich hier endlich mal »lauthals« protestieren! Genetisch bedingte Defekte »gehen nicht einfach verloren«, nur weil man älter wird! Nochmals an die Adresse gegenteiliger Meinungen: Ich selbst weiß leider nur zu gut, wovon ich hier rede! Ich möchte nicht wissen, wie viele Erwachsene auf dieser Welt mit unspezifischen Problemen wie heftigen Energieschüben, Wahrnehmungs-, Schlaf-, Konzentrations- und Impulskontrollstörungen sowie unerklärbarer innerer Anspannung leiden und dabei nicht einmal ansatzweise an ADHS denken. Schon allein deshalb wollte ich dies hier nicht unerwähnt lassen. Ich möchte die Menschen in Bezug auf dieses Phänomen einfach gerne »positiv wachrütteln«, wenn ich kann.

Benefit (Nutzen)

ADHS hat aber auch immense Vorteile: So stehen ADHS-Kindern und überhaupt allen ADHS-Betroffenen ungeahnte, manchmal sogar schier unerschöpfliche Energien, große Potentiale und besondere Begabungen zur Verfügung. Die meisten von uns haben eine hohe sprachliche Begabung, viele von uns sind hochmusikalisch und künstlerisch höchst kreativ!

Auch suchen wir Hyperaktiven ständig neue Inputs, um sie aufzunehmen wie ein »Schwamm«! Das macht uns offen, neugierig und fast »unersättlich« im Wissendurst! Es kostet aber auch Kraft! Aber selten unsere eigene! Davon haben wir selbst genug! Meistens kostet es die Energie der anderen! *Oh Ihr »armen« Familienmitglieder, Freunde und Partner von uns ADHSlern! Oder ihr »Glücklichen«? Sucht es euch aus! Beides trifft zu!*

Unsere hohen Potentiale auszunützen, fällt uns aber ohne Hilfe meist sehr schwer. *»Er/Sie könnte ja so viel mehr, wenn er/sie nur wollte«*, hört man dann allenthalben, vor allem von den Lehrern! Wer es aber versteht, das wahre Potential seines ADHS-Kindes zu entdecken und richtig zu fördern, wird einen Menschen erleben, der mit höchster Hingabe und unglaublicher Entwicklungsfähigkeit seine Aufgabe meistert. Hohe Begeisterungsfähigkeit, Energie und an Genialität grenzende Lösungen sind sehr oft die verblüffenden Effekte dieses »Benefits« von ADHS!

Auch für diese »Spezialfälle« gibt es ja den Verein KiddyCoach! (www.kiddycoach.com)

Das »Home-Coaching-Modell« oder »Der Weg auf der Freitreppe«

Was ich Ihnen im folgenden Kapitel näherzubringen versuche, ist schlicht und einfach erklärt: eine mögliche totale Entspannung in so mancher unentspannter Situation. Mit »Home-Coaching« betreten wir professionelles Terrain. Rebecca und ihre Mutter werden uns aber dabei helfen, trotzdem alles ganz leicht zu verstehen. Vielleicht finden Sie dann bei der Lektüre der nachfolgenden Kapitel Gelegenheit, einige unserer gerade neu erworbenen Perspektiven in Ihre neue, entspannte Erziehung einzubauen.

Kein Profi-Coach

Ja! Es gibt sie, die Profi-Coaches oder Personal-Coaches, wie man sie in unserem Berufszweig nennt. Und in Problemsituationen sind sie tatsächlich eine gute Wahl. Sie können mit ihren Methoden sehr effizient helfen. Deshalb habe auch ich für mich selbst diese Profession gewählt. Und meine Tätigkeit als Coach erfüllt mich sehr. Ein wunderbarer Beruf, der nicht nur für mich selbst tiefe Zufriedenheit bedeutet. Auch für die meisten meiner Klienten. Meine Idee war deshalb: Warum sollten nicht auch Sie diese Zufriedenheit empfinden können? Warum nicht selbst diese Ansätze erlernen und ein klein wenig zum »Coach Ihres Kindes« werden?

Zunächst einmal muss ich aber klarstellen, dass es bei diesem Ansatz nicht darum geht, Sie zum professionellen Coach zu machen. Das wäre meinerseits »unprofessionell«. Sie brauchen auch sonst keine Coaching-Ausbildung zu absolvieren. Genau genommen umfassen also meine Tipps hier nur ansatzweise das, was einen Coach schließlich ausmacht. Aber in Ihrem häuslichen Umfeld und der ohnehin schon sehr persönlichen Beziehung zu Ihrem Kind ist allein der Ansatz zum richtigen Coachen meiner Ansicht nach schon ein mächtiges »Werkzeug« zum besseren Umgang miteinander.

Nichts geht mehr

Wie oft suchen Eltern meinen Rat: *»Mein Kind macht mir* **nur** *Probleme ...«, »... hört nicht mehr auf mich ...«, »... ist einfach schwierig ...«, »... wird immer schlimmer ...«, »... ist nicht mehr auszuhalten!«* Und nur allzu oft höre ich: *»Ich glaub, bei diesem Problem kann man ohnehin nichts mehr machen.«* Gegen solche Aussagen wehre ich mich stets mit Nachdruck! *Man kann* ***immer*** *etwas tun!*
Hierbei vertrete ich, genauso wie auch namhafte Pädagogen, die folgenden Ansichten:

> **!** Besonders problematische Kinder sind besonders leicht zu »lenken« und somit auch zu »ändern«, weil sie sehr oft dankbarer und sehnlicher eine Änderung, eine Lösung ihrer »Umstände« erwarten.

Ich bin eigentlich ganz anders, ich komme nur so selten dazu!
Ödön von Horvath

> **!** Besonders in eskalierten, verfahrenen Situationen wünscht sich ein Kind eigentlich nichts sehnlicher, als endlich eine Änderung zu erleben, also einen Impuls oder »Input« zu bekommen, der es ihm leicht macht, sich anders zu verhalten.

Vielleicht ein ganz neues Modell oder Der »Weg nach oben«

Das »Home-Coaching-Modell«, das ich Ihnen hier vorstellen möchte, führt Sie vielleicht zu einem ganz neuen Weg in der häuslichen Erziehungsarbeit. Beschreiten Sie ihn, wann und wobei immer sie möchten. Nicht ständig, nicht bei jeder Gelegenheit. Sondern wann es Ihnen eben passend erscheint. Und ziehen Sie Ihren Nutzen daraus und den Nutzen für Ihr Kind. Und dieser kann für beide nur lauten: viel mehr Entspannung! Die gelegentliche Anwendung des Coaching-Modells verbindet den einfachen Zugang zum kindlichen oder jugendlichen Gemüt, mit einer ungeahnten Entspannung in der täglichen Erziehungsarbeit.

Die »Freitreppe« oder »Wie soll ich mitgehen?«
Folgen Sie mir nun bitte zum Schauplatz eines kleinen, imaginären Spiel-

chens, einem sogenannten »katathymen Bilderlebnis«, und versuchen Sie dabei, Ihre Fantasie so »bunt« wie möglich einzusetzen. Nach diesem »Ausflug« werden Sie einfach und schnell verstehen, was das »Home-Coaching-Modell« für die häusliche Erziehung bedeuten kann. Danach wenden wir uns Begriffen wie »Setting« und anderen »Anwendungsregeln« zu.

Schließen Sie bitte Ihre Augen (der Einfachheit halber natürlich erst, nachdem Sie den nachstehenden Text durchgelesen haben), und stellen Sie sich folgendes Bild vor:

Sie treten jetzt mit mir durch eine große, schwere Doppeltüre in ein ziemlich geräumiges Stiegenhaus, in dem es offenbar keinen obersten Stock zu geben scheint. So hoch ist es! *Oder gibt es ihn doch?*

Ihr Kind steht am Fuße der langen, ausladenden, aber sanft gewundenen Freitreppe und schickt sich an, nach oben zu gehen. Irgendwann wird es schließlich auf dem obersten Treppenabsatz den Höhepunkt seiner persönlichen Möglichkeiten vorfinden. Sein persönliches »Lebensziel« wird dort vielleicht schon jetzt auf es warten.

Auf dem Weg zu diesem Ziel jedoch gilt es, nicht auf den Stockwerken in vielleicht vorhandene Gänge abzubiegen, sei es nun versehentlich oder absichtlich. Es gilt auch, sich nicht im gewundenen Treppenhaus zu verirren, und ebenso sehr, auf etwaigen hohen wie schmalen Stufen nicht abzurutschen, um dann mindestens ein Stockwerk oder noch weiter zurückzufallen.

Nun kommen Sie als »Erziehender« ins Spiel: Sie stehen gemeinsam mit Ihrem Kind am Beginn der Treppe und sehen nach oben. Vor Ihnen liegt diese schier endlose Höhe.

»Verdammt«, denken Sie, *»habe ich auch so eine hohe Treppe vor mir gehabt? Und bin ich vielleicht schon oben angekommen? Oder bin ich etwa schon viel zu früh in einen Korridor abgebogen? Habe ich mich verlaufen? Und passiert meinem Kind nun alsbald dasselbe?«*

»Nein!«, geben Sie sich entschlossen, *»das wird meinem Kind nicht passieren!«*

Und aufgrund dieser Entschlossenheit kommt Ihnen eine Idee: *»Warum gehe ich nicht* ***knapp hinter meinem Kind****, während es nun beginnt hochzusteigen? So kann es niemals abrutschen, da ich es vorher ja auffange. Und vor allem: Bevor es irgendwo falsch abbiegen will, werde ich es kräftig von hinten anrempeln und nach vorne stoßen! Dann kann es ja wohl nur dem richtigen Verlauf der Treppe folgen!«*

»Ja«, denken Sie, *»das ist genial! So mache ich's! Dann werden die Fehler, die ich in meinem eigenen Treppenhaus fabriziert habe, auf keinen Fall nochmals passieren!«*
Doch plötzlich fallen Ihnen die Worte eines alten Bergführers ein, den Sie einmal getroffen haben: *»Niemals würd' ich hinter einer geführten Person gehen!«*, hat er damals zu Ihnen gesagt. *»Denn wenn man hinter jemandem geht, der ausrutscht, wird man im Fallen mitgerissen und kann gar nicht mehr helfen!«*
»Und dass ich mein Kind hinaufstoßen will, wird ihm wohl auch nicht so besonders gefallen!«, denken Sie folgerichtig. *»Es wird sich dann wahrscheinlich auch viel zu oft nach mir umdrehen und dabei ebenso oft stolpern! Vielleicht wird es sich dann auch immer öfter und vehementer gegen meine vielen ›Stöße‹ von hinten wehren! Nein, so kann ich es nicht machen!«*, beschließen Sie.
Sie haben natürlich recht! Das mit dem Nachgehen funktioniert wahrscheinlich nicht. Denken Sie doch, wie oft Sie versucht wären, Ihr Kind in seinem Vorwärtsdrang schützend von hinten festzuhalten, um es ein wenig in seinem, für Ihr Empfinden »gefährlichen« Tempo zu bremsen. Die dadurch ausgelösten »Stolperer« wären dann sicher noch heftiger und könnten sogar Sie selbst »mitreißen«, noch während Sie ihr Kind festhalten.
Schon fällt Ihnen ein wichtiges Zitat des berühmten Pädagogen Johann Heinrich Pestalozzi ein:

Werden Kinder in ihrer Entwicklung gehalten,
so schlägt sich das in ihrem Verhalten nieder!

»Aha«, sagen Sie sich jetzt vielleicht, *»also muss ich wohl* ***vor meinem Kind*** *auf der Treppe gehen! Na klar! Das ist sicher viel besser, denn dann sehe ich ja schon viel früher, wo man falsch abbiegen könnte.«*
Ich muss Sie enttäuschen: So geht es leider auch nicht. Vor dem Kind auf der Treppe zu gehen, um es eventuell »hochzuziehen« oder um es über eine oder mehrere Stufen »zu tragen« oder gar um ihm zu helfen, eine oder mehrere Stufen auszulassen, ist nämlich fast noch schlimmer. Denn das Zerren und Zupfen halten die kleinen Arme und die kleine Seele sicher nicht aus. Das Auslassen einer Stufe führt obendrein zu Überforderung und heilloser Verwirrung und dazu, sich in seinen Gedanken zu verirren, auch wenn man mit dem Körper den »direkten« Weg nach oben gegangen ist.

Aber noch sind Sie mit Ihrer Fantasie nicht am Ende. Zwei weitere Möglichkeiten in diesem Szenario fallen Ihnen ein.
Sie könnten ja einfach unten am Fuß der Treppe **stehenbleiben**, um das Kind in Ruhe zu beobachten und gegebenenfalls hinaufzurufen, was es »anders« oder »besser« machen könnte. Ein Modell, das leider nur zu oft Anwendung findet: Sie denken gerade an die Nachbarn, die Ihnen schon öfter erklärt haben: *»Ich kann unmöglich mit meinem Kind mithalten – aber es wird seinen Weg schon gehen – ich beobachte ohnehin alles aus der Distanz!«*
Doch so zu handeln, hat bei Ihren Nachbarn schon längst zum Entgleiten des »Erziehungsfadens« geführt. Und den wollen Sie ja schließlich noch lange weiter in Ihrer Hand behalten. Und ein wenig ahnen Sie ja schon, dass sich Ihr Kind mit dem Alleine-Vorangehen sicher bald maßlos überfordert fühlt. Schließlich fehlt ihm dann ja auch permanent der dringend notwendige Körperkontakt mit Ihnen. Das wird also nicht funktionieren!
Und wie gefällt uns der Gedanke, **vorauszulaufen**? Vielleicht wenigstens bis zum nächsten Absatz der Treppe, um das Kind vielleicht durch heftiges Winken in die richtige Position zu dirigieren? Nein, auch das gefällt uns plötzlich nicht mehr so gut. Schließlich wollen wir ja nicht, wie auf einem Flughafen, einen Job als »Winker« einnehmen. Diese »armen» Leute sehen zwar den Piloten, den sie »leiten« sollen, aus der Ferne ganz genau, aber sie schauen nie wirklich in dessen Augen. Ja und reden können sie mit ihm schon gar nicht.
Man sollte es kaum glauben: Viele Eltern verstehen sich dennoch als »Winker«! Sie denken und laufen tatsächlich voraus und meinen, es genüge, sich hin und wieder umzudrehen, um zu winken. Das Kind komme dann schon irgendwie nach. Aber ob es in diesem distanzierten Szenario wirklich jemals so etwas wie Motivation verspürt? Oder ob es Schritt zu halten vermag mit Eltern, die ihm weit vorauslaufen?
Haben Sie schon einmal eine Bergwanderung gemacht und waren mit größerem Abstand der letzte Nachzügler? Können Sie sich noch entsinnen, wie unglaublich demotivierend das Gefühl ist? Es gibt nichts, was stärker auf das Gemüt drückt, als andere Menschen (noch schlimmer: geliebte Bezugspersonen) weit vor sich zu sehen und mitzubekommen, wie der Abstand sich scheinbar vergrößert, anstatt sich zu verringern!
Die beiden letzteren Modelle entpuppen sich vor allem deshalb als nicht brauchbar, weil bei beiden gar keine Nähe zum Kind übrig bleibt.

»Vorne oder hinten mitzugehen, war ja wohl auch nicht das Richtige!«, denken Sie, nun schon ein wenig entmutigt. *»Was bleibt mir denn nun, während mein Kind sich auf den Weg nach oben begibt? Wo soll ich dann in diesem Bild sein? Passe ich da überhaupt hinein?«*

Begleiten oder Die »Hilfe zur Selbsthilfe«

Die »Auflösung« unserer Freitreppen-Metapher ist unglaublich einfach: Vor Ihrem geistigen Auge sollte nun ein Bild entstehen, wie Sie bequem und vor allem entspannt **neben Ihrem Kind** auf jeweils derselben Stufe stehen, um es auf dieser zu begleiten. Kein Ziehen, Anstoßen, Halten, Nachlaufen oder Davonrennen. Einfach mitgehen. Das Kind hebt ein Bein, um die nächste Stufe zu erklimmen – sie heben daraufhin auch Ihres. Sie »wagen« **gemeinsam** den nächsten Schritt zur höheren Stufe! Und den Impuls gibt in der Hauptsache Ihr Kind. Nicht Sie! Ihr Kind zögert vielleicht? Zögern Sie ruhig mit. Dazu gehört allerdings auch ein wenig Mut. Beobachten Sie dabei Ihr Kind in aller Ruhe und vor allem ohne die so belastenden »Dauerängste«. Und fragen Sie hie und da einmal interessiert, aber entspannt nach, »wie es denn so läuft«.

Das tut auch ein Coach! Nichts anderes. Er geht mit. Gelegentlich fragt er nach. Er hilft auch bisweilen »auf die Sprünge«. Nach diesem Schema könnte nun also auch Ihr persönliches »Home-Coaching-Modell« funktioneren.

Mit dem Begriff »Home-Coaching« habe ich versucht, den »richtigen Dreh« zum entspannten und effizienten, häuslichen Erziehen in moderne Worte zu kleiden. Werden Sie also immer öfter zum »Coach« Ihres Kindes, indem Sie es bei seinen eigenen Entscheidungen einfach begleiten. Gehen Sie mit, wenn Ihr Kind erfolgreich ist, aber auch dann, wenn es gerade ein Problem verursacht hat, und helfen Sie ihm dabei, **seine eigene Lösung zu finden.**

Das lassen wir nun kurz so stehen, denn wir haben das Ende unseres kleinen Fantasiespielchens schon erreicht. Wir haben nun ein Bild geschaffen, aus dem Sie unendlich viel »mitnehmen« können, wenn Sie das wollen. Denn diese friedvolle Szene passt ganz allgemein für eine rundum entspannte und gleichzeitig überaus effiziente Erziehungsmethodik. Prägen Sie sich **Ihr** Bild von der »Freitreppe« einfach ein! Und versuchen Sie immer öfter, danach zu handeln!

Jetzt!
Jetzt dürfen Sie die Augen schließen (wenn Sie sich dazu Zeit nehmen möchten) und versuchen, sich das eben Gelesene tatsächlich bildhaft vorzustellen.
Alles auf Anfang!
Sind sie wieder offen, Ihre Augen?
Gut! Dann begeben wir uns also, mit diesem hoffentlich einprägsamen Bild vor unserem geistigen Auge, weiter in die Welt des kindlichen Denkens.

Ich möchte Ihnen die nun logischerweise auftauchende Frage nach dem Sinn dieses Experimentes ersparen: Das Erzeugen eines **einprägsamen Bildes** vor Beginn einer Tätigkeit ist klassisches, mentales Training. Vielfach erprobt, tausendfach bewährt, wird es derzeit in allen Leistungssportarten angewandt, beim Training von Topmanagern und sogar in der Medizin. Es wäre durchaus sinnvoll, dies in vielen anderen schwierigen Situationen des Lebens und vor Aufgaben mit hoher Anforderungsqualität anzuwenden. Sie werden erstaunt sein, wie effektiv die bildhafte Vorstellungskraft beim Erhöhen Ihrer eigenen »Performance« helfen kann.

Warum Coaching?

Der Begriff »coachen« oder »Coaching« kommt ursprünglich aus dem Ungarischen. Er bedeutet dort tatsächlich »Wagen« oder »Kutsche«, genauso wie später im Englischen. Umgelegt auf unseren pädagogischen Begriff soll das bedeuten, dass es ein »Vehikel« gibt, das einen von einem Ort zum nächsten bringt. Von einer Situation zur nächsten. Vielleicht zu einer besseren? Und derjenige, der bloß »fährt«, jedoch nicht ständig die Kutsche steuert, das ist der Coach. Steuern darf und soll der Insasse selbst. Zum Beispiel eben Ihr Kind.

! Es ist viel, viel leichter, ein Kind aus einer aufgetauchten Problemsituation selbst heraussteuern zu lassen, als es zu stoßen, zu halten oder gar an Armen und Beinen in eine gewünschte Richtung zu zerren.

Noch zwei letzte Bilder oder »Pädagogeln« versus Coaching

»Pädagogeln«
Sie lassen Ihre »Kutsche des Lebens« beim nächsten auftauchenden Problem mit Ihrem Kind einfach stehen. Sie nehmen ihm seine Zügel aus

der Hand und zerren Ihr Kind aus dem Führerhaus. Dann versuchen Sie es händisch aus dem Problembereich zu schleppen und geben, als es endlich fest auf den Beinen steht, noch »gute« Ratschläge, wo es nun hin soll. Einige schubsen ihr Kind dann vielleicht noch mit fester Hand in die von ihnen gewünschte Richtung.

Coaching
Sie fahren die Kutsche. Das Kind aber hält mit Ihnen gemeinsam die Zügel. Es greift, wann immer es will, in die Lenkung ein. Sie verständigen sich dabei mit Ihrem Kind durch sanfte Zurufe. Das Tolle dabei ist: Sie haben dabei kaum einen Kraftaufwand. Hin und wieder fragen Sie bei Ihrem Kind nach, ob es sich für »links« oder für »rechts« entscheidet. Dann warten Sie entspannt auf die Antwort oder auf die Richtung, die es einschlägt. Die Entscheidung des Kindes dann hin und wieder in stillen Momenten zu hinterfragen, ist dabei sicher kaum verkehrt. Das alles bedeutet kaum Kraftaufwand für Sie. Es bringt null Stress. Es bedeutet relaxte Atmosphäre. Und natürlich eröffnet es Ihnen die Möglichkeit, auf dem Weg selbst von Ihrem Kind etwas zu lernen, wenn es Entscheidungen trifft. Der Weg wird zum Ziel, während das Kind voll Freude und immer öfters die Kutsche alleine dirigiert. *Ist das nicht eine fantastische Perspektive?*

»Pädagogeln« oder Coaching? Welches Bild gefällt Ihnen besser? Und welches wirkt entspannter auf Sie?

Coaching oder »Hilfe zur Selbsthilfe«

Coaching wird in der heutigen Jugend- und Erwachsenen-Pädagogik in Beratungssituationen immer öfter professionell angewandt. Der Coach wird dabei zum neutralen Gesprächs- und Interaktionspartner für das Kind oder den Erwachsenen. Die Prämisse hierbei ist: gezieltes Hinführen und Hilfestellung zum Selbst-Erkennen und Selbst-Helfen. Das Gewicht liegt dabei auf der Stärkung persönlicher Fähigkeiten und dem Erfinden-Lassen neuer Möglichkeiten.
Hierbei gilt: Kein »guter« Ratschlag ist notwendig, keine fixen Vorgaben helfen hier weiter – der »Gecoachte« (auch Coachee genannt), in Ihrem häuslichen Umfeld also Ihr Kind, soll auf eigene Lösungen kommen. Sie schaffen nur die Vorraussetzungen dafür.

Anlässlich eines Management-Seminares in New York, dem ich vor vielen Jahren beiwohnen durfte, stand auf einem riesigen Transparent folgender genialer Spruch:

Ein wahrer Top-Manager motiviert seine Mitarbeiter nicht selbst.
Er schafft bloß das Umfeld für Selbstmotivation.
(unbekannte Quelle)

Dies wurde in meinem pädagogischen Wirken, wie auch im Umgang mit Mitarbeitern, zu einem maßgeblichen Leitsatz in meinem Leben!

Anwendungs-Steps oder Eine »neue Ära« daheim

Wenn Sie mit diesem Wissen in Ihre »neue Ära« des »Home-Coachings« hineingehen, dann sollte ab nun für Sie so ziemlich jedes Problem viel leichter zu lösen sein. Wie schlimm die Sache auch ist: Ihr Kind wartet sicher auf einen Impuls von Ihnen, um richtig handeln zu können. Also geben Sie ihm doch den erwarteten Input. Halten Sie sich dabei weitgehend an die nun folgenden Regeln und lassen Sie Ihr Kind dann seine »Kutsche« selbst aus dem »Dreck« heraussteuern.

⏭ **Fall 12: »Arbeitsverweigerung«**

Rebecca (11) hat eine Lernschwäche in Deutsch. Aber seit Längerem will sie absolut nichts mehr lernen. Mama macht nun schon seit Wochen Ihren Job als Mutter »perfekt« und hält sich brav an die Vorgaben des Herrn Klassenvorstandes ihrer Tochter: *»Lernen Sie täglich mit Ihrem Kind mindestens eine Stunde. Ihre Tochter muss Aufsätze und Rechtschreibung üben. Lassen Sie dabei nicht locker!«* Doch mittlerweile ist die »folgsame« Mutter ziemlich verzweifelt: Rebecca bringt einfach nichts weiter! Trotz Mamis Hilfe! Sie verweigert das Durchlesen der Aufsätze, zögert vieles hinaus, wird mürrisch und scheint sich nichts merken zu können. Überdies gibt es immer öfter während der Lernstunden heftigen Streit! Schon die vierte Lernzielkontrolle ist danebengegangen. Ermahnungen, schimpfen, Bestrafung – alles ohne jeden Erfolg! Stress pur! Laune am Boden.

Noch bevor wir eine »Gefährdung« von der Schule erhalten, versuchen wir gemeinsam, Rebecca zu coachen:

Step 1 – Das »Setting«: Damit sind das »richtige Umfeld« und der »richtige Moment« gemeint. Mutter nutzt einen sehr entspannten Augenblick. Nachdem sie mal wieder, weitab vom Lernen, viel Spaß gehabt haben, setzt sich Mutter gemütlich zu Rebecca auf den Boden. Sie hat das richtige »Setting« gefunden. Alles ist »cool«, weil man gerade viel gelacht hat, Mutti befindet sich nun auch auf »gleicher Höhe« mit ihrem Kind. Und das in mehrfacher Hinsicht.

Step 2 – Der »Eisbrecher«: Damit ist gemeint, dass man vor dem kommenden Gespräch, der Befragung, dem Kind noch ein wenig die »Sorge« davor nimmt. Mami lobt: *»Becci!«* – so nennt sie ihre Kleine liebevoll – *»Heute warst du total brav mit dem Wegräumen und auch mit deiner Aufgabe. Darum hab ich auch mit dir das lustige Spiel gemacht! Hat es dir gefallen?«* Ganz begeistert »sprudelt« Rebecca noch einmal die Highlights des vergangenen Spiels herunter.

Step 3 – Die Befragung: Dieser Kernpunkt des Coachings ist nichts anderes, als dem Kind die Hand zu reichen, um seinen Lösungsvorschlag zu hören und diesen dann auch ernst zu nehmen. Mutter fragt also, nachdem sie erklärt hat, worum es geht. *»Wie stellst du dir in Zukunft das mit dem Lernen für Deutsch vor? Wie würdest du das Problem lösen? Wie glaubst du, dass du dir viel merken kannst?«*

Step 4 – Das Aha-Erlebnis: In den meisten Fällen kommt nun ein Vorschlag, den man selbst kaum erwartet hätte. Fast immer getraut sich ein Kind ohne entspanntes »Setting« keine eigenen Vorschläge zu unterbreiten. Nun aber, in dieser Atmosphäre der tollen Entspannung zwischen Mutter und Tochter, sprudelt es nur so heraus: *»Ich möchte ganz alleine lernen und dich nur fragen, wenn ich was nicht weiß. Ich kann einfach nicht lernen, wenn du dauernd neben mir sitzt. Ich fühl mich erdrückt. Außerdem glaub ich immer, dass du mir nichts zutraust.«*

Step 5 – Das Eingehen: Rebeccas Mutter ist bass erstaunt. Das hätte sie nicht erwartet. Noch kann sie ja nicht glauben, dass Rebecca das auch schaffen wird. Aber dennoch: Was bei der Befragung erkannt wurde, soll nun auch penibel ernst genommen und respektiert werden. Rebeccas Mutter tut das.

Step 6 – Das Gegenteil von gut machen ist »gut meinen«: *»Auch Ratschläge sind Schläge«, lautet das Credo des Coaching-Prinzips!* Schweren Herzens macht sich Rebeccas Mutter klar, dass Sie mit ihren geliebten Aussagen wie: *»Ich meine es ja nur gut mit dir«*, nun nicht mehr punkten kann! Sie weiß auch: Wenn Sie wie ein »Home-Coach« agieren will, sollte Sie ab nun weder Vorschläge machen, noch einen anderen gut gemeinten Rat erteilen. In diesem »Setting« macht Rebecca die Vorschläge! Nicht die Mutter!

Step 7 – Das Einfordern: Im Gegenzug dazu haben Sie jetzt aber nicht nur das Recht, sondern auch die Pflicht, die von Ihrem Kind gemachten Vorschläge nicht nur umzusetzen, sondern auch konsequent von ihm einzufordern. Rebeccas Mutter tut auch das: Sie erinnert ihre Tochter einige Male daran, was sie selbst vorgeschlagen hat, und dass es somit immerhin ihr eigener Wunsch war, nachmittags ganz alleine zu lernen. Fast immer geht Rebecca dann ohne Murren in ihr Zimmer und macht sich über einen neuen Aufsatz her.

Step 8 – Der Erfolg: Das Coaching hat es »gebracht«! Rebecca hat ihrem eigenen Wunsch entsprechend auch ihre eigene Lösung gefunden. Sie lernt nun allein, aber einigermaßen willig. Das Problem war nicht das Lernen an sich. Das eigentliche Problem war die kompromisslose Anordnung des Klassenvorstandes für die Mutter und natürlich deren ebenso kompromisslose Umsetzung.

Worauf Sie während des Coachings noch achten müssen:

- Seien Sie ungeniert **neugierig.** Stellen Sie während des »Settings« in Ruhe viele, neugierige Fragen.
- Verhalten Sie sich **wertschätzend**. Nehmen Sie die Antwort Ihres Kindes ernst und sehen Sie Ihr Kind als die Person an, die die größte Lösungskompetenz in dem anstehenden Problem hat.
- Versuchen Sie, die **gleiche Sprache** zu sprechen wie Ihr Kind. Das heißt: Sprechen Sie nicht mit anderen Begriffen. Antworten Sie auch mit dem gleichen Wortschatz wie Ihr Kind.
- Diskutieren Sie nicht, sondern **akzeptieren Sie**!
- Hat Ihr Kind dann einen Vorschlag gemacht, also **seine eigene Lösung** gefunden, **wiederholen** Sie diese Lösung in einer kurzen Zusammenfassung.

Zwischensumme
Sollten Sie zu Anfang gezweifelt haben, dass diese »Sache« wirklich funktioniert, sollten Sie mir nun einfach glauben: Wenn das »Setting« passt, kommt in nahezu allen Problem-Situationen sicher ein eigener Lösungsvorschlag des Kindes oder des Jugendlichen zurück, sofern Sie die obigen Regeln beachten. Es kommt ein Feedback. Vor allem dann, wenn Sie dem Kind klarmachen, dass dieses Feedback ab nun auch wirklich gehört wird. Noch öfter werden Sie mit dieser Methode des Hinterfragens Erfolg haben, wenn Sie Ihrem Kind schon ein oder mehrere Male bewiesen haben, dass Sie sehr wohl die richtigen Fragen stellen können und die Antworten danach tatsächlich ernst nehmen!
Es bedeutet jedoch keinesfalls, dass Sie jetzt im gesamten Tagesablauf alles abfragen sollen: *»Was magst du denn anziehen?« »Wann magst du schlafen gehen?« »Wann darf ich dir eine Strafe geben?« »Magst du überhaupt noch hier wohnen?«* Das hat nichts mit Coaching zu tun.

Einen Versuch ist es wert
Wie schon eingangs erwähnt: Versuchen Sie es, wenn Ihnen danach ist. Vielleicht gleich in der nächsten Krisensituation? Verhalten Sie sich diesmal nicht als strafende oder als »strafpredigende« Person, die vielleicht auch noch unter Zorn handelt. Probieren Sie es einfach in entspanntem »Setting« aus. Am besten, wenn es noch lange nicht nach schlimmer »Krise« aussieht, also vielleicht **bevor** sich die Fronten verhärten. Aber es geht natürlich auch noch lange »danach«. Wie harmonisch Sie eine solche Situation ab nun bewältigen, hängt allein von Ihrem Feingefühl ab. Gehen Sie ohne Scheu hinein in den ersten Versuch. Lesen Sie sich vielleicht noch einmal die Regeln durch, und los!

! Sobald Ihr Kind Vertrauen gefasst hat, dass Sie sich mit Sicherheit an seine Vorschläge halten und Sie es somit wirklich ernst nehmen, wird die Anwendung des »Home-Coaching-Modells« immer öfter, und dabei immer entspannter gelingen.

Nur jenen Weg, den man selbst erkoren hat, wird man auch tatsächlich gehen. Den Weg eines anderen Menschen jedoch kann man nur dann gehen, wenn man sich dem eigenen verschließt.
Gerhard Spitzer

TEIL 2

ERZIEHUNGSFALLEN ODER DIE »NICHT GANZ SO GLORREICHEN SIEBEN«

In Teil 2 des Buches stürzen wir uns Hals über Kopf in ein gewagtes Unternehmen: Die »Erforschung« der »Erziehungsfallen«. Mit Abkürzungen und Beispielen, die vielleicht sogar ein wenig zum Schmunzeln anregen, werden wir versuchen, uns diese heimtückischen Stolpersteine in der häuslichen Erziehung besser einzuprägen und sie so vielleicht alsbald ausmerzen können. Schmunzeln, meine ich, ist immer ein gutes Mittel, wenn man sich ernsthaften Dingen entspannt nähern will. Zunächst aber müssen wir uns erst einmal dem wundersamen Phänomen der »Regula Falsi« nähern. Viele meiner kleinen »Mitarbeiter« stellen uns in den folgenden acht Kapiteln ihre ganz persönlichen »Regula Falsis« vor, noch während ihre Eltern tief drinnensitzen in ihren Erziehungsfallen.

Keine Angst vor »Fallen« oder »Learning by doing!«

Bevor wir uns dem spannenden Thema Erziehungsfallen überhaupt widmen können, muss ich der ganzen Sache zunächst einmal ihren »Schrecken« nehmen: Keine Mami, kein Papi, kein ehrenamtlicher oder professioneller Betreuer, Lehrer oder »aufsichtspflichtiger« Verwandter muss nun ständig Sorge haben, in eine Erziehungsfalle zu tappen und vielleicht den Überblick zu verlieren. So heimtückisch und »folgenschwer« manche dieser Fallen auch sein mögen, tappen Sie ruhig hin und wieder »ganz gemütlich« in eine solche hinein. Sonst haben Sie ja keine Gelegenheit, sich selbst aus einer eben geöffneten Falle wieder herauszuhelfen. Genau wie die Kinder, die aus ihren Fehlern nur lernen können, sollten auch wir aus gelegentlichem Scheitern unseren Nutzen zur Weiterentwicklung ziehen und nicht daran verzweifeln. Außerdem machen wir mit unserer kleinen »Forschungsreise« in den kommenden Kapiteln ja schon einen Riesenschritt in die richtige Richtung: Wir entlocken den Erziehungsfallen gnadenlos ihre kleinen Geheimnisse. Auch wenn sich diese noch so gut verstecken. Das genügt Ihnen, liebe Leser, sicher bereits, um wieder neue Entspannung zu fühlen, denn:

Eine Gefahr, die man kennt, ist keine Gefahr mehr!
(Unbekannte Quelle)

Und schließlich kann es sogar Spaß machen, mit dieser neuen Sichtweise an die Sache heranzugehen. Also, lehnen Sie sich entspannt zurück – wir starten!

Die »Regula Falsi« oder Die »Regel des falschen Ansatzes«

In diesem einleitenden Kapitel erfahren wir, dass ohne Übung kaum ein anderer, kindlicher Gedankengang für uns so schwer nachvollziehbar ist wie diese »Regel des falschen Ansatzes«, wie sie ursprünglich in der höheren Mathematik heißt. Obendrein müssen wir erkennen, dass die »Regula Falsi« der eigentliche Auslöser ist für alle Spielarten von »schlimm sein«, die unsere Kids so an den Tag legen. Der kleine Robert hat für uns sogleich den Beweis dafür.

Neue Erkenntnis oder Ein kindliches Gedankenmuster

Das ganz spezifische kindliche Gedankenmuster, um das sich in den folgenden Kapiteln eigentlich alles zu drehen scheint, erlaube ich mir also ab nun mit dem klangvollen Namen »Regula Falsi« zu bezeichnen! Scheinbar wieder eine eigene Wortschöpfung, ist dieser Fachbegriff diesmal jedoch kühn aus der höheren Mathematik »entlehnt«. Er bedeutet dort tatsächlich so viel wie »Regel des falschen Ansatzes« und wird oft Sir Isaac Newton zugeschrieben.

Kaum ein prägnanter Ausdruck passt besser zu unserem Phänomen falscher, kindlicher Denkansätze. »Regula Falsi« wird jedoch ohnehin nicht die letzte Wortschöpfung sein: Gleich im Anschluss kommen noch sieben weitere. Und die sind dann tatsächlich von mir.

Richtig gefragt

Wenn wir ab heute eher entspannt erziehen wollen, bleibt uns wohl nichts anderes übrig, als uns ab nun sehr sensibel auf die Gedankengänge unserer Kinder einzulassen! In Bezug auf die »Regula Falsi« ist das eigentlich sehr einfach: Wenn Sie sich demnächst wieder einmal darüber ärgern, dass Ihr Kind exakt das Gegenteil von dem tut, was Sie erwartet haben, sollten Sie sich fragen: *»Was für eine eigene Regel hat sich mein Kind nun wieder zurechtgebastelt?«* Oder anders gefragt: *»Bin ich vielleicht in eine Erziehungsfalle getappt?«*

Stellen Sie sich vor, Sie geben Ihrem Kind eine Anweisung, die es nicht versteht. Sie bemerken dessen Verwirrung aber nicht und erwarten nun die entsprechende, zufriedenstellende Reaktion. Was soll Ihr Kind aber in so einem Fall tun? Wie kann es für sich selbst eine befriedigende Lösung finden, um danach von seinem Standpunkt aus »richtig« zu handeln? Darüber reden wird es wohl kaum. Das haben wir ja schon besprochen. Also bleibt Ihrem Kind nur eines: Sich schnell eine eigene, meist aber völlig falsche Regel zurechtzubasteln. Eine »Regula Falsi« eben. Sie stellt eine Besonderheit in der kindlichen Gedankenwelt dar.

! Die zutiefst handlungsorientierte Denkweise eines Kindes kreiert kurzerhand einen einfachen »Ausweichplan« oder eine leichte Erklärung für alle Situationen, in denen es überfordert, verärgert, verletzt oder schlichtweg verwirrt ist.

Aber so wundersam dieses Phänomen auch ist, im Grunde ist es furchtbar einfach zu erkennen: Hat Ihr Kind gerade völlig anders reagiert, als Sie es für diesen Moment erwartet haben, oder tut es sogar das genaue Gegenteil, stammt dies wahrscheinlich von einer »Regula Falsi«! Sie sind dann offensichtlich bereits in eine Erziehungsfalle getappt!
Am besten stelle ich Ihnen jetzt den neunjährigen Robert vor. Er ist Meister im »selbst basteln« von Erklärungen und Regeln.

⏭ **Fall 13: »Stinkefüße«**

Robert »lümmelt« auf dem Sofa und hat schon wieder die Füße auf dem Tisch liegen. Das mag Papa gar nicht. Weiß Robert das? Natürlich! Nur zu genau! Aber man ist zurzeit mal wieder auf dem *»Ich teste meine Grenzen«*-Trip. Mal sehen, wo der hinführt.
Vater liest seine riesenformatige Zeitung. Aus den Augenwinkeln heraus registriert er die »Ungezogenheit« seines Sprösslings! *»Herunter mit den Füßen«*, mahnt er mit seiner tiefen Stimme, sieht dabei aber nicht wirklich von der Zeitung auf.
Schon klinken wir uns ein, in die genial einfachen Gedankengänge des Kleinen: *»Also* ***mich*** *kann Papi nicht meinen! Der hat ja nicht mal hergeschaut. Der redet sicher mit der Zeitung. Alles in Ordnung.«*
Es vergehen wertvolle Minuten, in denen Papi nicht nachhakt. Robert fühlt sich voll bestätigt: *»Keine weitere Meldung wegen der Füße? Aha! Recht gehabt. Wie immer. Paps* ***hat*** *mit der Zeitung geredet!«*

Minuten später bekommt der gestrenge Vater Durst und legt die Zeitung weg, steuert die Küche an. Im Vorbeigehen ermahnt er nun etwas schärfer: *»Berti, ich hab's dir schon gesagt: Runter mit den Füßen, oder es setzt was!«*
Die letzten Worte verhallen aber schon fast in der Küche. Robert denkt: *»Also, besonders wichtig kann ihm das mit meinen Füßen nicht sein, wenn er jetzt in der Küche rumhängt. Da kann er ja gar nicht nachsehen, was ich tu! Außerdem sind Papas ›Es setzt was‹-Sprüche eh total unwichtig!«*

An dieser Stelle muss ich unbedingt eine Erkenntnis einbringen:

! Für ein Kind ist »unklar« gleichbedeutend mit »unwichtig«! Eine »Regula Falsi«, die Kinder besonders leicht verinnerlichen.

Aber Robert ist auch sonst noch sehr entspannt: *»... und außerdem hat Paps ›Berti‹ gesagt. Kein Alarmzeichen! Alles in bester Ordnung!«*
Gratuliere! Es scheint, dass du recht hast, lieber Berti! Man sieht zwar Papa jetzt seinen Unmut schon deutlich an, als er mit seinem, natürlich alkoholfreien, Bierchen zurückkommt. Aber sein nächster »Vorstoß« klingt, obschon ziemlich laut, immer noch reichlich verwaschen: *»Robert!«* – Achtung, kein »Berti« mehr! – *»Muss ich dir das noch dreimal sagen?«*
»Jop!«, denkt der kleine Naseweis, *»Klar! Viermal, wenn's geht!«*
Aber Paps scheint auch jetzt noch nicht wirklich an der Durchführung seines Wunsches interessiert zu sein. Das heutige Liga-Fußballspiel hat ja schon begonnen, und schnell »zappt« Vati mal rein in den Sportkanal.
Robert ist stolz auf sich. Nicht zu unrecht: Bis jetzt hat er das »Duell« erfolgreich »ausgesessen«! Seine Grenze scheint noch lange nicht erreicht. Er »testet« munter weiter, belässt seine Füße seelenruhig auf dem Tisch.
»Ein Tor in den ersten drei Spielminuten! So ein Mist!« Und das passiert ausgerechnet Papis Lieblingsmannschaft! Aus den Augenwinkeln heraus sieht er erneut Roberts Füße. *Es reicht!* Eigentlich ist Vater jetzt eher wegen des Tores aufgebracht. Deshalb fällt die »Portion« für den Sohnemann nun viel heftiger aus als gewollt. Jetzt sieht er jedoch seinen Sohn zum ersten Mal direkt an. Allerdings mit wütender Miene.
»Robert!«, schreit er los, *»du bist ein unmögliches Kind! Wenn du nicht*

sofort deine stinkenden Füße von Tisch nimmst, hast du drei Wochen Hausarrest!«

Das hat gewirkt! Erzieherische Maßnahme geglückt. Robert reagiert. Sichtbar nimmt er die Beine vom Tisch. »Unsichtbar« jedoch reagiert er mit einigen interessanten Erkenntnissen: *»Ach soo! Papi will ja wirklich, dass ich meine Füße runternehme!«* Und weiter denkt er: *»Aha, ich muss also nichts machen, bevor Vater nicht echt wütend wird, weil vorher eh nix passiert!«* Und als »Draufgabe« bastelt er noch fürs nächste Mal gleich eine einfache Lösung zurecht: *»Übrigens kann ich ja dann nächstes Mal noch ein wenig länger warten! Weil die drei Wochen Hausarrest zieht er deswegen sowieso nicht durch!«* Ganz unbewusst entsteht zu guter Letzt noch eine weitere, kleine, aber überaus fatale Regel in seinem Kopf: *»Papa hat mit dem Anschreien gewonnen. Wenn man also jemanden laut anschreit, gewinnt man auf jeden Fall. Man muss also im Leben nur laut genug mit den Leuten schreien. Dann folgen sie. Wart nur, wenn Tina nach Hause kommt!«*

Eine hübsche Anzahl von »Regula Falsi« sind im Kopf des Kleinen heute entstanden. Und sie haben allesamt ein Ziel: es sich so leicht wie möglich zu machen. Übrigens: Es wird Ihnen nach dem Kennenlernen der »nicht so glorreichen Sieben« sicher Spaß machen, die vorige Fallstudie nochmals auf versteckte Erziehungsfallen zu untersuchen. Schon vorweg: Es ist ein wahres Fallen-»Feuerwerk« in Roberts Geschichte verborgen.

Aber nicht nur der Sohnemann hat sich nach diesem »Feuerwerk der Erziehungsfallen« in ganz andere Bahnen lenken lassen. Auch Roberts Vater hat sich seine eigene Regel für diesen »erfolgreichen Vorgang« zurechtgelegt: *»Na also! Es geht doch! Ich muss nur immer hart durchgreifen. Nur wenn ich laut werde, kapiert er es. Nur dann hört er mir überhaupt zu! Anders versteht er mich gar nicht. Also werde ich in Zukunft am besten sofort recht laut!«*

Wie wichtig jedoch schon alleine der Blickkontakt für den Erfolg war, übersieht der Vater völlig. Und in Bezug auf den vermeintlichen Lerneffekt denkt er: *»Jetzt hat er es offenbar kapiert, das mit den Füßen. Berti legt sicher nie mehr seine Latschen auf den Tisch!«*

Ob Sie sich da nicht irren, lieber Papa? *Und Sie, lieber Leser? Sehen Sie, wie wenig die Gedankengänge der beiden zusammenpassen?* **So und nicht anders entsteht Spannung in der Erziehung!** Und es ist so einfach, wenn man es versteht.

Fraglich ist nun vor allem: Was wird Vati wohl beim nächsten Mal unternehmen, wenn Roberts »stinkige« Füße wieder den Tisch besuchen? Und was wird er denken, wenn sein Söhnchen bei nächster Gelegenheit Tina, seine jüngere Schwester (6), ebenfalls anschreit? Wahrscheinlich: *»Von wem hat er das nur ...?«*
Dies birgt dann noch viel mehr Potenzial für jede Art von Spannungen. Und das hat Paps sicher nicht beabsichtigt.

Zwischensumme
Auf Verwirrung oder unklare Anordnungen sowie unangenehme Gemütszustände antwortet ein Kind nicht gleich mit Abwehr oder einer Frage, so wie es beispielsweise ein Erwachsener wohl tun würde. Ein Kind reagiert ganz anders: Es würde zu schwer fallen, sich der Sache zu stellen. Es wendet viel leichtere »Mittel« an. Wir haben uns ja schon bei der »Handlungsorientierung« damit befasst. Die erste und einfachste »Handlung« geschieht aber in den Gedanken des Kindes: Das Kind wandelt seine Verwirrung in irgendeine »selbstgebastelte«, einfache Überzeugung um. Leider enthält sie fast immer genau das Gegenteil von dem, was Sie, als liebender Elternteil oder fürsorgender Betreuer erwartet haben.
Sobald das Kind also nicht absolut eindeutig erkennen kann, was Sie mit einer Maßnahme oder einer Ermahnung bezwecken wollen, macht es sich sein »Leben« so leicht wie möglich und verschafft also mit seiner eigenen Regel dort Klarheit, wo der Erwachsene nicht imstande war, sie ihm zu geben.

Rational und irrational oder »Geht es mir selbst nicht genauso?«

Wie machen Sie es denn, wenn Ihr Chef Sie nervt, dabei aber nichts Klares herauskommt, er also beispielsweise konfuse Anordnungen erteilt? Sie denken sich »Ihren Teil« und »basteln« sich Ihre eigene Meinung. Danach stimmen Sie ihm vielleicht mehr oder weniger freundlich lächelnd zu und handeln dann doch nach eigenem Ermessen. Bei uns Erwachsenen »übernimmt« ab diesem Zeitpunkt aber die »Ratio« das Kommando. Mit der rationellen Denkweise verquicken Sie nun zwei unterschiedliche Dinge:
a) Ihre Erfahrung: Nachdem Sie nunmehr völlig sinnlose und vielleicht sogar widersprüchliche Anordnungen von Ihrem Chef erhalten haben und er gegangen ist, greifen Sie nun auf **Ihren** Erfahrungsschatz zurück. Das

heißt, sie handeln nach bestem Wissen so, als wären die Anordnungen klar und deutlich in jene Richtung gegangen, wie es in einem ähnlichen, früheren Fall schon einmal gewesen ist.
b) Ihre empathischen Fähigkeiten: Sie legen Ihre darauf folgenden Handlungen so an, wie es Ihr Chef Ihrem Empfinden nach gerade am liebsten haben könnte. Sie bringen also Ihr Verständnis für die Emotionen und das mögliche Wohlbefinden eines Mitmenschen mit ein. Ihre Empathie eben.
So erhalten Sie eine Lösung, die a) wahrscheinlich sachlich zielführend und funktionell sein kann und b) wahrscheinlich Ihrem Chef gefällt.
Da wir jetzt unser eigenes Denken analysiert haben, können wir viel leichter den Unterschied zur kindlichen Gedankenwelt nachvollziehen. Das kindliche Denken, welches von Ihnen vielleicht unklare oder sogar klar widersprüchliche Anordnungen erhalten hat, beginnt nun zunächst ähnliche Bahnen einzuschlagen: Es sucht sich seinen eigenen Weg, möchte seine Bezugsperson zufriedenstellen und denkt sich doch seinen eigenen Teil. Danach aber kommt der heftige Unterschied: Keine »Ratio« wird aktiv, kein Erfahrungsschatz, aus dem heraus es abwägt und diesen in Relation zu seiner Entscheidung bringt. Es macht sich also nicht die Mühe, aus »reichhaltigen« Erfahrungen zu schöpfen und das »Richtigste« daraus zu »basteln«. Es kann sich in solch unklaren Situationen auch nicht mühevoll mit Ihrer möglichen Zustimmung oder gar mit Ihrem Gemütszustand auseinandersetzen.
Das Kind sucht sich einen Weg ohne Mühe, einen, den es **leicht** gehen kann. Und es sucht sich etwas aus dem ganzen Wirrwarr heraus, das es gerade noch **gerne** tut. Erinnern Sie sich? Der Kreis schließt sich.

Willkommen im »Land der sieben Fallen«

Unser neues Verständnis für das »Regula Falsi«-Prinzip brauchen wir nun, wenn wir dessen wichtigste Auslöser »studieren«: **die Erziehungsfallen!** Was ich Ihnen nunmehr ankündigen darf, ist, da bin ich mir sicher, ganz und gar in Ihrem Sinne. Denn meine Ankündigung bedeutet für Sie ein Maximum an Einfachheit in allem, was Sie über »Fehler« beim Erziehen so wissen müssen. Entdeckungen und Beschreibungen von Erziehungsfallen füllen bislang ganze Bände. Eine der Abhandlungen über Erziehungsfehler, die mir in die Hände fielen, hielt sage und schreibe 114 Fallen und

Fehler bereit, die man in der Erziehung machen kann. Und das Buch war über 300 Seiten stark! So interessant das alles auch sein mag: Wer sich da hineinwagt, kommt wohl nie mehr »heil« heraus und lebt vielleicht ewig in einer »Fehler-Panik«! Ich gestehe Ihnen hier: Ich habe bei der Hälfte dieses Buches aufgegeben.
Mein Ziel war es also, in Ihrem Interesse zu kürzen, zu vereinfachen. Dass dann, nach mühevoller »Kleinarbeit« und sehr viel Beobachtung in der Praxis, nur noch **sieben Hauptfallen** übrig geblieben sind, hat selbst mich ebenso erstaunt wie erfreut! Und ich hoffe, es geht Ihnen dabei genauso! Nahezu alle Spannungssituationen, so wurde mir klar, lassen sich auf sieben Haupt-Erziehungsfallen zurückführen! Meiner Meinung nach sind dies quasi die »Mütter und Väter« aller anderen Erziehungsfehler. Und außerdem sind sie sowieso die »Stammväter« unentspannten Erziehens. Deshalb sollten Sie alle sieben auch sehr genau kennenlernen, wenn es bald anders ablaufen soll!
Das hört sich doch ziemlich einfach an – oder?
Ist es auch! Und es wird noch einfacher für Sie, weil ich für jede der sieben Fallen auch noch eine passende, leicht zu merkende Abkürzung kreiert habe. Das nur, damit Sie auch jede einzelne Falle rasch und mühelos wiedererkennen, sobald Sie Ihnen daheim begegnet.

1. NAGUFA – die »Na-gut-Falle«
2. ESKAFA – die »Eskalations-Falle«
3. FIFA – die »Fies-Falle«
4. TÜFA – die »Totale Überforderungs-Falle«
5. EGAFA – die »Egal-Falle«
6. UWAFA – die »Unwahrheits-Falle«
7. UEFA – die »Uneinigkeits-Falle«

So! Wir haben es geschafft! Wortschöpfungen abgeschlossen! Ich hoffe, Sie teilen meine Ansicht, dass man sich unter Umständen »lustig« klingende, aber immerhin prägnante Abkürzungen besser merken kann als lange Fachausdrücke.

NAGUFA – die »Na-gut-Falle« oder »Wie mache ich mich perfekt unglaubwürdig?«

Für viele wird schon alleine die Erwähnung des Terminus »Na gut« genügen, um zu begreifen, was ich mit diesem Kapitel vermitteln will. Man ist ja schließlich auch selbstkritisch genug, sich solcher »Kleinigkeiten« bewusst zu sein. Trotzdem wird der folgende kleine Ausflug in die »Tiefen der tückischen Nachgiebigkeit« eines fast jeden Erziehenden, Ihnen vielleicht den stärksten Eindruck eines ziemlich gut polierten »Spiegels vor der Nase« vermitteln. Und kein Teenager könnte uns diesen Spiegel »rücksichtsloser« vor die Nase halten als Doris, die »Chipstigerin«.

NAGUFA hat es »in sich«

NAGUFA ist sicher die häufigste, »beliebteste« und in ihrer pädagogischen Wirkung die undurchschaubarste aller sieben Haupt-Erziehungsfallen, ich würde sie sogar als die »Mutter aller Erziehungsfallen« bezeichnen. Sie bewirkt Dinge, die Eltern und Betreuer zur »Weißglut« treiben können. Sie vermag auszulösen, dass Kinder ihre Eltern oder andere Bezugspersonen einfach nicht mehr ernst nehmen und bald völlig »außer Kontrolle« geraten. Sie trägt »Schuld« daran, dass vor allem kleinere Kids, bald auch nach einem klaren ***»Nein!«*** noch permanent und »gnadenlos« weiter betteln. Und sie verschafft so manchen Kindern rasch und leider oft ziemlich nachhaltig das Image, »schlimm« zu sein. Dabei ist all das »hausgemacht«. Man muss nur oft genug in die »Na-gut-Falle« stolpern.

Fall 14: »Chipstigerin«

»Doris, du machst jetzt kein Packerl Chips mehr auf!«
»Aber Mama, das sind doch die leckeren, mit Rahm-Zwiebelgeschm...«
»Doooris! Was hab ich gesagt? Muss ich es noch zweimal sagen?«
Gute Gelegenheit, nachzusehen, was Doris in diesem Moment denkt: *»Ja – klar! Mindestens zweimal! Das will ich ja hören. Und ich weiß, du sagst es ein drittes Mal auch noch ... und gibst dann Ruh, wie ich dich kenn!«*

Laut sagt das elfjährige Mädchen: *»Aber geeeh! Der Daniel will ja auch was davon. Gerade hat er danach gefragt.«*
Dass der siebenjährige Bruder, Daniel, sich derzeit gar nicht auf diesem Planeten befindet, ist für Doris nicht von Bedeutung. Der unschuldige kleine Junge »fightet« sich grade durch den dritten Level des vierten Sequels von Egoshooter »Erschieß das Universum«. Dabei zerquetscht er vor lauter ungesunder Anspannung fast den Joystick. Jedenfalls hat Klein Daniel zurzeit wahrlich andere Sorgen, als Chips zu knabbern oder auch nur daran zu denken. Aber das kann Mutter ja nicht wirklich nachprüfen. Vor allem wird sie es nicht tun, so viel steht für Doris fest. Fest steht aber auch: Doris ist hier die Einzige, die wirklich Chips will.
Mama denkt erwachsen, rational: *»So viele Chips sind schlecht für Doris! Zwei Pakete hat sie heute schon aufgemacht und eines davon ist ja noch halb voll. Verschwendung! Außerdem hab ich gekocht. Dann isst sie mir wieder nichts!«*
Somit kann es für die Mutter keine andere Lösung geben, als »hart« zu bleiben: *»Doris! Ich habe Nein gesagt!« »Aber Mama, ich koste sie ja nur ...«*
»Ja, ja, das kenn ich! Deshalb sag ich ja Nein. Und diesmal bleibt's dabei!«
Doris hört mit Ihren »klugen Ohren« genau hin und vernimmt bei dieser einen Äußerung schon Mutters »wundervolle« Unsicherheit, die da mitschwingt. Schon ist sie auf der Siegerstraße. Und weil sie das genau weiß, legt sie kindlich-genial los. Sie wird diesen Kampf gewinnen! Auch das weiß sie jetzt schon.

Des »Zweikampfes« erster Teil
Wir können uns erinnern, wie Kinder reagieren? Sie reagieren handlungsorientiert! Doris handelt also. Genau genommen setzt sie auf Taktik:
Taktik 1 – Schlechtes Gewissen machen: Sie murrt: *»Immer darf ich nichts machen, was ich gern mach! Der Daniel darf alles, was er will ...«*
Taktik 2 – »Die beleidigte Leberwurst«: Gleich darauf trottet das arme Mädchen gesenkten Hauptes und sehr, sehr langsam wie unter einer unsäglichen Last ins andere Zimmer, weg aus dem Blickwinkel der Mutter. Und nun handelt sie nachhaltig und absolut siegessicher:

Taktik 3 – Die vollendete Tatsache: Schwupp! Das begehrte Riesen-Packerl Chips ist mit einem gekonnten und genussvollen Ruck offen. Doris denkt nun sehr strategisch und überlebenstechnisch: *»Dass Mami das offene Paket gleich sehen wird, kann ich ja nun nicht mehr verhindern ... also: Auf zum nächsten Frontalangriff.«*
Taktik 4 – Der Gegenangriff: Doris trottet, ihren treuesten »Dackelblick« aufgesetzt, wie zufällig mit dem offenen Paket in der Hand wieder in Mamis Blickwinkel, die gerade vor den Fernsehnachrichten sitzt.

Des »Zweikampfes« zweiter Teil

Mami sieht auf und »schießt« los: *»Dooris!!«*, wird scharf und vernichtenden Blickes der Abtausch eröffnet. *»Du bist unmöglich! Ich hab dir doch klar und deutlich gesagt, dass es heute keine Chips mehr gibt!«*
Doris schweigt.
»Her mit dem Packerl!«, keift die Mutter, schon hart auf die »Verliererstraße« eingebogen.
»Nein!!«, kontert die Kleine, *»was willst du denn jetzt damit? Das ist ja jetzt schon offen, so kannst du es nicht wegräumen.«*
»Doris, wann hörst du mal auf mich?«, wird Muttern schon sehr wütend.
Und Doris denkt klammheimlich, aber höchst amüsiert: *»Später! Wenn ich das Chipspackerl durchhab.«* Laut flötet sie jedoch: *»Ich hab dich eh gehört. Außerdem hör ich immer auf dich, im Unterschied zu anderen Leuten hier!«* Strafend zieht ihr Blick in Richtung Spielzimmer, wo der ahnungslose und soeben mit dem übelsten Rufmord bedachte Daniel gerade sein zwölftes Raumschiff gegen die fiesen Klingelonen verloren hat und sonst die Unschuld in Person ist. *Dieses Mal!*
Erneut zur Mutter gewandt, verzieht sich Doris' Gesicht langsam in die Ich-bin-den-Tränen-nahe-Stellung: *»Aber das sind doch meine Lieblingschips!«* Etwas mehr geniale Kriegstaktik: *»Und ich lass dich auch kosten!«*
Gott, wie gnädig! Und sehr geschickt!
»Doris, du machst mich wahnsinnig, ich red' nur gegen die Wand!«
Doris schweigt dazu und bastelt an einer Träne, die nicht und nicht hervorkommen will. Ihre Gedanken aber »hüpfen« schon siegessicher: *»Hast recht! Deshalb hab ich dich ja auch so lieb. Ich mag das, wenn du gegen die Wand redest, dann weiß ich immer, dass du nicht mich meinst. Und gewinnen werde sowieso ich! Wie immer!«*

Tja, und wie es aussieht, Leute, scheint Doris mit diesem Gedanken recht zu behalten, denn …
»Doris, ich sag's dir jetzt ein letztes Mal …!«
»Ha!«, denkt Doris, »schon gewonnen! Wir sind schon bei der letzten Ansage!«
»Gib die Chips her …!« Mittlerweile ist Mutter schon übermäßig laut geworden!
»Nein!!« Doris ist nun ebenfalls nicht gerade flüsternd unterwegs. Dieses kurze, aber klare Aufbegehren hat ausgereicht. Schluss! Ende! Kapitulation!
Doris' Mutter hat die psychologische Kriegsführung in einem satten Dilemma-Showdown verloren. Sie gibt auf. Es fällt ihr nichts mehr ein. In einem letzten ungestümen Denkprozess, fieberhaft auf der Suche nach einer »salomonischen Lösung«, fällt ihr, um nicht komplett das Gesicht zu verlieren, doch noch eine solche ein: ***»Na gut!*** *Aber nur das halbe Packerl, kein einziges Stück mehr!« – NAGUFA!*
Doch die schlaue Kleine setzt noch eins drauf: Doris verzieht total gekränkt und sehr missmutig das Gesicht. So, als hätte Mami einen mächtigen Sieg davongetragen mit dieser Entscheidung. *»Na geh! Die schmecken so gut! Da kann ich nie aufhören. Na gut! Ein halbes Packerl …! Siehst du? Ich hör immer auf dich!«*
Gut, dass die nun leidlich zufriedengestellte Mami ihre liebe, kleine Doris nur mehr von hinten betrachten kann, als diese davonzieht. Als das süße Töchterchen nämlich aus dem Wohnzimmer trottet, passiert etwas mit Doris' Gesicht: Es verändert seinen Ausdruck radikal. Aus den leicht gequälten, gramverzerrten Zügen einer Besiegten, schält sich rasch ein breites, beinahe »schmutziges« Grinsen heraus. Und es hält auch noch an, als sie oben in ihrem Zimmer gemütlich die schon hergerichtete riesige Schüssel mit einem schwungvollen Ruck wieder befüllt. Randvoll! Natürlich mit dem **ganzen** Inhalt des soeben geöffneten Pakets. *»Ach, Mami ist ja sooo süß! Und bis wir essen, hat sie's schon wieder vergessen. Toll! Das reimt sich ja …!«*

⏭ Fall 15 : »Faulpelz«

Vaters rationales Denken führt zu einer ähnlichen, zunächst unlösbaren Situation: Es geht um eine Kleinigkeit. Und zwar um eine Tube Zahnpasta. Und dass diese in letzter Zeit immer auf dem Wohnzimmertisch liegenbleibt, wenn der liebe Sohnemann, Stefan (13), in die Schule geht.

Er hat die Angewohnheit, stets zähneputzend beim Morgenfernsehen zu sitzen. Nach Beendigung dieser möglichst lang ausgedehnten morgendlichen Zeremonie bleibt dann eben alles liegen. Sein Vater ist mit dieser Kleinigkeit sehr unzufrieden. Sie stört ihn einfach. Jedoch steht er der Situation mehr oder weniger hilflos gegenüber. Er hat eigentlich schon resigniert, nimmt es einfach hin. *»Was soll man da machen?«*, denkt er immer wieder! Gleichzeitig stört ihn seine eigene Schwäche gewaltig.

Diesmal erlaube ich mir eine sehr genaue Analyse des Falles, nebst einem möglichen Lösungsansatz. Dieser wird Sie ja sicher besonders interessieren. Die erste Frage, die wir uns hier stellen müssen, ist: *»Wie ist dieses Phänomen überhaupt zustande gekommen?«* Die zweite Frage lautet eben zwangsläufig: *»Wie ändert man diese Situation?«*

Beleuchten wir die erste Frage: Es wird jeden Tag knapper vor dem Zur-Schule-Gehen. Der Kleine ist aber immer noch nicht fertig mit dem Zähneputzen. Der Vater denkt rational: *»Er kommt schon wieder zu spät. Stefan wird wieder Schwierigkeiten mit dem strengen Klassenvorstand bekommen. Und heute ist auch noch Lernzielkontrolle, soviel ich weiß.«* Laut sagt er jedoch: *»Stefan, mach jetzt endlich fertig! Und diesmal bringst du die Zahnpasta zurück, wo sie hingehört. Aber flott!«*

Sohnemann denkt handlungsorientiert: *»Wirst du schon sehen, wie flott – gleich müssen wir fahren! Das schaff ich dann auch noch!«* Er meint damit natürlich das Verzögern, das ihm sicher auch heute gut gelingen wird. Wenn alles klar geht, erreicht er so drei Dinge mit einem »Aufwischen«:

Erstens: Er, Stefan, muss nicht auf Vater reagieren, weil die Sache sich durch Papas »Na-gut-Verhalten bald sowieso erledigt hat.

Zweitens: Den »mühsamen« Weg hinauf ins Bad kann man ebenfalls als »erledigt« betrachten.

Drittens: Er hat, was für Kids unerlässlich ist, wieder einmal eine besonders geniale Möglichkeit gefunden, seine Grenzen auszuloten. Und die kostet er genüsslich aus: Sein Zahnputztempo verlangsamt sich erneut dramatisch. Er lässt es jetzt voll darauf ankommen.

»Steeefan!«, mahnt schon recht unwirsch der Vater, *»Wenn du nicht gleich fertig bist, stetzt's was ...! Und vergiss ja nicht die Zahnpasta!«*

»Ja, ja!« , kommt es unmutig zurück und man gönnt sich noch einen kurzen Blick auf die lustigen Szenen der offenbar unsterblichen Flintstones. Zehn Minuten vor acht ist Vater am Ende seiner Geduld: Mit

kurzem Griff wird der Fernsehapparat abgeschaltet. *»Los! Sonst gibt's wieder Ärger in der Schule! Da ist deine Tasche. Keine Zeit mehr!«* Irgendwie willig und ohne Widerstand greift Stefan nach der Tasche, trottet dem hektisch aufbrechenden Vater hinterdrein. Widerstand wäre ja auch gar nicht nötig: Die Schule ist sowieso ein notwendiges »Übel«, mit dem man sich schon abgefunden hat. Den kleinen Sieg jedoch, ja den kann man insgeheim schon feiern. Denn der ist hundertprozentig. Was gäbe es da wohl noch zu meckern?

Einsam und allein bleiben in der nun stillen Wohnung zurück: der zufrieden an seinen Körndln knabbernde Wellensittich, das nun schweigende Fernsehgerät, Stefans Jausensackerl, das er natürlich in der Hektik wieder liegen gelassen hat, und ... die Zahpasta-Tube auf dem Wohnzimmertisch.

Es war eine »bildschöne« »Na-gut-Falle«, in die Stefans Vater getappt ist, obwohl er das mit keinem Wort gesagt hat. Vater hat zwar eindeutig darauf hingewiesen, dass etwas zu geschehen hat, aber aus rationalen Gründen – wie *»das geht sich ja doch nicht mehr aus«* – auf dieses Geschehen verzichtet. Mit anderen Worten: Ohne »Na gut« sagen zu müssen, hat Stefans Vater seine persönliche, kleine NAGUFA durch schlussendliches Akzeptieren der Situation voll ausgeschöpft.

Die rationalen Gründe des Vaters, die für einen Erwachsenen hier absolute Priorität haben, sind in Stefans kindlichem Denken völlig unbedeutend für diese Situation. Ihn interessiert Vaters »Stellenwert« vor dem Lehrer nicht so besonders. Und auch nicht die blöde Lernzielkontrolle.

Er sieht lediglich vier Fakten:

- dass es Vater offenbar egal ist, ob die Tube tatsächlich zurückgebracht wird. Denn am Ende ignoriert er ohnehin stets seine eigene Anordnung;
- dass Vati der Nachlässigkeit seines Sohnemanns ohnehin zu guter Letzt immer seinen »Segen« gibt, wenn er kein Wort mehr darüber verliert;
- dass er sich die Arbeit mit dem Zurückbringen der blöden Tube erspart hat. Und das möglicherweise für immer;
- dass er schlicht und einfach gegen Vati »gewonnen« hat. Sein »Sieg« ist ihm wichtig!

Die »Regula Falsi«, die in Juniors Kopf nun entsteht, liegt wohl klar auf der Hand: *»Ich muss immer nur lang genug warten, dann ist es Papa* *egal und ich brauche nichts zurückzubringen – schon gar nicht die blöde Zahnpasta!«*

Und noch etwas schießt Stefan ganz ernsthaft durch den Kopf: *»Die dumme Tube wandert offenbar ganz von allein wieder hinauf ins Badezimmer. Denn immer, wenn ich von der Schule nach Hause komme und Mutter mich herzlich umarmt, liegt da keine Tube mehr rum! Komisch, das!«*

Lösungsansatz

Wie könnte Stefans Vater aus der anscheinend ausweglosen Situation herausfinden? Hier hilft, wie bei allen NAGUFA-Situationen, nur die gute, alte **Konsequenz!**

Der Vater sieht es ein: Seinem Sohn muss ab jetzt klar werden, dass die Kleinigkeit mit der Tube einfach ein wichtiges Anliegen seines Vaters ist. Ein Anliegen, das man respektiert haben möchte, darf jedoch nicht im nächsten Moment sang- und klanglos untergehen, nur wegen anderer, rationellerer Gründe. Diese Gründe sieht ein Kind kaum bis gar nicht.

Stefans Vater entscheidet sich für ein Gespräch in entspanntem »Setting«. Er will heute »klar Schiff« machen. Nach einer »Runde« CDs hören sagt er ruhig: *»Stefan, es ist mir einfach sehr wichtig, dass du benutzte Sachen zurückbringst. Respektiere das bitte. Ab heute möchte ich das auch klar durchziehen. Hilf mir dabei einfach. Ja?«* Und er erläutert seinem Sohn auch die zu erwartenden Folgen: *»Falls es für dich morgens zu spät wird, weil du mit dem Wegräumen nicht fertig wurdest, gibt es von mir keine schriftliche Entschuldigung mehr. Und die unmittelbare Reaktion des Lehrers fürs Zu-spät-Kommen geht ab jetzt auch zu deinen Lasten!«*

Stefan ist sofort einverstanden. Paps ist selber ganz erstaunt, dass es fürs Erste so leicht war. Nun wird man sehen.

Stefans Vater hat von mir noch einen »Trumpf« in die Hand bekommen: Er wird, sollte es nicht funktionieren, mit dem Klassenlehrer ein Abkommen treffen. Der Lehrer wird »mitspielen« und Stefans Vater in seinem Tun bestärken. Zwei, die bei erzieherischen Maßnahmen an einem Strang ziehen! Das hat noch nie versagt! Sollte dies eine Idee in Ihnen geweckt haben, so sage ich nur: *Trauen Sie sich einfach!* Ich denke, kaum ein vernünftiger Lehrer in unseren Breiten wird Ihnen die Kooperation für harmlose, erzieherische Maßnahmen dieser Art verweigern. Schließlich hilft es ja in der Folge auch ihm selbst.

Im Gespräch könnte Stefans Vater noch weiter gehen. Zum Beispiel in Richtung »Home-Coaching«: *»Stefan!«*, wird er sagen, *»bis jetzt hat es ja*

nicht so gut funktioniert! Wie denkst du denn, dass deine morgendliche Prozedur besser ablaufen könnte? Und wie könntest du meine Wünsche auch darin unterbringen?«
Den Vorschlag, der nun sicher kommt, wird Vater zu hundert Prozent umsetzen. Das hat Stefans Vater wiederum mir versprochen. Stefan wird es sofort spüren, dass er ernst genommen wird, wenn er etwas Vernünftiges vorschlagen kann.
Einen letzten Wunsch hatte ich an Stefans Vater noch: *»Lassen Sie doch bitte die Fernsehminuten am Morgen weg. Das ist ein Auslöser für viele Schwierigkeiten und spätere Defizite, die weiter reichen, als Sie es sich jetzt vorstellen können.«* Auch darauf wurde Stefan im entspannten Gespräch vorbereitet.
Und die beiden haben seither morgens alles im Griff. Auch das Fernsehgerät »schläft« sich nun aus. Tut ihm sicher »gut«. Nur die Mutter wundert sich, warum sie die Zahnpasta suchen muss, wenn sie heimkommt. Es war immer so einfach gewesen, sie im Vorbeigehen vom Wohnzimmertisch zu »klauen«. Dass die jetzt ordentlich im Spiegelschrank des Badezimmers liegt, wo sie hingehört, ist für sie *»unfassbar«*!

An dieser Stelle möchte ich meine Aufforderung platzieren, mir möglichst viel Feedback zu geben! Bitte schreiben Sie mir, welche Lösungen Ihnen gefallen und welche Sie selbst sogar angewendet haben. Außerdem bin ich neugierig, ob auch Sie selbst solche Situationen schon erlebt haben, vielleicht ohne auf eine gute Lösung gekommen zu sein. Ich freue mich sehr über jede einzelne Zuschrift unter: berater@kiddycoach.com

ESKAFA – die »Eskalations-Falle«

In diesem Kapitel reden wir über die »Standardfalle« mit der wahrscheinlich nachhaltigsten Wirkung für das kindliche Gemüt. Wir lernen die Tücke jenes Augenblickes kennen, in dem wir erst nachgeben, wenn schon alles »aus dem Ruder« läuft. Auch kommen wir den »Quellen« einer jeden Eskalation auf die Schliche und dass die ESKAFA aus zwei völlig unterschiedlichen »Quelltöpfen« kommt. Ein Besuch in Sebastians Badezimmer wird uns sicher nachdenklich stimmen! Und spätestens, nachdem wir bei der sechsjährigen Janina »reingehört« haben, wissen wir: So geht es nicht!

Wer Kinder mit Anbrüllen zum Gehorsam erziehen will,
ist wie einer, der sein Auto mit der Hupe zu lenken versucht.
(Unbekannte Quelle)

Wenn Kinder »eskalieren« oder Der »lautstarke Trick«

Kinder lernen unglaublich schnell, dass ihnen bei beharrlichem Verhalten ein einmal gehegter Wunsch schließlich doch erfüllt wird. Ein Kind, das Sie immer wieder anbettelt, und damit ein klares »Nein« einfach übergeht, nimmt Sie schlichtweg nicht mehr ernst!
Doch manche Kids gehen mit dem »Nicht-mehr-ernst-Nehmen« noch weiter: Sie bleiben bei ihren »Bettelattacken« nicht nur einfach quengelig, aber gleichmütig. Mitnichten! Sie steigern sich in ihre »Rolle« des unnachgiebigen Bettlers förmlich hinein und »rasten« schließlich aus. Die Situation eskaliert! Gibt die Bezugsperson dann aber doch endlich nach, lernt das Kind etwas Fatales: *»Aah, toll! Ich bin jetzt für mein Ausrasten belohnt worden!«*
Es entsteht für das Kind ein Moment der Belohnung. Schließlich hat es ja bekommen, was es ursprünglich wollte. Und die Belohnung gibt es eben dafür, dass es geschafft hat, die Situation eskalieren zu lassen. Nicht etwa beispielsweise für Geduld oder Einsicht, wie es sich »gehören« würde.

! Mit dem Nachgeben während einer Eskalation belohnen wir ein absolutes Fehlverhalten des Kindes.

Im Gedankengang des Kindes wird durch eine solche Situation also prompt etwas ziemlich Negatives positiv besetzt: *»Aha! So geht das! Ich brauche bloß jedes Mal gründlich auszurasten, schon geht alles!« »Wenn man jemanden anschreit, dann muss derjenige irgendwann einmal nachgeben. Wenn man momentan der Stärkere und Lautere ist, gewinnt man immer. Cool!«* Das Kind lernt also, dass das Ausüben von Macht immer von Erfolg gekrönt wird. Mit anderen Worten: Es prägt sich ein, dass ein solches Fehlverhalten gut ist. Gut, im Sinne von erfolgreich. Das, liebe Leser, ist eine »perfekte Regula Falsi«. Und eine perfekte Falle, die rasch zur Routine wird!

Hatte ein Kind nämlich nur ein einziges Mal mit »äußerer Eskalation«, wie ich es gerne nenne, Erfolg, wird es diesen neu erlernten, »lautstarken Trick« bald wieder anwenden. Mit typisch kindlicher Handlungsorientierung wird rasch auf Routine umgestellt: *»Je öfters es ›gut geht‹, desto häufiger lassen wir es halt eskalieren! Punktum!«* So manchen Elternteil hört man klagen: *»Mein Kind ist unmöglich! Dauernd rastet es aus, wenn es etwas nicht gleich bekommt!«*
Aber, liebe Eltern, so schmerzhaft das auch sein mag, Ihr Kind ist nicht selbst schuld daran, wenn es dauernd ausrastet. Der Effekt ist *»hausgemacht«*. Denn Ihr Nachgeben, sobald Ihr Kind »eskaliert«, ist automatisch ein Akzeptieren dieses Tricks. Ihr Kind hat seine perfekt anwendbare »Regula Falsi«. Und Sie erleben permanent den Inbegriff unentspannten Erziehens.
Übrigens geht es einem Kind nicht immer nur darum, etwas durchzusetzen, wenn es »auszuckt«. Sehr oft ist es ein verzweifeltes »Buhlen« um Aufmerksamkeit. Genau genommen setzt es damit auch bloß etwas durch: nämlich dass sich die Bezugsperson mit ihm beschäftigt. Jetzt! Egal wie! Ein Kind, das so agiert, hat sich seine »Regula Falsi« längst ungefähr so eingeprägt: *»Negative Aufmerksamkeit ist besser als gar keine!«*
Dass solche »Prägungen« sich recht massiv im späteren Leben niederschlagen, muss wohl jedem klar sein.

! Häufige, tolerierte Eskalationen im erzieherischen Umfeld bewirken, dass das Kind ein »Aggressions-Potential« erlernt, das es nicht nur schon bei nächster Gelegenheit, sondern auch viel später automatisch selbst bei seinen Kindern anwendet.

Wenn Erwachsene »eskalieren« oder »Spannung nach Maß«

Das gleiche Fehlverhalten kann aber natürlich auch ein Elternteil oder jede andere Bezugsperson an den Tag legen. Mit »ausrasten«, »laut werden«, oder gar »anbrüllen« verfolgt der Erwachsene dann nach dem gleichen Muster genau dasselbe Ziel: Er will seine eigenen Wünsche bei seinem Kind durchsetzen: *»Negativ oder nicht! Hauptsache, es hört mir zu!«*
Rasch gibt das Kind nach. Sein momentaner Wille ist gebrochen. Es ist ein »Sieg« für den Elternteil oder die jeweilige Bezugsperson. Aber mit problematischen Folgen:

! Denn jetzt belohnt das Kind mit seinem Nachgeben während der Eskalation ein absolutes Fehlverhalten der Eltern.

Auch das Denkschema eines Erwachsenen kreiert nach solchen »Erfolgen« bald seine eigene, kleine »Regula Falsi«. Es speichert zum Beispiel: *»Na gut, dann geht es halt nur mit Schreien! Schreien ist also ein sicheres Erfolgsrezept!«* Oder: *»Mein Kind hört mir gar nicht zu, wenn ich leise rede. Also* ***muss*** *ich ja immer laut werden!«* Der Teufelskreis ist geschlossen. Immer öfter geht die »Falltür« zu einer ESKAFA auf.
Schlechter geht's also wirklich kaum. Und doch führen wir diese »Kleinkriege« andauernd, mit immer denselben »Vorzeichen«. Nur wenige Familien kommen ganz ohne sie aus, oder besser gesagt: Nur ganz wenige tappen niemals in diese Falle!

»Äußere Eskalation«

Jetzt widmen wir uns den beiden versprochenen »Quellen«, genauer gesagt den beiden unterschiedlichen Voraussetzungen für Eskalation. Wir haben bis jetzt eigentlich bloß über den »offenen Streit« gesprochen. Dieses sichtbare, vor allem gut hörbare Aufschaukeln von Emotionen, das schließlich aus dem Ruder läuft, nenne ich die »äußere Eskalation«. Sie ist die laute, die auffällige »Quelle« einer ESKAFA.

»Innere Eskalation«

Noch interessanter wird es, sobald wir uns einer weiteren, nicht ganz so offensichtlichen, eher sogar ziemlich versteckt agierenden Spielart der ESKAFA nähern, die ich gern die »innere Eskalation« nenne. Sie kann, unerkannt, rasch zu einer sehr spannungsgeladenen Eltern-Kind-Beziehung führen.

Als gute bis »perfekte« Mutter – oder Vater – versucht man ja nicht immer augenblicklich auf ein »Schlimm-Sein« des Kindes überzureagieren. Man bleibt diplomatisch ruhig. Ein Verhalten, für das ich ja bisweilen auch plädiere. Und genau dieses vollzieht man nun in lobenswerter Weise.

Nachdem man vielleicht schon Tage zuvor mit dem Kind heftigere Querelen hatte, möchte man *»mal nicht so sein«*. Und einige Male gelingt diese Strategie auch ganz gut. Man sieht über einiges hinweg, man reagiert lieb statt heftig, man »schluckt« hinunter. So weit, so gut. Jedoch vergisst man dabei: Jeder »Schluck« dieses ätzenden Getränkes namens »Ärger« bleibt »im Magen« liegen. Jeder Ärger, der sich nicht Luft machen kann, füllt einen kleinen »Dampfkessel« in Ihnen. Es dampft also. Zunächst unmerklich, dann immer stärker, bis etwas absolut Ungewolltes passiert: Der Dampf kocht über. Jedoch, und dessen können Sie versichert sein: immer im falschen Moment.

Nachdem Sie also nun einige Tage lang »diplomatisch« reagiert haben, um ein guter und lieber wie »verständnisvoller« Elternteil zu sein, geht Ihnen nun bei der kleinsten »Verfehlung« der »Hut hoch«. *Peng!* Es kracht. Die ESAKFA ist weit geöffnet.

⏭ Fall 16: »Wasserspiele«

Frau Timmler hat ihrem Benjamin (10) nun schon seit Tagen zugeschaut, wie er die Handtücher auf dem Boden des Badezimmers liegen lässt. Und sie hat weiter nichts dazu gesagt. Aber geärgert hat sie sich doch darüber. Insgeheim. Und zwar jedes Mal. Neuerdings aber bildet sich auch ein riesiger See im Bad, wenn der Junge spielerisch duscht. Benny, wie er liebvoll von allen genannt wird, denkt aber natürlich nicht ans Aufwischen. Zu oft war er früher schon strafweise zu solchen Arbeiten »verdonnert« worden. *Schlechtes »Karma« also?* Mutter »schluckt ihr ätzendes Getränk«. Und es gärt in ihr. Der Dampfkessel ist schon ziemlich voll. Benny weiß davon natürlich noch nichts. Aber gleich wird er es wissen. Und Mama Timmler auch.

Wir steigen also genau in dem Moment ein, wo der Dampfkessel über-

geht. Dazu hat nämlich nur noch ein winzig kleiner Tropfen gefehlt. Und die geplagte Mami hat ihn gerade eben gefunden, den Tropfen. Und sie reagiert. Völlig überzogen und aus heiterem Himmel. Und ziemlich ungerechtfertigt obendrein. Frau Timmler betritt just in dem Moment das Bad, als Benny fröhlich pfeifend mit vor Sauberkeit »blitzenden« Zähnen herauskommt. Doch er kommt nicht weit: Frau Timmlers Stimme überschlägt sich schon beim ersten »Rückruf« fast. Lautstark brüllt sie: *»Du hast schon wieder die Zahnpasta-Tube offen gelassen! Wie oft muss man dir Lümmel eigentlich sagen, dass die austrocknet, und außerdem ist es unhygienisch. Und wehe, wenn der Papa das sieht ...!«* Sie kann gar nicht aufhören.
Der Junge hat seine »Antennen« ausgefahren. Er spürt sofort, dass etwas nicht stimmt: *»Halt! Ich hab ja gar nichts Schlimmes angestellt«*, denkt der kleine Spitzbube, der sonst schon so einiges »auf dem Kasten« hat. Diesmal aber hat sein »Vergehen« eher den berühmten »Peanuts«-Charakter. Und das weiß er genau! Bennys Gedankengänge belauschen wir aber noch gesondert. Versprochen! Jedenfalls ist ihm völlig unklar, warum seine Mutter sich gerade **jetzt** so heftig aufführt. Also grinst er erst einmal vorsichtig. Natürlich ist das eine kindliche »Schutzreaktion«. Zum Lachen ist ihm in Wirklichkeit keineswegs zumute.
Doch Mama sieht das in diesem Moment nicht ganz so pädagogisch. Sie sieht im Moment überhaupt nicht klar. Ihr »eingebauter Dampfkessel« zischt und brodelt. Prompt kommt ihr nächster »Angriff«. Sie hat Bennys Grinsen gesehen, fühlt sich verhöhnt und kommt davon noch mehr in Rage: *»Du bist unmöglich!«*, schreit sie auf und erhebt im völligen Kurzschluss die Hand zum Schlag. Benny duckt sich unwillkürlich. Doch in diesem Moment klickt es in Mamas Gehirn. Benny erkennt es sofort an ihrem kurzen, fast unmerklichen, aber nervösen Stirnrunzeln, das er seit seiner Kleinkinderzeit gut kennt. Und er interpretiert dieses Signal mit seiner kindlichen Genialität genau richtig: *»Mami wird unsicher!«* Frau Timmlers »Ratio«, ihr vernünftiges Denken also, setzt in dieser Sekunde wieder ein: *»Verdammt! Das war ja wirklich nur eine Kleinigkeit! Was tue ich da?«*
Bennys Mutter hat tatsächlich maßlos überzogen reagiert!
»Und sie hat es schon selbst gemerkt!«, denkt Benny aufatmend. Benny ist für den Moment in »Sicherheit«! Für Mama Timmlers Selbstwertgefühl aber kommt die Erkenntnis schon zu spät. Dass ihr innerer

»Dampfkessel« jetzt »ausgezischt« hat und ihr das jetzt gerade aufgefallen ist, macht sie nicht gerade *»runder«*! Jetzt kommt auch noch der berechtigte Ärger über sich selbst dazu. Außerdem kommt sie sich, so mit erhobener Hand dastehend, ziemlich lächerlich vor.
Bennys nun wieder spöttisch verzogenes Gesicht, natürlich ebenfalls eine Selbstschutz-Reaktion, scheint ihr das zu bestätigen. Dass sie aber nun unsicher dasteht, »baut« förmlich eine »Wand« zwischen ihr und ihrem geliebten Jungen auf. Ein paar lange Sekunden stehen sie so da, die beiden. Dann füllen sich Frau Timmlers Augen leicht mit Tränen. Wortlos senkt sie ihre Hand und zieht sich ins Badezimmer zurück, damit ihr Sohn das nicht auch noch mitbekommt. Aber das hat er längst. Unterschätzt bitte eure Kleinen nicht. Sie kennen euch schließlich, seit sie mit »freudiger Botschaft« »storchenderweise« angekommen sind. In Bennys Fall sind es zehneinhalb lange Jahre. Wie auch immer: Der Haussegen im Benjamins Familie hängt für heute wohl schief. Aber nicht »schiefer« als das innere Gleichgewicht von Bennys Mama.
Etwas ist eskaliert. Aber diesmal nicht etwa das Verhalten des Kindes. Es war Frau Timmlers eigenes Verhalten, genau genommen ihre Selbstkontrolle! Die »ungekrönte Nummer eins« der versteckten »Eskalations-Fallen« ist erreicht: Aufgestauter Groll hat sich entladen. Leider jedoch völlig unpassend. Und so etwas passiert eben sehr oft. ESKAFA!
Benny hat Mamas aufgestauten Groll abbekommen und wird nun etwas typisch Kindliches tun: Er wird die Überreaktion seiner Mutter nur auf diese eine Situation mit der Zahnpasta beziehen. An die Handtücher, den kleinen »Bodensee« und seine eigene Faulheit beim Wischen denkt er nicht eine Sekunde lang. Und Frau Timmler sicher auch nicht. Das alles hat zurzeit keine Bedeutung. Hatte es die ganze Zeit über nicht.
Um aber Bennys Gedankengänge restlos »verfolgen« zu können und auch die »verzwicktesten« Auswirkungen zu verstehen, lassen Sie uns nun diese Situation kurz zurückspulen. Wir steigen zu jener Sekunde ein, in der Mama Timmler ihre erste Schimpfkanonade loslässt: *»Du hast schon wieder die Zahnpasta ...!«*
Bennys Gedanken überschlagen sich in diesem Moment: *»He! Ich hab doch bloß vergessen, die Zahnpasta zuzumachen. Wieso schreit sie mich jetzt so arg an? He! Sie wird wütend. Wegen der blöden Zahnpasta? Ist*

ja mega-ätzend. Da muss wohl etwas anderes los sein«, vermutet der Junge unsicher. Jedoch macht ihm die ungreifbare Situation eindeutig Angst: *»Das mit der offenen Tube macht sie doch selber oft. Und Papa und Klara machen das auch. Die beiden schreit sie dabei aber nie so an.«*

Schon »schreit« Benny lautlos auf: *»Aus! Bitte, bitte hör auf, ich hab's ja schon geschnallt. Ich mach das eh nicht mehr. Stopp! Was hab ich denn getan? Diese blöde Zahnpasta! Ich hab nicht gewusst, dass die soooo wichtig ist. Ich putz mir überhaupt keine Zähne mehr. Dann kann so was nicht mehr passieren! Ich hasse Zahnpasta sowieso! Ich hasse das Waschen! Das bringt eh nur Ärger!«* Benjamin hat soeben seine eigene kleine, wenn auch absurde »Regula Falsi« entwickelt. Und er wird sie vermutlich auch in Zukunft anwenden, sofern ihm nicht jemand hilft, davon wieder loszukommen. Doch das könnte mühsam werden. Vor allem, wenn sie tiefer geht wie hier: *»Aha – Gefahr bei Zahnpastabenutzung! Das macht Mami rasend!«* Daraus kann für ein Kind durchaus logisch folgen: *»Besser, ich greife nicht mehr zum Waschzeug, bevor ich wieder mal vergesse, die blöde Zahnpasta zuzumachen!«*

Von nun an ist Zahnpasta und vielleicht auch das ganze Zähneputzen für Benny mit einem Reizerlebnis verbunden. Mit einer Ungerechtigkeit. Und gleichzeitig mit einer instinktiven Abwehr. Zähneputzen ist somit zu einem neuen Problem geworden im Hause Timmler. Nicht nur für Benjamin, auch für seine Mutter, vor allem für Papi, der so sehr auf das tägliche Zähneputzen Wert legt, und damit für die ganze Familie. Denn nun könnte sich ganz leicht auch bei Papa der Dampfkessel einschalten.

⏭ Fall 17: »Hosenmatz«

Michi (8) hat schon seit Tagen die gleiche leidlich schmutzige Hose an. Das reizt seine Mutter natürlich. Aber seine Mutter hat sich vor Kurzem vorgenommen, nicht mehr so oft heftig zu reagieren. Und so lässt sie, trotz ihres Widerwillens, die Sache einfach fürs Erste einmal durchgehen. Aber morgen wird sie das beenden. Denkt sie. Aber, nichts da! Keine Chance! Dieselbe verdreckte Hose ist auch anderntags voll im Einsatz. Und zwei Tage später immer noch. Die gut beherrschten Ermahnungen sind natürlich völlig wirkungslos. Michis Mutter »schluckt« also die Sache hinunter. Ihr innerer »Kessel« ist übrigens schon recht warm.

Doch das war noch nicht alles auf ihrem Wege zur totalen inneren Eskalation. Heute hat Michi sein Mitteilungsheft erst kurz vor dem Schulweg hergezeigt. Da steht etwas von *»... stört heftig den Unterricht«* drin. Irgendwie ist das Folgende nicht zu verhindern: Mamis Halsschlagadern beginnen ihren Job plötzlich mehr als ernst zu nehmen und füllen sich über die Maßen. Der Herzschlag wird schneller, alle Körperfunktionen stehen auf »Sturm«. Aber der Sturm hat keine Chance, so kurz vor dem Verabschieden des Jungen auch dort anzukommen, wo er sollte. Nicht einmal eine kurze Standpauke geht sich um diese Zeit noch aus. *»Mist!«* Also beginnt Mutter den bitteren Geschmack des hilflosen Ärgers erneut hart herunterzuschlucken und verabschiedet sich von Michi sehr knapp mit einem gepressten: *»Wir sprechen uns noch!«*

Mutter wurde ausgetrickst. Und sie konnte nicht einmal darauf reagieren. Nicht jetzt. Nicht heute. Heute Abend kommen Gäste. Wiederum: *»Mist!«* Es gibt erneut etwas zum Abspeichern im »Grollpaket«.

Der Weg führt Michis Mama also offenbar unaufhaltsam zur inneren Eskalation. Und die kommt, als sie anderntags über Michis nicht weggeräumte Schultasche in der Küche stolpert. *Aus! Schluss! Genug! Jetzt reicht's!*

All der Ärger über die speckige Hose, die schulische Mitteilung, die eigene Hilflosigkeit und das Austricksen machen sich jetzt Luft. Die Schultasche als Stolperstein ist jetzt nur noch der »unschuldige« Auslöser, kein wirklicher Grund. Mama explodiert: Sie schreit Michi wegen seiner *»entsetzlichen Schlamperei«* sofort an. Wie könne er bloß die Schultasche wie eine Falle dort hinstellen? Ein Fernsehverbot wird verhängt. Michi heult. Mami schließlich auch. Aber erst später. In ihrem Zimmer. Ihr Mann ist derzeit auf Dienstreise. Wem klagt sie jetzt ihr Leid?

Wieder eine perfekte ESAKFA. Doch hier ging es nicht um Nachgeben und Belohnen. Es war eine typische »innere Eskalation«. Ein Nicht-Aussprechen und Aufstauen von Empfindungen, die dann zum völlig falschen Zeitpunkt ihren Fokus fanden.

Die nächste Frage, die wir uns stellen müssen, ist: Was passiert mit Michis Empfindungen? Wiederum eine Rückblende: Michi wird klein und kleiner, als Mama ihren persönlichen, kleinen Dampfkessel vor ihm ausleert. Und er beginnt zu interpretieren: *»Aha! Alles, was mit der Schultasche zu tun hat, regt Mami auf. Hab gar nicht gewusst, dass das* *soo schlimm ist, wenn man eine Tasche wo stehen lässt. Blöde Schultasche!!«* Mit einem Wort: Ab nun hat Michi ein nicht mehr unbelastetes Verhältnis zur Schultasche und vielleicht sogar zu allem, was mit ihr zusammenhängt. Vielleicht auch zur Küche, sicher aber zu seiner Mutter. Im Grunde genommen hat Michi gar nicht verstanden, was für ein Problem überhaupt mit diesem Vorfall zusammenhängt. Und seine Mami leider auch nicht: Die aufgestauten, wahren Gründe für ihre »innere Eskalation« sind jetzt ganz weit weg. Bedeutungslos. Michi jedenfalls denkt nicht eine einzige Sekunde an die dreckige Hose, weil er davon ja gar nichts weiß. Und die gestrige Mitteilung, die heute natürlich, trotz Androhung, nicht einmal erwähnt wurde, ist längst vergessen. Dabei war diese mit Sicherheit von größerer Tragweite als eine Schultasche, über die man stolpert.

! Künstliches Aufstauen und »heldenhaftes« Wegstecken von Emotionen führen unweigerlich zur »inneren Eskalation«, die sich mit Sicherheit zum falschen Zeitpunkt entlädt.

Situationen dieser Art können nur abgewendet werden, wenn Sie es zur »Routine« machen, dass Sie sich immer sofort und ruhig, aber sehr gezielt dazu äußern, wenn Ihnen etwas nicht gefällt. So kann Ihr Kind immer damit rechnen und sich bald darauf einstellen, dass es stets sofort erfährt, was schief läuft.

! Wer die meiste Zeit darüber Bescheid weiß, wie die geliebte Bezugsperson denkt, reagiert ganz automatisch entspannt.

Fall 18: »Toberfrau«

Janina (6) wünscht sich Keks aus der Dose oben im Regal. Die Mutter sagt: *»Nein! Gibt's jetzt nicht, weil du erstens nicht schön ›bitte‹ sagen kannst und es zweitens schon zu spät ist. Drittens hast du heute schon genug Kekse gehabt!« »Na geeh biiittee«*, bettelt das Kind heftig. Das geht ein paar Mal auf ähnliche Weise hin und her.

Die Mutter »pädagogelt« schließlich: Sie versucht, die Sache einfach »abzudrehen«, weil sie spürt, dass sie mit ihren aufgezählten Argumenten nicht durchkommt. Sie wird also ziemlich laut: *»Weil ich es sage, deshalb! Und aus!«*

Janina ist aber die Stärkere in dem »Kampf um die Dose«. Das Kind beginnt zu quengeln und später zu toben. Zum Schluss kommt der gekonnte Finalakt: Janina, die kleine Schelmin, wirft sich in schauspielerischer Glanzleistung Oscar-reif auf den Boden, trommelt mit den Fäusten, dass es kracht. Vor Mutters geistigem Auge steht schon der Nachbar vor der Tür. Oder noch schlimmer: Das Jugendamt, die Polizei, Feuerwehr, Greenpeace ...! *Aus, Ende!*
Verlust auf der ganzen Linie. Kein stichhaltiges »Nein«-Argument, nur verwaschene Aussagen, ein kläglicher »Abdrehversuch« ... alles untaugliche Mittel. Das musste ja so kommen. Janina ist also Siegerin. Die Mutter gibt nach: Das Kind bekommt seinen Keks.
Spätestens seit heute wissen wir: Das war eine klare Belohung von äußerer Eskalation oder eben ESKAFA. Und als Draufgabe gab es gleich noch eine NAGUFA mit dazu!

FIFA – die »Fies-Falle« oder Der Stolperstein der bedingungslosen Liebe

Im Folgenden setzen wir uns mit jenem Punkt auseinander, mit dem wir uns daheim, mitten in einer problematischen Erziehungssituation, wohl kaum auseinandersetzen würden: Mit dem »Fies-Sein«! Wir ergründen, warum man gerade ein Kind so leicht verletzen kann und was diese Verletzungen so alles auslösen. Deshalb werden wir auch am Ende eines jeden Beispiels kurz und bündig die möglichen psychologischen »Effekte« durchleuchten. Natürlich sind wir aber viel gründlicher beim Durchleuchten der Ursachen und Hintergründe dieser heimtückischen FIFA, die übrigens nichts mit irgendeiner Sportorganisation zu tun hat. Ich fand nur: Man kann sich dieses Kürzel so schön merken. Tauchen Sie mit mir also nun ein in die wundersame Welt der bedingungslosen, kindlichen Liebe und der damit verbundenen Verletzlichkeit.

Liebe kann man lernen.
Und niemand lernt sie besser als Kinder.
Wenn unsere Kinder ohne Liebe aufwachsen,
darf man sich nicht wundern, wenn sie selber lieblos werden.
Astrid Lindgren

Yin und Yang

Eigentlich sind es zwei unterschiedliche Themen, die in diesem Kapitel ihre Abhandlung finden. Aber sie passen so wunderschön zusammen. Ich habe es nicht fertiggebracht, sie zu trennen. Das eine ist vom anderen eben abhängig. Sie sind das Yin und Yang jeder Eltern-Kind-Beziehung. Eigentlich auch das Yin und Yang einer jeden anderen Beziehung: **Liebe geben und verletzen**. Ein ständiges Wechselspiel der Gefühle in allen Partnerschaften. In einer Erziehungspartnerschaft allerdings haben beim Verletzen, also beim »Fies-Werden«, **immer** die Eltern die »Nase vorn«, weil das Kind **immer** der Unterlegene ist. Auch wenn es oft nicht so aussieht!

Halt geben – Liebe bestätigen

Jetzt haben wir also einen Punkt erreicht, an dem es ein wenig »fies« wird – genau genommen, an dem wir ein wenig »fies« werden. Es ist auf jeden Fall ein heikler Punkt – sicher auch ein wenig kontrovers, aber immer aktuell. Denn nichts passiert so oft, als dass wir ein wenig – oder ein bisschen mehr – »fies« werden zu unseren lieben Kleinen. Drücken wir es anders aus: Wir verletzen, beleidigen, tun ihnen verbal oder mit unserem Handeln schlichtweg weh. Fast immer unggewollt! Ich habe es schon erwähnt: Kinder halten unglaublich viel aus. Aber es gibt eine Sache, die ihnen permanent unfassbaren Kummer bereitet, ja vor dem sie geradezu panische Angst haben: **der mögliche Umstand, nicht mehr geliebt zu werden.**

Kinder sind zutiefst liebende Wesen. Auch, und besonders dann, wenn sie es nicht dauernd zeigen. Kinder kennen schon von Ihrer Urvertrauensphase her (im Alter von null bis zwei Jahren) nichts anderes, als bedingungslos zu lieben und zu vertrauen. Dafür holen sie sich aber später auch ständig die »Rückmeldung«, das berühmte Feedback, ob auch sie wiederum von ihren Eltern weitgehend bedingungslos geliebt werden. Und auch, ob ihnen vertraut wird. Das brauchen sie wirklich ständig. Spüren sie dieses Feedback nicht, weil wir eben kalt oder »fies« zu ihnen sind, verlieren sie irgendwann gänzlich den Halt.

Da wir ihnen diesen Halt in der Kindheit und für das spätere Leben aber geben wollen – *Nein!* – geben **müssen**, bleibt uns nichts anderes übrig, als den Kindern die Liebe zu ihnen stets aufs Neue zu zeigen. Sie immer wieder darin bestärken, dass sie geliebt werden, dass sich nichts daran geändert hat. Aber bitte: Verwechseln sie das jetzt nicht mit:

- dauernd Geschenke »zuteilen«
- dauernd »füttern«, vor allem mit »süßen Liebesbeweisen«
- dauernd verzärteln im Sinne von verhätscheln
- dauernd übermäßig beschützen wollen
- dauernd alles abnehmen, im schlimmsten Fall auch das Denken
- es dauernd »gut meinen«.

Diese Beispiele fallen in die Kategorie »Overprotection«. Das ist ein stärker werdendes Phänomen unserer Zeit. Und wir werden in diesem Buch noch ausführlich darüber reden. Jedenfalls ist das alles mit dem Terminus »Liebe zeigen« nicht gemeint. Gemeint ist, nach Möglichkeit wenig bis nie mehr in die FIFA zu tappen. Auch das Beweisen von Verlässlichkeit und das Aufbauen von gegenseitigem Vertrauen sind mehr als starke Liebesbestätigungen. Die sind viel gewichtiger und nachhaltiger als jeden Tag eine Dosis Gummibären zum »Ich-hab-dich-heute-lieb-Tag«.

Wie ungeheuer wichtig diese permanente Bestätigung der Liebe für das ganze spätere Leben ist, dokumentiert schon die Tatsache, dass problembelastete Erwachsene, die zu einem Psychologen gehen, von diesem beinahe immer als Erstes gefragt werden: *»Wurden sie von Ihren Eltern geliebt? Anders gefragt: Haben Ihre Eltern Ihnen damals ihre Liebe gezeigt? Haben Sie also Liebe gespürt?«*

Kann man dies nämlich nicht mit einem klaren Ja beantworten, so waren die Eltern also mit anderen Worten einfach »fies« zu ihrem damaligen Kind. In diesem Fall ist die Erklärung für sehr viele Probleme schon gefunden. Der Psychologe hat schon seinen halben Job getan.

Mit einer Kindheit voll Liebe aber kann man ein halbes Leben hindurch für die kalte Welt mit Wärme haushalten.
Jean Paul

Unerschütterliche Liebe

Die Liebe zu den leiblichen, fast immer aber auch zu Adoptiveltern, sofern diese früh genug da waren, ist absolut unerschütterlich. So viele Eltern jedoch glauben, dass sie von ihren Kindern nicht mehr so richtig geliebt werden, wenn diese fortwährend schlimm sind. Darum erscheint es mir umso wichtiger, das hier einmal zu sagen:

! Egal, was Sie tun, nichts kann die Liebe Ihrer Kinder zu Ihnen erschüttern!

Sogar ein Erwachsener kann schwer ableugnen, dass er seine Eltern immer noch liebt, egal wie viele Spannungen auch geherrscht haben mögen. Ganz egal was einmal gewesen sein mag zwischen Kind und Eltern, die tief verwurzelte Liebe kommt in irgendeiner Form immer wieder zum Vorschein. Im Normalfall kann sie nur verdeckt werden, niemals aber ausgelöscht.

Liebesschmerz und ein wenig nachdenken

So, nun, da wir das wissen, muss uns klar sein: **Nur wer liebt, ist tief verletzlich**. Und zwar ziemlich leicht. Sie haben es wahrscheinlich auch schon »am eigenen Leib« gespürt: Liebe kann schlicht und einfach heftig wehtun. Das kann natürlich auch bei einem freundschaftlichen Verhältnis zutreffen. Denn auch das ist eine besondere »Spielart« der Liebe. Am leichtesten ist man also von jenen Personen verletzbar und »angreifbar«, die man eben mag, sehr mag oder gar liebt.
Wissen Sie es vielleicht noch aus Ihrer eigenen Lebenserfahrung? Ihre erste, zweite ... große Liebe. Wie weh hat es denn getan, als Sie den ersten Streit mit ihr/ihm hatten? Und wie schlimm war denn für Sie die erste Spannung zwischen Ihnen? Oder kann sich vielleicht der eine oder andere gar noch an die eigene Kindheit erinnern? Haben Sie Äußerungen oder Handlungen Ihrer Eltern in Erinnerung, die ihnen klassisch wehgetan haben? *Ja?* Dann war das damals wohl eine »Fies-Falle«. Und sie ist nicht nur tückisch zugeschnappt, wie Fallen das so tun. Sie muss wohl obendrein ziemlich tief und furchteinflößend gewesen sein, sonst würden Sie sich vielleicht nicht mehr daran erinnern.
Wenn wir also bei unserem Kind in eine FIFA tappen, »produzieren« wir eben genau solche Erinnerungen. Das Erschütterndste daran ist aber, dass wir das meist nicht wirklich mitbekommen. Wir machen es einfach. Unbewusst! Ungewollt! Fast immer ohne wirklich nachzudenken. Aber genau zu diesem Wirklich-Nachdenken will ich Sie ab heute motivieren. Und – keine Angst – das erfordert kaum Mehraufwand. Im Endeffekt macht es sowieso auffallend weniger Mühe, wenn sie Ihrem Kind mental nicht wehtun! So manches geht dann auch in Problemsituationen viel entspannter »über die Bühne«. Das Verhältnis ist dann durch viel größeres Vertrauen geprägt als zwischen Leuten, die einander dauernd »eins draufsetzen«!
Das Dumme am »bedingungslosen Lieben« ist, dass man denjenigen, den man liebt, von sich aus auf keinen Fall verletzten will. Wenn nun der andere »fies« zu einem wird, neigt man dazu, zu vielem einfach zu schweigen. So ist es im Falle aller Kinder dieser Welt: Ihre Kinder werden kaum je einen Kommentar dazu abgeben, dass Sie nun vielleicht »fies« waren. Vor allem werden die Kids kaum je einmal wirklich aussprechen, dass Ihnen momentan etwas wehgetan hat, was sie gerade gesagt oder getan haben. Und das werden sie umso sicherer nicht tun, je mehr es wehgetan hat.

Das hat vier Gründe:

- weil sie es selbst oft nicht als ein Fehlverhalten ihrerseits wahrnehmen;
- weil sie es gar nicht so ausdrücken könnten;
- weil sie sich sowieso meistens selbst schuldig fühlen;
- weil Kinder ihre Eltern nicht verletzen wollen. Angst vor Liebesverlust stellt sich ein. Also wird geschwiegen – und später gehandelt.

Jemand hat einmal gesagt: *»Liebe ist eine Ansammlung von Kompromissen.«* Nun ja! Ganz so hart möchte ich das nicht ausdrücken. Aber dennoch: Kompromisse schließt man ja alleine schon dann, wenn man bei Kleinigkeiten nachgibt, weil man jemanden liebt.

Wehrlos oder Der schlimmste Stolperstein der FIFA

Bevor ich endlich ein paar Beispiele nenne, stelle ich Ihnen den fiesesten Stolperstein der »Fies-Falle« vor. Er ist der vielleicht größte und am besten getarnte in der FIFA-Serie. Und derjenige, der uns ahnungslos immer wieder in eine FIFA hineinplumpsen lässt.
Jemand, der so bedingungslos liebt, wie Ihre Kinder das bei Ihnen tun, lässt eben auch vieles über sich ergehen. Einfach aus Liebe! Er begehrt eben nicht auf, wenn man »fies« mit ihm wird. Leider haben es Menschen nun mal so an sich, und das macht sie zuweilen eben zu einer »fiesen« Spezies: Wer nicht gleich aufbegehrt, wer sich also nicht wirklich wehrt, wird danach erst so richtig und ziemlich gedankenlos gedemütigt.
Sagen Sie jetzt bitte nicht, dass Sie das nicht glauben können. Schauen Sie doch einmal in die Geschichte zurück. Besiegte Völker oder auch Individuen wurden zu allen Zeiten nur noch verbissener verfolgt, »zertreten«, aufgerieben oder wie immer man das auch nannte. *Fies! Oder?* Und sicher gibt es auch in Ihrem Umfeld Leute, die recht gern den Fiesling »heraushängen« lassen. Mit Vorliebe aber bei solchen Menschen, die sich bekanntermaßen nicht wehren.
Begehen Sie bitte nicht denselben Fehler bei Ihrem Kind. Denken Sie daran: Ihr Kind liebt Sie! Es wird sich daher auf keinen Fall offen gegen Sie wehren. Sie müssen deshalb selbst vorausschauen, was Ihr Handeln für Auswirkungen haben könnte, und nicht auf eine eindeutige Gegenwehr Ihres Kindes warten.

FIFAs, die uns »passieren«

Was ist eigentlich »fies«? Wie tappen wir in diese gemeine Falle? Was für Auswirkungen haben die einzelnen »Ausrutscher«. Die folgende Liste erhebt keinerlei Anspruch auf Vollständigkeit! Sie könnte sicher mühelos ein halbes Buch füllen.

Keine Widerrede oder Der gebrochene Wille
»Du spurst jetzt und aus!« »Marsch in dein Zimmer!« »Du machst das jetzt auf der Stelle, ob's dir passt oder nicht!« »Mach das jetzt oder du darfst nicht ...«

Zwang
Sobald Sie ein Kind zu einer Verhaltensänderung zwingen, sind sie schon in die FIFA getappt. Der gefährlichste Gesichtspunkt ist dabei Folgendes: Wenn Sie ein Kind zu etwas zwingen, ignorieren Sie damit, dass es ein vollwertiger Mensch ist. Jeder vollwertige Mensch aber hat seinen eigenen Willen. Und das eigentlich in jeder erdenklichen Situation. Und jedes Kind ist ein vollwertiger Mensch, egal welchen Alters. Zwingen Sie also Ihr Kind zu einer ganz anderen Handlung, brechen Sie damit seinen Willen.
Kennen Sie eigentlich erwachsene oder jugendliche Menschen, die generell schon einen »gebrochenen Willen« haben? Oder können Sie sich diese wenigstens als Erwachsene vorstellen? Angenehme Zeitgenossen, nicht? Und so selbstständig, so lebensbejahend ...!
Ich selbst kenne bereits eine Unzahl Kinder, deren Willen absolut gebrochen ist. Solche Kinder erkennt man daran, dass sie kaum mehr reden, keine Eigeninitiative mehr erkennen lassen und nur noch zu allem Ja sagen. Sie gehören zu jenen armen Kids, die ständig in eine FIFA geworfen wurden: Ihr Wille wird also offenbar daheim permanent durch Zwang gebrochen.

Auswirkungen
Schweigsame Kinder, unterwürfige Persönlichkeiten, fahrige und nervöse Art. Das Kind und der spätere Erwachsene lernt selbst Zwang auszuüben und dass dieser offensichtlich immer erfolgreich sein wird. Es kann die Neigung entstehen, selbst den Willen des Partners oder generell anderer Menschen zu brechen. Es kann aber auch in die andere Richtung aus-

schlagen, nämlich dass man selbst sein ganzes Leben lang unterwürfig bleibt und das Gefühl des gebrochenen Willens weiterhin braucht. Selbst im Sexual- und Eheleben.

»Ein Löffelchen für Mama« oder »Für dumm verkauft«

»Na – jetzt geht aber noch ein Löffel für mich und für die Omi … Tante …« »Wenn du nicht brav bist, kommt der Glibbermann und holt dich!« »Der Bus fährt nie mehr! Wenn du nicht gleich fertig bist, kommen wir nie mehr zu Oma!«

Überlistung

Fiese »Tricks«, noch fiesere Überlistung: Es ist schlicht und einfach fies, jemandem etwas anderes vorzugaukeln, damit er etwas Bestimmtes tut. Ich kann nur warnen: Unterschätzen Sie auch die jüngsten Kinder nicht. Sie erkennen es instinktiv und mit erschreckender Präzision, ob sie überlistet wurden. Sie werden es Ihnen aber aus den bereits genannten Gründen nicht sagen. Aber sie nehmen die geschehene Überlistung als »Regula Falsi« in sich auf. Denn sie speichern dies nicht als eine »notwendige Erleichterung in der Erziehung« wie wir, wenn wir so was tun. Für sie ist es schlicht und einfach eine **Lüge.** Und ihre kleine, falsche Regel ist, dass Lügen einfach gut funktionieren. Und schon »trainieren« sie ebenfalls zu lügen. Ist also Ihr Kind schon länger unehrlich zu Ihnen, denken Sie einmal nach, wie oft Sie es in der Vergangenheit schon überlistet haben.

Auswirkungen

Wenn es oft überlistet wird, fühlt sich das Kind in jeder Phase seines Daseins nicht ernst genommen. Es entzieht Ihnen nachhaltig das Vertrauen und wird immer öfter »zurückschlagen«! Anders gesagt: Es wird ebenfalls versuchen, Sie zu überlisten. Und glauben Sie mir: Auf die Dauer sind Kinder weit besser in dieser »Disziplin«!

»Mein Kind ist ja sooo …« oder »Meine Mama, die Plaudertasche«

»Stellen Sie sich vor, Frau Huber, mein Sebastian ist schon fünf, aber er kann den Schnuller nicht lassen.« »Also, unser kleiner Bernie (7) steckt Hannes (11) schon ganz locker in die Tasche beim Fußballspielen!« »Kürzlich hat meine Sabine so einen Blödsinn bei der Schularbeit geschrieben … nicht zu fassen!«

Indiskretion
Stellen Sie sich vor: Sebastian hört die Indiskretion seiner Mutter bezüglich seines Schnuller-Problems zufällig mit! Schon schämt er sich deswegen in »Grund und Boden«. Auch wenn er es nicht sagt! Vielmehr gerade dann nicht! Und er entzieht seiner Mutter ab nun das Vertrauen. Möglicherweise wird er beginnen, viele andere intime Dinge mehr und mehr heimlich zu machen. Hannes, der begeisterte Fußballer, hat auch alles erfahren. Bernie hat es ihm »brühwarm serviert«: *»Ätsch! Ich bin schon viel besser als du. Mutti hat's der Frau Brummler von nebenan erzählt!«* Sabine schließlich erfährt von der Indiskretion bezüglich ihrer Schularbeit von Martha, der Nachbarstochter.
Jeder Mensch, auch wenn er noch ganz klein ist, braucht seine Privatsphäre, die von anderen, speziell von den geliebten Menschen, zu berücksichtigen ist. Leider verpatzen wir auch das meist ungewollt: Was Erwachsenen oft nichtig erscheint, kann für Kinderherzen von größter Bedeutung sein. Zollt der Elternteil diesem Umstand wenig Gewicht, hat er das Vertrauen des Kindes rasch und zumindest für eine Zeit lang verspielt. Sobald Kinder mit einer Angelegenheit Intimität verbinden, verdient diese Respekt. Auch wenn es sich um drollige Versprecher oder Missgeschicke handelt. Es geht keinen anderen etwas an.

Auswirkungen
Das Kind verliert zutiefst das Vertrauen, beginnt sich zurückzuziehen, wird Ihnen immer weniger von sich aus anvertrauen und schließlich nur noch lügen.

»Du musst immer die Wahrheit sagen« oder Der »hausgemachte« Interessenskonflikt

»Du darfst nie lügen!« »Du musst Erwachsenen immer die Wahrheit sagen.« »Du darfst nie fluchen – man flucht einfach nie.« »Du musst bei Amtspersonen immer nur freundlich sein.« Und der absolute Top-Hit: *»Du darfst nie zurückschlagen.«* Oder auch: *»Wenn dich andere ärgern, musst du sie ignorieren – sei der Gescheitere.«*

Innerer Konflikt
Es ist ganz und gar »fies«, wenn man versucht, dem Kind etwas beizubringen, wovon es aus seiner eigenen kurzen Erfahrung bereits weiß, dass es so niemals funktionieren kann und dass es somit eindeutig

falsch ist. Oder denken Sie, dass es ohne starke innere Konflikte abgeht, wenn Papi seinem kleinen Kurti einbläut, niemals zu fluchen. Sagte ich schon, dass Kurti der vierjährige Sohn eines Autofahrers ist, der andere Verkehrsteilnehmer erwiesenermaßen nicht besonders schätzt und ihnen dies auch bei jeder Gelegenheit von Fenster zu Fenster klarmacht? Interessenskonflikt pur! FIFA pur!
Da ein normal entwickeltes Kind bei all diesen falschen »Glaubenslehren« instinktiv weiß, dass es bei ihrer strikten Anwendung nur noch mehr Ärger bekommt, entsteht ein starker, innerer Konflikt, der immer intensiver wird.

Auswirkungen
Das Kind weiß absolut nicht mehr, was und vor allem wem es noch glauben soll, nach wem oder wonach es sich richten soll. Es verliert den so nötigen Halt und kündigt letztendlich Ihnen das Vertrauen, weil es nach und nach dahinterkommt, dass Sie ihm ein falsches Credo in den Kopf gesetzt haben.

»Aus dir wird nie etwas werden« oder Die »verbale Vernichtung«
»Aus dir wird ja nie etwas, wenn du so weitermachst!« »Du bist ein absolut unmögliches Kind!« »Mit dir kann man nirgends hingehen!« »Mit dir muss man sich ja schämen!« »Geh mir aus dem Weg!« Oder die absoluten Highlights: *»Ich halt dich nicht mehr aus!« »Du bist nicht mehr mein Kind!« »Rede mich ja nicht mehr an!«* Und noch eine der fiesesten, aber allseits beliebten Aussagen, die besonders lange wehttut: *»Du hast mich enttäuscht.«*
Vieles davon wird natürlich im Zorn gesagt. Fernab von jeder Selbstkotrolle. Aber egal – es darf nicht passieren.

Beleidigungen, »verbale Vernichtung«
Brauchen wir dazu viel Kommentare? Wohl kaum. Doch wir würden noch viel Platz brauchen. Denn Meldungen dieser Art gibt es Tausende. Leider passiert so etwas auch mehr als oft in der Schule: Von einem Lehrer verbal heruntergemacht zu werden, ist wohl sehr vielen schon mindestens einmal passiert.

Auswirkungen
Das Kind wird mit Sicherheit bald aggressiv, neigt stark zum Lügen, Be-

trügen und entwickelt ein extrem schwaches Selbstwertgefühl. Gefährdet für Drogenkonsum.

Übrigens, wenn man eine Enttäuschung einmal verbal ausdrücken muss, dann empfehle ich: *»**Das/es** hat mich enttäuscht!«* Dies beschreibt eine enttäuschte Erwartung einer **Sache** und generiert keine persönliche Bewertung.

»... heute ohne Essen« oder Die Demütigung durch »Entzug«

»Du gehst heute ohne Essen ins Bett.« »Zur Strafe bekommst du kein Essen heute.« »... dann hab ich dich nicht mehr lieb.«

Demütigungen

Der klassische Essensentzug wie auch der Liebesentzug sind mehr als untergriffig. Beide haben erstens nie mit dem eigentlichen Fehlverhalten zu tun und zweitens wirken sie immer demütigend. Sowohl die Nahrungsaufnahme wie auch das Gefühl geliebt zu werden gehören zum unbedingt notwendigen Empfinden von Geborgenheit und Zugehörigkeit. Wir erinnern uns an die größte Sorge eines Kindes?

Auswirkungen

Vor allem Verringerung des Selbstwertgefühls. Negativer Einfluss auf Essverhalten, soziales Verhalten, Motorik, Liebesfähigkeit sowie auf die Konfliktfähigkeit.

Es gäbe ja sicher noch viele Beispiele für FIFAs. Das fängt bei leeren Versprechungen an und hört beim Schlagen von Kindern auf. Alle diese Dinge kann man ja wohl getrost als »fies« bezeichnen. Denken Sie selbstkritisch darüber nach. Es lohnt sich! Ich freue mich auf jeden Fall für Sie, wenn Sie ab heute, mit Spaß und Zuversicht im Herzen, immer seltener in diese gefährliche Falle hineintappen.

TÜFA – die »Totale Überforderungs-Falle«

In diesem Kapitel lernen wir verstehen, mit wie vielen Kleinigkeiten wir die Kinder tagtäglich überfordern, ohne dessen auch nur ansatzweise gewahr zu werden. Wir versuchen einzusehen, warum viele unserer so beliebten Formulierungen und Erwartungen für unsere Kinder schlichtweg »zu viel« sind. Und Frau Nemetz kommt langsam dahinter, dass auch eine »freie Wahl« zur totalen Überforderung führen kann.

Mein »aufsässiges Kind«

Kinder und auch Jugendliche sind sehr rasch überfordert. Das heißt, dass Erziehende überaus leicht in eine TÜFA hineintappen können! Genau genommen ist das »Überfordert-Werden« eines der größten Probleme für ein Kind im Alltag seiner »Erziehung«! Und es führt fast immer zu Spannungen und klassischem Fehlverhalten des Kindes. Es wird aufsässig! Es wehrt sich irgendwie gegen die TÜFA! *Sie erinnern sich?* Handlungsorientiert!

Die TÜFA ist leider besonders heimtückisch: Sie versteckt sich fast immer perfekt. Kaum ein Erziehender merkt, wenn er ein Kind überfordert hat. Und deshalb wird es Ihnen womöglich auch schwerfallen, mir zu glauben, wenn ich Ihnen hier sage: Sie tappen sicher beinahe täglich in eine TÜFA.

Überdies wage ich zu behaupten: Wir haben einfach vergessen, dass wir selbst als Kinder täglich mit irgendetwas überfordert waren und diesen Zustand gehasst haben. Doch als Erwachsener sehen wir das bei unseren Kids nicht mehr oder nur noch selten. Wir sehen nur den »Unwillen« des Kindes, seine »Aufsässigkeit« oder »Faulheit«. Das »Schlimm-Sein« eben. Dass in Wahrheit vielleicht eine Situation dahintersteckt, in der sich ein Kind schlicht und einfach nicht mehr auskennt, und die über seinen Horizont geht, ist eben nichts anderes als: die TÜFA!

⏭ **Fall 19: »Wahltag«**

Frau Nemetz ruft mich zum Coaching: Es geht ihr eigentlich nur um

eine einzige, für sie aber sehr zermürbende Sache: um das tägliche Anziehen des Kindes vor dem Schulweg.
»Ich halte meinen Sohn, Marcus (7), nicht mehr aus!«, klagt Frau Nemetz. *»Morgens wird er absolut nicht fertig. Er trödelt endlos herum bis knapp vor drei viertel acht. Meist kommt er noch unangezogen herunter und quält mich, weil er ›keine passenden Sachen‹ gefunden hat. Dabei hat er sicher genug zum Anziehen. Meistens bringe ich dann selbst ein paar Hosen oder T-Shirts zum Frühstück herunter und dränge ihm förmlich etwas auf, das er dann oft wieder auszieht. Zum Verrückt-Werden! Wo hat er das nur her?«* Frau Nemetz wirkt verzweifelt, ist aber noch lange nicht fertig mit dem Erzählen: *»Erst wenn ich dann knapp vor dem Wegfahren böse werde oder total ausraste, zieht er sich lustlos an! Er provoziert mich eigentlich täglich damit!«* Frau Nemetz hat Tränen in den Augen. Diese tägliche »Zeremonie« zermürbt sie. Und in welcher Verfassung sie danach täglich ihre Büroarbeit antritt, kann ich mir lebhaft vorstellen.
Ich frage nach, was im Vorfeld so passiert. *»Ich bin ohnehin nicht streng!«*, meint Marcus' Mutter. *»Ich frage ihn nicht, was er anziehen möchte, sondern lasse ihn selbst aus seinem Kasten alles aussuchen. Trotzdem findet er nichts und trödelt immer länger. Ich weiß nicht mehr, was ich tun soll!«*
Alles klar: Frau Nemetz ist eine liebevolle Mutter, die ihrem Kind viel Freiraum geben will. Und sie verwirklicht dies, indem Marcus völlig freie Wahl bei seinem täglichen Outfit erhält. Wiederholen wir: völlig frei!
Hören wir bei Marcus »rein«, während er vor seinem Kasten steht, der weit geöffnet und prall gefüllt auf die Mode-Entscheidung seines Eigentümers wartet: *»Was soll ich denn heute anziehen ... blöd: Ich find' nix ... der Kasten ist so groß, da oben komm ich ja sowieso gar nicht hin .... ich will aber das T-Shirt, was ganz oben liegt ... muss ich dann aber wieder der Mama sagen ... Nein, will ich nicht! ... Aber das da links oben ist auch schön ... ob's der Mama auch recht ist, wenn ich das anzieh? ... Muss ich nicht sowieso das neue Hemd anziehen, das sie mir zum Geburtstag geschenkt hat? Oder das gelbe von Papi? Und was sagt dann die Julia aus der 1A? Die hat immer sooo ein cooles Outfit ... Mist! Ich denk nach dem Frühstück nach.«*
War doch klar, oder? Marcus ist total überfordert! Seine Mutter aber denkt stets, dass sie mit der großen, freien Auswahl in offener und

antiautoritärer Weise auf Ihren geliebten Sohn zugeht. Also eigentlich eine gute Mutter. Falsch! *Nun ja – nicht ganz so falsch* ... Frau Nemetz ist eine ganz liebvolle und wirklich gute Mutter. Aber ihr Problem mit Marcus ist trotzdem hausgemacht. Dass der Kleine solch eine Freiheit instinktiv gar nicht will, sondern sich eigentlich nach einer klaren Vorgabe seiner Mutter sehnt, kommt Frau Nemetz bislang leider nicht in den Sinn.

Lösungsansatz

Es gelingt mir schon beim ersten Gespräch, einen Weg aufzuzeigen: Eine Vorauswahl bietet sich an. Eine, die Marcus in seinen Wahlmöglichkeiten einschränkt. Und zwar bis zu dem Punkt, ab dem es ihm **leicht**fällt, sich zu entscheiden! Marcus erhält nun, nachdem er eine eigene Auswahl bereits gewöhnt ist, diese zwar nach wie vor – jedoch gibt es nur mehr maximal drei verschiedene Ausstattungen zur Auswahl. Und das am Abend zuvor! Der Rest ist konsequent im Kasten verschlossen und steht einfach morgens gar nicht mehr zu Wahl.
Nach dem zweiten Gespräch haben wir das Ganze mit ein wenig Spaß »aufgepeppt«, um die bisherige Problemsituation völlig zu entspannen: Marcus tippt nun abends spielerisch, mit dem bunten Zauberstab aus seinem Magiekasten, auf eine der Ausstattungen für den nächsten Tag. Wenn er sich besonders schnell entschieden hat, bekommt er als »Dankeschön« noch einen »Bauchpuster« von Mama, dass es nur so brummt. Den hat er so gern! Da kann er sich ausschütten vor Lachen. Und für eine von ihm genau eingehaltene vorabendliche Auswahl gibt es am nächsten Tag sogar eine Gutenachtgeschichte in »extra large« oder mit »extra Gruselinhalt«. Darauf freut sich Marcus jetzt schon immer und hält seine Auswahl meistens ganz gut ein.
Seit dieser »Umstellung« sitzt, nach nur drei Eingewöhnungstagen, ein ruhiger und zufriedener und vor allem fertig angezogener Bub beim Frühstück. Das bisherige Zeitproblem vor dem Schulweg stellt sich seitdem überhaupt nicht mehr. Ebenso wenig wie die Unschlüssigkeit und Quengelei vor dem Anziehen oder bei der Auswahl der Kleidung.

Nach diesem Schema lassen sich Hunderte von Situationen finden, mit denen ein Kind überfordert sein kann, um dann in den Augen eines Erwachsenen »schlimm« zu sein, weil es nicht erwartungsgemäß reagiert.

TÜFA im Überfluss?

Denken wir doch einmal an die extrem vielen Angebote auf dem Freizeit- und Konsumsektor. Sind nicht auch sie wie ein riesiger, weit geöffneter »Kasten«, in dem endlos freie Auswahl herrscht? Stehen hier nicht auch Kinder und Jugendliche hilflos davor, sehnlich auf eine kleine Einschränkung durch Erwachsene hoffend, und sind in Wirklichkeit total überfordert?

Ein Kind möchte in Wahrheit nie vor dem Problem einer »Riesen-Auswahl« stehen. Dies stellt eine Hürde dar, vor der ja auch wir Erwachsene oft stehen. Nur schädigt uns diese oftmals harte Entscheidung nicht nachhaltig in unserem Gemüt. *Oder nur manchmal!* Ein Kind nimmt dabei jedoch immer Schaden. Unmerklich, aber sicher.

»Regula Falsi« in der TÜFA-Situation

Ein Kind lernt nach wiederholten Überforderungen immer mehr, dass es eben unlösbare Entscheidungen gibt, und distanziert sich später immer öfter gänzlich vor selbst getroffenen Entscheidungen. Es überlässt sie bald nur noch anderen. Der spätere Erwachsene lernt somit als Kind schon, vor einer möglichen Auswahl und somit auch vor seiner eigenen Entscheidung aufzugeben. Eine kindliche »Regula Falsi« mit unabsehbaren Folgen.

Struktur und Sicherheit oder »Alles beim Alten«

Überdies muss ich noch mit einer generellen Fehlmeinung aufräumen: nämlich der, dass Kinder viel Abwechslung im Alltag und im Familienleben brauchen.

Dieses oder Ähnliches bekommt man zu hören: Kindern muss heutzutage so oft wie möglich etwas Neues geboten werden. Sobald ihnen im Familienverband langweilig wird, verhalten sie sich auffällig. Öfter mal das Hobby oder das Umfeld wechseln. Möglichst verschiedene Freizeit-Ziele anfahren. Vieles anbieten. Das hält sie flexibel und bei Laune.

Dieser Ansatz ist leider ganz und gar falsch! »Spielen« Sie nicht ständig den »Animateur« für Ihr Kind. Die Notwendigkeit für Ihr Kind, sich öfter selbst mit Spiel und Spaß zu versorgen, überfordert es meist viel weniger als das ständige Eingehen auf Ihr nächstes Angebot. Überdies fördert dies immens die Kreativität und Selbstwahrnehmung.

! Je mehr Abwechslung Sie in den kindlichen Alltag bringen, je mehr Sie »anbieten«, desto mehr überfordern Sie Ihr Kind. Die Erklärung hierfür ist furchtbar einfach und wird Sie vielleicht überraschen: Kinder sind erzkonservativ!

Kinder besitzen ganz tief verwurzelt etwas, das man als »Sicherheitsdenken« bezeichnen kann, und das ist vom Programm der Natur her recht massiv ausgefallen. Dieses Gefühl macht sie eben sehr konservativ. Sie fühlen sich am wohlsten, wenn sie sich an etwas gewöhnen dürfen, was dann lange Bestand hat. Sie erwarten natürlich immer etwas, das ihnen gefällt, das ihnen guttut, das für sie Spaß bereithält oder ihnen bei ihrer Entwicklung hilft. Am schönsten und sichersten aber ist es für sie, **wenn alles beim Alten bleibt**. Bevor sie jedoch an etwas Gefallen finden, muss man ihnen eben schon ein wenig Zeit zum Gewöhnen geben. Zeit, die sie natürlich dann nicht haben, wenn man ihnen zu rasch wieder etwas Neues anbietet. Ein kleiner Teufelskreis der TÜFA.
Kinder lieben deshalb Eltern, die ihrem Leben Struktur und Sicherheit geben, indem sie ihnen helfen, sich längerfristig an ein und derselben Sache zu erfreuen. Aber gerade das scheint heutzutage immer weniger zu passieren.
Man kann und soll natürlich immer wieder versuchen, die Kinder zu ermutigen, bei Kleinigkeiten, in die sie »zu sehr verschossen« sind, wieder einmal über den eigenen Schatten zu springen. Zum Beispiel kann und soll man Kids beim Essen entspannt dazu »verführen«, öfter einmal etwas Ungewohntes zu kosten. Auch ein altbekanntes Spiel einmal mit neuen Varianten zu versehen, fördert immens die Kreativität. Besonders dann, wenn man dies anschließend lobend erwähnt und damit anerkennt! Aber dem Kind ständig ganz neue Beschäftigungen zu geben oder fast monatlich bei ständiger Umorientierung im Freizeitverhalten zu unterstützen, führt zu innerem Chaos, Instabilität und totaler Überforderung. Spätfolgen sind unvermeidlich. Ich persönlich vertrete die Ansicht, dass genau diese Spätfolgen auch an der rapide höher werdenden Scheidungsrate Schuld tragen. Auch einer Familie muss man sich schließlich langfristig, stabil und mit Hingabe widmen.

Zwischensumme
Fördern und unterstützen wir die Kids, wenn sie einmal an etwas Gefallen gefunden haben, dabei auch eine Zeit lang zu bleiben. Versuchen wir, Impulse aus dem Umfeld auszufiltern, die ständig nach Neuem schreien. Versuchen wir, das Kind auf seinem eingeschlagenen Weg zu belassen, es vielleicht sogar sanft zurückzuführen. Das bringt Stabilität in der kindlichen Entwicklung. Ihr Kind wird es Ihnen sicher mit stabilem Verhalten danken.

Der »Anordnungs-Hammer« oder Wie man es erfolgreich schafft, keinen Erfolg zu haben

Unklare Formulierungen und Anordnungen sind überhaupt »Klassiker« unter den TÜFAs! Anordnungen wie *»Räum dein Zimmer auf!«* oder *»Mach jetzt Ordnung!«* können wie ein »Hammer« wirken, mit dem Sie jeden guten Willen des Kindes erschlagen. Denn sie sind zu ungenau. Vor allem, wenn das Chaos in einem Kinderzimmer gewaltig, also unüberschaubar ist. Das Kind weiß nicht, wie es diese große Aufgabe erfüllen soll, damit Sie zufrieden sind. Es ist mit ihr eindeutig überfordert. Denn in erster Linie hat das Kind den Wunsch, **Sie** mit der verlangten Arbeit zufriedenzustellen. Dieses Phänomen haben wir schon bei der FIFA kennengelernt. Schränken Sie aber Ihre Aufforderungen in kleine, überschaubare Teilarbeiten ein – natürlich je nach Auffassungsgabe des Kindes –, werden Sie plötzlich viel mehr Erfolg und ganz automatisch Entspannung verspüren.
Das trifft auch für »verwaschene« Ermahnungen zu, die ein Kind genauso klassisch überfordern können: *»Benimm dich!« »Nimm dich zusammen!« »Die nächsten drei Tage bist du brav!«* ... Alles das sind Anforderungen, die sogar uns Erwachsenen zu ungenau wären! *»Drei Tage brav sein? Hä? Was soll ich dann machen? Brav stillsitzen? Brav beten? Nicht mehr lachen? Keinen anrufen, oder was?«* Wir merken es vielleicht nicht. Aber ein Kind sitzt bei solchen Wünschen schon tief drinnen in der TÜFA.

High-Tech-Kids oder Die »hausgemachte Leistungs-TÜFA«

Zu guter Letzt darf nicht unerwähnt bleiben, wie sehr man ein Kind mit Leistung überfordern kann. Ein Beispiel sind Väter, die in ihrer Jugendzeit fanatische Fußballer waren und den Sohnemann nun auf jeden Fall und leider auch oft um jeden Preis als »Starfußballer« übers Feld rennen sehen wollen. Nichts gegen Fußball. Verstehen Sie mich da bitte nicht falsch. Es gibt ja noch andere Beispiele.

Jene Eltern, denen es zu ihrer Zeit vielleicht nicht ganz gelungen ist, ihre Wunschkarriere als Sportler zu erleben, gehören oft zu den »Über-Forderern«. Sehr oft wünscht man sich dann übermächtig, die Kids mögen doch erreichen, was damals nicht geklappt hat. Natürlich halten dann Ansagen wie *»Du sollst in deinem Leben mehr Erfolg haben!«* und *»Dir soll es besser gehen ...!«* als Trostpflaster her. Aber in Wirklichkeit kann es durchaus der eigene Erfolg sein, nach dem man dabei strebt.

Schon wieder hat sich die TÜFA gut versteckt und zeigt ihr Gesicht erst, wenn Junior in der Pubertätsphase mehr als rebellisch wird und wütend all das hinschmeißt, was ihn schon jahrelang überfordert hat. Solch eine Erfahrung möchte ich Ihnen ersparen. Denn Junior oder »Juniorin« wird eine langjährige TÜFA sicher sehr lange nicht verzeihen können. Oder vielleicht niemals.

Doch das soll Sie jetzt nicht demotivieren, auch mal Juniors Qualitäten als Leistungssportler abzuklären. Vielleicht haben wir ja bald auch mal einen David Beckham, eine Steffi Graf oder einen Hermann Maier unter uns. Wo sollten die denn sonst alle herkommen? Aber etwas mehr »hineinhören«, einlassen und sensibel sein, wäre auf jeden Fall gefragt: *»Will mein Kind das wirklich? Tut es sich leicht? Macht es seine Sache gerne?«* Darauf kommt es schließlich an, um der TÜFA ein Schnippchen zu schlagen. Denn nur außerhalb dieser heimtückischen Falle macht das Kinderleben auch wirklich Spaß!

EGAFA – die »Egal-Falle« oder »Mami, interessiert dich das überhaupt?«

Während wir in diese heimtückische Erziehungsfalle »hineinschlittern«, müssen wir die Erkenntnis hinnehmen, dass es Ihrem Kind »nicht egal ist, ob Ihnen etwas egal ist«! Tommy zeigt uns überdeutlich, dass es ihn eine heftige Überwindung gekostet hat, auf seine Mutter zu reagieren. Schlimm, dass ihr diese tolle Leistung nicht wirklich aufgefallen zu sein scheint. Ganz offensichtlich war es Muttern also egal, dass Tommy da etwas »Besonderes« gemacht hat. Oder war es gar nicht so?
Diesmal gibt es keine Vorbereitung. Um eine typische »Egal-Falle« verstehen zu können, schauen wir uns eine solche gleich einmal ganz genau an:

⏭ **Fall 20: »Raumschlacht«**

Tommy (6) hat schon seit acht Tagen sein Zimmer nicht mehr aufgeräumt. Es sieht dort aus wie nach einem »Hurrikan«! Er spielt fröhlich im Wohnzimmer mit einem Raumschiff samt ausreichender, akustischer Bewaffnung. Dieses laute Ding ist sein derzeitiges Lieblingsspielzeug, von dem er sich kaum trennen kann! (Ein wichtiger Fakt!) Mami arbeitet gerade im selben Raum am Bügelbrett, um nicht zu sagen: Sie »schuftet«!
In Mamis Kopf hämmert der »Kinderzimmer-Alarm«! Doch die Zeit zum gemeinsamen Aufräumen ist auch heute schon wieder nicht vorhanden: Gleich kommen Tina und Marie, Tommys ältere Schwestern, aus der Schule! Das Essen ist noch nicht einmal ansatzweise gemacht und der Gatte hat sich heute auch früher angesagt. Denn heute Abend ist ein Konzert, in das er seine Frau schon lange einladen wollte! *Lieb von ihm, nicht?*
Mami ist also schon ziemlich gestresst und hat keine Ahnung, wie sie den Zeitplan heute noch ohne »Herzinfarkt« zustande bringt. Aber egal! Ihr Mann wird wohl später sicher außer den beiden Töchtern auch Tommy in seinem Zimmer *»gute Nacht«* sagen wollen! Wenn er dann aber dort von einem auf dem Boden »lauernden« Modellauto überfahren wird … was wird dann aus dem Konzert?

»Also – es reicht!«, denkt Tommys Mutter, schon ein wenig »unrund« geworden. *»Tommy!«*, kommt es aus ihrem Munde, noch verhalten, aber gepresst. *»Räum bitte dein Zimmer auf!«* Sie kann stolz darauf sein, wie perfekt sie sich beherrschen kann! *Alle Achtung!*
Der süße Kleine reagiert **sofort**! Jedoch nicht auf seine Mami, sondern auf Käpt'n Kwirk, der soeben aus seinem Raumschiff gepurzelt ist! *»Hoffentlich kann er trotzdem noch seinen Dienst in der Raumflotte versehen!«*, denkt Tommy wie ein pflichtbewusster Raumfahrer. *»Und was wird wohl die Mannschaft zu dem tollpatschigen Sturz von Käpt'n Kwirk sagen ... und vor allem Mr. Spuck, der Erste Offizier?«*
Aber: Ich schweife ab! Besser gesagt: Tommy schweift ab!
Auf Mamas Aufforderung mit dem Zimmer hat er jedenfalls nicht einmal mit einem Kopfwackeln reagiert! Einfach nichts! Das ist derzeit nicht angesagt! Es wäre eine zu große Überwindung!
Jetzt aber haben wir die wunderbare Gelegenheit, tief in seine Gedanken hineinzuhören! *»Nein Mami! – Nicht jetzt«*, denkt er, weil er jedes Wort genau mitbekommen hat, *»nicht heute! Aber, wenn's geht, auch nicht morgen! Eigentlich auch nicht in diesem Jahr! Nicht, solange mein Raumschiff Entenschweiß noch fliegen kann! Das Teil ist ja sooo cool!«*
Aber Mami hat für die Leidenschaft ihres Sohnes derzeit kein Verständnis! Sie ist jetzt schon sehr gereizt: *»Tooommy!! Sag mal, kannst du denn nicht hören?«*
Bravo! Eigentlich wieder recht gut beherrscht! Der gereizte Unterton ist ja nur zu verständlich! Aber **den** hat er sicher nicht mitbekommen! Oder? Hat er überhaupt zugehört? Sicher, Mami! Hat er!
»Doch, Mami«, klickt es in Tommys Kopf. *»Aber jetzt stehe ich gerade knapp vor dem Beginn der alles entscheidenden Raumschlacht!«* Eine hörbare Antwort erfolgt jedoch auch diesmal nicht!
»Thomas!« Achtung, Kleiner! Jetzt wird Mami streng!
Wie war das mit der Beherrschung? Toms Mutter denkt an all die Regeln der modernen Kindererziehung: *»Nur nicht zu heftig werden! Dennoch konsequent sein! Das Kind nicht verletzen!« »Was soll's!«*, denkt sie! *»Es sind noch so viele Wäschestücke zu bügeln – und dann noch dieses dumme Smokinghemd! Tommy muss das jetzt machen!«*
»Thomas!«, wirkt sie nun schon sehr unbeherrscht, *»jetzt reicht's! Los, oder es setzt was!«* (Diese Ansage kennen wir ja schon!)
Dass Mutter nun schon ziemlich laut war, beinahe »gebrüllt« hat, war

wohl der Auslöser dafür, dass die Raumschlacht für kurze Zeit ausgesetzt wird!
»Ah! Es lebt!«, erkennt Mutter voll Zynismus.
Denn der Kleine spricht jetzt sogar mit Ihr: *»Maaamii! Ich maag jetzt niicht!«*
»Tom!«, schreit sie unberührt zurück, *»geh rauf! Räum dein Zimmer auf! Oder der Papa wird dir dann ...«*
Tommy ist alarmiert: *»Ups, jetzt droht sie gleich mit Papa!«*
»Jaaaa – ich geh ja schon!«, kommt es unwillig und gedehnt von schräg unten!
Es hat geklappt! Tommy belohnt also Mami jetzt für die Eskalation! Das kennen wir ja schon gut! Der Junge überwindet sich: Er lässt nun seine absolute Top-Beschäftigung »sausen« und geht auf sein Zimmer! Dort rumort er widerwillig herum! Na ja, schließlich sind es ja ohnehin »nur« dreihundert Sachen, die dort so herumliegen. Und schließlich wird ein Sechsjähriger wohl genau wissen, wie alles perfekt zusammengeräumt werden muss! *Oder?* Schleicht sich da vielleicht eine TÜFA ein?
Mama denkt indes, während sie ihren Sohnemann rumoren hört: *»Gewonnen! Immer muss man heftig werden! Sonst geht's nicht!«* Aber sie hat nun ganz Wichtiges im Kopf: *»Jetzt kommt das heikle Smokinghemd!«* Dazu braucht Sie ohnehin höchste Konzentration! Zu »frisch« ist noch die Erinnerung an ihre eigene Mutter, die, als sie selbst noch klein war, einmal das Smokinghemd ihres Vaters knapp vor einem Opernbesuch rettungslos versengt hat. Schrecklich, die Vorstellung, so was könnte ihr jetzt auch passieren! *»Dünn, dieser Stoff! Und heikel!«* Tommys Mama bügelt also weiter, ohne dabei an Tommy oder sein Zimmer zu denken. *»Gott, was ist der Kleine heute wieder aufsässig!«*, denkt sie höchstens kurz!
Knapp eine Stunde vergeht. Gerade klappt Mami den Bügeltisch auf, als Tommy missmutig zurückkommt! Jetzt wird es höchste Zeit, das Essen zuzubereiten! Wieder keine Zeit, Tommys Leistung entsprechend wahrzunehmen!

EGAFA mal vier

Dabei hätten vier Dinge eine deutlich gezeigte Aufmerksamkeit der Mutter für ihren Sohn absolut verdient:

- Tommys große Überwindung, mitten in der wichtigsten Raumschlacht seines Lebens, eine ungeliebte Arbeit anzugehen
- die daraufhin erfolgte Höchstleistung, trotz Überforderung das Zimmer tatsächlich ziemlich komplett aufzuräumen
- die offensichtliche Ausdauer, die dahinterstand
- dass der kleine Tommy, offenbar seiner Mutter zuliebe, keinerlei Hilfe angefordert hat. Er muss gespürt haben, dass sie überlastet ist! Oh, diese wunderbaren, feinen Antennen der Kids!

Für all diese Wahrnehmungen hat Mami aber heute eben gar keine Zeit gehabt! *Schade!* EGAFA!
Tommy hat tatsächlich beim Aufräumen und vor allem durch seine Selbstüberwindung einiges geleistet! »*... und Mami hat das alles nicht interessiert! Alles war ihr voll egal!*«, ärgert sich der Junge.
Erleben Sie mit mir nun, was eine Stunde zuvor in Tommys Gedanken vorgegangen ist, nachdem seine Mutter »gewonnen« hat! Wir sind wieder zurück bei der Drohung, die schließlich »geholfen« hat: »*Ups, jetzt droht sie gleich mit Papa! Aber das ist schon gemein! Jetzt, wo ich die Sonnenflugmanöver in der Alien-Galaxis so gut kann ... und außerdem: Ich finde eh alles in meinem Zimmer, auch ohne zusammenräumen! ... Heut will ich nicht ... und das ist außerdem ja soo viel! Aber, bevor Vati wütend wird ...! Mist! ... Ist ja schon guut! Hör endlich auf!*«
Laut sagt er: »*Jaaa ... ich geh ja schon!*«
Wir sehen klar, welche immense **Kraft** und **Überwindung** es ihn gekostet hat, nachzugeben!
Doch seine Gedanken sind noch nicht zu Ende: »*Hoffentlich ist sie dann zufrieden!*«, denkt er genervt. »*Und helfen tut sie mir auch nicht! ... In welcher Lade waren die blöden Autos noch drinnen? ... Ich weiß nicht mehr! Ach – is' ja egal, ich lass sie eh unterm Bett verschwinden! Oder soll ich Mami zuliebe nicht doch ganz besonders schön aufräumen?*«
Nach einigen Anstrengungen, die nicht einmal so lange gedauert haben: »*Super! ... Der Boden und der Kasten schau'n ja echt cool aus, und eigentlich war ich ultraschnell! He Mami, sieh dir das an! ... Ach so, die hat ja zu tun! ... Mist! Immer, wenn ich was gut hinkriege, hat sie zu tun! ... Wahrscheinlich ist ihr das ja sowieso egal, ob ich's gut mache! Aber wart': Das nächste Mal mach ich's nicht mehr so schnell und lass alles unterm Bett verschwinden ... und überhaupt muss ich nur mehr so tun, als ob ich*

was ordentlich mache, weil es ist ihr ***sowieso immer egal!*** *Außerdem: Eine Raumschlacht gebe ich nächstes Mal deswegen sicher nicht auf!«*
In Zukunft wird Tom also keine höhere Anstrengung machen, weil Mutter ohnehin nicht besonders interessiert zu sein scheint! *»Also«*, denkt er, *»wird sie wohl sogar ihre Anordnung nicht wirklich ernst gemeint haben! Wozu also beim nächsten Mal ernsthaft reagieren?«*
Gratuliere!
Sollte es wieder einmal um das Aufräumen gehen, wird es um einiges schwieriger sein, den Jungen zu einer Überwindung zu bewegen! *Eine klare Folge der EGAFA!*
Zur Verinnerlichung formuliere ich noch einmal die »Regula Falsi«, die sich der Junge zurechtgelegt hat: *»Mami ist es egal, ob ich die Sache gut mache! Also brauche ich das nächste Mal gar nichts mehr zu tun!«*
Und er hat ja ziemlich recht damit: Mami war es in dieser Zeit tatsächlich egal! Sie hatte eben anderes im Kopf! Eigentlich war sie froh, im Moment der heikelsten »Bügelei« von Junior und seinem lauten Spielzeug Ruhe zu haben! Doch die kurzfristige Erleichterung wird ihr in späteren, ähnlichen Situationen eine Menge Spannung bescheren!

Alles egal oder Das wahre Interesse

Zum Abschluss noch ein paar weitere Kleinigkeiten, die im Denken Ihres Kindes ebenfalls das Gefühl erzeugen können, es sei Ihnen ohnehin »egal«:

- wenn Sie ihr Kind nicht direkt ansehen, sobald sie es ansprechen. Erinnern Sie sich an Roberts Fall im Kapitel über die »Regula Falsi«?
- wenn Sie eine Sache zwar mit Worten erwähnen oder fordern, es aber nicht wirklich meinen. (Zur authentischen »Körpersprache« kommen wir noch!)
- wenn Sie Ihrem Kind nur mit »halbem Ohr« zuhören: *»Ja, mein Schatz, ich hör dir eh zu …!«*
- wenn Sie Dinge ignorieren, die Ihr Kind alleine zustandegebracht hat, und vieles mehr …

All das ist jedoch kein Grund, Interesse zu heucheln. Auch das würde Ihr Kind spüren! Aber da Sie ja ohnehin eine gute Mutter sind, ein liebevoller Vater, ein geschulter Pädagoge, brauchen Sie es nicht zu spielen, dass Ihr

Kind Sie **immer** interessiert. Aber deutlich **zeigen** und vor allem **sagen** sollten Sie es! Besonders dann, wenn Sie selbst etwas von Ihrem Kind gewollt oder gefordert haben! Vor allem, wenn eine »große Leistung« dahinterstand. *Mit den Augen Ihres Kindes gesehen, natürlich!*

UWAFA und UEFA – die beiden heimtückischen »Nachzügler«

UEFA hat nichts mit Sport zu tun, aber dennoch mit Sportlichkeit. Und UWAFA kommt auf leisen Sohlen immer dann, wenn man es sich in bestimmten Situationen entweder besonders leicht machen will oder einem nichts anderes mehr einfällt, als zu lügen. Da aber beide Fallen zwar ziemlich heimtückisch sind, sich aber kaum gut verstecken können, bekommen sie hier gar nicht die Ehre eines »großen Auftritts«. Außerdem müssen sie sogar als »Schlusslicht« unserer Fallen-Reihe herhalten. Unwichtig sind sie aber deshalb keineswegs. Ganz im Gegenteil ...

UWAFA – die »Unwahrheits-Falle«

Dass man in diese Falle beinahe auf Schritt und Tritt hineintappt, sollte nach kurzem Überlegen wohl jedem klar sein. Kaum ein Tag vergeht, da man nicht im Zwiegespräch mit dem Kind irgendeine Wahrheit »ein wenig verbiegt«. Man tappt also munter herum in dieser oft gut versteckten Falle. Meist sogar total unbewusst und natürlich auch ungewollt. Die UWAFA verbirgt sich dabei in vier ganz unterschiedlich geformten »Töpfen«, die wir hier auf jeden Fall »ausleeren« müssen.

»Topf« 1: Redewendungen oder Die verlorene Präzision

Dass es ganz besonders die berühmten »Kleinigkeiten« sind, die wir gegenüber den Kindern unüberlegt und somit falsch wiedergeben, fällt kaum mehr jemandem auf. Wir Erwachsene sind das allerdings schon aus unserem Umgang miteinander gewohnt. So viele Redewendungen und Angaben werden zwischen Erwachsenen absolut unpräzise und unüberlegt ausgetauscht, ohne sie wirklich wörtlich zu meinen! Darüber reden wir noch im Kapitel über die Präzision.

Wenn Sie derartige »unwahr« gemeinte Redewendungen auch permanent gegenüber Ihrem Kind äußern, ja dann kann und wird das nicht ohne Folgen bleiben!

»Topf« 2: Ankündigungen oder Die »leeren Versprechen«

»***In fünf Minuten** spiele ich mit dir …*«, sagt Papi zu seinem sechsjährigen Sonnenschein. Na ja, das eine Handy-Gespräch muss er noch erledigen, aber dann hat er Zeit. Fünfzig Minuten später: Der Sohnemann wartet noch immer! Böse ist er nicht. Nur irgendwie verletzt. Und er fühlt sich grade irgendwie ungeliebt, weil er dauernd belogen wird! *»Das war ja nicht das erste Mal, Papi!«* UWAFA!

Für uns Erwachsene haben diese beiläufig dahergesagten Zeitangaben eher den Stellenwert einer ungefähren Voraussage. Kinder aber stufen solche Äußerungen, nach dem »Ausfahren« ihrer feinen Antennen, nicht bloß als »Ankündigungen« ein, sondern schlichtweg als »Versprechen«.

»Topf« 3: »Lüge nach Plan« oder Die schonungslose Schonung

Schwerer auf dem Weg zur »totalen Spannung« wiegen auf jeden Fall die offensichtlichen, die »geplanten« Lügen, die wir gegenüber unseren Kids anwenden. Sie sind meist genauso »plump« wie jene, über die wir uns bei unseren Kindern so ärgern. Wir glauben aber, dass **unsere** Lügen besser sind. So ein Trugschluss! Und wir reden uns auch ein, dass sie einfach manchmal »notwendig« sind: *»Mein Kind muss nicht alles wissen. So kann ich es besser schützen, also schonen.«* Schon wieder ein Irrtum. Denn über die von uns bewusst angewandten Unwahrheiten und Heimlichkeiten bleibt eines zu sagen: Sie sind zu mehr als 90 Prozent eben **nicht notwendig**. Und zu 100 Prozent spannungsfördernd.

So oft wird den Kindern etwas verheimlicht oder völlig anders erzählt, als es tatsächlich ist. Vielleicht um sie zu schonen, meist aber wohl eher, um sich mit etwas nicht auseinandersetzen zu müssen. Oft möchte man sich und dem Kind »etwas ersparen«. Aber es ist wie mit vielen Dingen auf der Welt: Was man dem anderen ersparen will, was man von ihm »fernzuhalten« versucht, belastet ihn schlussendlich wesentlich mehr als das Ereignis selbst. Vor allem dann, wenn der geliebte Mensch die Lüge mitbekommt. Schon zweimal haben wir festgestellt: Kinder halten eine Menge aus. Daher ist es einfacher, ihnen bei so vielen Gelegenheiten wie möglich unverblümt und schonungslos die Wahrheit zu sagen, anstatt Ihnen mühevoll etwas vorzugaukeln. Die Wahrheit können sie mit ziemlicher Sicherheit ertragen. Unwahrheiten jedoch spüren sie meist schneller auf, als man sie ausgesprochen hat. Wirklich ertragen können sie diese dann aber auf keinen Fall.

Ein typisches Beispiel liegt mir am Herzen, denn es zeigt, dass UWAFA nicht nur Familiensache ist: *»Es wird nicht wehtun ...«*, flötet der Arzt dem Kind lächelnd ins Gesicht. Eine Tonbandaufnahme der Schmerzensschreie des Kindes im Anschluss an diese unwahre Aussage sollte dem Arzt noch am selben Tag dann etwa hundertmal vorgespielt werden. Übrigens: Welchen Grad von Vertrauen kann ein Kind, das solch ein Erlebnis hatte, wohl später noch zu einem Arzt entwickeln? (Dies sei bitte nicht als Unterstellung zu werten – die meisten Ärzte tun so etwas heute ohnehin nicht mehr! Dennoch gibt es das immer noch!)

Zwischensumme
Um die UWAFA zu meiden, sollten vor dem Kind jene Äußerungen einfach wegfallen, die uns nur in dieser einen Sekunde das Leben erleichtern. Wir erleichtern uns unser Leben und gleichermaßen das unserer Kinder viel mehr durch den **Mut zur Wahrheit**. Auch und besonders dann, wenn sie uns etwas fragen, auf das wir keine richtige Antwort wissen! Darf ich Ihnen Mut machen? Geständnisse wie *»Das weiß ich nicht, mein Schatz«* oder *»Ich sag's dir, wenn ich selbst mehr weiß«* klingen wesentlich authentischer als jede »aus den Fingern gesaugte« Antwort, die man gibt, nur um nicht »blöd dazustehen«!

»Topf« 4: Überlisten oder Das Kalkül mit der Dummheit
Eine Besonderheit in unserem Umgang mit Kindern ist, dass wir sie oft immer noch für dumm verkaufen. Besonders die Kleinen! Da entstehen so offensichtliche Lügen wie: *»Nein, mein Kleiner, Mami und ich streiten doch nicht!«* Und das, während man vielleicht ein ausgerissenes Haarbüschel des treuen Partners gerade hinter dem Rücken versteckt. Oder: *»Wenn du nicht aufisst, gibt es morgen schlechtes Wetter.«* Selbst das kleinste Kind checkt in kürzester Zeit, dass es, trotz übergelassener Speisen, niemals einen Zusammenhang mit einer Wetteränderung gibt. Aber es fragt sich dennoch jedes Mal insgeheim, warum ihm solch ein Unsinn eigentlich aufgetischt wird. Bald danach kommt dann unvermeidlich die zutiefst handlungsorientierte Reaktion: Ihr Kind wird solche Diskrepanzen nicht in Worte kleiden. Schon gar nicht, wenn es noch sehr klein ist. Aber es wird sein Verhalten ändern. Es wird sich anpassen: Es wird Ihnen bald ebensolchen Unsinn auftischen. Dann beginnt »das große Wundern«. Verzweiflung macht sich breit über ein Kind, das *»ja dauernd so frech lügt!«*

UWAFA tut weh oder »Unwahr ist einfach unwahr«

Wir wissen also nunmehr: Einen Zusammenhang zwischen UWAFA und einer eventuellen Persönlichkeitsänderung gibt es eindeutig. Das »Verdrehen von Wahrheiten« fügt der kindlichen Seele oft ziemlich tiefe Wunden zu.

Die Erklärung dafür ist einfach: Das kindliche Denken stuft Unwahrheiten, die von den Eltern kommen, nicht nach ihrem Schweregrad ein. Es legt sie nicht in »rationellen Schubladen« ab, bringt sie also keinesfalls zu anderen Dingen in Relation wie ein Erwachsener. Für ein Kind ist eine Unwahrheit eine Unwahrheit. Nichts anderes. Und wie immer, wenn wir in eine Falle getappt sind, läuft es für das kindliche Gemüt auf eines hinaus: Auf eine »Regula Falsi«. Die falschen Rückschlüsse aufgrund einer UWAFA entstehen natürlich, wie alle anderen, weitgehend unbewusst. Dennoch formuliert das kindliche Unterbewusstsein erstaunlich klar: *»Ich werde angelogen, weil Papa mich nicht mehr so lieb hat!«*

Markus denkt zum Beispiel in eine andere Richtung: *»Wenn Mami lügt, ist das also in Ordnung! Aha, mit guten Lügen kommt man weiter im Leben!«*

Im Unterbewusstsein von Tina entsteht andererseits der Leitsatz: *»Ich war schlimm, also habe ich es verdient, angelogen zu werden!«* Ein fatales Schuldbekenntnis, das in der Folge schwer auf das Selbstbewusstsein der kleinen Tina drücken wird.

Wollen wir die Verantwortung für Belastungen dieser Art tragen? Können so jemals Erziehung und Entspannung zueinander finden?

Also! Wiederum: *Mut zur Wahrheit!* Dafür möchte ich hier plädieren. Für nichts anderes. Ihr Kind wird es Ihnen mit entspannterem Zugang zu Ihnen danken. Und vor allem mit einem: **mit Aufrichtigkeit.**

UEFA – die »Uneinigkeits-Falle« oder »Showbusiness« im Kinderzimmer

Wie gesagt: kein Sportverband oder sonst irgendwie mit Fußball in Verbindung zu bringen. Aber da wir nun schon »FIFA« hatten, klingt doch auch »UEFA« recht nett. Oder? Und ein wenig mit Teamgeist und deshalb mit »Sportlichkeit« hat es schon zu tun. Denn gerade im Teamsport muss unbedingt Einigkeit herrschen, oder alles geht »den Bach hinunter«.

Erziehung, gemeinsam mit einem Partner, ist Teamsport in seiner reinsten Form. Nur scheinen das manche glattweg zu vergessen. Kinder jedoch vergessen das niemals. Sie wollen dieses Team. Sie brauchen es. Sie wollen die Sicherheit und das Vertrauen zu diesem Team spüren. Immer! Auch und ganz besonders in Krisensituationen.

Mir ist vollkommen bewusst: Das Vermeiden der UEFA ist eine der am schwersten zu erfüllenden Forderungen, die ich je an Sie gestellt habe! »Wie kann man sich denn immer einig sein? Das geht doch niemals! Stimmt! Geht auch nicht! Aber Einigkeit zu demonstrieren, das geht. Immer! Und das »Schlagwort« dazu? Showbusiness!

Ein guter »Lehrmeister« oder Wie es »funktionieren« kann

Hier stelle ich Ihnen, anstatt langer Erklärungen, einfach einen wahren Genius des »erzieherischen Showbusiness« vor: Mag. Marcus Windbichler, einen lieben, langjährigen Kollegen in vielen Kinderheimen. Begnadeter und bei den Kindern stets beliebter Pädagoge, der er war und ist, hat er mich diese Praxis ganz unbewusst gelehrt: Vor unseren Gruppen hat er die Show der »absoluten Übereinstimmung« beinahe täglich demonstriert.

Es war immer toll zu erleben, wie er sich in jeder noch so kritischen Situation sofort gut gelaunt von außen »eingeklinkt« hat, um mir augenblicklich bei meinen Ankündigungen oder notwendigen Ermahnungen zuzustimmen. Einfach so! Aus tiefster pädagogischer Überzeugung und professioneller Kollegialität heraus! Nicht nur ich habe dabei unglaub-

liche Sicherheit in meiner Arbeit verspürt, auch bei den anwesenden Kindern war das Gefühl spürbar positiv: *»Die beiden sind sich immer einig. Denen können wir also blind vertrauen.«*
Und tatsächlich: Wir hatten trotz »schwieriger« Kinder ohne Ausnahme wunderbare, liebenswerte Gruppen, die uns beiden gerne und zu jeder Zeit folgten!
Die drei bemerkenswertesten, und für Ihre häusliche Entspannung ungemein wertvollen Aspekte unserer Interaktion waren:
– Mein lieber Kollege wusste oft erst im Nachhinein, worum es eigentlich gegangen war und wofür er mir eigentlich seine Zustimmung erteilt hatte. Großartig! Und es war immer ein freundschaftliches Schmunzeln wert.
– Besonders dann, wenn er eigentlich ganz andere pädagogische Maßnahmen im Sinn gehabt hätte, war er in Anwesenheit der Kids immer kompromisslos und deutlich meiner Meinung.
– Seinen Standpunkt hat er dennoch stets vertreten: Nachher – im Gespräch mit mir!

Geprüft und für »gut« befunden

Ich habe mir erlaubt, diese Methode in vielen Jahren Heimerziehungs-Praxis ungezählte Male »auszutesten«. Dabei konnte ich klar erkennen: Angewandtes Showbusiness war in nahezu allen Fällen absolut erfolgreich. Und dass es auch keinerlei pädagogische Bedenklichkeiten mit sich gebracht hat, Einigkeit manchmal bloß zu »demonstrieren«, hat folgenden einfachen Grund: Kinder **warten** förmlich darauf, die Übereinstimmung der wichtigsten Bezugspersonen zu erleben! Spüren sie diese dann auch nur ansatzweise, sind sie sehr rasch und nachhaltig zufrieden. Deshalb wende ich »Showbiz« daheim, gemeinsam mit meiner Lebenspartnerin, ebenso erfolgreich an: In so mancher verzwickten Erziehungssituation hilft mir meine schon immer vorhandene Affinität zum Schauspiel. Gemeinsam eine »kleine Show der absoluten Einigkeit abzuziehen«, macht nicht nur Spaß, es bewahrt uns auch stets vor den bei Kindern allseits beliebten Gegenattacken und vor dem »Gegeneinander-Ausspielen«: *»Aber Papi, wieso darf ich nicht?! Mami hat's mir erlaubt!«* Peinlich, oder? UEFA pur!

! Nichts hilft in der Menschenführung, also auch in der Kindererziehung mehr, als die stets unmittelbare Zustimmung des gleichberechtigten Partners. Jedes Kind reagiert sofort mit Akzeptanz, wenn beide derselben Meinung zu sein scheinen.

Erlernen und anwenden

Was spricht also dagegen, dass Sie Einigkeit und Gleichklang nun ebenfalls daheim immer öfter ein wenig als »Show« anlegen? Besonders dann, wenn Sie aus tiefer Überzeugung nicht ganz einig sind. Dass Einigkeit auch jedes Mal tief in Ihren Herzen wohnen muss, ist ja nicht gesagt. Niemand verlangt, dass Sie sich in **allem** ständig einig sind. Aber vor allem während einer Intervention sollten Sie nicht in die UEFA tappen, sondern nach außen hin eben Gleichklang demonstrieren. Es ist sowieso der einzige Weg, um gemeinsam »erfolgreich« intervenieren zu können.
Das Kind will unbedingt Einigkeit spüren? Gut! Es soll Einigkeit bekommen! Um jeden Preis! Auch wenn Sie dafür eben ein wenig »Showbusiness« betreiben müssen. So geben Sie Ihrem Kind besonders in schwierigen Situationen das sichere Gefühl, das es braucht. Das entspannt Ihr Kind ganz automatisch. Und schon sind sie weit »draußen« aus der UEFA. Das sollte letztendlich immer Ihr Ziel sein! Es gibt ja schließlich kaum Schlimmeres als das gegenseitige Widersprechen oder Korrigieren in Anwesenheit jenes Menschen, den man zu leiten und anzuleiten hat.
Wenn Sie beide dennoch unterschiedlicher Meinung sind: Heben Sie sich Ihre momentane Uneinigkeit einfach auf und diskutieren Sie diese später. Quasi als »After-Party«. Auf keinen Fall dürfen Sie das noch vor Ihrem Kind tun. Höchstens **mit** Ihrem Kind. Aber das ist eine andere Geschichte (zu lesen bei Rudolf Dreikurs: »Familienkonferenz«)!
Wie ungeheuer schwierig Einigkeit allerdings oft in Bezug auf Verwandte, vor allem auf die Großeltern ist, weiß ich sehr wohl. Ich kann aber hier nur plädieren: **Sie** als Elternteil sind die Bezugsperson Nummer eins für Ihr Kind. Nicht die Großeltern oder andere! Sämtliche Verwandten sollten **mit Ihnen** Einigkeit zeigen, also sich Ihnen angleichen, nicht umgekehrt. Setzen Sie das klar durch. *Viel Spaß!*

Verbesserung zum Quadrat

Sobald sie die Vermeidung der UEFA daheim wirklich praktizieren, stellen sich wie von selbst vier entscheidende Verbesserungen ein:

- Es »läuft« mit dem Partner sehr entspannt, wenn man sich aufeinander abgestimmt hat und man immer öfter genau weiß, was der andere vor dem Kind sagen wird.
- Man kann vorher »berechnen«, wie das Kind reagieren wird, wenn man Einigkeit zeigt. Das Kind »folgt« dann ganz problemlos.
- Die häufige Praxis des »Gegeneinander-Ausspielens« fällt ganz automatisch weg.
- Das Kind fühlt sich auch bei »härtesten« Konsequenzen sicher und geborgen, wenn absolute Einigkeit demonstriert wurde.

TEIL 3

KINDERWELT UNTER SPANNUNG – WEGE ZUR ENTSPANNUNG

Der letzte, wichtigste und umfangreichste Teil des Buches liegt nun vor uns. In ihm lernen wir all die Situationen und erzieherischen Grundeinstellungen kennen, die das größte Potenzial für Spannungen bergen. Weil es aber auch ganze Kapitel gibt, die allein für Wege zur Entspannung stehen, erleben Sie in diesem Teil des Buches sicher ganz deutlich, was bei vielen in der Erziehungsarbeit zum täglichen Gefühlsleben gehört: »Himmelhoch jauchzend – zu Tode betrübt«! Doch keine Sorge: Ersteres werden wir viel öfter erleben! Versprochen! Gleich mit dem ersten Kapitel, das uns, wie all die anderen eigentlich auch, nur Mut machen soll, möchte ich mein Versprechen einlösen.

Mut zum Spaß oder »Hilfe! Mein Kind ist drogensüchtig!«

Dieses Kapitel steht nicht zufällig an erster Stelle im »Entspannungsteil« und auch ziemlich genau im »Mittelpunkt« des Buches. Das Thema nimmt tatsächlich Platz eins in der »Hitliste« der Wege zum entspannten Erziehen ein. Während der Lektüre des Kapitels werden wir erkennen, dass Kinder allesamt nach einer bestimmten »Droge« süchtig sind! Und zwar gleich nachdem sie das »elektrische Licht der Welt« erblickt haben. Gleichzeitig müssen wir wieder in unseren bewährten Spiegel schauen, um zu ergründen, warum wir, als Eltern, oft nicht in der Lage sind, die richtige Dosierung dieser »Droge« täglich zu verabreichen. Frau Sommer hat es gerade gelernt und verabreicht sie nun sogar schon beim Autofahren mit Hingabe. Und die neue Klingel an der Türe wird zum Lernobjekt für Jens' Mutter und gleichzeitig für uns alle auf dem Weg zum behutsamen, aber sehr wirkungsvollen Dosieren unserer neuen Entspannungsdroge.

Sei besser scherzhaft negativ, als ernsthaft positiv!
Gerhard Spitzer

Kinder auf Droge! Kinder auf Entzug!

Sie werden es sicher schon erkannt haben! Um nichts Illegales geht es hier! Aber eine »harte Droge« ist es dennoch, denn sie kann mehr als süchtig machen! Wenn Kinder diesen »Stoff« nicht erhalten, werden sie alsbald »unrund«! Man kann auch sagen, sie bekommen »Entzugserscheinungen«! Ziemlich starke sogar! Also, Vorsicht: *Diese Droge bitte nicht willkürlich absetzen. Ach ja: Und den Nachschub bitte nicht stoppen!* Sie selbst sollten dieser Sucht, gleichzeitig mit Ihrem(n) Kind(ern), genauso nach Herzenslust frönen und es gar nicht erst zu Entzugserscheinungen kommen lassen!
Katze aus dem Sack! Es ist die Droge **Spaß,** um die es hier geht**!** Anders formuliert: *Spaß ist die »Droge« unserer Kinder!* ... und sie sind wahrlich süchtig danach! Eigentlich von Geburt an!

Ich erlaube mir diese »gewöhnungsbedürftige« Formulierung leichten Herzens, weil meiner Meinung nach richtiger Umgang mit Spaß wirklich durchaus positiv in Richtung Drogenproblematik gehen kann. An folgender eigener These halte ich nämlich unerschütterlich fest:

! Wenn Kinder in ihrem Elternhaus die »Droge Spaß« so oft als möglich »verabreicht« bekommen, wenn sie somit genussfähig, also offen und stets empfänglich für Spaß werden, greifen sie später wohl seltener zu wirklichen Drogen!

Mit anderen Worten: Genussfähigkeit im Sinne von »Spaß empfangen können und auch selbst erzeugen« wirkt, meiner Ansicht nach, stark primärpräventiv[5]! Nur wenn man Kindern ihren »lebensnotwendigen« Spaß durch zu viel Ernsthaftigkeit und dauerhafte zwischenmenschliche Spannung entzieht, brauchen und suchen sie später ein Ventil! Spaß durch verändertes Bewusstsein! Nur darum geht es schließlich beim Drogenkonsum!
Mit dieser meiner kühnen Theorie stelle ich mich gern Experten zur Diskussion! Doch die wichtigsten Experten für mich sind ohnehin **Sie** und **Ihre Erfahrung!** Stehen Sie nicht an, mich auch in dieser Hinsicht zur Diskussion zu fordern!

Die häusliche Dosis oder »Nachschub bitte nicht stoppen!«
Wir wissen nun: **Spaß ist die Lieblingsdroge der Kinder! Aber sie sollte es auch für alle Erwachsenen sein!** Nur mit ihrer Hilfe gelingt uns Entspannung auf allen Ebenen. Auch in der Erziehung und generell in der Familie! Mit ihrer Hilfe allein schaffen wir es, Zorn und Frust zu vergessen. Sie lässt uns die größten Probleme bewältigen! Sie lässt uns Liebe viel intensiver empfinden und schöne Momente um ein Vielfaches nachhaltiger genießen.
Daher: Genießen, Sie! Und bitte: Lassen Sie die tägliche Dosis nicht zu knapp werden! Haben Sie den Mut zum Spaß! Bereiten Sie ihn, so oft Sie können! Manchmal bitte auch, wenn Sie meinen, gerade nicht zu können! Und nehmen Sie ihn sich für sich selbst, so viel Sie wollen! Werden Sie selbst »Spaß-Konsument« in Ihrer Familie!

---

5 Primärprävention: Maßnahme gegen den Konsum von Drogen und anderen Süchten, BEVOR jemand damit in Berührung kommt

! Genussfähigkeit für Spaß, also die Lust daran, selbst viel Spaß zu konsumieren, lässt Eltern ihre Kinder viel besser verstehen, weil sie einander auf der kindlichen Gefühlsebene treffen.

Für entspanntes Erziehen ist die »laufende Spaß-Dosierung«, meiner Ansicht nach, überhaupt das Wichtigste!

Spaß als neues Erziehungsmittel oder Die vier »Spaß-Level« für zu Hause

So wichtig manche ernsthafte Erfahrung für Ihr Kind auch ist! Kinder mögen Ernsthaftigkeit eigentlich gar nicht – sie wollen einen Spaßmacher! Aber einen, der ihnen halt zu gegebener Zeit auch ernsthaft, aber »locker« etwas beibringt! Solch einem Menschen hören sie dann auch hundertmal lieber zu als einem, der permanent nur Ernstes auf Lager hat!
Wie geht es *Ihnen* denn im Berufsleben? Hätten Sie nicht am liebsten einen Chef, der viel Sinn für Humor hat? Oder haben Sie gar schon einen solchen? Einen, der zwar professionell, aber beizeiten trotzdem von Herzen lustig sein kann? Wie sagt man so schön? Einen »liebenswerten« Menschen eben! Dann kann man Ihnen zu diesem Job nur gratulieren. Die allermeisten Menschen kennen einen solch großartigen Verantwortungsträger im Arbeitsleben nicht! Obwohl sie ihn sich sicher wünschten. Denn das sind sie, die »ernst zu nehmenden« Spaßmacher: großartig!
Für Ihr Kind wirkt es ebenso großartig, wenn Sie Ihren Spaß richtig und »zur rechten Zeit« platzieren! Es macht Sie in dessen Augen liebenswert und doch ernst zu nehmend! Ganz automatisch haben Sie so den Bonus, auch in einem »Härtefall« viel mehr Entspannung zu erleben als bisher!
Auch wenn Sie ein ernsthafter Mensch sind! Ab heute sollten Sie daran arbeiten, alles ein klein wenig »lockerer«, vielleicht »spaßiger« zu nehmen! Das bringt Lebensqualität! Für alle Familienmitglieder!
Ich möchte Ihnen diese geniale Lebensqualität, inklusive einiger erzieherischer Tools in vier »spaßigen« Levels »servieren«.

Spaß-Level 1: Mitmachen
Haben Sie in letzter Zeit geübt, so richtig nach Herzenslust zu »blödeln«? Aber für sich selbst! Auch wenn es für Erwachsene noch so negativ behaftet ist! Einfach, um dabei selbst gesunden, soliden Spaß zu haben! Um

dabei »abzulachen«, bis es nicht mehr geht! Nicht nur als »Schauspieler«! Richtig von Herzen!
Werden Sie in dieser Richtung wieder zum Kind und erlernen Sie erneut das Blödeln! Wenn Sie es schon gut können, haben Sie nicht nur meinen Respekt, sondern sicher auch den Ihres Kindes! Wenn Sie es aber nicht so gut beherrschen, kann ich versuchen, ein wenig motivierenden »Input« zu geben!
»Es geht los«!
Bei der nächsten Blödelstunde der Kinder ist Ihre Chance zum »Einsteigen« auch schon gekommen: Vielleicht haben Sie sogar das »Glück«, dass Ihr Kind einen Streich plant, den Sie nun einfach spontan **mitplanen** werden!
Was dagegen spricht? Vielleicht nur ein »Klischeedenken«? Die Gesellschaft? Ängste?
Aber der Effekt für Sie ist überaus entspannend: Haben Sie sich bis heute bei so manchem Schabernack Ihres Kindes geärgert, wird dies ab nun weitgehend ausbleiben! Denn der tolle Nebeneffekt, sobald Sie selbst mitmachen, ist: Sie brauchen sich nicht mehr zu überlegen, wie Sie die »Streiche«, die Ihr Kind macht, »schlimm« finden können! Man kann wohl schwerlich etwas schlimm finden, bei dem man mitgemacht hat! Keine Sanktion mehr, keine Strafe, kein Ärger! Eben Entspannung!

⏭ Fall 21: »Jodelfahrt«

Schon seit mehr als einer halben Stunde gebärden sich die beiden als hyperaktiv diagnostizierten Buben, sechs und sieben Jahre alt, im Fond des MiniVan wie »vom Stapel gelassen«. Muttern chauffiert wieder einmal! Ja, Frau Sommer ist schon sehr stark verwurzelt mit ihrer Dienstboten-Stellung innerhalb der Familie. In Mamas profanem Halbtagesjob geht es wieder einmal drunter und drüber. Ihr Chef ist derzeit »untragbar«! Mobbing ist derzeit dort groß in Mode! Also ist ihre Frustschwelle momentan ganz unten! Gefährlich nahe am Explodieren!
Zu diesem Zeitpunkt sitze ich, als Coach der Familie Sommer, mit im Auto und beobachte interessiert die Szene. Mario und Tommy trainieren soeben ziemlich lautstark ihre Stimmen, indem sie an »halsbrecherischen« Jodeleien basteln und dabei die irrwitzigsten Grimassen schneiden. Mario untermalt die Geräuschkulisse noch mit lustvollem Getrommel seiner kleinen Füße!

»Kinder, hört jetzt mit dem Rumblödeln auf!« und *»Mario, du hörst dich an wie ein Dummkopf – ist ja nicht zum Aushalten!«*, lässt Frau Sommer, schon sehr gereizt, vernehmen. Wir befinden uns bereits in jener Phase, in der Mutters Stimme, deutlich angehoben, den kurz bevorstehenden Ausbruch ankündigt!

Mario, der eindeutige »Schelm und Naseweis« in der Familie, aber kümmert sich auf seine eigene Art um die Ermahnung: Er kommt wieder auf eine neue Idee, die seinen Bruder vor Lachen fast in den Kurz-vorm-Zerplatzen-Zustand treibt: Er greift sofort das Wort »Dummkopf« auf und stößt es in wildem Stakkato in Verbindung mit neuen Jodellauten aus! Tommy antwortet mit einem gekreischten *»Blödmann-Blödmann«*-Stakkato.

Nun wird es sogar gefährlich: Mutter Sommer dreht im Fahren den Kopf herum, greift mit wilder Bewegung nach hinten, um das nun folgende, geschrieene *»Stop!«* auch köpertechnisch zu unterstützen! Kein Wunder, dass die nächste Kurve »gerade noch so« genommen werden kann.

»Wenn das so weitergeht mit euch, dann bleib ich stehen, fahr keinen Meter weiter!«, stößt Frau Sommer in letzter Verzweiflung aus, ohne zu überlegen, was sie sich da selbst »auferlegt«.

Was denkt Mario da gerade? *»**Na klar** geht es genau so weiter mit uns! Denn das macht ja gerade so viel Spaß!«* Und weiter denkt er: *»Du fährst nicht mehr weiter, wenn wir nicht aufhören? ... Okeydokey! Iss gebongt! **Damit** können wir leben! Dann fährst du halt **nicht** weiter! Auch gut!«* Und schon geht es unter quietschendem Lachen erneut ins Jodelland!

Da also Mutters letzte Aussage von den Jungs so ziemlich ignoriert wird, muss Mama Sommer wenige Minuten später ihre Ankündigung wahr machen! *»So! Es reicht!«*, brüllt sie und steuert den Wagen mit halsbrecherischem Manöver an den Fahrbahnrand. *»Ich halt' euch beide nicht mehr aus – ihr seid die unmöglichsten Buben, die es gibt!«* *(Können Sie sich an die »Fies-Falle« erinnern?!)*

»Erziehungstechnische Sackgasse«: Was nun? Am Fahrbahnrand stehen bleiben? Weiterfahren? Was hat das Ganze dann für einen Sinn gehabt?

Spannung liegt in der Luft! Ziemlich heftige sogar! Doch das macht die beiden ziemlich quirligen Jungs scheinbar erst so richtig scharf aufs Weitermachen: Die Kids machen jetzt zwar ein wenig auf »zerknirscht«. Ich sehe aber ganz genau, wie Mario seinem Bruder bei gesenktem Kopf fast unmerklich, aber schelmisch aus den Augenwinkeln zuzwinkert: *»Warte, gleich geht's weiter ... die beruhigt sich schon ...!«*

Ich habe genug gesehen. Und ich erlaube mir, zu diesem Zeitpunkt einzugreifen: *»Frau Sommer«*, frage ich in Richtung der verzweifelten Frau. *»Was denken Sie, wird nun geschehen? Werden die Kinder aufhören, weil wir nun am Fahrbahnrand stehen, oder wird es gleich munter weitergehen?«*

Nun senkt Frau Sommer den Kopf, denn sie weiß genau: Diese Aktion hat gar nichts gebracht! Im Unterbewusstsein ist ihr auch völlig klar: Sie hat das Gegenteil erreicht. Denn sie hat sich bloßgestellt, hat Nerven gezeigt und sich mit der Unterbrechung der Fahrt im wahrsten Sinne des Wortes selbst in ihre eigene, kleine Sackgasse hineinmanövriert.

»Nein!«, antwortet sie zerknirscht. Und wie zur Bestätigung hebt im hinteren Teil des stehenden Wagens ein Jodeln an, das ich noch nie zuvor gehört habe, so hoch und schrill! Es stammt vom Jüngeren der beiden, Tommy, der nun keine Hemmungen mehr kennt, als Mario sich »ausschüttet« vor Lachen.

»Was denken Sie, wäre nun das Beste gewesen?«, frage ich Frau Sommer ... und das möchte ich nun auch Sie fragen, lieber Leser: *»Was denken* ***Sie*** *denn ...?«*

Lösungsansatz:

Sie haben recht, wenn Sie denken: *Spaß verstehen, Mut zum Spaß! Das wäre hier die Lösung!*

Um es auf den Punkt zu bringen: Es war tatsächlich **die Lösung** für die leidgeplagte Frau Sommer!

Auch nach stressigen Arbeitstagen oder belastenden Situationen zu Hause erleichtert Frau Sommer sich nun die Fahrt und ihre Stimmung, wenn Sie allein mit Ihren beiden »Scherzbolden« unterwegs ist: Sie lauscht nach hinten, sofern gerade mal wieder Hochstimmung herrscht. Sie wartet auf ein Stichwort, welches es ihr ohne Fahrtunterbrechung leicht macht, sich »einzuklinken«, und greift es sofort auf. Immer öfter »fädelt« sie sich nun in den »Blödelfluss« der beiden Jungs ein und blödelt einfach eine Zeit lang mit! Vor Kurzem hatte sie sogar ihr »Debüt« als Jodlerin, auf einer Fahrt vom Judo-Training der Jungs nach Hause!

Das Ergebnis? Es fällt in dreifacher Hinsicht mehr als positiv für alle aus:
Erstens: Frau Sommer kommt gar nicht mehr in die Situation, sich ärgern zu müssen.
Zweitens: Mutter macht es nun einfach selbst Spaß, mitzujodeln und dabei ihre Stimmung ganz automatisch vom drückenden Tief des Tages zu befreien.
Drittens: Es geht nun auf einmal ganz leicht, die »Blödelzeit« der Jungs zu begrenzen, wenn Mutter selbst genug gelacht hat! Die Jungs fühlen sich nun bestätigt, anerkannt und akzeptiert, und sie suchen nicht weiter nach dem »Reiz des Reizens« und, vor allem, nach dem »Austesten ihrer Grenze«. Sie hören auf ein leises Signal der Mutter hin ohne Widerspruch auf! Schon wenn Mama nicht mehr weiter mitlacht, wissen sie: Der Spaß ist nun für alle aus, und sie werden einfach von selbst sofort leiser!
Und sobald es wieder ruhiger wird im Wagen, atmen alle durch. Aber nicht erschöpft und frustriert, sondern erleichtert und den Nachhall des gehabten Spaßes auskostend!
Frau Sommer hat sich etwas von ihren Kindern **genommen** und dabei auch etwas **gegeben**! Und das bei erfolgreicher »Steuerung« der Situation und des Wagens! Beides sowie ihre Kinder hat sie nun jederzeit im Griff.

Spaß-Level 2: Spaßentzug

Spaß als erzieherisches Stilmittel für eine logische Folge! Gute Laune und nachhaltige Entspannung als »Bonus« für spätere Sanktionen. *Das hat Stil!*
Im Folgenden gebe ich Ihnen ein mächtiges »Werkzeug« in die Hände, mit dem Sie eine absolut logische Folge setzen können! Viele wenden es ohnehin immer wieder, ganz automatisch, jedoch mehr oder weniger unbewusst an! Nun aber soll es ganz gezielt und sehr bewusst zum Einsatz kommen: der Spaß-Entzug!
Kommt es zu einem Fehlverhalten des Kindes, brauchen Sie nämlich nur eines zu tun: Sie entziehen Ihrem Kind den bisher mitgemachten Unsinn sofort, jedoch auf klar absehbare Zeit! Sie werden also beim nächsten oder schon beim laufenden Spaß nicht mehr mittun! Sofort weiß das Kind, dass es etwas falsch gemacht hat, und wird sich für Sie bemühen, den geliebten Spaßzustand wiederherzustellen. Und hier gilt:

Je intensiver Sie einen Spaß oder Streich mitgemacht haben, desto wirksamer ist schließlich der »Entzug« als stressfreie, erzieherische Maßnahme!

Sie sollten jedoch diese Dinge wirklich bewusst anwenden und schon bei kleinen Verfehlungen sehr gezielt einsetzen. Es wird dann zum mächtigen Werkzeug, das dem Kind auch zeigt: *»Nun habe ich etwas ausgelöst! Mein Vati, meine Mutti, mein Betreuer haben jetzt nicht mehr so viel Spaß, also muss ich etwas tun, damit es ihnen wieder gut geht! Ich will mehr!«*
So einfach kann es gehen!

Fall 22: »Raufhandel«

Papa Dorfer rauft mit seinem Sohn Stevie (6)! Es wird herzhaft gelacht und viel geschubst und gerempelt! Auch dosiertes, meist angedeutetes Boxen verschafft Lust und Ausgelassenheit! Im Vorfeld wurde das Andeuten von Schlägen mit dem Jungen allerdings schon genau trainiert. Da tönt plötzlich Mamas erzürnte Stimme aus dem Hintergrund: »Stevie, du hast dein Malzeug noch immer nicht vom Küchentisch weggeräumt! Tu das jetzt bitte gleich! Wir essen bald!« Stevie hält nur kurz inne, während er den Vater fest im »Schwitzkasten« hat! Und man sieht seinem Gesicht an, dass er nicht im Traum daran denkt, gerade jetzt zu unterbrechen, wo er auf dem Weg ist, ein siegreicher »Wrestling-Star« zu werden: »Ja, Mami, später!«, keucht er ziemlich unwillig und angespannt, denn Papa kann sich, trotz seines mächtigen Klammergriffes, immer noch bewegen.

Lösungsansatz

Herr Dorfer aber sieht aus den Augenwinkeln, dass es seiner Frau sehr ernst ist, und handelt richtig: Bevor Mutter noch wirklich böse werden muss, ruft er das mit dem Sohn vereinbarte Zauberwort aus: *»Over!«* Das haben sie nach unserem letzten Coaching-Termin sehr oft geübt! Dieses Wort darf niemand bloß zum Spaß verwenden! Das ist **immer ernst!** Man wendet es nur an, wenn jemandem wirklich wehgetan wurde, oder aus anderen, triftigen Gründen! Und so einer ist jetzt da! Papa Dorfer weiß das! Also: *»Over! Kleiner Stevie!«*
Stevie versteht! Und er reagiert! Sicher nicht aus tiefster Freude, aber aus freiem Willen heraus und wegen der getroffenen Vereinbarung, die ja in beiderseitigem Interesse ist! Er lässt seinen Vater sofort los! Und er sieht

ihn kurz an. Die Frage steht ihm ins Gesicht geschrieben: *»Ignorieren wir Mama und machen einfach weiter mit dem Spaß?«* Vaters Antwort ist ein stummes: *»Nein!«* Er leitet nur Stevies Blick in Richtung seiner Mutter, die ganz genau weiß, wie ungern der Sohenmann etwas wegräumt, und die für die Hilfe ihres Mannes gerade mehr als dankbar ist!
Vater macht das einzig Richtige: Er entzieht Stevie kurzfristig den Spaß! Der »Raufhandel« funktioniert! Stille kehrt ein! Stevie sieht zwischen den beiden Eltern zögernd hin und her, erkennt aber rasch deren stillschweigende Einigkeit und steht wortlos auf, um in Richtung Küche zu marschieren.
Früher haben die Dorfers ihr Kind natürlich auch schon zum Erledigen seiner Aufgaben gebracht! Aber meist unter Zwang und Spannung! Jetzt aber räumt Stevie offenbar freiwillig und plötzlich sehr flink und ordentlich seine Sachen weg! Außerdem wischt er noch den Tisch sauber! Auch freiwillig! Denn er freut sich auf eines: dass der Spaß mit Papa gleich weitergeht, wenn es nichts mehr auszusetzen gibt! Herr Dorfer weiß auch das! Er gibt Stevie durch sein ruhiges Abwarten die Gelegenheit zur Rückkehr und Wiederaufnahme der tollen Beschäftigung! Stevie lugt während seiner Tätigkeit auch zweimal kurz aus der Küche, um zu klären, ob Papa noch dort auf dem »Kampf-Teppich« hockt! Ja, tut er! Schon ist der Kleine fertig! Als er ins Zimmer zurückhuscht, fragt er ganz lieb: *»Papi, können wir weitermachen?«*
Doch Papa antwortet nicht! Stattdessen zwingt ein gekonnter »Bums« mit seiner Hüfte den kleinen Jungen vom Teppich! Schon schüttet der sich wieder aus vor Lachen.
Erziehung und Lerneffekt in totaler Entspannung! Kann Erziehung besser funktionieren als bei Dorfers? Und kein böses Wort ist gefallen, um Stevie zu seiner Pflichterfüllung zu bewegen! Sohnemann respektiert den entspannten Umgang mit ihm sehr! Und die notwendige Pflichterfüllung akzeptiert er deswegen auch ohne Probleme! Automatischer Lerneffekt!
Die Methode war einfach und effektiv: bloßes, herzhaftes Lachen für beide! Herzhaft und sehr verbindend! Das wurde dem Jungen stressfrei kurz weggenommen und zur rechten Zeit wiedergegeben! Konsequent, ohne Worte und damit auch spannungsfrei! So soll's sein! Gut gemacht, liebe Familie Dorfer! Ich glaube, ich brauche bei ihnen kein weiteres Mal zum Coaching zu erscheinen!

Spaß-Level 3: Die Positiv-Reaktion

Alles geht viel leichter, wenn Sie sich stets vor Augen halten: Jede Situation, auch wenn sie noch so verzwickt ist, hat eine positive Seite! Jedes Fehlverhalten kann auch positiv betrachtet werden. Schon weil Sie wissen, dass Ihr Kind niemals von sich aus bösartig ist! Finden Sie den positiven Kern der Situation, der überall »schlummert«! Mit einem Wort, hinterfragen Sie, ob der Vorfall nicht ganz so ernst war, wie Sie ihn im Moment noch empfinden. Prüfen Sie dann, ob die Sache nicht doch ein Stückchen »Leichtigkeit« verträgt!

Spaß-Level 4: Mit einem »Augenzwinkern«

Was spricht dagegen, gerade in einer stressigen Situation mit einem ganz bewussten »Augenzwinkern« zu reagieren, anstatt mit Empörung, Ärger oder hartem Protest?

Wenden Sie doch lieber einmal, statt heftigem Schimpfen, **leichtes Schmunzeln** an! Wenn das dosiert und nicht verletzend angewendet wird, ist es mit Sicherheit wesentlich besser als jeder »verbale Angriff«! Gekonnt schelmisch zu werden, ohne zu verhöhnen, ist überaus effizient und bringt Humor und persönliche Stärke zusammen mit klaren Anweisungen in eine wirksame Symbiose[6]!

Ein kurzes Beispiel: Anstatt einem wütenden Aufschrei – *»Waas? Du hast schon wieder keine Hausübung gemacht?«* – setzen Sie humorvoll auf ein wenig Herausforderung! Sie lächeln und sagen ganz ruhig: *»Aha! Ohne Hausübung in die Schule? Toller Plan! Fällt dir nicht vielleicht ein noch besserer ein?«* Dabei belassen Sie es dann bitte! Schon hat Ihr Kind etwas zum Nachdenken! Und das tut es auch! Außerdem kann es ja auch tatsächlich mal ohne Hausübung abziehen. Die Folgen in der Schule treffen dann ohnehin »den Richtigen«. Sie müssen es ja nicht ausufern lassen. Aber Achtung: Sie befinden sich nun schon im vierten Level! Jenem für »Fortgeschrittene«! Augenzwinkernde Interventionen erfordern ein wenig Übung, wenn sie nicht verletzend wirken sollen. Üben Sie ruhig vor einem Spiegel.

Ganz allgemein: **Lächeln** Sie doch auch einmal wortlos in schwierigen Situationen. Das schafft sofort Entspannung! Und ganz automatisch wird auch alles Folgende von mehr Ruhe begleitet!

Nun, da Sie in Bezug auf Spaß und gute Laune um vier Level »höher ge-

---

6 Symbiose: Zusammenwirken unter der Voraussetzung gegenseitigen Nutzens

stiegen« sind, müssen wir zu guter Letzt etwas ganz Entscheidendes besprechen:

Widerstand und Nimmersatt

> **!** Das gemeinsame Erleben von Spaß macht schneller »satt«!

Bevor ich diesen etwas kryptischen Satz theoretisch erkläre ... am besten diesmal gleich eine sehr anschauliche Fallstudie!

Fall 23: »Klingeltöne«

Die Wohnungstür hat seit heute eine neue Klingel. Als der Handwerker verschwunden ist, öffnet der kleine Jens (5) sofort die Tür und lässt die Klingel ertönen! Ein-, zwei-, vier-, ... zehnmal! Die Mutter ist genervt. Sie hat heute schon genug Stress mit dieser unzuverlässigen Montagefirma gehabt. Der Monteur ist nicht nur zu spät gekommen, sondern hat auch noch die falsche Klingel mitgebracht! Die mit dem schrillen Ton! Jetzt ist es aber vollbracht und Jens weiht das neue Signalsystem der Familie ein. Ihm gefällt also offenbar der Ton der neuen Klingel. Mutter aber reicht es schon nach dem vierten Signal: *»Hör endlich auf damit!«*, schreit sie, ziemlich genervt. Sie zerrt den Kleinen in die Wohnung. Nur zwei Minuten danach möchte er aber den Ton noch einmal hören!

Mutter räumt gerade das Wohnzimmer auf, als es erneut klingelt. Diesmal ist sie absolut am Ende mit ihren Nerven! Wütend »rauscht« sie in Richtung Vorzimmer. Schon als sie um die Ecke kommt, geht die »Kanonade« los: *»Was soll ich nur mit dir machen? ... Die Nachbarn ... Das nervt ja entsetzlich ... Das halt' ich so nicht aus mit dir!«* (FIFA!) ... und so weiter.

Ergebnis: Spannung pur! Jens ist gekränkt! Er versteckt sich in seinem Zimmer, versteht die Welt irgendwie nicht so ganz. *»Er hat doch so Spaß gemacht, dieser tolle, neue Ton ... Wozu haben wir dann die Klingel überhaupt? Blöde Klingel ... Die rühr' ich nicht mehr an!«* Er wird das »Ding«, das nun Schuld an der Spannung zwischen ihm und seiner Mutter trägt, tatsächlich lange nicht mehr angreifen. Momentan hat er einen ziemlichen Zorn auf diese blöde Klingel. Und auf sich selbst!

Schnitt!

Jens' Mama war leider nicht in dieser Angelegenheit bei mir, aber Ihnen möchte ich nicht vorenthalten, was ich ihr geraten hätte: *Einfach mitmachen!*

Lösungsansatz:

Sobald die Klingel fertig montiert war, ist der Kleine naturgemäß neugierig geworden! Bei einem fünfjährigen, aufgeweckten Sohnemann wie Jens schon vorher damit zu rechnen, würde jede Spannung sowieso gleich weitgehend unterbinden!

Jens' Mutter lässt sich ab nun also auf einen »eleganten Umbau« des Erziehungsstils ein: Jens läutet schon zum dritten Male. Mama geht hin und sagt: *»Darf ich auch mal? Der Ton ist ja wirklich lustig! Mir gefällt er auch!«*

Und **gemeinsam** läuten sie nun ein paarmal heftig die neue Klingel! Sogar einen lustigen Rhythmus finden die beiden. Und diesmal lacht Mami herzhaft und ehrlich mit! Beide haben Spaß an dem Dauergeklingel! Plötzlich ist es kein »Lärm« mehr! Es wird zu einem Spiel! Und sogar die Nachbarn verstehen sicher genau wie Jens' Mama, dass es absolut nicht »schlimm« ist, wenn einem Fünfjährigen der Ton eines neuen technischen Gerätes einfach gefällt und er ihn nach Herzenslust ausprobieren will, bis er satt ist.

Und wenn sie es nicht verstehen und das Klingeln bloß als »Lärm» empfinden, die Nachbarn, sollen sie sich einen tiefen Keller suchen, um dort abzulachen. Wenn sie es können.

Übrigens, zum Thema Lärm:

> Lärm ist nicht bloß ein lautes Geräusch! Lärm ist erst dann ein solcher, wenn wir ihn mit unserem Empfinden dazu machen!

Musik, zum Beispiel, können wir zur Stunde als toll und befreiend empfinden, egal wie laut sie spielt! In der nächsten Stunde kann sie für uns stressigen Lärm bedeuten! Besonders wenn sie daheim irgendwo »aus der Wand« kommt!

Wie war das nun mit dem »Nimmersatt«?

Wenn Sie selbst mittun, wird der Kleine ziemlich schnell satt! Es ist nun geteilter Spaß! Und der wirkt deutlich schneller, befriedigt tiefer und nachhaltiger. Wenn Sie sich »wehren«, also sauer sind und Stress vermitteln, dauert die »Sättigung« viel, viel länger. Die Herausforderung des Grenzen-Austestens kommt dann noch hinzu! Wenn Sie Pech haben, wird dann aus dem kleinen »Glöckner« ein kleiner »Nimmersatt des Knopfdrückens«!

Das war alles, was ich Ihnen dazu ... halt, nein! Noch etwas: viel Spaß noch!!

Moderne Sklavenhaltung oder »Mami! Kakao!«

In »Moderne Sklavenhaltung« lernen wir vor allem Manuel kennen, der sich ganz gut macht in seiner Rolle als »Sklavenhalter«. Wir stoßen auf verschiedene Spielarten des familiären »Dienstboten-Daseins« und der oft fatalen Auswirkungen und »Spätfolgen« desselben. Und so gelingt es uns vielleicht, eine neue Sichtweise auf den Umgang mit der Eigenverantwortung von Kindern zu erlangen. Ganz beiläufig widmen wir uns der Erkenntnis, was ein Kind in Wirklichkeit lieber hat: eine »Bedienstete« oder einen Elternteil?
Das Kapitel ist jenen von Herzen gewidmet, die sich zumindest ein klein wenig wie ein »Sklave ihrer Familie« fühlen. Und vor allem jenen, die von dieser Situation vielleicht schon lange, sicher aber seit heute, einfach genug haben. Euch aber, die ihr schon immer ganz entspannt ohne Sklavenhaltung zusammenlebt, kann ich nur von Herzen gratulieren. Lehnt euch zurück und lest mit einem »Augenzwinkern«, wie es modernen Sklaven und ihren »Besitzern« ergehen kann.

Modernes Sklavenspiel oder Die »unspektakuläre Unterordnung«

Sklavenhaltung ist neuerdings verboten. Wussten Sie das? Manche Elternteile, vor allem Mütter, scheinen dies noch nicht wirklich zu wissen. Sie arbeiten, dienen, räumen »hinten nach« und stehen ständig als Shuttle-Service bereit. Immer sind sie »auf dem Sprung«, um bei allen möglichen und unmöglichen Aufgaben zu Diensten sein zu können. Das soll nun nicht heißen, dass manche Mamis oder Papis diese Dienste nicht mit ehrlicher Freude und echter Hingabe verrichten. Alles ihren »Lieben zuliebe«. Doch die eine Frage bleibt euch nicht erspart: *Ist es euch liebenswerten, ständig »dienenden« Familien-Menschen auch wirklich bewusst, wo Freude und Hingabe aufhören und wo die »Selbstaufgabe« anfängt?*
Sich selbst aufzugeben und nur noch für die Familie dazusein, bringt nämlich absolute Spannung in Ihren Alltag. Damit machen Sie nicht nur Ihren eigenen Genuss und den Spaß am Familienleben zunichte, sondern »stempeln« ganz automatisch Ihre Familienmitglieder zu »Sklavenhaltern«. *Ist es das, was Sie wollen, liebe Mütter, liebe Väter, liebe Obsorgende?*

Möchten Sie, dass Ihre Familie sich strafbar macht? Und möchten Sie unbedingt täglich mit lauter »straffälligen Sklavenhaltern« zu tun haben? Natürlich ist das von meiner Seite weder so »düster« noch so wörtlich gemeint, wie es sich hier liest. Aber ich vertrete nun mal den Standpunkt, dass man nur etwas »bewegen« kann, wenn man auch ein wenig schockiert. Also lassen Sie sich bitte weiter von mir »schockieren«. Aber entspannt! Und lächelnd! Das ist die Kunst! Und die lässt sich natürlich »eins zu eins« auf Ihre tägliche Erziehungsarbeit umlegen: Lassen Sie sich von Ihren Kindern ruhig immer wieder »schockieren«, aber bleiben Sie trotzdem entspannt. Und holen Sie sich, unterstützt von einem Lächeln, das Beste aus dem jeweiligen »Schockzustand« heraus!

Ach ja – und haben Sie bitte keine wirkliche »Angst« vor Ihren lieben »Sklavenhaltern« daheim. Angst ist schon deshalb unbegründet, weil es ja weder die Kinder noch der Partner von sich aus darauf anlegen, einen Elternteil zum Sklaven zu machen. Schon gar nicht die Kinder, das werden wir sogleich erkennen. Somit bleibt eigentlich nur noch die Schlussfolgerung, dass solch ein »Sklavendasein« ohnehin meist nur »hausgemacht« sein kann. Dummerweise schafft man das fast immer ganz leicht selbst. Und zwar ganz unspektakulär, indem man sich wortlos und ohne einen dementsprechenden Anstoß von »außen« ganz einfach wie ein Sklave verhält. Ganz genau so wie Manuels Mama ...

⏭ Fall 24: »Prinzenrolle«

»Mami! Kakao!«, ist ein beliebter Ausspruch von Manuel, dem zwölfjährigen, um die Hüften schon etwas fester gewordenen Sonnenschein einer sehr lieben, kooperativen Familie. *»Bitte«* oder *»Danke«* – solche »exotischen« Worte kommen in Manuels Wortschatz derzeit sowieso nicht vor!

Die Familie allerdings ist so sehr kooperativ, dass Mutter, auch ohne ein *»Bitte«* schon aufspringt, bevor der liebe Manuel mit seinem knappen, aber deutlichen Wunsch – *»Kakao!«* – zu Ende gekommen ist!

Sie steht also, wie gewöhnlich, während ihrer eigenen Tätigkeit auf, diesmal während der Betrachtung eines spannenden Films, und bereitet für den süßen Jungen den verlangten, nein – wohl eher »befohlenen« ebenso süßen Kakao zu. Manuel räkelt sich in seinem Fernsehsessel – Verzeihung! – im Fernsehsessel des Vaters, der ja praktischerweise gerade nicht daheim weilt, und ist vom Geschehen der mittlerweile dritten DVD an diesem Nachmittag nicht mehr abzubringen. Dass Mami heute sogar auf die Leiter steigen muss, um eine neue Dose Kakao von ganz oben zu holen, ist ebenso uninteressant für ihn wie die Tatsache, dass die spannendste Film-Szene für Mutter nun verloren geht, während er, der »Kakao-Besteller«, sie ja zur Gänze erleben darf.

Ich habe mir, anlässlich eines ersten Besuches bei diesen netten Leuten, erlaubt, die Situation zu hinterfragen, um zu erfahren, ob darüber im Familienverband gesprochen wurde.

»Nein«, beklagt der Vater, *»denn das mit dem Kakao und anderen ›Befehlen‹ macht er immer. Und meine Frau springt leider auch immer auf. Sie meint, das sei sie ihm schuldig und er sei ja in der Schule fleißig und wirklich so gut, dass er zu Hause sich schon ein wenig Luxus leisten könne!«* Nach Vaters Meinung ist dieser permanente »Befehlszustand« ja untragbar. Aber was könne er tagsüber schon groß ausrichten, bei den langen Arbeitszeiten in seiner Firma.

Nun ja – da ist was dran … wenn Sie mich fragen. Und er hat auch mit dem »Befehlszustand« recht! Nicht nur die Sache mit dem Kakao wird schon langsam bedenklich im Hause Manuels. Auch in anderen Situationen spielt seine Mutter gleich nach der ersten Aufforderung den Sklaven für den lieben Junior. Aber sogar ohne Aufforderung »funktioniert« sie perfekt. So räumt sie auch schon manchmal sein Zimmer auf, bevor er einen Freund einlädt, weil man sich ja sonst blamiere. *»Das fällt ja gleich auf mich zurück, wenn es so schlampig aussieht!«*, meint sie dann.

Manuels Mutter ist überhaupt ein »Arbeitstier«. Sie sieht alles sofort, putzt alles, hilft überall und ist auch stets zur Stelle, wenn es gilt, einen »Shuttle-Dienst« mit dem Familien-MiniVan zu den jeweiligen Freizeit- und Schulveranstaltungen, sogar zu den Treffen mit diversen Freunden des »jungen Prinzen« einzurichten. Alles in allem eine paradiesische Situation in dieser Familie. *Für den Jungen!* Das Dumme ist nur: Er sieht das nicht so. Dauernd hat er etwas zu nörgeln. Ständig ist ihm dieses und jenes zu viel oder zu wenig. Er mault sehr oft über das Essen, greift aber dennoch nie zu knapp zu, ohne je beim Servieren zu helfen. Auch weigert er sich permanent, sein Zimmer aufzuräumen.

Wird ihm einmal höflich angetragen, zum Beispiel den Tisch nach dem Essen abzuräumen, wird dies zum Anlass für äußerst schlechte Laune und ziemlich heftige Gegenwehr. Meistens endet die Abräum-Aufforderung mit Beleidigungen, die Mami dann mit einem gekonnten

Würgereflex hinunterschluckt und schließlich doch selbst den Tisch abräumt.

Manuel hat, glaube ich, noch niemals einen Besen in der Hand gehalten, geschweige denn schon einmal erkundet, wie man den Staubsauger einschaltet. Dies wurde allerdings auch noch niemals von ihm verlangt. Trotzdem ist er ständig unzufrieden. Nicht selten schimpft er über seine Mutter und stellt ihr bei seinen Freunden kein gutes Zeugnis aus. Und seine »reizendste« Reaktion konnte ich kürzlich, zu Beginn des Coaching-Termins, miterleben: *»Aber Mutsch«*, so nennt er liebevoll, aber respektlos seine Mutter, *»der Kakao ist ja grauslich!«*

Wie kann es nun sein, dass Manuel an seiner Mutter kein gutes Haar lässt, obwohl sie alles für ihn tut? Was ist der wahre Grund, dass er immer unzufrieden ist?

Schauen wir nach. Sehen wir die Sache mit seinen Augen: Für Manuel ist seine Mutter immer weniger eine ernst zu nehmende Bezugsperson, vor allem nicht als Erziehende. In seinem Unterbewusstsein »demontiert« sich die geliebte und respektierte Mutter jedes Mal als starke Persönlichkeit, wenn sie stets sofort zu Diensten ist. Damit verliert sie stetig als Mutter an Wert. Im Gegenzug dazu gewinnt sie jedoch mehr und mehr in ihrem Stellenwert als »Dienstmagd«. **Doch Manuel braucht keine Dienstmagd – er braucht eine Mutter!** Und zwar eine, die ihre unersetzbare Aufgabe als Führungspersönlichkeit erfüllt und ihn sowohl leiten als auch anleiten kann.

Ich darf kurz die beiden wichtigen Begriffe »leiten« und »anleiten« erklären, da sie im erzieherischen Kontext in keiner mir bekannten Literatur Verwendung finden:

Leiten

Damit ist die reine Führungsrolle gemeint, mittels der ein Elternteil seinem Kind spezifische Verhaltensmuster beizubringen hat. Auch die, dass es seine eigenen Aufgaben innerhalb der Familie erfüllen muss.

! Erziehende Personen dürfen nicht darum betteln müssen, dass Kinder ihren Teil zum täglichen entspannten Ablauf des Familienlebens beitragen.

Anleiten
Das **Unterweisen in der Erziehungsarbeit.** Das Kind wird, eigentlich solange die Eltern leben und ein aufrechtes Verhältnis zu ihrem Sprössling haben, mit vertrauenswürdigen »Inputs« versorgt. Es ist die »lehrende Komponente« des Erziehens. Jene Rolle, die ein Erziehender im entspannten Gespräch, in einem Spiel oder schlicht als Vorbild einnimmt! Lernen fürs Leben halt. »Irziohan« im wörtlichen Sinne.

Beziehen Sie diese Grundsätze nun ganz speziell auf eine sofortige »Abschaffung des häuslichen Sklaventums«, so könnte die Theorie für Sie lauten:

! Sie als Elternteil, als »Leitender« Ihres Kindes, haben nicht nur das Recht, sondern auch die Pflicht, Ihr Kind regelmäßig in den täglich notwendigen Ablauf des Haushalts und somit des funktionellen Familiengeschehens mit einzubinden und es während dieser Tätigkeiten behutsam anzuleiten.

Übrigens: Das sollte jederzeit funktionieren! Auch ohne jedes Mal mit Belohnung, Vergünstigungen oder extra Lobeshymnen aufwarten zu müssen. Ein kurzes, aber ehrlich gemeintes Lob hie und da genügt schon. Gut platziertes Lob kann und wird Ihr Kind zu ungeahnten weiteren Leistungen anspornen! Denn das sollte genug Belohnung sein! Die tägliche Zusammenarbeit schließlich trägt um ein Vielfaches mehr zu einem guten Eltern-Kind-Verhältnis bei als das Verhätscheln, Bedienen oder gar eine spätere »Wiedererweckung des Sklaventums«.

Eigenverantwortung oder *»Mami, trau mir doch bitte etwas zu!«*

Vielleicht gelingt es mir, den einen oder anderen unter Ihnen mit der folgenden Erkenntnis zu verblüffen:

! Ein Kind hasst es instinktiv, bedient zu werden!

Es fühlt sich dadurch in seiner Persönlichkeit und in seinem Lernwillen beschnitten. Ein Kind möchte »etwas herzeigen dürfen«, »etwas bewei-

sen können«, gesehen, bestaunt und wahrgenommen werden. Wie kann es das aber, wenn ihm ständig alles abgenommen wird? Sogar Manuel würde instinktiv lieber seinen dämlichen Kakao selber machen, um zu zeigen, dass er es sehr gut alleine kann. Andererseits genießt er aber auch die momentane Macht, die er über die Mutter hat, und fügt sich dadurch leichter in das harte Schicksal, dass man ihm nichts wirklich zutraut. Es gibt nämlich nichts, was einem Kind mehr zuwider ist, als wenn man ihm nichts zutraut. Und es ist, meiner Meinung nach, auch eines der Grundübel unserer derzeitigen »Erziehungslandschaft«. Auf den Punkt gebracht: Unseren Kindern wird in vielen Familien kaum mehr etwas zugetraut.
Mit fatalen Folgen! Ich erlebe es nämlich immer öfter, dass Kinder zu uns kommen, die absolut kein Selbstwertgefühl mehr zu haben scheinen. Sie interessieren sich kaum für praktische Dinge, weil diese ihnen schon immer abgenommen wurden.

⏭ Fall 25: »Hilflois«

Alois ist ein auffallend introvertierter, ziemlich schweigsamer elfjähriger Junge. An der Garderobe unseres Gruppen-Spielraumes trage ich ihm auf, einen Kleiderbügel für seine Jacke zu benutzen. Als ich ihn nach mehreren Minuten noch immer an der Garderobe stehen sehe, Jacke und Bügel in den Händen, frage ich in »dunkler« Vorahnung nach: *»Alois, hast du noch nie selbst einen Kleiderbügel benutzt?«* Die Antwort, die mir zuvor schon klar gewesen sein mochte, erschreckt mich dann aber doch sehr. Vor allem bei einem Elfjährigen: *»Nein, hab ich nicht!«* Besonders schlimm finde ich, dass Alois sich auch in diesen Minuten nicht die geringste Mühe gemacht hat, dieses unglaublich seltene »Instrument« zur Kleiderablage von sich aus kennenzulernen. Auch und besonders dann, wenn er so etwas noch niemals in Aktion gesehen haben mag. Ein Umstand, den ich übrigens bis heute stark bezweifle. Alois hat sich einfach keine Sekunde lang die Mühe gemacht, die eindeutige Schulterform eines Kleiderbügels folgerichtig so zuzuordnen, dass es eben nur eine Möglichkeit geben kann, eine Jacke darauf zu platzieren. Aber denken Sie jetzt nicht, Alois wäre irgendwie retardiert, also »spät entwickelt« gewesen. Nicht im Geringsten. Er war schlicht bei den einfachsten Dingen völlig hilflos.

⏭ Fall 26: »Spitzfindigkeit«

Andreas frage ich – aus gutem Grund –, wie denn das spitze Ding heiße, das man zusätzlich zu einem Zwirn bräuchte, um etwas nähen zu können: *»Weiß ich nicht!«*, kommt es kleinlaut, aber spürbar desinteressiert zurück. Dass so manches kleine Kind den Begriff »Nadel« noch nicht kennt, erschreckt mich nicht wirklich. Aber diesmal bin ich schon mehr als betroffen: Andreas wird in fünf Wochen zwölf Jahre alt. Sein Problem ist: Er hat nicht nur keine Kenntnis, sondern auch keinerlei Interesse an solchen alltäglichen Dingen. Es bestand bisher einfach keinerlei Notwendigkeit, eine Nadel oder etwas ähnlich Praktisches jemals in die Hand oder auch nur – verbal – »in den Mund« zu nehmen.

Ich hoffe, Sie glauben mir diese drastischen Schilderungen. Es ist tatsächlich alles ganz genau so passiert. Ich habe nichts verändert. Außer den Namen. Anonymität ist für mich als Family-Coach die oberste Prämisse.
Der Grund für das Verhalten von Andreas und Alois liegt auf der Hand: Beide Jungs haben Mütter, die absolut jeden Handgriff und jeden Gedanken für ihr Kind selbst übernehmen. Beide sind Sklavinnen in »Perfektion«. Sie üben jedoch diese Rolle mit solcher Hingabe aus, dass es ihnen nicht auffällt, was die damit anrichten.
Die beiden Buben haben durch dieses extreme Sklavenverhalten ihrer Mütter bereits ihre Wissbegier, ihre genetisch tief verankerte, **normalerweise unersättliche kindliche Neugierde** verloren. Und beide haben sogar schon das selbstständige Sprechen aufgegeben. Sie reden nur mehr, wenn man ihnen die berühmten »Würmer aus der Nase zieht«. Damit sind sie in größeren Gruppen übrigens immer seltener allein. In einer meiner Jahresgruppen, 19 Kinder zwischen elf und 14 Jahren, hatte ich gezählte sieben Jungs, die auch auf spannenden Outdoor-Camps den ganzen Tag über den Mund nicht aufbrachten. Und sie lehnten auch in der ersten Zeit jedes Angebot zur Eigenverantwortung ab. Schlicht aus dem Grund, weil sie sich absolut nichts zutrauten.
Wie gerne hätten diese »wortlosen« Kids, vielleicht schon innerhalb ihres Familienverbandes, bestimmte eigene, sicher aber auch anstrengende Aufgaben übernommen. Aber dazu hätte man ihnen etwas zutrauen und das elterliche Sklavenverhalten bald ganz aufgeben müssen. Sie hätten mit Sicherheit in ihrer Entwicklung einen großen »Sprung nach vorne« gemacht.

> ! Wollen Eltern gerne und freiwillig so manchen Handgriff für ihr geliebtes Kind tun, dürfen sie nicht elterliche Liebe und Zuwendung mit Unterwürfigkeit und gänzlicher Abnahme jeder Selbstständigkeit verwechseln.

Kinder als Verantwortungskünstler

Die Pfadfinderei, die ich ehrenamtlich seit 23 Jahren mit Begeisterung ausführen darf, ist in ihrer Art einmalig: Kinder werden schon ab dem Alter von zehn Jahren darin gefördert, Verantwortung für eine Kleinstgruppe mit bis zu sechs, meist jüngeren Kindern zu übernehmen. Dabei konnte ich klar feststellen: Lässt man ein Kind in seinem Tatendrang gewähren oder leitet es behutsam dazu an, ist es zu unglaublicher Eigenverantwortung fähig. Das Übertragen eigener Verantwortung funktioniert dabei erstaunlicherweise in allen Altersstufen. Kleinere Kinder beispielsweise machen sogar kaum etwas lieber, als diverse, zunächst leichte Handgriffe, später gar ganze Aufgabengebiete in Eigenverantwortung zu übernehmen. Ein Kind empfindet solche »aufgebürdeten« Aufgaben in Wahrheit als Vertrauensvorschuss und wird alles daransetzen, sich dieses Vertrauens würdig zu erweisen.

Ihre lieben Kleinen freuen sich ganz sicher, wenn sie etwas tun können, das sie, wie eine Zeremonie, immer selbst durchführen dürfen. Etwas, das sie dann auch, ganz in ihrem eigenen Sinne, bis zur Perfektion gut machen können. Und auch im Sinne ihrer Eltern, die sie ja instinktiv glücklich machen wollen.

Was denken Sie, wie sehr dies einer entspannten Erziehung förderlich ist? Haben Sie so etwas schon einmal so richtig versucht? Oder sagen Sie stets der Einfachheit halber: *»Meinem Kind kann ich sicher keine Verantwortung übertragen!«* Haben Sie Ihrem Kind wirklich schon einmal auf Dauer etwas ganz alleine übertragen, ohne ständig hinter ihm zu stehen? Und haben Sie vielleicht schon einmal die folgenden »Zauberworte« benutzt? *»Ich vertraue dir dies oder jenes vollständig an, weil ich weiß, dass du es gut machen wirst!« »Weil ich weiß, dass ich mich auf dich verlassen kann!« »Weil ich mich freue, zu sehen, wie du das schaffst!«* Sie werden es genießen zu erleben, wie sehr Ihr Kind dadurch aufblüht!

Denken Sie nun bitte nach, wie oft Sie Ihrem Kind vielleicht bisher schon klargemacht haben, dass Sie ihm dies oder jenes eben nicht zutrauen, weil es Sie schon bei anderen Sachen oft enttäuscht hat. Und vielleicht haben Sie auch schon mehrmals geschimpft, wenn die eine oder andere

kleine Arbeit nicht zufriedenstellend verlaufen war. Das baut natürlich Selbstwertgefühl und Motivation ab. Und zwar sehr! Dann wird es sicher bald immer schwieriger, Ihr Kind zu einer ähnlichen, ernst zu nehmenden Aufgabe zu »überreden«. Und schon wieder müssen Sie alles selbst erledigen. Schon wieder arbeiten Sie als »Dienstbote«. Erneut bewegen Sie sich in Richtung »Sklaventum«.
Zum Abschluss müssen wir unbedingt noch die kleine Jasmin (8) besuchen, um zu sehen, was ihre Mutter ihr auf keinen Fall zutraut. Deshalb verrichtet sie brav und noch dazu täglich für ihre Tochter »Sklavendienst«. Doch wir stellen uns nun schon wissend die Frage: *»Will das die Kleine überhaupt?«*

Fall 27: »Heimhilfe«

Eigentlich hat mich Jasmins Mutter um Hilfe gebeten, weil ihre Tochter ständig Probleme in der Schule hat. *»Sie hat nie die richtigen Sachen in ihrer Schultasche mit. Fast jeden Tag erhalte ich Mitteilungen, weil Hefte, Aufgaben, Bücher oder wichtige Unterlagen nicht mit dabei sind. Dabei räume ich ihr immer höchstpersönlich die Schultasche sorgfältig ein. Irgendwie scheint sie die Sachen aber dann wieder auszuräumen, um sie dann zu Hause zu ›vergessen‹. Ich versteh das einfach nicht mehr. Wie kann ich mir helfen?«*
Wir verstehen das nun sicher schon! Oder? Jasmin war in Wirklichkeit verzweifelt, dass sie kaum Gelegenheit erhalten hatte, ihre Schultasche ganz alleine und ohne ständige Kontrolle einräumen zu dürfen. Sie war überdies zutiefst verletzt, dass Mutter ihr damit vollkommen die Fähigkeit absprach sowie gleichzeitig das Vertrauen entzog, das je selbst tun zu können.
Da Kinder handlungsorientiert reagieren, wie wir bereits wissen, und nicht viel über Probleme dieser Art mit uns diskutieren, hat Jasmin einfach still protestierend gehandelt: Mit dem Entfernen der von ihrer Mutter eingeräumten Schulsachen hat Jasmin demonstriert, dass sie sehr wohl weiß, was sie daheimlassen muss, damit es dann wirklich in der Schule fehlt. Genial, oder? Und so einfach. Und obendrein ist diese »Ausräum-Aktion« eben ein klarer, eigentlich leicht erkennbarer Protest gegen die Bevormundung.

Langfristige Folgen

Irgendwann, in ein, vielleicht zwei Jahren, beginnt auch bei der quir-

ligen Jasmin trotz Protest und Ablehnung eine Gewöhnungsphase. Das Kind beginnt sicher bald den Eingriff in seine täglichen Routinen zu akzeptieren. Genau genommen beginnt es, vor der Sklaventätigkeit der Mutter zu resignieren. Es reagiert dann wiederum handlungsorientiert und macht bald das Beste daraus: Es lässt die Sachen schließlich ganz und gar der Mutter über und greift später nie mehr wieder aus eigenem Antrieb in diese Abläufe ein. Die Schwierigkeiten im späteren Alter sind dann absolut programmiert! Ich höre schon Jasmins Mutter verzweifelt ausrufen: *»Meine Tochter ist ja soo faul, sie räumt sich überhaupt keine Schulsachen selbst ein. Es ist ihr egal, ob sie irgendwas Wichtiges mithat oder nicht.«*
Ja! Jetzt stimmt es, liebe Mami! Nun ist es Jasmin wirklich egal, weil sie schon lange resigniert hat. Die Faulheit lag und liegt ihr nicht im Blut. Sie wurde durch falsch verstandenes Sklavenverhalten anerzogen. Später lebt dann das Kind vielleicht nur noch nach dem Motto: *Wer schon immer einen Sklaven gehalten hat, wird nie mehr selbst arbeiten.*
Dabei gäbe es so viele winzige oder auch große Dinge im häuslichen Familienleben, die Ihre Kinder ganz leicht und gerne selbst machen wollen. Als da wäre zum Beispiel: den Kakao nach eigenem Geschmack zuzubereiten. Das hätte auch unser Manuel sicher schon jahrelang am liebsten selbst gemacht, wenn seine Mami nicht so eine perfekte »Sklavin« gewesen wäre.
Seit Kurzem ist Manuels Mutter als »Sklavin« in den wohlverdienten »Ruhestand« gegangen. Womit sie zunächst nicht gerechnet hat, ist sehr rasch eingetreten. Manuel fühlt sich deswegen nicht im Geringsten belastet oder verletzt. Im Gegenteil: Er hat nun daheim einige Routineaufgaben bekommen, die er mit Hingabe ausführt. Man spürt ganz stark, dass er sich dadurch viel mehr akzeptiert fühlt und als vollwertiges Mitglied der Familie!
Und das Tollste ist: Sobald Manuels Appetit auf einen Kakao erwacht, steht er nun wortlos auf und macht sich daran, jedes Mal den besten Kakao zuzubereiten, den er jemals getrunken hat. Immer öfter fragt er auch vorher ganz lieb, ob er das auch darf. An der Qualität des Kakaos hat er seither nie mehr zu nörgeln gehabt. Denn wer etwas selbst zustande bringen will, der kann es auch selbst verpatzen. Und das wird er auch hin und wieder. Learning by doing! Eine der wichtigsten Prämissen in der Kindererziehung. Noch etwas hat uns erstaunt: Vor Kurzem hat Manuel ein wenig Kakao in der Küche verschüttet.

Nur eine Minute später war die Reinigung, inklusive Nachwischen, erledigt. Jedoch nicht durch Mutters Hand. Die saß zu dieser Zeit gemütlich im Wohnzimmer bei ihrer Wochenzeitschrift. Ein ganzes Verantwortungspaket liegt somit hinter dem leckeren Kakao. Außerdem wird der kleine Körper jetzt öfter mal auch daheim ein wenig bewegt. Das ist zurzeit in Manuels Fall ja auch kein Fehler.

Dinner, Junk, Snack & Co oder »Satter geht's nicht«

Bei diesem schmackhaften, kleinen »Häppchen« des Buches werden sich viele wohl fragen: »Was hat das Essverhalten meiner Familie mit der Erziehung meines Kindes zu tun?« Aber weil es eben just doch eine Menge mit Erziehung zu tun hat, müssen wir auch hineinbeißen in dieses recht »saftige« Brötchen. Wie es schmeckt und ob der »Saft« dem einen oder anderen in den falschen Hals läuft, das überlasse ich Ihrem »feinen Gaumen«, liebe Leser. Familie Sauers wie auch die Hoffmans zeigen uns, wie es nicht gehen soll. Nur die kleine, kluge Sabrina schafft es, sich gegen das »Fütterungsverhalten« ihrer Mutter ein wenig durchzusetzen.
Bevor ich mir erlaube, dieses wahrlich ernste Thema in Angriff zu nehmen, muss ich klar abgrenzen: In vielen Familien kommt das, was ich nun beschreiben möchte, ohnehin niemals vor. Jene Menschen mögen meine Ausführungen leichten Herzens hinnehmen. Sollten in Ihrer Familie jedoch einige der hier beschriebenen Dinge zutreffen, fühlen Sie sich bitte nicht »ertappt« oder »geschulmeistert«. Sehen Sie es einfach als Chance und nützen Sie diese. Verstehen Sie meine Ausführungen als Ansporn. Als Motivation, etwas zu ändern. Gleich! Vielleicht heute Abend noch. Im Interesse Ihres Kindes.

»Du liegst mir im Magen« oder »Mami, ich kann mich nicht entspannen!«

Sie wollen Ihr Kind doch nicht unnötig belasten, oder? Weder mit allzu übertriebenen erzieherischen Maßnahmen noch sonst irgendwie. Sie wollen ihm möglichst viel mitgeben, stets gut mit ihm auskommen und es ihm einigermaßen leicht machen auf seinem Lebensweg. Sicher wollen alle Eltern so handeln.
Und doch lastet eine Sache ganz erheblich auf so vielen Kindern: falsche Nahrungsaufnahme. Diese ist, auch wenn viele das nicht wahrhaben wollen, eine immense Belastung. Vor allem für die tägliche Erziehungsarbeit. Denn falsches Essen belastet nicht nur den Körper, sondern absolut erwiesenermaßen auch Geist und Seele.

»Übergewicht? Mein Kind? Aber nein!« oder Wie man etwas Unübersehbares übersieht

Es ist eigentlich erschreckend, wie heikel das Thema Essen und Körpergewicht in unserer derzeitigen Familienkultur ist. Ich habe im Laufe der Jahre wahrgenommen, dass zwei Dinge im durchschnittlichen, familiären Umfeld scheinbar als absolut unantastbar gelten: die kindliche Sexualität und das kindliche Übergewicht.
Man redet von beidem nicht oder nur mit »vorgehaltener Hand«. Wenn nun ein Fremder oder – noch schlimmer – ein Bekannter »wagt«, eines dieser beiden Themen anzurühren, ist schon »Feuer am Dach«. Man ist augenblicklich beleidigt oder gar bitterböse. Oder man verniedlicht, übergeht oder spielt herunter – oder leider auch »hinauf« –, das heißt, man reagiert unangemessen und damit für ein Kind immer traumatisierend. Genauso schlimm ist aber, dass diese Themen immer öfter vollkommen ignoriert werden.
Ersteres existiert für den »Normbürger« und viele »Normpädagogen« gar nicht mehr, weil Kinder als gänzlich asexuell gelten. Richtiger gesagt: weil sie als asexuell zu gelten haben. Kinder haben einfach noch keine körperlichen Empfindungen zu haben. Punktum, aus! Das schreibt eben unsere gegenwärtige Gesellschaft vor. Dabei liegen bewusste Körperwahrnehmung beziehungsweise Körpererleben und entspanntes Verhalten so untrennbar nahe beieinander! Viele ernsthafte Studien beweisen das!
Hier aber geht es jetzt um sichtbare körperliche Veränderungen aufgrund von Nahrungsüberfluss: Meiner Wahrnehmung nach hat es sich irgendwie eingebürgert, erst dann zu reagieren, wenn die Diagnose »Adipoditas«, also Fettleibigkeit, bereits auf dem Arztbericht steht. Mit anderen Worten: Der berühmte Ausdruck »Übergewicht« wird erst dann verwendet, wenn man schon von »Schwergewicht« sprechen kann. Erste äußere Anzeichen, wie sie bei einer erschreckend hohen Anzahl von Kindern bereits klar vorhanden sind, werden völlig ignoriert: Doppelkinn, Zellulitis, eingezogene Knöchel und Ellenbogen, Bauchwölbungen aller Grade und so weiter.
Es ist nicht einfach nur »schlecht«, was viele da zulassen, ich empfinde es glattweg als »Misshandlung«, wenn jemand zusieht, wie sein Kind den Belastungen seines eigenen Körpers ausgesetzt ist, und dann noch kein Wort darüber verliert, wenn es langsam, aber sicher körperlich zunimmt und schließlich vielleicht gar »aufgeht wie ein Ballon«! Dabei sind viele Anzeichen für ein

»Zuviel« recht deutlich: Schon die allzu bekannte Falte unter dem Kinn ist bei Kindern ein absolutes Alarmzeichen für zu viel Fett. Kinder mit Doppelkinn! Wieso wird das noch als »ganz normal« angesehen?

Fall 28: »Spitzbergen«

Als ich den Vater von Nathalie, die mit acht Jahren ein starkes Doppelkinn und einen schon fast grotesken Spitzbauch hat, darauf anspreche, dass seine Tochter ziemlich übergewichtig sei, verzieht dieser zunächst das Gesicht. *»Nein, das kann man nicht sagen«*, kontert er gekränkt. *»Einen Ansatz hat sie, nicht mehr.«* Ein weiteres Mal habe ich mich nicht mehr getraut, etwas zu sagen. *Na, lieber Papi, wenn sie ohnehin nur einen »Ansatz« hat ...*

Ein »Programm« der Natur

Ein wichtiges Faktum passt genau an diese Stelle. Mutter Natur hat für den weiblichen Körper ein wundersames »Programm« vorgesehen: Um Ansammlung von Fett um die empfindlichsten Organe der Frau zu vermeiden, »schickt« dieses Programm so viele unerwünschte Fettzellen wie möglich hin zu den Hüften. Das Ergebnis ist vielen Frauen nur allzu bekannt. Dieser Vorgang passiert, weil Fett die Fortpflanzungsorgane und ein Kind im Mutterleib schädigen könnte. »Mutter Natur« hat Fett also offenbar eindeutig als »gefährlich« eingestuft. Da bei Männern diese Gefährdung nicht relevant ist, gibt es bei ihnen kein solches »Programm«. Männer »sammeln« ihre Fettzellen also gleich am Bauch.

Warum ich das erzähle? Weil bei Mädchen vor der Geschlechtsreife dieses Programm noch nicht »aktiviert« ist. Was junge Mädchen also an überflüssigem Gewicht ansammeln, lagert sich »ungeniert« im Bauch und damit auch an allen empfindlichen Organen ab und kann sie beeinträchtigen. Gut sichtbar, übrigens.

Falsches Essen oder falsches »Füttern«?

Kaum jemand gibt also zu, dass das Essverhalten seines Kindes gestört oder auch einfach nur »falsch« ist. Und der Grund dafür ist klar: Dazu müsste man **sich selbst** eine Schuld eingestehen. Wer aber tut das schon

freiwillig? Denn im Grunde liegt das Problem nicht beim Essverhalten der Kids, sondern beim »Fütterungsverhalten« der Eltern. Vom Säuglingsalter an: Kinder essen das, was sie bekommen. Vor allem in der Kleinkinderzeit. Ist in dieser Zeit das Essverhalten schon problematisch, gerät es später oft ganz außer Kontrolle. Denn wenn sie genug »Essensgeld« dabeihaben, die Teenies, geht's erst so richtig los.
Klar ist: Eine sehr rasch immer größer werdende Anzahl von Kindern isst und trinkt falsch. Das heißt: zu viel, zu spät, zu häufig, zu zwanghaft, zu ungesund, zu süß und so weiter. Und dagegen, meine ich, sollte rasch etwas getan werden.
Ich glaube, besonders die »Lehre« von den »fünf kleinen Mahlzeiten am Tag« hat viel in Richtung Essensmissbrauch ausgelöst. Das Problem ist: Es bleibt ja nicht bei wirklich »kleinen« Teilmahlzeiten. Und eine ganze Packung Chips ist eben auch keine kleine Mahlzeit. Generell ist es erschreckend, was Kinder, die eigentlich mengenmäßig recht wenig brauchen, so den Tag über alles in den Mund stopfen. Manche nahezu ohne nennenswerte Pause. Dass jedoch gerade diese Pausen für das Verdauungssystem dringend notwendig sind, scheint diese Kids und deren Eltern offenbar kaum zu interessieren. Oder wissen sie es nicht?
Kinder wie die siebenjährige Sabrina hingegen scheinen das schon zu wissen. Und sie machen sogar besonders lange Essenspausen, wenn ihr Körper das verlangt.

⏭ Fall 29: »Dünnformat«

Sabrina ist ein zierliches, lustiges Kind, aber sehr resolut und sie weiß, was sie will. Nur wegen des täglichen Essens gibt es Meinungsverschiedenheiten. Sabrina sagt halt öfter: *»Mami, ich hab heute keinen Hunger!«* An solchen Tagen isst sie ein oder zwei Scheiben Knäckebrot und löffelt langsam einen Becher Kefir. Das mag sie so gerne. Mami ist dann den ganzen Tag krank vor Sorge und will ständig, dass Sabrina mehr isst! *»Du musst noch wachsen!«*, sagt sie immer. Wahrscheinlich sieht sie in ihrer Fantasie ihre Tochter bereits ausgemergelt und mit dem Tode ringend auf einer Kinderintensivstation liegen. Sie übersieht dabei vier ganz offensichtliche Dinge völlig:

- Sabrina »wächst« auch ohne die täglichen drei bis fünf Standardmahlzeiten ganz prima. Sicher wird sie ganz von selbst groß. Naturprogramm!
- Die Kleine ist quicklebendig und fühlt sich offensichtlich sehr wohl.

Sie ist zwar recht schlank, aber kerngesund, ständig fröhlich und überall dabei. Sie treibt zwei Sportarten und interessiert sich neuerdings für die Pfadfinder.

- An anderen Tagen isst sie ganz normal. *Da hat Mami nichts zu sagen?*
- Es ist völlig normal, wenn Kinder ein bis sogar drei Tage keinen rechten Hunger haben. Sofern Sie sich nicht anderweitig krank fühlen, ist das eine normale »Auszeit«, die der kindliche Organismus von den Kleinen eben verlangt, weil er »im Moment« viele andere Dinge zu leisten hat, als nur zu verdauen. Der Körper »schreit« ja ohnehin danach. Man sollte nur zuhören können. So wie Sabrina. Deshalb setzt sie an solchen Wenig-Hunger-Tagen meistens ihren Willen durch. Bravo, Sabrina!

Zwischensumme
Lassen wir doch Kinder Ihren eigenen Biorhythmus finden. Wenn sie einmal keinen Hunger haben, so ist das absolut normal. Dann haben ihre Körper, die so viel Umstellungen und Aufbauarbeit zu leisten haben, einfach mal genug von der ewigen Verdauerei. Und hin und wieder ein Fasttag ist auf jeden Fall um ein Vielfaches gesünder und entspannender, als lebenslang »sechs Komma acht« Mahlzeiten am Tag zu sich zu nehmen. Plus die schon obligaten »Knabbersnacks« zwischendurch.

Aber es gibt noch eine andere »Nahrungsbombe«. Und die lasse ich jetzt platzen:

»Dinner for more«

In immer mehr Familien kommt es immer öfter vor, dass es aus Zeitmangel nur noch eine einzige große Zusammenkunft gibt: das Abendessen. In Ermangelung eines anderweitigen regelmäßigen Erlebens familiärer Harmonie wird das Abendessen oft natürlich richtiggehend zelebriert.

⏭ Fall 30: »Dicke Luft«

Folgen Sie mir zu einem Kurzbesuch bei den Sauers. Bei der fünfköpfigen Familie herrscht die meiste Zeit des Tages »dicke Luft«. Allenthalben »kracht« es sogar schon mal, dass die Fetzen fliegen.

Abends sitzen Vater und zwei der Kids oft schon bei Tisch und warten mürrisch auf Mutter und die zu ihr gehörenden Töpfe! Mama Sauers kommt völlig überlastet und widerwillig nun ebenfalls zu Tisch. Im Hintergrund schreit das Baby.
Hier fehlt ganz offensichtlich familiäre Harmonie. Und die wahrscheinlich zwanghafte Zusammenkunft bei Tisch wird sie nicht wirklich herbeiführen. Trotzdem wird sie vom Vater verordnet: Er will es so! Täglich um 20:00 Uhr, wenn er von der Schicht heimkommt, haben alle bei Tisch zu sitzen. Familien-Feeling muss her! Wenn auch nur erzwungen!

⏭ Fall 31: »Dünne Luft«
Und nun begeben wir uns mit schon geübter Vorstellungsgabe gedanklich zu einer Familie, in welcher eigentlich meist gute Stimmung herrscht und man einander respektiert. Zu Familie Hoffmann mit ihren drei Kids. Was dort besonders angenehm ist: Bei den Hoffmanns wird sogar sehr häufig gescherzt und gelacht. Vielleicht fehlt hier nur eines: die gemeinsame Zeit. Denn Papa Hoffmann kommt fast immer erst kurz vor 19:00 Uhr nach Hause. Seine Frau in letzter Zeit kaum viel früher: Zu ihrem Job als Chefsekretärin besucht sie nun auch noch dreimal in der Woche ein längeres Seminar zum Thema Gesundheit. Sie macht sich Sorgen, weil sowohl ihr kleiner Manfred (7) als auch die ältere Tochter Steffi (13) schon rundum Speck angesetzt haben, der nicht verschwinden will. Nun hofft sie auf den »Durchbruch« im Ernährungs-Seminar.
Alles in allem eine tolle Familie, die Hoffmanns. Aber die Luft ist halt »dünn« für die so sehr geschätzte Gemeinsamkeit, weil man einander an jedem Tag in Wahrheit nur »minutenweise« sieht. Die Familie lechzt förmlich danach, wenigstens einmal am Tage beieinander am Tisch zu sitzen. Gerade, weil sie einander so gut verstehen und weil es eben toll ist, von jedem Familienmitglied zu hören, was es tagsüber erlebt hat. Und weil es viel zu erzählen gibt, isst man so vor sich hin, hört zu und genießt das gemeinsame Zelebrieren des täglichen Dinners. Sie brauchen das eben alle, sogar der Hund. Und der bekommt unter dem Tisch ebenfalls seinen Teil ab, manchmal sogar obenauf: Wufti darf jedenfalls »mitzelebrieren«!
Nachdem man aber beispielsweise einen Becher Joghurt oder ein Glas Sauermilch und einen kleinen »Happen« Cottage-Käse nicht wirklich

zelebrieren kann und man ohnehin untertags in der Arbeit kaum Zeit für vernünftiges Essen hatte, wird allzu oft, vielleicht sogar täglich ein richtiges üppiges Mahl daraus.
Nur der guten Ordnung halber: Einen »Happen« Frischkäse und Sauermilch, wie erwähnt, würden die Körper der Beteiligten allerdings viel mehr begrüßen.

Kein Hunger mehr

Gerade zu abendlichen Fixzeiten gibt es immer jemanden, der eigentlich gar keinen Hunger mehr hat. Und meistens sind das die Kinder! Für Kids, deren Biorhythmus natürlich nicht auf rationales Denken und Arbeitsstress ausgerichtet ist und sich daher »den Teufel« um die Auftragslage und den Projekttermin in Vaters Firma schert, ist alles ganz anders. Für sie ist das späte Abendessen nur ein soziales Ereignis, noch dazu eines, das in ihren Augen meist »zwangsverordnet« ist. Sieht man es aus dem Blickwinkel ihres genetischen Grundprogramms, so ist das späte Abendessen für Kinder absolut keine Gelegenheit, bedürfnisorientiert ihren Hunger zu stillen. Ihr Bedürfnis entsteht auf jeden Fall schon früher am Tag. Sie wollen ganz instinktiv immer gleich ihren Hunger stillen, sobald er aufkommt. Sie wollen ihn keinesfalls so lange unterdrücken, bis ein erbarmungsloser Firmenboss oder Abteilungsleiter für den heutigen Tag mit dem Familienvater zufrieden ist und ihn nach Hause »abziehen« lässt. Also stillen Kinder ihren Hunger fast immer schon tagsüber. Sie naschen oder knabbern dann nachmittags eben heimlich, manchmal leider auch »unheimlich«! Im Sinne von »unheimlich viel«.
Die Frage ist nun: Womit wird der Hunger – heimlich oder nicht – inzwischen gestillt, wenn es später erst Essen gibt. Klar doch: mit Chips, Gummizeug oder der so »gesunden« Kinder-Milchschnitte. Corn-Flakes & Co werden schon seltener konsumiert. Mit Obst, Gemüse, Knäckebrot und Ähnlichem, besser Verwertbarem, will man ohnehin nicht mehr oft zu tun haben.
Dann, wenn das gemeinsame Abendessen endlich ansteht, ist das Kind eigentlich überhaupt nicht mehr hungrig. Es steht voll unter der Belastung hochtouriger Verdauungsarbeit und bräuchte jetzt alles andere als noch einen »Nachschlag«. Doch schon sitzen die Kinder mit am Tisch. Und los geht es mit munterer Zusatzarbeit für den Verdauungstrakt, der

noch nicht einmal die Hälfte des vorigen Knabberzeugs »bearbeitet«, geschweige denn verwertet hat. Schon nach den ersten Bissen beginnt die natürliche Abwehr im Gehirn zu versagen und das Essen schmeckt, obwohl das Naturprogramm bei noch vollem, oberen Verdauungstrakt eigentlich »Stopp« signalisieren sollte.

Zurück bei Hoffmanns: Natürlich schmeckt das gute Abendessen besser als das Fertigzeug vom Tag – und man »haut tüchtig rein«! *Nachtisch gefällig? Warum eigentlich nicht?* Omi kann wirklich hervorragend backen.
Und jetzt kommt es besonders dick! Mittlerweile ist es beim Familienmahl in harmonischer Stimmung schon recht spät geworden. *»Kinder, es ist schon spät!«*, lässt sich Vater gut gelaunt vernehmen. *»Zähneputzen und husch, husch ins Bett mit euch!«*

⏭ **Fall 32: »Hühnerabend«**
Josepha (13) erzählt mir nach Ende unserer wöchentlichen Gruppenstunde, etwa 20:10 Uhr, an einem normalen Wochentag: *»Ich freu mich schon aufs Backhendl!«* Ihre Mutter habe das für heute versprochen.
Ich rechne kurz nach: Heimkunft des Kindes frühestens um 20:40 Uhr – also um 21:00 Uhr Backhendl! Ich muss erfahren, dass dies, durch Papas Dienst als Polizeikommandant bedingt, zwar nicht täglich, aber leider immer öfter in dieser Art stattfindet. *»Na Mahlzeit!«*

Die Essenslast-Theorie

Die folgende »zweiteilige« Theorie schlägt nun schon eine »Brücke« zum entspannteren Erziehen.
Der Essenslast-Theorie erster Teil:

! Jedes reichhaltige Essen innerhalb vier Stunden vor dem Zu-Bett-Gehen ist eine immense Belastung für Körper und Seele. Die meisten Ernährungswissenschaftler können sich kaum etwas Belastenderes für den Organismus vorstellen. Besonders für den kindlichen.

Da der obere Verdauungstrakt beim schlafenden Menschen nicht imstande ist, in der Nacht weiterzuverdauen, ist es nicht schwer, sich vorzustellen, was wir Kindern mit »Dinner for more« antun.

Wussten Sie, dass die Verdauungsarbeit mehr als 60 Prozent unserer Körperenergie verschlingt? Klingt das nicht nach ziemlicher Belastung? *Ist es auch.* Ein solchermaßen belastetes Kind kann auch mental kaum entspannt sein, wenn es frühmorgens aufwacht. Das sehen wir noch, wenn wir gleich Manfred aufwecken.

Der Essenslast-Theorie zweiter Teil:

! Jede erneute Nahrungsaufnahme während der noch »laufenden« Verdauungsarbeit stellt ebenfalls eine enorme physische und psychische Belastung dar.

So ziemlich alle Ernährungswissenschaftler sind diesbezüglich eins: Wirklich gesunde Nahrungsaufnahme kann nur dann erfolgen, wenn der Körper natürlichen »Hunger« signalisiert. Das trifft grundsätzlich auf jeden Menschen zu. Doch um einiges wichtiger ist das bei in der Entwicklung befindlichen Körpern. Grundsätzlich kann das drei- bis maximal viermal am Tag eintreffen. Bei »stärkeren« Kindern jedoch konnte ich unnatürlich auftauchendes Hungergefühl sogar bis zu achtmal am Tag beobachten.

Überleitung zur Erziehung oder »Was soll das alles?«

Die Frage, was Essverhalten mit entspanntem Erziehen zu tun hat, ist ja wohl sicher schon beantwortet. Dabei sind jedoch die inneren Anzeichen entscheidender als die äußeren, die körperlichen.

In meiner Arbeit mit Gruppen ließ sich eines klar erkennen: Kinder mit deutlicher und natürlich schon »sichtbarer« Neigung zu übermäßigem Nahrungskonsum hatten erstaunlicherweise meist gleichzeitig eine beeinträchtigte Selbstwahrnehmung. Ihr Verhalten zu sich selbst und vor allem zu anderen war oft problematisch oder lustlos. In der Interaktion mit anderen Kindern genauso wie auch mit Erwachsenen.

! Ein Kind wird niemals richtig unbeschwert sein, solange ihm alles schwer im Magen und damit auf der Seele lastet. Solch ein Kind wird durch sein »Dauersattsein« ständig auch in seinem Verhalten »satt«, sprich »gesättigt« erscheinen. Nicht umsonst gibt es den metaphorischen Ausspruch: »Ich bin angefressen«, sprich »belastet«!

Und, obwohl ich mir sicher bin, nun viele meiner Leser in der Seele getroffen zu haben, weil so etwas bei ihnen *eben niemals vorkommt*, so muss ich leider sagen: *Bitte verschließt eure Augen nicht!* Die geschilderten Fälle oder ähnliche häufen sich zusehends.

Voller Magen! Volle Entspannung?

Wieder bei den Hoffmanns: Am Morgen nach dem köstlichen, aber noch immer fast gänzlich unverdauten Abendessen. Manfred wird liebevoll geweckt. Doch Frau Hoffman wird enttäuscht: Manfred ist heute Morgen alles andere als liebevoll zu ihr. Mürrisch schnauzt er sie an: *»Lass mich in Ruh!«* Und so gern hätte Mami es erlebt, wie Manfred seinen Tag gut gelaunt, frisch erholt und lächelnd beginnt. Vielleicht sogar mit den tollen Turnübungen, die sie alle im Sommer gelernt haben! Aber gute Laune gibt es morgens schon lange nicht mehr. *»Und turnen? Wenn der Magen noch immer voll ist? Vielleicht auch noch unbeschwert scherzen? Mit meinem Sodbrennen?«*, denkt Manfred insgeheim.

Können Sie sich vorstellen, Frau Hoffmann, dass ein vom Vorabend dermaßen belastetes Kind wie Ihr Manfred sich je morgens entspannt fühlen wird?

Wir haben es geschafft. Das saftige Brötchen ist gegessen. Wem es nun ein wenig im Halse steckt, der möge es hinunterspülen mit dem süßen »Trank der Veränderung«. Ändern Sie mutig so manches. Stärken Sie Ihr Kind von nun an mit viel seelischer Nahrung und halbieren Sie mindestens die körperliche. Bald erleben Sie mit Genuss, wie Ihr Kind besser schläft, wie es vielleicht, so wie die Natur es vorsieht, ein wenig dünner wird und man wieder Muskeln sieht und Rippen anstatt Rundungen. Genießen Sie vor allem, wie es sich wieder unbelasteter, lebendiger und somit deutlich entspannter fühlt!
Mahlzeit!

»Overprotection«, »Big Brother« oder »Das besetzte Baumhaus«

Diesmal besteigen wir ein Baumhaus, in dem wir unsere lieben Kleinen einmal nach Herzenslust aus der Nähe »kontrollieren« können, und treffen bei diesem Besuch plötzlich uns selbst. Nach dieser heftigen Überraschung führt uns der Weg in die Abgründe unserer eigenen Ängste hin zur gefährlichen »Overprotection«. Vorbei an der »guten alten Zeit« geht es hinaus in die moderne Gesellschaft der High-Tech-Überwachung und der permanenten »angstgesteuerten« Kontrolle. Und unser vielleicht neu erwachendes Verständnis für diese unselige Entwicklung bringt uns einen großen Schritt vorwärts auf unserer »Freitreppe« des entspannten Erziehens.

Kinder und Uhren dürfen nicht beständig aufgezogen werden,
sie müssen auch gehen.
Jean Paul

»Auszeit« oder »Was wir übersehen«

Erziehende Eltern decken möglichst eine Vielzahl verschiedenster Bedürfnisse ihrer Kinder ab. Das sollten sie auch, denn Kinder brauchen ja auch so einiges, oder »wollen« es einfach zu weilen! Zum Beispiel:

- Geborgenheit
- Beachtung
- leibliches und seelisches Wohl
- Sicherheit
- Spaß
- Spiel
- Spielzeug
- körperliche Nähe
- elterliche Liebe schlechthin
- Zuwendung, also gemeinsame Zeit mit den Eltern ... und noch einiges mehr.

Aber halt! Da wäre ja noch etwas: nämlich jenes unglaublich wichtige Grundbedürfnis, das wir unseren Kids eigentlich nicht wirklich **geben**, sondern nur **zulassen** können. Dabei lassen wir aber gerade dieses eine, meiner Wahrnehmung nach, immer weniger zu. Wir übersehen es manchmal schlichtweg. Aus diesem Grunde muss ich leider im folgenden Abschnitt sehr deutlich mit uns allen werden. Bevor ich jedoch damit die falschen Leute »treffe«, ist es mir ein Bedürfnis, auf Folgendes hinzuweisen: Sie, liebe Leserin, lieber Leser, bei denen das »Big Brother«-Syndrom oder »Overprotection« ohnehin nicht vorkommt, mögen nun amüsiert und vielleicht zustimmend, aber auf jeden Fall »huldvoll« diesen kurzen Weg mitgehen.
Hier ist es nun also, jenes Bedürfnis, das viele ihren Kids nur noch selten, manchmal gar nicht mehr zugestehen: **die elternfreie Zeit!**

»Overprotection« oder *»Erdrück mich bitte nicht!«*

Kinder brauchen elternfreie Zeit wie die Luft zum Leben. Und genau die bekommen unsere Kids heutzutage, wie schon eingangs erwähnt, immer weniger. Ich meine damit aber die richtig elternfreie Zeit. Ein tatsächliches »Loslassen« mit allem »Drum und Dran«. Nicht etwas, das man als »kurzzeitige Unterbrechung der Überwachung« bezeichnen könnte. Denn genau so kommt mir der Trend derzeit vor. »Richtig elternfrei« heißt für Ihr Kind: *»Ich kann mich jetzt darauf verlassen, dass ich bis zu einem fix vereinbarten Zeitpunkt sicher ungestört bin. Ihr verlasst euch bis dahin voll auf mich und ich kann dafür mein Kinderleben, innerhalb gewisser Grenzen, genauso voll ausleben.«*
Wir aber überwachen, lassen die Kids kaum mehr wirklich aus den Augen – so wie in dem Baumhaus, das wir sogleich besuchen werden – und übersehen dabei, dass wir ihnen dabei die notwendige Luft zum Atmen nehmen. Dabei ist das mit der Luft durchaus metaphorisch gemeint: Sie brauchen die Luft zum Entwickeln, Luft zum Ausleben und Erlernen ihres eigenen Spielraumes. Nicht jenes Spielraumes, der ihnen von den Eltern und der Gesellschaft jede Minute vorgeschrieben wird.
Noch schlimmer aber wirkt sich die »Overprotection« (wörtlich: Über-Schutz) dann aus, wenn absolut alles, was dem Kind widerfährt, zur Katastrophe hochstilisiert wird. Jedes Wimmerl, jeder Fieberschub, jeder Fünfer in der Schule, jeder »schlechte Gedanke« und jede neue Wahrnehmung des eigenen Körpers.

Will man wirklich entspannt erziehen, kann nur ein Plädoyer für ein Umdenken helfen: Lasst den Dingen wieder viel mehr freien Lauf! Die Kinder brauchen das dringend für ihre Selbstfindung. Und vor allem: Mit weniger als der Hälfte des totalen Schutzes kommt plötzlich auf beiden Seiten Entspannung auf. Oder denken Sie, dass ein Kind, das »overprotectet« wird, sich wirklich entspannt fühlt?
Tatsächlich konnte ich in meiner Praxis mit Kindergruppen erkennen: Kinder, die auffallend angespannt wirkten, sehr introvertiert und »schweigsam« waren, kaum eigene Ideen zustande brachten und kaum bis keine Freunde hatten, schienen zu dieser »Kategorie« zu gehören. Nach Befragung dieser besonderen Kinder stellte sich meist heraus: »Overprotection«! Sie fühlten sich vielfach daheim von den Eltern »erdrückt«. Dieses Gefühl des »Erdrückt-Werdens« ging dann offensichtlich ganz automatisch mit einem klaren Verhalten des »Eingeschüchtert-Seins« einher.
Im »pädagogischen Jargon« taucht dann eben oft der Satz auf: **Es fehlt den Kindern die Luft zum Atmen.** Und genau das ist es, was sich in vielen »modernen« Familien immer mehr und leider sehr massiv breit macht.
Machen Sie sich das bitte nochmals ganz eindringlich bewusst: *Erdrücken! – Die Luft wegnehmen! Wie soll das zu einer entspannten Erziehung führen?*

Ich fürchte, unsere allzu sorgfältige Erziehung liefert uns bloß Zwergobst.
Georg Christoph Lichtenberg

⏭ Fall 33: »Verkehrsberuhigung«

»Nein, Philipp, du gehst mir nicht zu Fuß zum Judo. Der Weg hat so viele gefährliche Kreuzungen!«, stellt die Mutter des quirligen Elfjährigen unerbittlich klar. Dass sie damit bloß acht Häuserblocks meint und alleine fünf der erwähnten Kreuzungen geregelt sind, scheint nicht von Bedeutung. *»Ich führe dich hin! Basta!«*
»Aber Mami! Der Patrick geht da doch auch hin!«
»Der Patrick?« Mami schaut ganz entsetzt. *»Dieser schlecht erzogene, immer unaufmerksame Knabe? Mit dem gehst du mir nicht alleine. Der passt ja nie auf. Da führt euch gleich ein Auto zusammen.«*
Richtig, liebe Mami von Philipp! Mein Fehler! Ich bin zwar Pädagoge, aber kein Augenarzt. Darum habe ich vergessen, dass Kinder ja noch keine funktionierenden Augen haben, um ein Auto und dessen Tempo abschätzen zu können, sobald sie **das von Ihnen gelernt** haben.

Und überhaupt: Eine Kreuzung lebensverlängernd zu überqueren, das würde ich auch meiner zwölfjährigen Tochter alleine niemals erlauben. So etwas soll es erst lernen, wenn es etwa 28 Jahre alt ist. Basta!

Ich höre Sie schon sagen: *»Hat der denn noch nie von den vielen Unfällen mit Kindern gehört? Und dass sie eben unachtsam sind, die Kids?«*
Ja, liebe Eltern! Hat er! Aber: Erstens gehören Verkehrsunfälle aufgrund kindlicher Unachtsamkeit eher zu den Ausnahmefällen. Und zweitens darf ich jetzt elegant den »Ball zurückspielen« in Ihr Feld: Zu bedenkenloser Unachtsamkeit wird man erzogen. Man hat sie nicht einfach. Vice versa: Sie haben es in der Hand, Ihr Kind zu Achtsamkeit in jeder Hinsicht zu erziehen. Und schon haben Sie eine Sorge weniger. Alle diese Probleme bitte nicht abnehmen. Darauf zugehen. Zuerst gemeinsam, später vielleicht mit gewissem Abstand, dann aber, so früh wie möglich, alleine. So lernt das Kind, Aufgaben alleine zu bewältigen – und trifft dann auch andere Entscheidungen viel entspannter und gleichzeitig verlässlicher alleine.

⏭ Fall 34: »Sicherheits-Check«

»Janine, du gehst mir nicht alleine im Bau herum. Nur wenn jemand bei dir ist, darfst du draußen bleiben. Wenn du kein anderes Kind findest, kommst du sofort zurück.«
Diese authentische Aussage stammt zum Beispiel von Eltern, die mir beim Gesprächstermin auch gleich erschüttert mitteilen, dass Janine (10) keine Freunde hat. Eine Aussage, die ich übrigens immer öfter höre. Schlimm, das!
Sogleich muss ich kontern: *»Liebe Frau Manhart, wie soll die Kleine in der riesigen, verzweigten Wohnanlage jemals andere Kinder oder gar Freunde finden, wenn sie nicht alleine umhergehen darf?«* Denn im Grunde genommen ist sie ja schon allein, sobald sie nur den Fuß vor die Haustür setzt, müsste also auf der Stelle zurückkommen. Und genau das tut sie meistens auch. Ein wenig frustriert, aber artig.
Janine ist mit dieser Anordnung natürlich total überfordert und kann diese folglich auch irgendwie nicht einhalten. Also gibt sie auf, kommt meistens lieber gleich zurück und macht sich gar nicht mehr auf die Suche nach Kontakten. *Toller Plan, um Freunde zu gewinnen, Freunde!* Aber in **Sicherheit** ist sie wenigstens, die Kleine. *Puhh, Glück gehabt!*
An diesem Tag schnappe ich aber noch eine ganz andere Anordnung der Mutter auf, als sie ihre Tochter dann doch aus dem Haus lässt:

»Janine, du meldest dich alle halben Stunden übers Handy bei mir. Und dass du mir das ja nicht vergisst …!«
Ob das solcherart gestresste Kind wohl jetzt noch »Luft zum Atmen« hat? Wohl kaum! Und Janines Mutter hat sicher vergessen, dass sie früher mal selbst Kind war und auch damals eine »halbe Stunde«, offenbar durch Zauberhand, irgendwie nur ganze »fünf Minuten« gedauert hat. Deshalb muss nun die Kleine jede »fünfte Minute« auf die Handy-Uhr schauen, um den vereinbarten Zeitpunkt nicht zu verpassen. *Tolle Entspannung, die dann aufkommen kann.* Na klar wird das Fräulein dann daheim auch missmutig sein. Und Mutter wundert sich, warum die Kleine so schnippisch und kalt zu ihr ist.
Leider ist Janines Situation kein Einzelfall.

»Auszeit« jetzt und damals

Die »gute alte Zeit«

Erlauben Sie mir ein kleines, verklärtes Bild früherer Verhältnisse: Die Wohnungen waren klein und nicht besonders komfortabel. Fernsehen war sowieso Luxus. Ein bis vier PCs in jedem Haushalt? Computergames? – *»Was ist das, bitte?«* – Chats im Internet den halben Tag lang? *»Internet? Hä?«* Stundenlange Therapiesitzungen für Kinder? *»Bitte was?«*
Sie sehen schon, wir reden von einer Epoche vor den 1980ern. Die Liste ginge noch ziemlich lang so weiter über das, was es alles gab und was nicht. Dahingestellt sei, ob das nun »besser« gewesen sein mochte oder nicht.
Aber eines gab es ganz sicher, und das war ebenso sicher besser für die kindliche Entwicklung von damals: Es gab **viel Freizeit von den Eltern!** Schon bedingt durch den geringen Wohnkomfort: Die Kids waren draußen, Sommer wie Winter, auch dann, wenn sie in der Stadt aufwuchsen. Es fuhren noch nicht »Lawinen« von Autos mit je 120 PS den Kindern über die Zehen, sobald sich die Kleinen dem Rand des Bürgersteiges näherten. »Draußen in der Dunkelheit« lauerten nicht lauter »Buhmänner«, die, glaubt man den Medien, alle »vier Komma drei« Minuten Abgrund-tief-Finsteres mit den Kindern vorhaben und die es permanent fernzuhalten gilt. Apropos Dunkelheit: Für viele Eltern herrscht diese »Finsternis draußen« ja schon am helllichten Tage. Dauerängste eben!
Also, die Kids waren einfach draußen. Manche den ganzen Tag. Hier »mein Beweis«: Ab etwa einem Jahr vor meinem eigenen Schuleintritt

habe ich folgende Erinnerung: Jeden Tag verbrachten wir in den Grünanlagen unseres Wohnkomplexes. Später dann waren wir täglich ab Schulschluss und immer bis in die Dämmerung und darüber hinaus draußen. Sonn- und Feiertags sowieso mehr als acht Stunden täglich. Regen und Schnee konnten uns von diesem Plan nicht abhalten. Eher im Gegenteil – es war lustig: Regenspiele, Sackrutschen, Schneetanz! Endlos!
Abends, meist noch weiterbettelnd, ob es nicht noch ein wenig länger sein dürfe, kam ich mehr als verdreckt, vom vielen Laufen schwitzend, aber nicht gerade unglücklich nach Hause und fiel dann erschöpft und von Muttern frisch »desinfiziert« ins Bett. Fernsehen am Abend war mir »herzlich wurscht«. Ich war viel zu müde. Und Computerspiel habe ich bis heute keines!
Noch etwas Wichtiges: Ich hatte zwei bis drei enge, vertrauensvolle Freunde, mit denen ich am liebsten jede Minute verbracht hätte und mit denen ich durch »dick und dünn« gehen konnte. Und einen »besten Freund«! Diese enge Freundschaft besteht übrigens bis heute! Ihm, Gerhard, habe ich übrigens das allererste Exemplar dieser Buchausgabe versprochen! *Mein Dank an dich, alter Freund, der du all die Jahre mehr an mich geglaubt hast als ich selbst, und für die ersten vierzig Jahre Freundschaft. Mögen es noch einmal so viel sein! Wie unbescheiden von mir!*

Nicht schon wieder die gute alte Zeit!

Alles, was »alt« war, ist somit also gut? Alles Neue nur mehr schlecht? *Aha! Na, wenn das so ist, dann sperren wir ihn doch einfach zu, unseren »modernen Laden«, nur weil er nicht optimal läuft?*
Nein, liebe Leute! Das verlangt ja keiner. Und so einfach geht das sowieso nicht. Unser »moderner Laden« ist nun schon mal offen! Und sie hat schon ihre Qualitäten, die heutige, moderne Zeit. Da bin ich schon »gnädig«, vielmehr »huldvoll«. Aber leider scheint sie nicht wirklich viel übrig zu haben für unsere Kinder.

Die »noch bessere« neue Zeit

Diese gute neue Zeit scheint, meiner Wahrnehmung nach, nur sehr viel **gegen** unsere Kinder übrig zu haben: Ängste – medial geschürt, Handy-Wahn, totale Kontrolle, Stress, Platznot, Zeitnot, Belastung, tägliche Schreckensmeldungen, Schul-Topleistungen, wenig echte Freunde, weniger gemeinsame Zeit, wenig persönliche Kommunikation – außer natürlich elektronisch, viele Alkohol-Sorten, recht viel Auswahl an Drogen, noch mehr Auswahl an Gummizeug, zwei bis acht Zwischenmahlzeiten am Tag und, möglichst täglich, ein paar Stunden nervenaufreibendes, weil hunderstel-Sekunden-Reaktionen-abverlangendes Computergame. Und wieder Gummizeug. *Guat und g'sund.*

Das High-Tech-Baumhaus oder Die Kunst, schon dort zu sein

Aber da gibt es noch einen anderen Unterschied zur »alten Zeit«: Früher hatten die Kinder ihr verstecktes Baumhaus, in dem sie sich, fernab und unerreichbar durch Eltern, den ganzen Tag lang aufhielten, um ihre Streiche auszuhecken oder gar in das Land der Fantasie abzuheben. Welch verwerflicher Unfug!

»Ja? Und? Haben die Kids heutzutage etwa ***keine*** *Baumhäuser?«*

»Oh ja, lieber Diskussions-Freund! Haben sie heute auch. Wenn auch entschieden seltener!«

Sie haben sogar ein viel besseres Baumhaus: Es besteht, erklärt der Vater stolz, aus hochfesten High-Tech-Verbund-Formaldehyd-Dreiwetterplatten aus dem Baumarkt. Auf Maß in Fertigteil-Modulbauweise angefordert und auch gleich durch Professionisten montiert. Weil solche Arbeiten ja für Kinder viel zu gefährlich sind. *Hammer und Nägel und ungehobelte Bretter? Für einen Zwölfjährigen? Undenkbar! Und dann vielleicht auch noch ohne Aufsicht? Vergesst es!*

»Und die Kinder verbringen dort jetzt im Schnitt ganze 20 Minuten«, erklärt der Vater stolz, *»pro Monat!«*, so viel Zeit muss sein. *»Aber weil mir das schon zu lang dauert, Sie wissen ja, lieber Nachbar, was da so alles passieren kann, habe ich drei Mini-Videokameras eingebaut!«*

»Aber, sagen Sie mal, Herr Bauer, warum verbringen die Kids denn nur 20 Minuten im Monat im Baumhaus?«

»Tja, wissen Sie, es haben ja schon alle viere seit dem fünften Lebensjahr ein Handy!«

»Und?«

»Na ja, eines von denen läutet eben alle 20 Minuten!«

»Und?«

»Na ja, dann müssen sie wegen eines neuen Termins oder eines ›Kontrollbesuches‹ wieder herunterkommen! Die anderen Eltern haben ja kein Videosignal von den Kids!«

Der Nachbar ist nun also aufgeklärt. So läuft das also. Na, dann haben

ja die Kids echt etwas, womit sie sich gründlich beschäftigen können. Immerhin: 20 Minuten. Na, dann haben die ja einen erlebnisreichen Tag in ihrem High-Tech-Baumhaus vom Bauhaus.
Also, viel hat sich eigentlich nicht geändert seit der guten alten Zeit. Eigentlich sollte ich mich schämen, die alte Zeit als »gut« zu bezeichnen. Dabei bin ich ja noch nicht einmal ganz fertig.
Sie sitzen also auch noch heute bisweilen in ihren Baumhäusern. Das Dumme ist nur: Die sind jetzt eben mit Video und Sensoren überwacht, gegen die vielen Gangster und wegen des geringen Vertrauens, das man heute zu seinen Kids haben muss. Vor allem wegen ihrer eigenen »Unvernunft«. Darum muss man sie einfach überwachen, die schlimmen, dummen kleinen Kinder!
So ein Unsinn, den der da schreibt! Die meisten haben ja gar keine Video-Überwachung! Also, doch dasselbe Bild wie früher: glückliche Kinder auf dem Weg zu ihrem unüberwachten Baumhaus. Schon kommen sie übermütig kichernd dort an, und ... *Überraschung!* Hansis Mutter sitzt schon drin. An diesem Nachmittag hat sie den Kontrolljob übernommen. *Vertrauen ist gut! Überwachung ist besser! Morgen ist Oma dran!*
Überzeichnet? Ja, stimmt! Aber Sie wissen sicher genau, wie ich das meine, oder?

> **!** Kinder, hinter denen sprichwörtlich »pausenlos« irgendwelche Aufsichtspersonen stehen oder denen permanent jeder Handgriff, ja sogar oft jeder eigene Gedanke abgenommen wird, verhalten sich später im Leben in höchstem Maße unselbstständig. Oft legen sie überdies bedenklich wenig Neugier, Weltoffenheit und Flexibilität an den Tag. Drei fast lebensnotwendige »Tugenden«. Sollten wir nicht gerade diese Dinge unseren Kids mitgeben?

Kinder im Überfluss

Unsere Kinder haben heute alles. Wirklich alles! Ihren eigenen PC und zwei Spiele-Konsolen sowie jedes Jahr ein neues High-Tech-Handy. Sogar ihren eigenen Therapeuten und persönlichen Trainer dürfen sie konsultieren. Also, nur das Beste vom Besten haben sie heute, die Kids! Aber haben Sie auch das Wichtigste vom Wichtigsten? Haben sie Zeit für sich? Alleine? Genügend?

Haben Sie Zeit und auch die Lust für Freunde? Für echte Freunde, meine ich. Zu zweit, dritt, viert? Und – haben sie jetzt eigentlich welche? Echte Freunde, meine ich. Tatsächlich klagen immer öfter Eltern während meiner Vorträge: »*Mein Kind kann keine Freunde finden.*« Bedenklich. Nicht? Haben die Kids überhaupt Zeit für stille Zweisamkeit? Ein Bedürfnis übrigens, das man Kindern heute absolut abspricht.

! Schenken Sie ihren Kindern klar umrissene elternfreie Zeit! Setzen Sie innerhalb dieser jedoch einfache aber konsequente Verhaltens-Grenzen, die Ihre Kids dann selbst einzuhalten haben! Sie werden Ihnen für das erwiesene Vertrauen mit entspanntem Umgang und steigender Verlässlichkeit danken.

So, nun habe ich unseren Kindern vielleicht ein gerüttelt Maß an mehr elternfreier Zeit verschaffen können. *Und Sie? Was haben Sie davon?*
Viel mehr, als Sie jetzt denken. Ihnen gönne ich ab jetzt von Herzen Ihre

Kinderfreie Zeit

Sobald Sie es nämlich hinbekommen haben, sich ganz entspannt zurückzulehnen, während Ihre Kids draußen herumturnen und »alle Fünfe gerade sein lassen«, geht Ihr Leben erst so richtig los. Denn jetzt haben Sie Ihre wohlverdiente »kinderfreie Zeit«. Und die sollten Sie keinesfalls vergeuden. Schon gar nicht mit solchen Albernheiten wie Kontrollanrufen. Schalten Sie jetzt ab. Auch das Handy! Gab's in der »guten alten Zeit« ja auch nicht. Und die vielen »Finstermänner« draußen in der Dunkelheit haben jetzt auch »dienstfrei«.
Entspannen Sie sich. Kuscheln Sie sich gemütlich in die Nähe Ihres Partners oder des Kuschelhundes und lassen »alle Viere ungerade sein«. Hausarbeit? Nur ein bisschen heute. Einen Teil der restlichen Hausarbeit machen Sie dann vielleicht gemeinsam mit den Kindern. (Wir erinnern uns an das Thema »Sklavenhaltung«?)
Glauben Sie mir: Das ist Lebenskraft, die Sie sich zurückholen. Kraft, die Sie sicher wieder gut gebrauchen können. Denn auch Spaß und entspanntes Erziehen brauchen Kraft. Wenn auch eine ganz andere, angenehmere als bisher.

Handywahn oder Der »Pocket-Stressman«

Eines fällt so nebenbei auf: Etwas so Wichtiges für die Selbstorganisation wie eine normale Armbanduhr, einfach um pünktlich sein zu können, haben immer weniger Kinder. *»Das Handy ist ja eh mit dabei!«*
Das Handy ist überhaupt zum nicht mehr zu toppenden »Big Brother« geworden. Denn es sitzt ja wohl auch mit im Baumhaus. *Oder?*
Abgesehen davon, dass es bei dieser hochfrequenten Technik aus gesundheitlicher Sicht noch einiges zu erfahren gilt, schädigt es mit Sicherheit die Gemütszustände der Kinder auf das Schlimmste, wenn sie so weitermachen. Drei Gründe möchte ich dafür anführen:

Erstens: »Big Brother«
Der Weg der totalen Handy-Kontrolle bringt in Wahrheit keine Erleichterung im Umgang mit den Kids. Im Gegenteil: Es erschwert und kompliziert ihn dramatisch. Und das tolle Gefühl ständig kontrolliert werden zu können, »bastelt« schön kontinuierlich am Verlust des Selbstwertes.

Zweitens: »Lügen-Funk«
Immer wieder erzählen mir Eltern: *»Wenn mein Kind ein Handy hat, kann ich es besser kontrollieren!«* Meine Meinung dazu: Handys sind in Wahrheit der Untergang wirklicher Kontrolle!
Haben Sie denn jede Vereinbarung Ihrer »Handy-Kids« wirklich im Griff? Die meisten Termine werden »unter der Bettdecke« verabredet. Auf jeden Fall weitab von Ihrer Wahrnehmung. Speziell ab dem Alter von zwölf bis 17 Jahren. Und selbst wenn Sie alles mithören: Kaum ist etwas fix ausgemacht und das Kind ist wie vereinbart unterwegs, läutet schon an der nächsten Hausecke das Handy. Alles wird umgestoßen, neu vereinbart und Ihr Kind ist ganz woanders, als Sie denken.
Ehrlich: Welches Kind ruft nun von allein zurück oder kommt gar noch mal wieder und tut sich das mit dem neuerlichen »Verhandeln« freiwillig an?
Aus pädagogischer Sicht: Auch wenn Sie nun sagen: *»Mein Kind lügt mich auch am Handy nicht an!«* Glauben Sie meiner Erfahrung. Schon alleine durch das Gefühl des »Ständig-erreichbar-Seins« entsteht ganz zwangsläufig der Wunsch, eben nicht alles durchschaubar zu machen. Auch das ehrlichste Kind ist bald versucht, am Handy wie gedruckt zu lügen, nur damit die permanente Kontrollmöglichkeit durchbrochen wird. Eine völlig normale Reaktion.

Wollen Sie denn durch Ihren Partner ständig kontrolliert werden? Auch wenn Sie ihn noch so lieb haben? Die Partnerschaft würde bald zerbrechen. Warum wollen Sie die Beziehung zu Ihrem Kind auf diese rüde Art zerstören?

Eine britische Studie hat übrigens erst kürzlich klargestellt: Die neuen Techniken – Handy, SMS, E-Mail, Chats – verleiten nicht nur heftig zum Lügen, sie versetzen auch die Schwelle des schlechten Gewissens extrem nach unten. Lügen ist mehr als salonfähig geworden!

Drittens: »Freizeit-Jumping«

Erinnern Sie sich an unser Baumhaus? Alle 20 Minuten ein Anruf? Auch wenn es nur jede Stunde ist, es entsteht der gleiche Effekt: Übermäßig und wie selbstverständlich genutzte Handys lassen die Kinder an nichts mehr dauerhaft Freude empfinden, da sich jeder, vielleicht mit Hingabe gestaltete Programmpunkt plötzlich mittendrin ändern kann. Das geht so weit, dass dies auch erwartet wird. Kaum ein Tagesablauf gestaltet sich so wie geplant. Vorfreude und oft die beste Stimmung werden vernichtet durch ständiges Umdenken und Wechseln auf den jeweils aktuellsten Impuls. Woher sollen Kinder Stabilität und Struktur hernehmen, wenn die Handys diese ständig in Frage stellen, stören und gar »zerstören«?

Wie oft erlebe ich Kinder miteinander in bester Laune und Hochstimmung bei Spiel und Spaß. Und nichts tut meinem »Pädagogenherz« mehr weh als ein plötzlich läutendes Handy in der Gruppe, das augenblicklich alles Lachen verstummen lässt. Stimmung vorbei. Und zwar meist unwiederbringlich. Denn bei Kindern kommt alles spontan auf. Man kann es nicht wirklich reproduzieren.

Zwischensumme

Liebe Eltern! Ihre Kinder brauchen zu ihrer Entwicklung unbedingt freie Zeit von Ihnen. Und die möchten sie unbeschwert und fern jeder Dauerkontrolle verbringen. Zum Dank dafür werden sie, natürlich nur bei »guter Führung«, wie man so schön sagt, dann auch immer selbstständiger werden und sicher auch umsichtiger. Wie gesagt: bei guter Führung. Das heißt: Sind Kids permanent unpünktlich oder total leichtsinnig, ist das einzig und allein Ihre Erziehungssache und wird durch die totale Kontrolle keinesfalls verbessert. Nur versteckt. Die Unzuverlässigkeit kann dann eben nicht zutage treten. Aber sie ist dennoch da. Das ist gerade

so, als würde man Fieber durch ständiges Messen senken wollen. Die Ursache des Fiebers wird so wohl kaum zu finden sein.
Erziehen Sie Ihre Kinder also lieber zu Vernunft und klugem Umgang mit der Ressource Zeit und lassen Sie ihnen unbedingt und ohne »Wenn und Aber« ihre Freizeit von der Familie. **Schenken Sie ihnen lieber Ihr Vertrauen und das tolle Gefühl, verlässlich zu sein.**
Im Tierreich bespielsweise geht es von Anfang an zur Sache. Die wichtigste Aufgabe der animalischen Eltern ist es, die Tierkinder in kleinen Schritten an die Wildnis zu gewöhnen. Anfangs unter Aufsicht, später in immer größeren Portionen schon alleine. Täglich ein Stückchen mehr. Dieses instinktive Verhalten scheinen wir jedoch völlig vergessen zu haben.

Anstatt dem Kinde unsere Wege zu lehren,
lasst uns ihm Freiheit geben, sein eigenes kleines
Leben nach seiner eigenen Weise zu leben.
Dann werden wir, wenn wir gut beobachten,
vielleicht etwas über die Wege der Kindheit lernen.
Maria Montessori

Natürlich wird immer ein Restrisiko bleiben. Aber dazu habe ich noch eine letzte Theorie für Sie.

! Je mehr Sie Ihr Kind von einem bestimmten »Risiko« fernhalten, desto eher gerät es dann, irgendwann, genau in diese eine Gefahrensituation. Und zwar dann, wenn Sie gerade nicht damit rechnen. Wenn Sie nicht hinsehen. Denn das können Sie eben nicht immer.

Und dass Sie Ihr ganzes Leben im Baumhaus »mit dabeisitzen« werden, ob nun via Handy oder persönlich, wage ich, und wohl auch Sie, zu bezweifeln.

Wer die Lebenslaufbahn seiner Kinder zu verpfuschen gedenkt,
der räume ihnen alle Hindernisse weg.
Emil Oesch

Strafen versus Folgen, Härte versus Strenge oder »Es lebe der kräftige Unterschied!«

Im nun folgenden Kapitel wagen wir uns kurzerhand in eine neue Begrifflichkeit und merzen die alte einfach aus. Wir versuchen uns mit viel Verständnis für »logische Folgen« dem allerheikelsten Thema in der kindlichen Erziehung anzunähern: dem Bestrafen. Wir lernen Andreas, den »Prügelknaben«, und seine Mutter kennen, die sich redlich bemüht, den kleinen Hitzkopf »richtig« zu bestrafen. Schließlich zeigt uns Sebastian, warum es besser ist, ein Schiff zu bauen, als einen Tag im »Kerker« zu verbringen. Dass Sie sich mit »streng sein« überaus beliebt machen können, wird den Erkenntnisbogen in diesem überaus wichtigen Kapitel mutig abrunden.

Kinder müssen mit Erwachsenen sehr viel Nachsicht haben.
Antoine de Saint-Exupéry

Ratlos

Was tun, wenn die lieben Kleinen oder Jugendlichen daheim wieder einmal »unmögliche« und »fürchterliche« Sachen angestellt haben und es scheint, dass sie unbelehrbar sind? Was machen, wenn man schon alles Mögliche versucht hat und das ständige Appellieren an die Vernunft der Kinder nicht fruchtet? Wie soll man denn nun auf die letzte »Katastrophe« reagieren? Schon lange fällt einem nichts Wirksames mehr ein.
Bei nahezu sämtlichen Seminaren und Vorträgen wie auch bei Einzelgesprächen werden mir diese oder ähnliche Fragen gestellt. Und die meisten Eltern haben prinzipiell ja auch gleich eine Antwort parat: *»Ja, klar! Eine ordentliche Strafe muss her.«*
»Aber wie soll ich sie nun wieder bestrafen, die lieben Kleinen, damit sie ihre(n) Fehler endlich einsehen und nächstes Mal gescheiter sind und vernünftiger handeln?« – Wir nennen es ja so gern: »... *damit sie dann brav sind.«*
»Werde ich es schaffen, heute mal zur Abwechslung die ›richtige Strafe‹ zu verhängen?«
»Oder soll ich nicht besser diesmal ganz darüber hinwegsehen?«

»Haben meine Strafen überhaupt einen Sinn?«
»Und überhaupt. Strafen sind doch so dekadent! Also versuche ich's vielleicht mal ›antiautoritär‹!«
»Oder was ist eigentlich von der ›gesunden Watschen‹ zu halten, von der meine Nachbarin immer wieder behauptet, dass sie ihr als Kind ›sicher nicht geschadet‹ hat?«
Gratuliere!
Schon alleine, dass Sie sich diese Fragen überhaupt stellen, bringt Sie bereits auf den richtigen Weg für ein neues Verständnis und eine ganz neue Beziehung zu Ihrem Kind. Doch bevor wir genussvoll in diese eintauchen, gönnen wir uns zunächst eine Selbstreflexion.

Die »strafende« Erwachsenenwelt oder »Der lächelnde Cop«

Wie geht es denn eigentlich uns Erwachsenen mit dem »Bestraft-Werden«? Schließlich gibt es für uns im Alltag ja auch jede Menge Sanktionen, beziehungsweise Strafen.
Beispiel Geschwindigkeitsbeschränkung: eine Überschreitung um acht km/h! *Zack!* In die Falle getappt! – 'tschuldigung: *»Gerast«*. Schon zückt ein überlegen lächelnder »Cop« den Block. Zufrieden denkt er bei sich: *»Du kleiner Verbrecher da in deinem Auto hast keine Chance gegen mich. Ich hab dich, du gehörst mir!«* Siegessicher werden wir von dem »Hüter der acht km/h« zur Kasse gebeten. *Was schreibe ich da? Meinte ich tatsächlich »gebeten«?*
Dass es noch viel mehr »ungerechte« Strafen für uns Erwachsene gibt, brauche ich wohl nicht näher zu beschreiben.
Um uns nun in kindliche Gedankengänge hineinversetzen zu können, mag es genügen, sich zu überlegen, wie wir uns in so einer Situation fühlen, was eigentlich solche Strafen bei uns Erwachsenen bewirken. Es ist sehr einfach: Sanktionen und Strafen lösen bei uns allen unweigerlich Emotionen aus. Typische Reaktionen auf die oben genannte Sanktion sind zum Beispiel Frustration und Zorn. Unser Ärger ist sicher ganz besonders stark, wenn wir solch eine Sanktion als ungerecht empfinden. Und meistens tun wir das auch.
Besonders starke Wut steigt in uns hoch, wenn wir wegen Schnellfahrens erwischt werden, obwohl wir ohnehin meist die Geschwindigkeit einhalten und andere, die ständig rasen, offenbar »nie« erwischt werden.

Geldstrafen bewirken jedoch gerade in solchen Fällen sicher keinerlei Einsicht. Wir werden nicht »braver« dadurch. Wir »sehen« es nicht ein oder beginnen nun etwa reuig und peinlich genau alle Verkehrszeichen zu studieren. *»Nein! Sicher nicht! Just jetzt nicht!«*, denkt so mancher. In diesen Momenten, und oft noch lange danach, empfinden wir bloß Ärger über die erfolgte Ungerechtigkeit, Ohnmacht und ein wenig Angst vor dem »nächsten Mal«! Sonst nichts!

Ahnen Sie aber auch schon, warum wir das Bezahlen von Strafe in solchen Fällen immer als ungerecht empfinden? Weil der Verlust von Geld – jenem hart verdienten Lebenssaft der heutigen Zeit – absolut nichts mit dem Vergehen des Schnellfahrens oder anderen Verkehrsregeln zu tun hat. Es wird als ungerecht empfunden, weil es auch wirklich so ist. Es ist ungerecht und unfair, jemandem Geld wegzunehmen, wenn er mit einem Auto zu schnell gefahren ist. Es hat einfach nichts, absolut gar nichts mit dem eigentlichen Vergehen zu tun. Die himmelschreiende Ungerechtigkeit empfinden wir allerdings eher im Unterbewusstsein. **Genau wie Kinder**.

Wahrscheinlich würde unser Unterbewusstsein aber wesentlich entspannter reagieren, gäbe es eine Strafe, die wirklich direkt mit dem Übertreten der Geschwindigkeit zu tun hat: zum Beispiel mit irgendeiner Technik die Höchstgeschwindigkeit für vielleicht zwei Tage zu verhindern, etwa mit einer Drossel. Auch könnte es Maßnahmen geben, die uns für einige Zeit ständig an die Geschwindigkeit erinnern. Mit heutiger Technik absolut kein Problem. Aber das bringt ja alles kein Geld. Eines würden Maßnahmen dieser Art jedoch sicher haben: einen Lerneffekt. Aber was, bitte schön, sollen wir lernen, wenn wir nach einem Geschwindigkeitsproblem unser Geld verlieren? Es vermag lediglich unseren Willen zu brechen. Nichts anderes!

Wahrscheinlich würde selbst ein – natürlich kostenloser – Eintrag im Führerschein keinesfalls als dermaßen ungerecht oder sinnlos empfunden werden, weil dies ja wirklich mit unserer Fahrweise zusammenhängt, also auch mit der dafür notwendigen Lizenz.

Wie auch immer – Geld hat auf jeden Fall nichts mit der Fahrweise zu tun. Also empfinden wir mit gesundem Menschenverstand nur Groll. Dieser Verstand sagt uns: *Es ist unfair!*

Und die Kinder? **Natürlich haben sie genau den selben, gesunden Menschenverstand!**

Aber obwohl wir an uns selbst erkennen, oder zumindest spüren, wie es

uns in solchen Situationen der »ungerechten« Bestrafung ergeht, ist es umso erstaunlicher, dass dieses Gespür in Bezug auf unsere Kleinen vielfach plötzlich auszusetzen scheint.
Wie wenig führen wir uns offensichtlich diese Situationen vor Augen, wenn wir unsere Kinder »strafen«. Wie selten hinterfragen wir, ob die von uns verhängte Strafe vielleicht ungerecht ist, ob sie wirklich dem »Vergehen« entsprechend »ausgewählt« wurde. In der häuslichen Pädagogik ergeben sich sicher Hunderte Situationen, in denen wir unreflektiert **unpassende Konsequenzen** setzen und es nicht einmal ansatzweise erkennen.

Klassiker im »Out«
Einige dieser schon als »Klassiker« bekannten und daher immer noch beliebten »Strafen« möchte ich hier aufzählen:
Da wäre zunächst einmal das allseits beliebte **Fernsehverbot**! Es wird zum Beispiel nach einer frechen Weigerung, im Haushalt zu helfen, oder wegen eines unaufgeräumten Zimmers recht gerne verhängt. Meiner Wahrnehmung nach ist das der Klassiker schlechthin.
Und wofür »setzt es« den noch immer unschlagbaren **Hausarrest**? Ihn gibt es im »Sonderangebot« nach der zweiten massiven Lüge oder nach der ersten Zigarette gleich im »Dauerabonnement«. Diese »tolle« Strafe, so scheint mir, ist wohl »der pädagogischen Maßnahmen liebstes Kind«.
Oder die immer noch lebendige und so **»g'sunde Watschen«**? Gut »platziert«, nach einem »fußballgeschädigten« Fenster der Nachbarin auf eine geduldig wartende Wange oder sonst irgendeine Backe, ist sie sicher eine mächtig wirksame »Waffe« für den nächsten, verfehlten Torschuss. Die Frage ist hier wie dort: Wo bleibt der Lerneffekt?
Da wäre noch der so locker verhängte **Essensentzug**: *»Heute gehst du zur Strafe ohne Abendessen ins Bett!«* Bei der vierten Ungehorsamkeit, vor allem bei Tisch, oder nach frechem Zurückreden zornbebend erteilt, ist das Verweigern von »Nahrung« zwar mehr als unschön, aber immer noch ein Zugpferd in der modernen »Hauspädagogik«.
Das absolute »Highlight« hinter den meisten Wohnungs- und Haustüren ist aber immer noch der allseits beliebte **Taschengeldentzug**. Zum Beispiel nach einer versauten Schularbeit oder einer »illegalen« Fernsehnacht, passt er wie die berühmte »Faust aufs Auge«.
Diese Liste könnte noch seitenlang fortgeführt werden. Aber Achtung! Es gibt nicht nur »schwarz und weiß«!

Klassiker im »In«

So sehr auch die vorhin aufgezählten »Klassiker«, meiner Meinung nach, pädagogisch bedenklich sind: in einigen Situationen können sie sehr wohl logisch, passend und zielführend sein!
Zum Beispiel kann man durchaus **Taschengeld entziehen**, wenn dafür vielleicht etwas bezahlt werden muss, das durch mutwilligen »Einsatz« kaputtgegangen ist. Hier wäre es allerdings förderlicher, das Taschengeld auszuhändigen, um dann sofort und am besten gemeinsam die Wiedergutmachung zu leisten. Natürlich aus der Hand des Kindes/Jugendlichen.
Aber was ist an Taschengeldentzug logisch, wenn Junior beispielsweise eine Schularbeit versaut hat? Es hat absolut nichts damit zu tun!
Sogar der sehr problematische **Essensentzug** muss nicht immer pädagogisch bedenklich sein. Wer zum Beispiel mit dem Essen herumwirft oder einfach nur damit spielt, dokumentiert damit, dass er genug hat oder eben gar nichts will. Hat man das vorher erklärt, also klar vereinbart, kann es eine absolut wirkungsvolle Maßnahme – eben eine »Folge« sein. Hier kommt es natürlich vor allem auf den »Ton« und überhaupt die Art an, mit dem die Maßnahme verkündet wird! Aber dazu kommen wir noch.

Einmal »hinhören und zurück« oder *»Ich hab ja gar nichts gemacht«*

Hier geht es jetzt also um das Hinhören. Wann hören wir hin? Was hören wir wirklich? Sollten wir es mehr tun? Oder hören wir ohnehin schon genug zu?
Der »lächelnde Cop« hört uns jedenfalls nicht zu, wenn wir ihm etwas von »Ungerechtigkeit« erzählen, während wir noch zähneknirschend die »unpassende« Geldstrafe zahlen. Ob wir dabei ehrlich tiefe Ungerechtigkeit spüren und das auch noch auszudrücken versuchen, ist ihm herzlich egal. Der tiefe Ärger in uns wird einfach nicht gehört. Darf nicht gehört werden. So ist das System.
Und wenn wir unsere Kids strafen und dabei ungerecht sind? Verhalten wir uns dann wie der »lächelnde Cop«? Sind wir auch mitten drin im System, das uns sagt: *»Wenn die Kids im ersten Frust von ›Ungerechtigkeit‹ faseln, während wir sie strafen, musst du hart bleiben. Keinesfalls zuhören*

und weich werden. Hinterfragen ist auch nicht drin. Nicht in dieser Situation.«
Aber gerade das Hinterfragen sollten wir tun! Denn, Hand aufs Herz: Was haben die berühmten drei Wochen Hausarrest, die nach einer verpatzten Schularbeit ausgesprochen wurden, mit ebendieser zu tun? Ganz abgesehen davon, dass sie ohnehin meist unhaltbar sind. Wie, bitte sehr, soll ein Kind das Verweigern eines Fernsehfilmes als gerecht empfinden, wenn unglücklicherweise soeben das Fenster eines »lieben« Nachbarn zu Bruch gegangen ist?
Hören Sie doch einmal sehr sensibel bei Ihrem Kind hin, wenn es wieder einmal zu so einer Situation kommt: Mit welchen Worten zeigt Ihr Kind denn seinen Unwillen?
»Pfau! Ur unfair!« »He, wieso denn gerade das??« Oder: *»Wieso immer iiich?«* Sogar ganz klar drücken sie sich aus: *»Oooch! Ich versteh das überhaupt nicht!« »Ich hab ja gar nichts g'macht.«* Und Ähnliches.
Und das Kind hat recht: **Es hat tatsächlich nichts gemacht**, was es mit dem gerade verhängten Fernsehverbot in Verbindung bringen könnte. Daher empfindet es sich auch tatsächlich als unschuldig.
Was aber empfinden wir?
Wir denken: *»Wow! Mein Kind lügt mir jetzt auch noch frech ins Gesicht und macht auf unschuldig! Na, super! Womit habe ich das verdient? Da sieht man wieder, wie recht ich mit meiner Strafe habe!«*
Und schon gehen wir bestärkt in unserem Tun und trotzdem innerlich wütend zu unserem Abendfilm über, den das Kind natürlich – »gerechterweise« – nicht mehr sehen darf.
Warum aber hören wir ausgerechnet in diesen Sekunden der ersten Reaktion meist nicht wirklich zu? Warum sind gerade diese im ersten Frust gemachten Äußerungen unserer Kids für uns meist so unbedeutend? Warum lösen sie fast immer sogar das genaue Gegenteil in unserer »Erzieherlogik« aus? Warum »winken« wir ausgerechnet dann einfach ab? Vielleicht weil uns der »Ton« kränkt, in dem sie »verfasst« sind?
Die zutiefst verärgerte Äußerung: *»Ooch, ich versteh das nicht«*, stimmt vielleicht tatsächlich Wort für Wort: Ihr Kind versteht Sie gerade jetzt tatsächlich nicht.
Nehmen Sie diese Dinge jedoch bewusst wahr und hinterfragen Sie die Sache vielleicht sogar, ja dann können Sie sich entspannt zurücklehnen: Sie haben rechtzeitig einen Fehler gefunden, den Sie ganz leicht ausmerzen können.

Einmal »hinschauen und zurück« oder *»Ich werd's dir zeigen«*

Diesmal geht es um das **Hinschauen**. Wie genau erkennen wir an der Wortlosigkeit unseres Kindes dessen Verwirrung? Wenn wir unsere eigenen Ungerechtigkeiten nicht wirklich erkennen können, liegt das vielleicht daran, dass wir eben immer wie Erwachsene denken und das auch von unseren Kindern erwarten. Wir glauben fest, dass sie alles, was wir so verhängen, sofort in genau den richtigen Zusammenhang bringen. Und zwar in jenen Zusammenhang, den wir uns eben wünschen. Eigentlich denken wir da schon wieder genau so wie der »lächelnde Cop«.
Dabei ist es wirklich furchtbar einfach!
Wie wir schon im Kapitel »Handlungsorientierung« gesehen haben, gibt es meist gar keinen sachlichen Protest, den man als Erwachsener dann ebenso sachlich hinterfragen kann. Aber es gibt eine »stumme« Reaktion. Wir brauchen eben nur auf die Reaktion unserer Kids zu achten, sie sensibel aufzunehmen, und wir haben unseren Spiegel vor Augen. Sofort wüssten wir, was wir falsch gemacht haben oder was jetzt gerade nicht stimmt! Wir bekommen es serviert. Gratis, unverblümt und rasch. Wir brauchen selbst gar nicht viel nachzudenken. Wir brauchen nur gut hinzuschauen.

Das »verlorene« und das »gewahrte« Gesicht

Doch ich glaube, dass unser Problem gar nicht so sehr das Hinhören und Hinsehen ist, sondern eben jener verflixte Spiegel, den wir da von unserem Kind vorgehalten bekommen. Zeigt unser Spiegelbild nämlich allzu deutlich, was »Sache ist«, müssten wir ja den Fehler sofort zugeben oder ihn zumindest relativieren. Das bedeutet aber für viele, das Gesicht zu verlieren. Und wer tut das schon gerne?
Wie wäre es aber, wenn wir einfach die Betrachtungsweise veränderten und sagten: *»Gebe ich meinen eigenen Fehler zu, kann ich das in weiterer Folge auch von meinem Kind erwarten und werde dies auch einfordern. Ich gewinne damit an Stärke – nicht an Schwäche. Ich könnte mein Gesicht eher wahren, als es zu verlieren!«*

Ein letzter Bilck in die Erwachsenenwelt

Ein neuer »Fall«: Wieder geht es um unsere hart erworbene »heilige Kuh«, unser Auto. Es steht in einer Kurzparkzone. Die Zeit ist bereits überschritten. Schon hängt ein »netter Gruß« unter dem Scheibenwischer: *»Zahlen Sie Strafe, lieber Autofahrer!«* Die »Adern verdicken« sich zwar ganz automatisch, doch diesmal ärgert sich kaum jemand nachhaltig. Allein in meinem Bekanntenkreis gibt es zwei, für die das mindestens einmal wöchentliche Bezahlen einer Parkstrafe zur »Routine« geworden ist. Es wird einkalkuliert. Dafür steht man dann aber auch ordentlich lange in der »Zone«. Die Strafe wird zähneknirschend, aber mit etwas mehr Verständnis als beim vorigen Tempo-Beispiel bezahlt.
Warum ist die Situation nun so anders? Weil hier der Verlust von Geld eine **logische Folge der Übertretung** ist. Weil eine Kurzparkzone, so »abzockend« das ganze System auch sein mag, von vornherein Geld kostet. Die ganze Sache ist also schon im Vorfeld mit Geld zu bewerten. Daher ist sie auch mit Geld zu »bestrafen«. Die Strafe ist schlüssig, eben logisch. Der Ärger, die Wut halten sich daher meist in Grenzen. Ganz instinktiv! Warum, frage ich ganz scharf, sollte es Kindern dann anders gehen?

Strafen versus Folgen oder Die Welt der Strafen aus der Sicht der Kinder

Halten wir erst einmal fest, wovon wir überhaupt »reden«. Welche »Strafen« haben Kinder eigentlich zu erwarten. Recht allgemein ausgedrückt, lassen sich drei Arten von Bestrafungen unterscheiden:
- die physische Strafe (körperlich)
- die psychische Strafe (seelisch, mental)
- die »vertragslogische Folge« (nennen wir sie jetzt noch »Konsequenz«).

Als Nächstes sollten wir dafür Verständnis erlangen, wie sich Strafen auf die kindlichen Seelen auswirken. Welchen Effekt haben Strafen also?
- einen unerwünschten oder einen erwünschten?
- einen schädigenden oder einen nützlichen?

Wie auch immer der jeweilige Effekt ausfällt. Fest steht: Jede Art Strafe hat irgendeine klare Auswirkung auf Ihr Kind:

- erwünscht oder unerwünscht
- positiv oder negativ
- entwicklungsfördernd oder entwicklungshemmend.

Lerneffekt und Angsteffekt

Die positivste Auswirkung, die eine Strafe haben kann, ist natürlich der berühmte **»Lerneffekt«**, der zu späterem »Wohlverhalten« in einer vergleichbaren Situation führen soll. Er ist gewollt. Ihn will man eigentlich immer erreichen. Aber es kann natürlich viel häufiger zu gänzlich ungewollten Auswirkungen kommen, die im schlimmsten Fall zu einer möglichen Entwicklungsstörung führen. Eine dieser ungewollten Auswirkungen von Strafen ist der **»Angsteffekt«**.

Der treffendste Ausspruch über die Wirkung von Angst vor Strafe auf das Gemüt eines Menschen stammt von dem berühmten Kinderpsychologen Bruno Bettelheim:

Angst vor Strafe kann uns zwar davon abhalten, etwas Unrechtes zu tun, aber sie veranlasst uns nicht, das Rechte zu tun.

Der »Angsteffekt« ist also absolut und unleugbar negativ in seiner Auswirkung: Er bringt uns eigentlich nicht zum Ziel. Er schießt förmlich daran vorbei.

Man kann mit »hausgemachter« Angst wahrscheinlich einen »Erfolg« in der Handhabung einer Krisensituation verbuchen, doch hat diese zwei schlimme Nebeneffekte:

- Durch den »Angsteffekt« kann im Nachhinein kaum mehr unterschieden werden, ob das nun »brave« Verhalten auf ein »Aha-Erlebnis« zurückzuführen ist oder eben nur auf Angst basiert. Vielleicht sogar auf völlig gebrochenem Willen. Sehr oft tritt aber genau dieser Fakt später leider nie mehr offen zutage.
- Der »Angsteffekt« hat fatale Folgen auf die Psyche des Kindes und des späteren Erwachsenen. Sie sehen nun zwar ein Kind vor sich, das sich in der gewünschten Situation vielleicht immer »wohl verhält«, die Psyche des Kindes ist dabei aber jedes Mal, vielleicht sogar für immer, »aus dem Lot«!

Also müssen wir rasch lernen, dass Strafe, die mit Angst endet, den Willen des Kindes bricht und damit seine Persönlichkeit arg beschneidet.

Wir dürfen also von nun an keine Angst mehr machen? Aber wie schaffen wir es dann, richtige Sanktionen zu setzen?

Vielleicht geht das ganz leicht mit meiner Methode der »kleinen Schritte«? Die berühmten »Babystep«-Methoden sind ja auch in anderen psychologischen Gebieten bestens bewährt. Unsere »Generalüberholung« ist jedoch brandneu und hat hier »Weltpremiere«:

Die neue Art zu sanktionieren oder Eine »strafweise« Generalüberholung in sieben Schritten

Step 1 – Eine Erkenntnis

Schon der bloße Begriff »Strafe« vermag in manchen Familien, vermutlich aber generell unter den meisten »normalen« Kindern, Angst und Unwohlsein zu verbreiten. Diese klare Erkenntnis sollte uns nahezu drängen, eine neues Wort als Ersatz für den Terminus »Strafe« einzuführen.

Step 2 – Eine Verbannung

Verbannen wir also das Wort »Strafe« sobald wie möglich ganz aus unserem täglichen Umgangston mit den Kindern. Es ist, wie schon gesagt, mit Angst und negativen Denkmustern besetzt und überhaupt nicht nützlich: *»Heute darfst du als Strafe nicht ...« Das ist ab morgen deine Strafe...!«* Merken Sie schon, wie das Gefühl in Ihnen aufkommt: *»Wie soll diese Formulierung denn je einen Lerneffekt haben?«* Richtig! Es hat auch keinen. Dafür aber fast immer einen Angsteffekt.

Sogar das Wort »Konsequenz« hat im »strafenden« Sprachgebrauch für Kinder immer einen negativen Beigeschmack! Genau genommen klingt es, meiner Ansicht nach, ohnehin meist ebenso hart wie das Wort »Strafe«! Also verdient es eine ebenso gnadenlose Verbannung! Wenigstens zeitweise!

Step 3 – Eine Neueinführung

Anstatt der so gnadenlos »verbannten« Begriffe, möchte ich ab nun den Terminus »Folge« oder, mit noch eindeutigerem Begriff, »vertragslogische Folge« (erstmals erwähnt bei Rudolf Dreikurs[7]) für unsere häusliche Erziehung einführen.

Dieser eindeutige Begriff trifft nämlich den »Kern des Erwünschten« genau. Und zwar viel genauer, als es in diesem Moment vielleicht für Sie den Anschein hat.
Er bringt Sie nämlich ganze vier Schritte in Richtung Entspannung:
- Die absolut **negative Besetzung** des Angst-Wortes »Strafe« kann unterbleiben.
- Das Wort »Folge« sagt Ihrem Kind absolut genau und vor allem wertfrei, **welches Fehlverhalten** gerade vorangegangen ist.
- Schon die bloße Bedeutung des Wortes »Folge« birgt das Potential eines **Lerneffektes** in sich.
- Eine »Folge« kann unter Zuhilfenahme unseres »Home-Coachings« **wie ein Vertrag entspannt vereinbart werden** und wird damit eben zur **»vertragslogischen Folge«**.

Step 4 – Eine Einsicht

Als kostenloser Nebeneffekt dieser »Neueinführung« gibt es bei Ihrem Kind sicher bald ganz automatisch ein neues Verständnis und damit Einsicht für **natürliche** Folgen und damit für notwendige **logische Folgen**.
Besonders dann, wenn sie Ihre Neueinführung in etwa so erklären: »*Alles, was du tust, hat Folgen! Und zwar ganz natürliche!*« »*Wirklich alles, was du tust, bewirkt schließlich etwas: Jedes Wort, das du mit jemandem sprichst, jede Handlung, die du irgendwie oder irgendwo setzt, ja sogar jede Geste, die du zu jemandem machst, hat natürliche Folgen. Positive oder negative, gewünschte oder unerwünschte, merkliche oder unmerkliche.*«
Das versteht ein Kind sofort. Und es erzeugt nicht im Geringsten so etwas wie Angst. Meiner Meinung nach generiert es eher Neugier.
Es ist mit das Wichtigste, was ein Kind aus seiner Erziehung mitnehmen kann: zu spüren, dass jedes eigene Handeln natürliche Folgen hat, und die Fähigkeit zu entwickeln, instinktiv und mit gewisser Neugier darauf zu achten, ob diese negativ oder positiv sind.

---

7 Rudolf Dreikurs (1897 bis 1972): österreichisch-amerikanischer Psychiater, Pädagoge und Psychologe und Vertreter der Individualpsychologie. Schrieb mehrere Bücher über Erziehung, z. B. »Kinder fordern uns heraus«

Step 5 – Eine Methode

Bringen Sie Ihr Kind also so oft es geht, vielleicht unter zeitweiliger Verwendung des »Home-Coachings«, auf einen neuen Weg der **logischen Folgen aufgrund einer Vereinbarung.**

Aber schon bevor Sie Ihre Vereinbarung mit dem Kind treffen, denken Sie bitte daran, dass diese »vertragslogische Folge«

- als gerecht empfunden werden kann,
- nicht von vornherein auf Abwehr stößt und
- überhaupt einen Lerneffekt, also einen Sinn haben soll.

Das ist schon das ganze Geheimnis.

Halten Sie diese einfachen Regeln ein, dann erreichen Sie immer eine Folge, die Ihr Kind selbst verstehen, bald sogar selbst voraussehen und somit auch leicht akzeptieren kann. Machen Sie Ihr Kind einfach neugierig: *»Was könnte mein Handeln diesmal für mögliche Folgen haben?«*

Step 6 – Ein »Wunder«

Somit folgt nun das absolute »Wunder« »kostenlos« und ohne weiteren Aufwand: Hat ein Kind den Begriff und die Bedeutung von Folgen verstanden und verinnerlicht, wird es auf jedwede mögliche Folge sensibilisiert und versucht instinktiv, diese zu verhindern.

Bedeutet das aber nun für uns eine Erleichterung? Absolut! Denn plötzlich erkennt das Kind die begrenzten Möglichkeiten seines Tuns. Es beginnt zu spüren, wann es genug ist und auch, ab welchem Punkt es zu logischen Folgen kommen könnte.

Und jetzt das »Wunder«: **Das Kind setzt sich selbst Grenzen!** In einfachem Rahmen natürlich! Im Idealfall sogar spielerisch! Auch das kann man ja schließlich leicht vereinbaren! Wir haben damit aber das Hauptziel des Erziehens, die wichtigste »Message« unserer Verantwortung als Eltern erreicht: Wir haben Grenzen gesetzt. Und das im Idealfall unter ehrgeiziger Mithilfe des Kindes.

> **!** Haben Kinder das Auftauchen natürlicher Folgen verinnerlicht, setzen sie immer öfter automatisch selbst ihre Grenzen. Oft sogar spielerisch! Diese Grenzen sind allerdings mehrfach wirkungsvoller, als wenn Erziehende ihnen diese ständig vor Augen führen müssen.

Step 7 – Ein »Setting«

Was ein »entspanntes Setting« ist, wissen wir ja bereits. Nun wenden wir es jedes Mal an, bevor wir überhaupt eine Sanktion in Erwägung ziehen, oder eine Folge vereinbaren.

Gleich nach dem nächsten »Fehlverhalten« Ihres Kindes stellen Sie ganz entspannt, aber dennoch so rasch wie möglich folgende Überlegungen an:

- Hat das »Vergehen« tatsächlich den »Schweregrad«, den es momentan emotional in mir ausgelöst hat?
- Konnte mein Kind in diesem Moment selbst erkennen, dass es überhaupt ein Fehlverhalten war?
- Bin ich in diesem Moment »cool« genug, um angemessen zu reagieren?
- Bin ich in der Lage, möglichst leise, möglichst mit knappen Worten, am besten unter Einsatz der Körpersprache »klipp und klar« zu reagieren?
- Lässt sich in diesem Moment eine »vertragslogische Folge« anstatt einer »Strafe« ableiten?
- Kann ich mein Kind jetzt dazu bringen, mit mir diese Folge entspannt zu vereinbaren? (Coaching)

Das alles hört sich für Sie nun sicher sehr kompliziert an, und so mancher wird sagen: *»Unmöglich! Was für ein Aufwand.«* Irrtum! Der Aufwand hierfür ist im Endeffekt wesentlich geringer, wenn Sie es erst ein paar Mal auf diese Weise probiert haben. Alles im Leben erfordert schließlich ein wenig Übung und die Motivation, es auch zu versuchen, und außerdem haben Sie ja nun die neue Sieben-Schritt-Methode zur Hand und somit ein völlig neues »Werkzeug«, eine völlig neue Basis.

Gehen Sie ruhig die vorigen Absätze noch einmal durch und wenden Sie das neue »Sanktionieren« ganz entspannt an. Sicher können Sie es nun gar nicht mehr erwarten, bis Ihr Kind das nächste Mal »schlimm« sein wird. Oder?

Ein Blick zurück oder Die Meta-Position

Jetzt, da Sie sich mit einer neuen Sichtweise im Einsatz von logischen Folgen vertraut gemacht haben, schauen Sie sich doch einmal aus der Meta-Position, also quasi »von oben« an, ob bei Ihrem vielleicht bisher

angewandten »Strafen-Modell«, also der Zeit vor der »Sieben-Schritt-Methode«, überhaupt etwas wirkungsvoll war.
Sind selbst die fantasiereichsten Strafen bisher nicht ohnehin meist im Nichts »verpufft« oder vielleicht vom Kind überhaupt nicht ernst genommen worden? Haben sich verhängte Strafen nicht vielleicht sogar manchmal ins Gegenteil verkehrt ?
Ihr »Blick von oben« zeigt Ihnen jetzt ganz klar die eventuellen Fehler in Ihrem bisherigen Strafensystem und warum eine nachhaltige Wirkung so oft ausgeblieben ist. Sie dürfen sich also Fragen wie diese ruhig stellen:

- Habe ich Strafen allzu oft trotz Ankündigung nicht oder nur »verwaschen« ausgeführt?
- Haben meine eventuellen Drohungen oft rasch ihre Wirksamkeit verloren, weil es »leere« waren?
- War so manche von mir verhängte Strafe nicht eigentlich absolut undurchführbar? (*»vier Wochen Hausarrest«, »zwei Wochen Abwasch«,»früh schlafen gehen« ...)*
- Habe ich nicht manchmal auch Strafen verhängt, die mit einer »Fies-Falle« einhergingen? Also mit der seelischen Verletzung meines Kindes?
- Und wie viele Strafen habe ich im Zorn ausgesprochen? Unter Totalverlust meiner eigenen Kontrolle!
- Wie viele Strafen mögen es wohl gewesen sein, die gar nichts mit dem Fehlverhalten meines Kindes zu tun gehabt haben?

Erst, wenn Sie diese Reflexion hinter sich gebracht und verinnerlicht haben, werden Sie den hohen Wert der »Sieben Schritt-Methode« zutiefst ermessen können.

»Positive Steuerung«

Einer Sache müssen wir uns unbedingt noch zuwenden: dem Verwandeln einer Spannungssituation in ein positives Erlebnis. Auch wenn es nur ein winziges positives Element gibt, es verheißt auf jeden Fall Entspannung, sobald Sie es finden! Suchen Sie danach, so oft sie können!
Eine »vertragslogische Folge« lässt sich dann am leichtesten finden, wenn man das positive Element eines Vergehens zu finden sucht! Und das Positivste in jedem Fall ist: **was Ihr Kind jetzt gerade aus dem Fehler lernen kann!** Setzen Sie doch einfach den möglichen Lernprozess als Fol-

ge ein! Und schon haben Sie alles erreicht: Einsicht, Weiterentwicklung, Angstfreiheit, Vertrauen, Entspannung!

Fall 35: »Sauberbesen«

Martin (9) räumt einfach nicht gerne weg! Vielmehr hinterlässt er liebend gern überall in dem großen Haus seine deutlichen Spuren. Es wird überhaupt immer schwieriger, ihn zur Mithilfe im Haushalt zu bewegen! Sein Vater berichtet mir von immer gröberen Spannungen deswegen. Und er ist mehr als skeptisch: *»Sie denken, da kann man noch mit positiver Steuerung arbeiten? Glauben Sie wirklich, dass mein Sohn je freiwillig etwas Positives im Putzen sehen wird?«*
Leider kommen wir nur allzu rasch dahinter, dass auch der Vater, als Martins Bezugsperson Nummer eins, wegräumen und putzen zutiefst verabscheut. Schon mal ein negativer Aspekt, den die feinen Antennen des Jungen schon lange erspürt haben. Zudem gibt es zwei weitere negative Faktoren: Schon oft war Martin strafweise zum Zusammenkehren »verdonnert« worden. Außerdem war das Hinterlassen von Spuren für Martin bisher nur allzu oft ganz und gar ohne logische Folgen geblieben.

Lösungsansatz

An einem entspannten Tag nimmt Martins Mutter zunächst **gemeinsam** mit dem Jungen je einen Besen zur Hand. Etwas gemeinsam zu tun, ist ohnehin schon etwas von Grund auf Positives. Nach wenigen Besenstrichen lobt sie: *»Hallo! Du machst das ja schneller, gründlicher, besser als ich! Schau an, da sieht man wieder, wie man sich auf dich verlassen kann! So blitzsauber habe ich das gestern selbst gar nicht gemacht.«*
Tage später probiert sie den »strategischen Hattrick«: *»Ab nun hast ganz allein du die ›Oberaufsicht‹ über das Wohnzimmer, weil du so gut bist!«*
Sehr nachhaltig haben Martins Eltern so die »positive Steuerung« eingesetzt. Im Idealfall können sie sich ab nun tatsächlich verlassen, dass das Wohnzimmer sauber bleibt. Warum auch nicht? Es macht ja schließlich jedem Kind Spaß, etwas gut hinzukriegen und dafür auch noch Anerkennung und Lob zu erhalten. Martin wird ganz von selbst von nun an ehrgeizig beim Sauberhalten des Wohnzimmers mithelfen. Schließlich gilt es ja, die »Oberaufsicht« zu behalten. Ziemlich positiv, oder?
Nun aber widmen wir uns endlich ausführlich dem »prügelnden« Andreas und dem Dilemma mit seiner »richtigen« Bestrafung.

⏭ Fall 36: »Prügelstrafe«

Andreas ist ein »Prügelknabe«! Jedoch gehört er nicht zu denen, die Prügel beziehen, sondern leider zu jenen, die sie austeilen. Und das ziemlich oft, ziemlich heftig und immer bei jüngeren, meist körperlich schwächeren Kindern.

Seine Mutter, Frau Berger, kommt eines Tages völlig verzweifelt zu einem Coaching-Termin in mein Büro und bittet mich um Rat, weil ihr zehnjähriger Sprössling in letzter Zeit immer häufiger in Raufereien verwickelt ist. Die anderen sagen dabei immer, dass Andreas sie provoziert und mit den Streitigkeiten anfängt. Und heute ist es wieder einmal so weit: Andreas ist erhitzt, aggressiv und aufgedreht nach Hause gekommen. Er hat Thomas, den um ein Jahr jüngeren Nachbarjungen, offenbar heftigst verprügelt. Offensichtlich hat Andi wieder mit dem Streit angefangen.

Frau Berger ist ratlos. Vor allem wegen der notwendigen »Bestrafung«, wie sie es nennt. Schon oft hat sie Andreas »bestraft«. Aber die Wirkung war, vor allem in letzter Zeit, gleich null. Diesmal aber hat sie schon mit Toms Mutter gesprochen. Der Kleine ist ziemlich blutig nach Hause gekommen und hat mehrere Kratzer und schmerzende Stellen, die bald alle Farben zeigen werden. *Tolle Leistung, lieber Andreas!*

Wie soll Frau Berger nun auf diesen erneuten Vorfall reagieren? Und welche Strafe ist hier angebracht?

Ruhig höre ich mir ihre zunächst sehr emotionalen Vorschläge an, die gleich in Richtung Züchtigung gehen: *»Andreas soll einmal sehen, wie es ist, selbst Prügel zu bekommen, und es ist ihm sicher eine Lehre, wenn er sieht, dass diesmal er der Unterlegene ist.«* Aber schon lenkt Frau Berger ein. Sie möchte es in der Erziehung besser machen, als sie es selbst bei ihren Eltern erlebt hat. *»Ich habe von meiner Mutter früher öfter den Riesen-Kochlöffel auf den Hosenboden bekommen«*, schildert sie. Nein, das will sie eigentlich nicht! Also keine Rache »Aug' um Auge«.

»Und wenigstens eine Ohrfeige? Wie wäre es damit?«, fragt mich Frau Berger ganz unverblümt. Sollte vielleicht jemand unter meinen Lesern jetzt an die berühmte »gesunde Watschen« denken, so gebe ich ihm dieselbe Antwort wie Frau Berger: Eine »gesunde Watschen« gibt es nicht! In absolut keinem Fall ist sie »gesund«!

Jede Art von körperlicher Strafe macht dem Kind Angst, bricht den Willen und wirkt sich absolut ungünstig auf sein Selbstwertgefühl

aus. Das Kind lernt höchstens daraus, dass Gewalt ein ganz gutes Mittel gegen Schwächere ist. Und gerade im Fall von Andreas wäre das fatal, weil er ohnehin schon seine Überlegenheit bei Schwächeren ausnützt. Gerade in seinem Fall würde die körperliche Strafe ihn nur noch mehr bestärken, seinen Frust bei Schwächeren auszuleben. Die Gefahr bei »Watschen« liegt leider darin, dass die Kinder dieses Verhaltensmuster später eventuell bei ihren eigenen Kindern anwenden und womöglich verstärken.
Was aber nun tun im Falle von Andreas? Frau Berger grübelt während des Coaching-Gespräches: *»Welche Strafe ist die richtige? Eine Woche Stubenarrest? Oder das Taschengeld streichen? Oder vielleicht doch gar keine Strafe?«* Frau Berger legt mir das ganze klassische Programm vor: Sie stochert in der Eltern-Trickkiste des 21. Jahrhunderts: *»Fernsehverbot für zwei Wochen? Oder doch Streichen des Taschengeldes? ... Nein! Wieder Hausarrest? Hat nichts genützt letztes Mal! Außerdem hatte ich dummerweise vergessen, wie lange ich es verhängt hatte.«* Irgendwie weiß die geplagte Frau instinktiv: Wenn sie sich für den 14-tägigen Hausarrest entscheidet, dann sind das zwei Wochen, die nicht nur Sohnemann Andreas kräftig reizen, sondern auch ihre eigenen Nerven stark belasten werden. Trotzdem würde sie diesmal die angespannte Situation sicher unnachgiebig durchstehen. Das hat sie sich fix vorgenommen. So weit ist Frau Berger schon. Aber leider hat sich da schon ein »Stolperstein« eingeschlichen: Auch Andreas ist bereits auf solche Maßnahmen »konditioniert«. Er wartet schon förmlich darauf, bis es seine Mutter wieder einmal schafft, ihre eigenen, langfristigen Strafmaßnahmen rettungslos zu »verwaschen« oder gar völlig zu vergessen. Und immer dann, wenn das passiert, »schlägt« er gnadenlos zurück, wird er aufsässig und gemein.
»Ich hab's«, ruft sie plötzlich begeistert, *»am nächsten Wochenende kommt ein Verbot, mit seinen Freunden zu spielen, während wir anderen uns einen schönen Tag machen. Das nehme ich. Das ist es!«*
Die Entscheidung ist gefallen: Frau Berger entscheidet sich für eine Strafe, die ihr leicht durchsetzbar erscheint. Am nächsten Sonntag geht es mit dem kleineren Bruder und der Schwester ausgerechnet in den Prater! Diesen schwereren Schlag hält Frau Berger für besonders »lehrreich«. Andreas darf an diesem Tag jedoch weder mit einem Freund im Hof spielen noch einen solchen einladen. Oma wird auf den Plan gerufen: Sie wird den »Bewacher«-Job übernehmen.

An jenem Stubenarrest-Sonntag haben wir wieder Gelegenheit, mit den Augen des Kindes zu sehen, um herauszufinden, wie gut die Strafe wirkt und ob sie wohl einen **Lerneffekt** hat. Den ganzen, lieben Tag steigen Rachegefühle in Andreas auf und er ist wütend auf seine Mutter. Nun ja, eigentlich beziehen sich diese Gefühle ja nur zum Teil auf seine Mutter. Stärker aber noch auf jenen kleinen Nachbarjungen namens Tom, den er scheinbar noch nicht genug verprügelt hat. Denn offenbar ist Tommy ja noch imstande gewesen, aufrecht zu stehen und zu seiner Mutter zu laufen, um zu »petzen«. Also trägt dieser letztendlich die Schuld, dass Andreas erwischt worden ist. *»Na, der kann was erleben!«*, schimpft der Eingesperrte wild vor sich hin. Und fieberhaft überlegt Andreas schon, wie er es dem viel kleineren Tommy heimzahlen kann.

Wir sehen schon, wie toll der »Lerneffekt« in puncto Brutalität und Übergriffe auf Schwächere bei Andreas schon ist. Die Strafe zeigt also schon voll ihre Wirkung. *Dieser Plan war wohl nicht das Gelbe vom Ei.*

Aber das war noch nicht alles: Auch auf seinen Bruder und seine erst fünfjährige Schwester ist Andreas nun bitterböse, weil diese bevorzugt werden. *»Und das nicht nur heute!«*, denkt er, rachsüchtig und völlig außer sich. *»Aber heute hasse ich die zwei ganz besonders, weil heute der erste Sonntag in den Ferien ist, da sind alle Kinder draußen. Nur ich nicht! Voll gemein! Und ich versteh nicht, wieso!«*

Von Einsicht, dass er, Andreas, etwas falsch gemacht haben könnte, ist keine Spur zu finden.

Wir haben also gesehen, dass die klassische »Strafe« nicht nur keine optimale Lösung war, sondern sogar absolut gegenteilige, völlig unerwartete Reaktionen hervorgerufen hat. Dass überdies neue Aggressionen ausgelöst worden sind, war in Andreas' Fall für Sie, liebe Leser, sicher vorauszusehen. Das tatsächliche Fehlverhalten, nämlich anderen Kindern wehzutun, wurde überhaupt nicht berücksichtigt. Der Lerneffekt bleibt somit natürlich gänzlich aus. Die Sache ist gründlich schiefgelaufen.

Einen Lerneffekt könnte die Sache für unseren lieben Andreas allerdings schon haben: Er wird möglicherweise in Zukunft einfach geschickter sein bei seinen »Misshandlungen«, um der Strafe zu entgehen. Vielleicht entsteht sogar in seinem Inneren der Plan, kleinere Jungens so »windelweich« zu schlagen, dass sie nichts mehr äußern, also auch nicht mehr »petzen« können. *»Tom darf sich auf jeden Fall* *schon mal darauf ›freuen‹!«*, denkt Andreas, als der Abend hereinbricht und seine Mutter samt Geschwistern immer noch auf »Vergnügungstour« ist.

Lösungsansatz
Beim nächsten Gesprächstermin helfe ich Frau Berger auf den Weg der »positiven Steuerung« und der »vertragslogischen Folgen«. Mama Berger trifft mit Andreas, der ja nicht immer nur wütend oder böse ist, sondern durchaus seine lieben Phasen hat, während einer solchen folgende Vereinbarung: Von Toms Mutter eingeladen, kann er die positive Chance wahrnehmen, die von ihm ausgelösten Folgen – in diesem Falle Verletzungen – eigenhändig wieder gutzumachen. In dieser Woche wird er täglich mithelfen, Tom gesundzupflegen: Er schmiert Salben, säubert Kratzer und wechselt die Pflaster. Schließlich besorgt er für Tom sogar etwas in der Apotheke! Er sieht nun selbst, was seine Übergriffe bewirkt haben, was für natürliche Folgen entstanden sind. Zunächst murrend, dann interessiert und schließlich freundschaftlich führt Andreas seine Aufgabe aus. Tom und Andreas sind seither wirklich gut befreundet. Und Andreas ist generell freundlicher geworden.

Ursachenforschung
Nach weiteren Gesprächen haben wir schließlich auch den Grund für seine Aggression herausgefunden: Eifersucht! Ein klassischer Fall bei vorhandenen jüngeren Geschwistern. Aggressionen innerhalb oder außerhalb des Elternhauses können nämlich sehr oft ein Mittel sein, um mehr Zuwendung zu erhalten. Motto: **»Negative Beachtung ist besser als gar keine!«**
Frau Berger hat es nun leicht: Die ganz bestimmte Zuwendung, die Andreas reklamiert hatte, bekommt er nun. Sie baut wieder, wie früher, gemeinsam mit ihrem Sohn jene kleinen Plastik-Flugzeuge, die Andreas so sehr liebt. Eine Tatsache, die Frau Berger längst vergessen hatte, seit der Geburt von Andreas' Bruder!
Können Sie sich an die Metapher mit den »feinen Antennen« der Kinder erinnern? Andreas hatte sie voll ausgefahren, als sein Bruder geboren wurde: *»Was wird mir ab nun wohl alles vorenthalten, das ich bisher hatte?«*, muss er sich wohl ständig gefragt haben, ohne dies bewusst wahrzunehmen. Mami hat halt auch noch ein paar andere Dinge exakt seit Brüderchens Geburt schlichtweg vergessen. Ein Standard-Fehler, wenn ich so sagen darf.

Die klassische »Strafen-Schiene« hat Frau Berger seit unserem letzter Gespräch gänzlich verlassen: Es fällt ihr nun leicht, Andreas immer wieder sofort eine logische Folge zuzuteilen, wenn er etwas angestellt hat. Und er nimmt sie auch jedes Mal an. Sie erklärt kurz die natürlichen Folgen, die sein Tun auslöst, und lässt ihn immer öfter im »Home-Coaching« selbst »vertragslogische Folgen« anbieten. Manchmal macht er schon ganz tolle Vorschläge. Allerdings darf und wird es Frau Berger keinesfalls zulassen, dass Andreas sie mit seinen Vorschlägen verhöhnt oder klassisch »über den Tisch zieht!« Sie sollen schon auch einen Sinn haben, der kindliche Einsicht vermittelt.

Härte versus Strenge oder Der überaus »kräftige« Unterschied

Ein »harter Brocken« liegt nun noch vor uns. Und wir lassen ihn einfach hinunterpoltern, in den Abgrund menschlicher Härte. Wir müssen uns mit dem großen Unterscheid zwischen »Härte« und »Strenge« auseinandersetzen! Sehen wir uns diesen bemerkenswerten Unterschied doch einmal genau an!

Hart sein ist »schlecht« oder Der gebrochene Wille

Ich erlaube mir hier auf das gravierendste Merkmal erzieherischer Härte in der häuslichen Pädagogik zu reduzieren:

> **!** Statt erwünschtes Kinderverhalten zu fördern, bemühen wir uns, unerwünschtes auszutreiben.[8] Diese sehr populäre Vorgehensweise könnte man durchaus generell als »Härte« bezeichnen.

Dieses »Austreiben« wird oft mit den klassischen Methoden versucht, die wir schon beim Kapitel über »Irziohan« aufgelistet haben: Drohen, »abdrehen«, anschreien, manchmal das Anwenden von Gewalt und mehr stehen schon in dieser Liste. Das alles sind eigentlich Härtemaßnahmen. Doch um völlig klarzustellen, was tatsächlich in diese Kategorie fällt, füge ich hier in einer – sicher unvollständigen – Liste zusammen, was man unter Härtemaßnahmen genau versteht:

---

8 Der Ursprung dieses wichtigen Zitates ist mir bis dato verborgen geblieben, doch findet er sich in der Sekundärliteratur sehr häufig (z. B.: Dr. Ortwin Wingert, zum Thema »Erziehung ist notwendig?«, SCHEZ-Studie 2004).

- Strafandrohungen, die auf Zwang basieren
- Maßnahmen, die einschüchternd oder »den Willen brechend« vorgenommen werden
- verbale Angriffe, die eine Demütigung, Beleidigung, Abwertung, oder »Vorführung« zum Ziel haben
- Versuche, durch Zwang oder Einschüchterung etwas »beizubringen« oder schlicht zu erreichen
- Aussagen unter »Spannung«, die keinerlei Argumente und keine Diskussion zulassen (»abdrehen«)
- körperliche Attacken.

Härte und die damit unvermeidbar einhergehenden Demütigungen sind leider überall anzutreffen. In vielen, auch scheinbar gut funktionierenden Familien dominiert Härte anstatt Strenge. Vielfach sieht man »artige« Kids, die sich jedoch bloß aufgrund andauernder Härtemaßnahmen daheim nicht mehr getrauen aufzubegehren.
Wie negativ sich dies in weiterer Folge auf die kindliche Psyche auswirken kann, bedarf sicher kaum weiterer Erklärungen. Eine ganz spezifische Auswirkung auf die Psyche jüngerer Kinder muss ich hier aber dennoch erläutern:

Der falsche Zeitpunkt

! Strafende Maßnahmen, vor allem aber Härte zum falschen Zeitpunkt angewendet, bringen besonders jüngere Kinder immer mit jener Situation in Verbindung, die gerade unmittelbar vorherrscht, und nicht mit dem »Vergehen« selbst.

Vaters Wutausbruch am Abend wird ein Neunjähriger im Unterbewusstsein wohl kaum mehr so richtig mit dem zerbrochenen Teller am Morgen in Verbindung bringen. Das gelingt auch dann nicht mehr ganz, wenn man ihm den Zusammenhang im Anschluss lang und breit erklärt.
Was diese Dinge nun im Gemüt des Kindes tatsächlich bewirken, können Sie dann verstehen, wenn wir einen kleinen, wissenschaftlichen Ausflug wagen.
In namhaften Studien ist belegt worden: Einschüchternde Maßnahmen wirken direkt im Inneren des kindlichen Gehirns. Wenn man sie nur intensiv genug anwendet, beeinflusst man damit große Bereiche des

Gehirns negativ. Es gilt mittlerweile als erwiesen, dass strafende Handlungen, die von Härte dominiert waren, eine lang anhaltende und sehr dominante Speicherung dieser negativen Erfahrungen zur Folge hatten. Im Gehirn des Kindes geschieht dabei etwas ganz Erstaunliches: Jede von Härte geprägte Maßnahme, die zu einem bestimmten Zeitpunkt erfolgt, verknüpft neue Synapsen[9] im Gehirn des Kindes. Diese neuen Schaltstellen sind nun mit der Erinnerung an jene Situation verbunden, die gerade geherrscht hat, als die harte Strafe eingetroffen ist. Und das ist nicht selten eine ganz andere als jene, für die die Strafe eigentlich gedacht war. Diese falschen »Verschaltungen« beeinflussen daher oft langfristig auch die übrigen Gedächtnisleistungen, führen aber auch zu nachhaltigen Störungen des sozialen Verhaltens, oft sogar der Motorik. Wir haben diese Effekte ja schon als »Regula Falsi« kennengelernt. Vor allem aber wird jedes Mal, wenn eine vergleichbare Situation auftaucht, jenes unangenehme Gefühl generiert, das mit der dabei erfahrenen Härte im Zusammenhang stand. Siehe den Fall »Wasserspiele« im Kapitel ESKAFA.

Fall 37: »Befehlszustand«

Marc, ein »gut erzogener« 15-Jähriger, hat trotz hoher Intelligenz dem überaus harten Vater nichts entgegenzusetzen. Er leidet unter dessen harten Maßnahmen und darunter, dass an Widerrede in keinem Fall zu denken ist. Natürlich hat auch seine Mutter dem harten Regime des lieben Gatten absolut nichts entgegenzusetzen. Zum Beispiel ist es »Gesetz«, dass Marc sich alle zwei Stunden am Handy zu melden hat, wenn er irgendwo unterwegs ist. Und zwar exakt! Mit 15 Jahren! Versäumt er diesen Zeitpunkt, ist schon »Feuer am Dach«. Und Marc ist wahrlich sehr sorgfältig damit. Die Ausbrüche des Vaters kann der arme Junge aber dennoch nicht verhindern.

Im Gespräch gesteht mir Marc, dass er schlicht Angst vor seinem Vater hat. Marcs Vater hat offensichtlich Strenge mit Härte verwechselt!

Heute hat der sonst überaus verlässliche Junge nicht rechtzeitig mit seinem Vater telefoniert: Er hat fast eine Stunde »überzogen«. *»Na warte, wenn du nach Hause kommst!«*, lässt Vater am Telefon zornig verlauten. Marc hat nun mindestens eine kräftige Standpauke zu

---

9 Synapsen sind Kontaktstellen zwischen Nervenzellen und anderen Zellen (wie Sinnes-, Muskel- oder Drüsenzellen). An ihnen findet die Reizübertragung einer Zelle auf die andere statt.

fürchten. Doch Marcs Vater ist gar nicht zu Hause, als der Junge zerknirscht heimkommt. »*Glück gehabt!*«, denkt Marc erleichtert! Die Stunden vergehen. Vater kommt heute spät.
Marc, der den »Fall» eigentlich klammheimlich schon abgeschlossen hat, hilft indessen der Mutter brav beim Geschirr abwaschen. Der Vater kommt nach Hause. Und diesmal wird es besonders hart. Für Marc war das gemeinsame Abwaschen mit seiner Mutter ein Stück Geborgenheit. Nun ändert sich die geschützte Situation schlagartig! Der Vater brüllt sofort ungezügelt los. Er tituliert den Jungen vor seinem Bruder demütigend als »*unzuverlässig und unmöglich*« und verhängt die härteste Strafe, die er aufzubieten hat: Drei Wochen wird das Fahrrad weggesperrt. Und das passiert einem so begeisterten Radler, wie Marc es ist. Noch dazu gibt es keinen öffentlichen Anschluss in dieser Siedlung. Der Schulweg wird nun zu Fuß täglich sehr lang werden.
Für uns ist abschließend sicher leicht zu erkennen:

- Das Fahrrad hat absolut nichts mit dem versäumten Handy-Gespräch zu tun.
- Der Ausbruch von Marcs Vater hat somit nicht nur zu einer unpassenden Folge geführt,
- er ist auch zum falschen Zeitpunkt erfolgt und
- mit absolut überzogener Härte geführt worden.

Fall 38: »Luftschiff«

Sebastian (11) ist oft jähzornig und in seinen Wutanfällen wirft er auch gerne mit seinen Spielsachen umher. Als er diesmal, früh am Morgen, Vaters mühevoll gebautes Holzschiff wütend zum Fluggerät degradiert und es danach wohl nie mehr »zur See« fahren kann, sperrt ihn seine Mutter den ganzen restlichen Tag in sein Zimmer ein und er bekommt auch kein Abendessen mehr. Ja! Wirklich! Das ganze Programm: umgedrehter Schlüssel, verbale »Abtreibung«: »*Du bist unmöglich ... untragbar ... du bist ja nicht mein Kind ... da hast du jetzt deine Strafe ...*« Die Mutter ist der Meinung, dass er in seinem Zimmer auf jeden Fall »zur Vernunft kommen« wird, weil er ja nun genügend Zeit hat, um über sein Verhalten nachzudenken.
Wir wissen jetzt schon: Was, bitte schön, hat der zwangsweise Aufenthalt im Zimmer auch nur im Geringsten mit dem zerstörten Modellschiff des Vaters zu tun? Wie kann Essensentzug dem hungrigen Kind auch nur den geringsten »Aha-Effekt« beibringen? Zumal das

Entziehen von Nahrung zu den fiesesten Eingriffen in die kindliche Seele gehört und in der Ecke »Demütigung und Brutalität« angesiedelt ist. (FIFA)
Sebastian hat leider schon jetzt ein recht gestörtes Verhältnis zu seinen Eltern. Diese »Misshandlung« wird es noch gründlich verstärken. Gestatten Sie deshalb die mutige Anmerkung: Dies und einiges andere der »psychischen Art« sind in Wahrheit die häufigsten vorkommenden Kindesmisshandlungen! Es geht beileibe nicht immer nur um Sex. Das verkauft sich nur am besten!

Sie, liebe Leser, sind ja nun gestärkt und haben sicher schon klar erkannt, was hier die absolut logische Folge gewesen wäre. Einsperren ist natürlich kein Erziehungsmittel, sondern bloße Ausübung von psychischer Gewalt. Härte eben! Dies zeigt dem Kleinen nur die Überlegenheit der Eltern, die ihre Macht einfach missbrauchen.
Sebastian hat sich, eingesperrt in dem Fünf-Quadratmeter-Raum, die ganze Zeit über machtlos und schlecht gefühlt. Nicht allein wegen seiner Schuld, sondern vielmehr, weil er nichts unternehmen konnte, um sie wenigstens teilweise wiedergutzumachen. Das ist es nämlich, was die meisten Kinder instinktiv wollen.

Kinder wollen instinktiv möglichst gleich den angerichteten Schaden wiedergutmachen!

Lösungsansatz
Sie haben sicher schon erkannt: »Home-Coaching« würde sich hier sicher anbieten. Daraus entstünde vielleicht eine »vertragslogische Folge« wie: gemeinsam zum Supermarkt gehen, wo der »Übeltäter« selbst einen passenden Kleber auszusuchen hat. Wenn möglich sollte dieser dann auch mit Sebastians Taschengeld bezahlt werden. Möglichst sofort nach diesem Ausflug hätte man dann vielleicht unter Anleitung mit der Reparatur des Schiffes begonnen. Wenigstens begonnen – denn für mehr ist ja nach solch unerwartetem Vorfall sicher kaum Zeit, bevor der Vater heimkommt oder der Haushalt gemacht werden muss.
Aber wenigstens anfangen mit dem Reparieren. Einfach, **um ein Zeichen zu setzen**. Ein Zeichen der Einsicht und des Verständnisses. Dann natürlich sollte dies auch von beiden Seiten kommen. Wird beispielsweise schon am Schiff gebastelt, darf der Vater dann nicht Haare raufend und

brüllend sein Werk beweinen und den mit Klebstoff vollgeschmierten Kleinen noch mehr zur Rechenschaft ziehen, warum er denn die Masten so »stümperhaft« repariere.
Bei unserem Schiffs-Beispiel ist es nämlich absolut unwichtig, ob jeder Mast oder jedes Schnurteil wieder nach historischem Vorbild sitzt. Es geht hier um den guten Willen des Kindes. Und es geht um den altersentsprechend bestmöglichen Einsatz, so viel wie möglich wiedergutzumachen.

Positive Steuerung
Eine Chance für echte Gemeinsamkeit plus Lerneffekt bietet sich jetzt: Übersteigt die Renovierungsarbeit die bastlerischen Fähigkeiten, so wird der hoffentlich nicht tobende Vater nun eine neue Möglichkeit haben, sich mit seinem Sohn zu beschäftigen. Hier ergibt sich sogar die Möglichkeit, zu lehren, wie aufwändig es ist, ein Modellschiff wieder wie ein solches aussehen zu lassen, um den Sohn dann zu loben, dass er bei der Renovierung mitgeholfen hat. Vielleicht liegt hier sogar die »Keimzelle« für ein neues, gemeinsames Hobby?
Darf ich darauf hinweisen, dass in diesem Fall sogar beispielsweise ein Fernsehverbot eine absolut vertragslogische Folge wäre? Denn solange das Schiff nicht wieder in voller Pracht oben auf dem Chippendale-Buffet glänzt, hat man eben zu »werken« und keinerlei Zeit für Fernsehen. Vater wie Sohn nicht! Das muss klar sein! Und glauben Sie mir, das ist auch dem aufsässigsten aller »Sebastiane« klar.

Lerneffekt
Eines ist auch sicher: Sebastian wird nach dieser langen Reparaturarbeit nie wieder Sir Isaac Newton »ans Steuer« des stolzen Schiffes lassen, um den Weg der Schwerkraft zu erproben.

! Anwendung von Härte bedeutet nichts anderes, als den Willen eines Kindes zu brechen! Härte ist schließlich nichts anderes als der Zwang zu einer Verhaltensänderung!

Streng sein ist »gut« oder Die gute alte Konsequenz
Streng sein bedeutet im Gegensatz dazu etwas völlig anderes: Ist man streng, heißt das, man setzt klare und leicht durchführbare Maßnahmen

und gibt Folgen vor, die das Kind verstehen kann. Streng sein bedeutet aber auch, dass man diese Vorgaben dann **genau so einfordert**, wie sie vorgegeben wurden. Das bedeutet aber gleichzeitig, auch zu sich selbst in gewissem Maße streng, also konsequent zu sein. Wenn Sie das schaffen, wird sich daheim etwas ganz Besonderes einstellen: **Ihre Strenge wird Sie beliebter machen, als Sie denken!**

Versprochen! Auch ich selbst durfte diese Erfahrung schon als Betreuer machen!

In so manchem Kinderheim hatte ich das Image des »strengsten Erziehers«. Seltsamerweise durfte ich aber gegen Turnus-Ende auffallend oft den Titel »beliebtester Betreuer« oder Ähnliches auf irgendwelchen gebastelten Urkunden mit nach Hause nehmen.

»Warum«, so fragte ich mich meistens, *»war das wohl so?«* Weil Strenge in höchstem Maße Vertrauen und Stabilität bedeutet. Und weil sie ein Wegweiser ist, der ganz klar vorgibt, was einem Erziehenden **missfällt**, gleichermaßen auch klarstellt, was ihm **gut gefällt**, schlussendlich aber auch, was ihm **egal** ist! Besonders wichtig schien das bei den emotional belasteten Kindern, mit denen ich zu arbeiten hatte.

Denken Sie doch an Ihre eigene Arbeitssituation: Was ist Ihnen persönlich denn lieber? Ein Chef, der ganz klar sagt, dass er auf »seine speziellen Dinge« im Büro Wert legt, die er absolut streng eingehalten wissen möchte. Oder ein Chef, der nichts sagt, also keine strengen Regeln setzt, sich dann aber aufregt, wenn seine Unterschriftenmappe nicht »schlag 9:30 Uhr« auf dem Tisch liegt, wie er es gern hätte.

Das Besondere am »Streng-Sein« ist also, dass Ihr Kind durch die klaren Vorgaben immer Bescheid weiß: *»Halte ich die wenigen strengen Regeln ein, dann ist man mit mir zufrieden. Und die Regeln, die gar nicht vorgegeben wurden, sind somit offenbar wenig bedeutend, und ich weiß genau, wo ich einige Freiheiten habe!«*

Nach sieben Schritten nunmehr »sieben goldene Regeln«

Die Strenge eines Erwachsenen macht ihn also keineswegs unbeliebt, solange er meine sieben »goldenen Regeln« beherzigt:

- Strenge« nicht mit »Härte« verwechseln.
- Absolut konsequent sein. Nichts »verwaschen«, was einmal vorgegeben wurde.

- Auf ein »Fehlverhalten« möglichst sofort reagieren.
- Nicht verletzend, gemein, demütigend oder »handgreiflich« werden.
- Folgen erst auf ihre Logik und Durchführbarkeit überprüfen, dann klar formulieren und fix vereinbaren.
- Gerecht sein! Wichtig bei mehreren Geschwistern.
- Für eigene Fehler und Irrtümer einstehen und mitunter die gleichen Folgen für sich selbst akzeptieren, die man auch den Kindern auferlegt hat.

Das richtige Maß

Wenn Kinder einerseits klare Grenzen vor Augen haben und andererseits in einem Elternhaus aufwachsen, in dem **menschliche Wärme und besondere Zuneigung** an der Tagesordnung sind, dann entwickeln sie sich auch ohne klassische »Strafen« zu selbstbewussten, zufriedenen Kindern, die wenig Probleme machen. Kinder erlernen ohnehin die meisten wichtigen Dinge durch das **vorbildhafte Wirken der Eltern**. An ihm erkennen sie viel eher, was richtig ist und welches Verhalten unangenehme Folgen hat. Harte Konsequenzen oder Strafen sollten daher die absolute Ausnahme sein. Selbst »vertragslogische Folgen« müssen dann vielleicht nicht mehr allzu oft angewendet werden.

Und? Wie geht es Ihnen nun?
Freuen Sie sich gemeinsam mit mir auf die nächste Situation, in der Sie ganz locker, entspannt und folgerichtig Ihrem Kind klarmachen können: *»So geht's nicht!«*

Strafe richtet sich niemals gegen die Situation,
sondern stets gegen die Person.
Gerhard Spitzer

Belohnung, Anerkennung, Entlohnung oder Die Kunst zu »korrumpieren«

Nach so viel »Strafe« und logischen Folgen muss natürlich auch mal eine Belohnung sein. Und dieses wichtige »Werkzeug« zur entspannten Erziehung werden wir nun aus dem Schrank holen. Dabei stoßen wir auf wunderliche Dinge wie »korrupte« Kinder oder auf »missbräuchlich lobende« Eltern. Auf unserem spannenden Rundgang treffen wir aber auch den süßen, quirligen Basti mitten auf dem Esstisch tanzend. Ob er wohl für dieses Verhalten belohnt werden wird? Abschließend beschäftigt uns die brennende Frage: »Werden wir es schaffen, unsere Kinder wirklich wertvoll zu belohnen?«

Die Kinder finden im Nichts das Gesamte,
die Erwachsenen im Gesamten das Nichts.
Giacomo Leopardi

Lob und Anerkennung: Gut oder böse?

Lob und Anerkennung sind dermaßen wesentliche Bestandteile in der kindlichen Erlebniswelt, dass Kinder ohne diese Variante der elterlichen Zuwendung schlichtweg emotional verhungern. Fehlen Ihren Kindern Lob und Anerkennung, verlieren sie nicht nur das Vertrauen zu Ihnen als Elternteil, sie verlieren es vor allem zu sich selbst. Schließlich büßen sie dann auch einen Teil ihres Lebenswillens ein. Nun ja – bei Erwachsenen ist das meist auch nicht anders. Wie viele Menschen sehnen sich förmlich danach, dass ihr Chef sie wenigstens einmal lobt. Passiert Ihnen das niemals, »verhungern« auch Sie in Ihren Berufen emotional.
Das wäre die eine Seite der Medaille. Auf ihrer Vorderseite steht kunstvoll graviert: *»Lob ist gut!«* Nun drehen wir das wertvolle Goldstück jedoch einmal um. Siehe da! Hier steht eine andere kunstvolle Prägung: *»Missbrauch und Überstrapazierung des Werkzeuges Lob sind ›böse‹.«* Die Kehrseite der Medaille. *Wirklich? Lob kann böse sein?* Pädagogisch betrachtet: *Ja!*

»Überstrapazierung« von Lob

Erleben Kinder ein Übermaß an Lob, entfernen sie sich mit der Zeit weit weg von der Realität und nehmen sich bald selbst als unfehlbar wahr. Sie geraten dann in ein gefährliches Maß an Selbstüberschätzung und verlieren obendrein den Glauben und das Gespür für wirklich ehrlich gemeinte Aussagen. Außerdem nehmen sie häufiges Lob bald nicht mehr ernst und empfinden es mit ihren »feinen Antennen« schlicht als gelogen.

»Missbrauch« von Lob

Das bedeutet schlichtweg, dass vielfach das Stilmittel »loben« nicht nur zur völlig falschen Zeit, sondern auch oft absolut »zweckentfremdet« verwendet wird. Und das kann ebenfalls Schaden anrichten.

Fall 39: »Tischflamenco«

Der kleine Basti (5) tanzt, nach Beenden seines Frühstücks, lustvoll auf dem Esstisch. Einfach so! Zwischen Müslischalen und Tellern. Mutters Empfinden für gutes Benehmen schlägt Alarm. Also reagiert sie. Jedoch völlig falsch: In dem kläglichen Versuch, den Kleinen zu überlisten, ihn also von seinem »schändlichen« Tun abzulenken, lobt sie ihn, anstatt ihm für die Tanzeinlage eine klare Folge aufzuerlegen. Sie sieht zu ihm auf und flötet: *»Heute hast du aber brav aufgegessen.«*

Erinnern Sie sich? Kinder bringen das eben Gehörte mit dem eben Erlebten in Verbindung. Basti denkt also prompt: *»Tanzeinlage auf dem Tisch? ... Was höre ich da? Ein Lob? ... Aha, Mami gefällt's also. Tanzen auf dem Tisch ist gut. Ich mache Mami eine Freude damit! Fein!«*

Übrigens: Sie, lieber Leser, können, sofern Sie das möchten, an dieser Stelle einen Selbsttest wagen: Was wäre für den Flamenco-tanzenden Basti denn eine logische Folge? Welchen Stil würden Sie anwenden, um diese durchzusetzen? Wie bekommen wir den Jungen dazu, seine »Einlage« zu beenden. Schimpfen? Strafpredigt? Wollten wir das »Belabern« nicht vergessen? Fernsehverbot? *Gott, wie passend!*

Lösungsansatz

Wir sind uns einig: Sie würden natürlich stressfrei reagieren. Wie wäre es zum Beispiel mit der betont fröhlichen Frage: *»Wie weit kannst du denn von da oben springen? Übrigens, so leise du kannst.«* (Das erhöht die Sorgfalt und minimiert die Verletzungsgefahr!) Na ja, ein wenig Überlistung ist das schon, aber sicher wirkungsvoll und jedenfalls unproblematisch! Denn nun erwacht ganz automatisch der Ehrgeiz in dem Kind. Und hopp! Schon haben sie den Jungen runter vom Tisch. Bitte nur eines jetzt nicht: loben für den guten Sprung! Vielmehr: Für die Tanzeinlage müssten Sie jetzt noch eine klare, logische Folge setzen: Und das ist natürlich die Säuberung des Tisches. Nun könnten Sie zum Beispiel Körpersprache einsetzen: Möglichst stillschweigend gehen Sie zur Abwasch, befeuchten dort demonstrativ einen Lappen – das kann man natürlich schon machen, bevor der Kleine noch seine Tanzfläche verlassen hat – und drücken ihm diesen wortlos in die Hand. Das *»Abwischen bitte!«* vermitteln Sie dann am besten schon über Ihre Körperhaltung und den Gesichtsausdruck. Natürlich dürfen Sie es auch mit wenigen Worten sagen, wenn Sie wollen. Ohne Diskussionsmöglichkeit! Das alles geschieht betont langsam. Das wirkt entspannt. Ein »freundlicher«, aber deutlicher Blick in Richtung Tisch genügt dann meist schon. Wird der Lappen vom Kind wieder hingelegt, kann man den weiterhin möglichst wortlosen »Vorgang« wiederholen. Aber ich versichere Ihnen: Mehr als zweimal ist das sicher kaum nötig. Wie rasch das Kind solche Neueinführungen akzeptiert, kommt eben immer darauf an, wie oft Sie so etwas früher schon zugelassen oder unlogisch sanktioniert haben. Ein Lob ist in diesem Fall nur dann angebracht, wenn das Kind etwas tut, das über die notwendige Wischarbeit hinausgeht.

»Belohnung« versus Anerkennung

Zunächst sollte noch einmal klargestellt sein: Unter dem Terminus »Belohnung« möchte ich hier nur die »materielle Entlohnung« behandeln. Immaterielle Dinge wie Lob, Zuwendung und gemeinsame Zeit bezeichne ich somit eher als »Anerkennung«. Sehen wir uns deshalb einmal die verschiedenen Spielarten von Belohnung (materiell) und Anerkennung (immateriell) an und was sie bewirken, beziehungsweise wie man sie besser nicht einsetzt.

Vor allem bei Großmüttern und -vätern, aber auch bei den restlichen Anverwandten allseits beliebt und ein stets bewährtes Mittel, um Anerkennung zu zollen: das Bezahlen! Mit Geld und Geschenken! Eigentlich eine **Entlohnung statt Belohnung!** *»Die Kleinen freut's halt so«!*

In vielen modernen Familien ist es sogar quasi ein ungeschriebenes Ge-

setz: *»Guter Einsatz innerhalb der Familie oder gute schulische Leistungen sowie andere positiv verlaufene Dinge müssen einfach belohnt werden. Sonst wird dies bei nächster Gelegenheit ja nicht mehr gemacht.«*
Ich höre auch immer öfter Formulierungen dieser Art: *»Mithilfe im Haushalt und eine auffallend gute Note sind sowieso etwas Besonderes und gehören auf jeden Fall mit Belohung gewürdigt. Wo bliebe denn da sonst die Motivation?«* Ich sage Ihnen, wo die Motivation nach erfolgter Belohnung bleibt: Sie geht verloren! Und zwar die Motivation an der Sache selbst.
Auch das ist bei Erwachsenen nicht anders: Solange Sie etwas freiwillig, ehrenamtlich oder aus Idealismus tun, ist Ihnen sicher kein Arbeitseinsatz zu viel. Werden Sie aber für die gleiche Tätigkeit eines Tages bezahlt, rechnen Sie Ihren Aufwand insgeheim nicht mehr nach Erfolg und Gemeinnutz, sondern nach Stunden. Mir selbst ist das während meiner langjährigen Tanzkarriere sehr eindrucksvoll widerfahren. Zuerst war es eine Ideologie. Alle hatten Spaß an ihren Auftritten, niemand beschwerte sich über Stress, Misserfolge und auch Geldeinsatz. Als wir später größeren Erfolg hatten, also dafür bezahlt wurden, gab es bald Streit, Missgunst, Probleme und schließlich Zerfall der Tanz-Formation.

Korruption im »eigenen Lager«

Haben Sie schon vom Ausdruck »korrumpieren« gehört? Es ist das Verb zu »Korruption«. Wenn Sie bis jetzt gedacht haben, dies wäre ein reserviertes Wort für Politik oder Wirtschaft, haben Sie sich geirrt. Korruption, liebe Leser, gibt es überall. Es ist eine persönliche Einstellung und kein Wirtschaftszweig. Leider tritt sie auch im familiären Umfeld auf. Besonders stark bei Kindern, sobald sie ihre Belohnungen in Form von Geld erhalten.

⏭ Fall 40: »Bestechungsaffäre«

Frau Hager, eine liebe Klientin von mir, verspricht ihrem ziemlich aufsässigen zwölfjährigen Sohn Peter permanent Belohnungen, wenn er »huldvoll« davon absieht, »schlimm« zu sein. Nicht selten sind es mittlere Geldbeträge, aber auch teurere Geschenke! Frau Hager erkauft sich also Peters Folgsamkeit! Sie bringt Ihrem Kind somit perfekt bei, wie es sich anfühlt, korrupt zu sein. Und Peter kennt es schon nicht mehr anders! Er ist schon lange zutiefst bestechlich! Und er weiß es einzusetzen. Wenn Peter glaubt, Geld zu brauchen, startet er eine handlungsorientierte Beschaffungsaktion: Er gibt daheim ordentlich »Gas«! Er treibt seine kleine Schwester, den Hund und seine Mutter zur Weißglut, bis sie zahlt! Toller Plan, das!

! Sobald man mit Geld zu tun hat, wird man ganz automatisch »korrumpiert«.

Das klingt nun sicher sehr hart, kann aber auch ganz neutral betrachtet werden. »Korrumpiert zu werden«, bedeutet schlicht und einfach: seinen eigenen Wert oder den Wert seiner momentanen Aufgabe in Geld (oder nüchterner: in Zahlen) zu bemessen und nicht mehr in inneren Werten. Bei Kindern ist das fatal. Denn etwas ganz Besonderes unterscheidet das kindliche Gemüt von jenem der Erwachsenen: **die hohen, inneren Werte**.

Kinder möchten noch unendlich und bedingungslos lieben und geliebt werden und tun auch ohne jede Belohnung alles dafür. Sie wollen noch einen strahlenden, paradiesischen Planeten erleben und auch selbst daran »ihr ganzes Leben lang« mitarbeiten. Ihre Welt kann durch ein kleines Pflaster noch absolut heil gemacht werden. Kinder würden ihre Hilfe für kein Geld der Welt verkaufen, wenn sie dafür eine einzige, tief empfundene »Streicheleinheit« erhalten können. Diese Aufzählung könnte endlos so weitergehen.

! Je öfter Kinder materielle Belohnungen für ihre Aufgaben erhalten, desto mehr lichtet sich der Zauber der »inneren Werte«, desto pragmatischer werden sie.

Dieser Vorgang hat aber nicht ursächlich mit Geld allein zu tun. Er stellt sich auch bei jeder anderen materiellen Belohnung ein, die regelmäßig erfolgt. Unweigerlich! Also auch bei »normalen« Geschenken, die als Belohnung für irgendetwas herhalten. Das bedeutet: Mit jeder Leistungsbelohung, die über Lob und Anerkennung hinausgeht, versteht das kindliche Denken immer weniger, was Leistung für einen Sinn hat, wenn sie nicht »entlohnt« wird. Das gilt vor allem für die Mithilfe bei alltäglichen Dingen!

Leistung im Haushalt

> **!** Damit Kinder als gleichberechtigte Familienmitglieder aufwachsen, **darf** und **soll** man von ihnen erwarten, auch **ohne jede Belohnung**, ihrem Alter entsprechend, zur alltäglichen Hausarbeit beizutragen.

Anders gesagt: Kinder sollten es als ganz normal und befriedigend empfinden, die Eltern in ihrem Bemühen um ein harmonisches Familienleben zu unterstützen. Dies zu fordern, ist somit nicht nur Ihr gutes Recht, sondern Ihre Pflicht als Erziehender. Denn woher sollen Ihre Kinder diese Notwendigkeit lernen, wenn nicht von Ihnen? *Jetzt! Hier! Heute noch!*

Vereinbaren wir also: Ab nun sollte es immer seltener passieren, dass jegliche Mithilfe daheim belohnt wird. Ihren Kindern sollte der Stolz auf das »gelungene Werk« als Lohn genügen. Die Freude am Erledigen und an der aktiven Teilnahme an gemeinsamen familiären Belangen sollte eben auch wirklich als Freude empfunden werden. Diese Selbstwahrnehmung gilt es ab nun zu fördern.

Dieser Vorsatz sollte auch für Kleinigkeiten gelten: Wenn ein Sechsjähriger morgens Semmeln holt, ist das kein Grund, dass er sich dafür jedes Mal beim Bäcker einen Lutscher kaufen darf. Auch eine erst Vierjährige braucht man nicht mit der Aussicht auf ein Eis zu ködern, damit sie nach dem Essen ihren Teller und ihren Becher selbst in die Küche trägt. Und mit dem »einen Euro für eine gute Note« kann man Kinder einfach in jedem Alter korrumpieren.

⏭ **Fall 41: »Zimmerservice«**

Eine Mutter wirft bei einem meiner Vorträge ein: *»Also ich bezahle meinen Sohn Samuel (14) nie, wenn er etwas tut. Da bin ich sehr konsequent und auch stolz darauf. Aber können Sie mir trotzdem helfen? Er macht mir solche Schwierigkeiten, wenn ich ihn bitte, sein Zimmer aufzuräumen. Es sieht immer schrecklich aus dort!«* Neugierig frage ich: *»Wie sanktionieren Sie ihn denn, wenn er es nicht macht? Welche Folgen setzen Sie also ein?«* Die Antwort kommt ein wenig erstaunt: *»Ich streiche ihm das Taschengeld!«*

Was Samuels Mutter nicht erkannt hat, ist, dass es sich hier um denselben Vorgang handelt. Das Entziehen von Geld ist genauso ein Entlohnungssystem. So oder ähnlich wird Samuels Gedankengang wohl gewesen sein: *»Erst wenn ich mein Geld brauche, muss ich etwas* *dafür machen. Wenn es aber ohnehin schon weg ist, hat es keinen Sinn, was zu tun.«* Und tatsächlich: Samuel ist nahezu nie mehr bereit, sein Zimmer zu machen. Ist das Taschengeld schon ausbezahlt, gibt es keinen Grund mehr, etwas zu tun. Ist es aber schon zu anderer Gelegenheit entzogen worden, gibt es erneut nicht den geringsten Grund für eine Aktivität in Richtung Sauberkeit, weil es dafür nichts zu »ernten« gibt.

Dass hier schon zu früheren Zeitpunkten Lob und Anerkennung sowie der eigene Wunsch nach einem sauberen Zimmer als Selbstzweck »verkauft« hätten werden müssen, liegt auf der Hand.

Sicher wollen Sie für diesen Fall eine mögliche, aber entspannte Lösung sehen.

Lösungsansatz

Ich habe Samuels Mutter auf »pädagogisches Augenzwinkern« anstatt Ärgern eingestimmt: Ganz entspannt, lächelnd und ohne jeden Zorn »verkauft« sie Samuel den Zustand seines Zimmers als *»im Seuchen-Alarm befindlich«*. Also muss eine »Entseuchung« her. Samuels Mutter setzt mutig eine logische Folge. Ich schicke gleich voraus: So hart sie klingt, sie ist es keineswegs. Und sie hat ein kleines »Wunder« bewirkt. Besonders bei diesem sehr gescheiten Jugendlichen, der ja die Tätigkeiten in seinem Zimmer in »Zahlenwerten« bemessen hatte.

Unter vorheriger Ankündigung natürlich hat Mutter einen Entrümpelungsdienst beauftragt und angekündigt, diesen mit dem Taschengeld des Jungen zu bezahlen. Diese Maßnahme versteht ein 14-Jähriger, der ja auch schon bedingt geschäftsfähig ist, sehr gut. Samuel hat es auch verstanden. Und wie: Kaum sind die Arbeiter des Entrümpelungsdienstes tatsächlich an der Haustür, wird Samuel plötzlich sehr aktiv in seinem Zimmer. Seine Sachen sind ihm auf einmal doch lieb und wert. Aber ein wenig zu spät! Der Dienstweg der Arbeiter musste natürlich auch so bezahlt werden.

»Aktionen« solcher Art wirken besonders bei Jugendlichen, weil ihnen rasch klar wird, dass man es mit einer Ankündigung ernst meint. Und mit Sicherheit ist ein solcher »Step« nur ein einziges Mal notwendig. Außerdem hätte auch hier die Mutter ein »Home-Coaching« versuchen und in entspanntem »Setting« Samuel befragen können, welchen Vorschlag er selbst zur Änderung der Situation wohl hätte.

Lob und Anerkennung oder Die Sache mit dem Lernfehler

Wissenschaftler haben eindeutig festgestellt, dass der Effekt schulischen Lernens bei Kindern um ein Vielfaches höher ist, wenn sie durch positive Anerkennung, also durch Lob, zur gewünschten Leistung gebracht werden. Die Einlagerung des Lerninhaltes in den Speicherzellen des Gehirns erfolgt **bis zu sechsmal leichter und effizienter** als unter negativem Druck. Das heißt: Loben Sie Ihr Kind, auch wenn es noch so schwach lernt. So merkt es sich wesentlich mehr Lerninhalte, als wenn Sie es für die gemachten Fehler tadeln.
»Du hast schon wieder sieben Fehler geschrieben« wird sich auf das Lernverhalten und vor allem auf die Merkfähigkeit Ihres Kindes mehr als nachteilig auswirken. Zählen Sie nun aber die richtig geschriebenen Wörter und »verkaufen« dies mit den Worten: *»Toll! Du hast ja schon sechs Wörter richtig geschrieben. Jetzt schaffst du die anderen vielleicht genauso richtig«*, so wird sich Ihr Kind viel besser konzentrieren und in der Folge motivierter und effizienter lernen.

Anstrengung und Erfolg

Die meisten Eltern, die je eine Belohnung ausgeteilt haben, tun dies nach einem tollen oder einfach »guten« Erfolg: zum Beispiel nach dem Einser bei der letzten Mathe-Schularbeit. Doch ein Einser, wie auch jede andere Note, sagen absolut nichts darüber aus, **welche Anstrengung dahinterstand**. Wie immer man auch über unser Schulnotensystem denkt, als ein direkter Gradmesser für die zuvor geleistete Anstrengung ist es denkbar ungeeignet. Schularbeitsnoten zeigen lediglich den momentanen Erfolg. Ob dieser durch »schummeln«, Glück, Zufall, einen lieben Sitznachbarn oder auch durch echte Anstrengung zustande gekommen sein mag, kann kein Lehrer und auch kein Elternteil aus der abgegebenen Arbeit jemals ersehen. Wenn Sie nun daheim die »tolle Note« überschwänglich feiern und vielleicht auch noch dafür »bezahlen«, dann belohnen Sie eben auch nur den Erfolg und nicht die Anstrengung, die dahinterstand.
Von Wissenschaftlern und Pädagogen wird jedoch einstimmig gefordert: *Belohnung und auch Anerkennung müssen in Relation zur Anstrengung stehen, nicht in Relation zum Erfolg.*
Das heißt, auch Lob muss dementsprechend eingesetzt werden: *»Heute*

hast du dich aber sehr bemüht! ... viel gearbeitet! ... lange gelernt!«, anstatt: *»Toll der Zweier, ein Einser wäre noch besser!«* Oder: *»Nur mit einem Einser bist du wirklich gut ... dann darfst du wieder mit deinen Freunden spielen.«* Folglich sollte ein Kind, das nichts oder nur sehr wenig für eine sehr gute Note getan hat, eben keine überschwänglichen Lobeshymnen bekommen. Ein Kind, das zum Beispiel immer gut in der Schule ist, wird bei so viel Anerkennung nur überheblich. Ein anderes, das eben nur Glück gehabt hat, sollte sich dessen auch bewusst sein.

Anerkennung oder Die Kunst, wertvoll zu belohnen

Haben Sie schon einmal daran gedacht, dass Ihr Kind möglicherweise von sich aus gar keine materiellen Geschenke als Belohnung erwartet? So ist es nämlich tatsächlich. Von Natur aus sind solche Dinge einem Kind völlig egal. Nur von uns lernt es, Geld und Geschenke als wichtig einzustufen. Wir beginnen irgendwann damit, ihm Süßigkeiten als »Belohung« zu »verpassen«. Wir wollen bemerkenswerte Leistungen mit Geschenken »bewerten«. **Wir** vermitteln diese Bewertungen unseren Kindern erst. Wir und die Gesellschaft um uns. Es liegt daher an Ihnen, wie viel Zeit und Mühe Sie investieren wollen, Ihrem Kind so lange wie möglich zunächst ganz andere Werte zu vermitteln. Doch seien Sie versichert: Die Mühe lohnt sich mehrfach!
Und wirklich schwer ist es ohnehin nicht: Belohnen Sie eine erfolgte Anstrengung doch einfach ab nun öfter mit Dingen, die viel eher dem natürlichen Bedürfnis eines Kindes entsprechen. Setzen Sie sonst ganz »übliche« Ereignisse als etwas Besonderes ein. Damit führen Sie diese dann auch einer viel intensiveren Wahrnehmung und damit einer höheren Wertschätzung zu. Hier einige Beispiele, wie Sie immateriell belohnen können:

- durch spezielle Zuneigung (kann man auch als besondere Aktion einsetzen)
- durch wörtliche, schriftliche, fotografische Anerkennung. Vielleicht malen Sie selbst einmal ein Bild, als Anerkennung für Ihre Kleinen?
- Streicheleinheiten, Streichelstunden mit spezieller Musik-Untermalung
- Geschichten, vielleicht dazu ein besonderes, gemeinsames Rollenspiel
- »Action«-Stunden (Balgen, ein Dankeschön-Spiel)

- mit einem besonderen Ausflug, einem Kulturereignis (Auch wenn das dann schließlich Geld kostet: Ein Kind bewertet hier eher das Erlebnis.)
- Blödelnachmittage
- Bastelstunden
- Und wenn Sie schon Materielles schenken wollen, dann besser selbstgemacht!

Dass das alles mehr Zeit kostet – wesentlich mehr –, als kurz Geld auszuhändigen oder die dritte Play-Station in Folge, ist völlig klar. Aber das ist ja schließlich unsere Aufgabe oder sollte es sein. Viel mehr, als sich noch zusätzlich vierzig Überstunden im Büro aufzwingen zu lassen. Glauben Sie mir: Für diese Zeit der Anerkennung daheim werden Sie um ein Vielfaches mehr belohnt als für die Konferenz mit Ihrem Chef.

Der ganz besondere Weg zur wertvollen Belohnung
kommt aus dem Herzen, nicht aus der Geldbörse!
Gerhard Spitzer

Die Sprache Ihres Körpers oder Der »Hattrick« zur totalen Entspannung

Mit diesem absolut wichtigen, vielleicht wirkungsvollsten Schritt in Richtung entspannter Erziehung lernen wir die lautlose Sprache unseres Körpers und deren unschlagbare Ehrlichkeit kennen. Tim und Ronny machen uns klar, dass sie ihre Eltern seit ihrer Säuglingszeit mühelos durchschauen. Deshalb machen wir zuvor noch einen kleinen »Abstecher« in die kindliche Urvertrauensphase, um zu erfahren, warum das so ist. Nachdem ich Sie dann auch noch zu einer völlig »realitätsfernen« Situation an den häuslichen Esstisch »entführt« habe, werden Sie sicher ohne Scheu und voller Tatendrang mit Ihren Übungen beginnen, die den Einsatz einer neuen, absolut spannungsfreien Sprache zum Ziel haben: Ihrer Körpersprache!

Am besten ist die Erziehung, die man nicht merkt.
André Malraux

Die zwei »Gesichter« unseres Körpers: Wahrhaftigkeit und »lautlose Kommunikation«

Körpersprache ist etwas Wirksames, ja Mächtiges, wenn Sie mich fragen. Aber für unsere Kinder hat sie, wie so vieles, zwei ganz unterschiedliche »Gesichter«. Beide haben aber denselben Ursprung. Und der liegt im zarten Babyalter. Gegen das eine können Sie, wie Sie gleich sehen werden, absolut nichts unternehmen. Das andere aber können Sie sehr gezielt einsetzen und damit, vor allem in kritischen Situationen, viel mehr erreichen als mit jeder wortreichen »Ermahnung«.

Die Wahrhaftigkeit Ihres Ausdrucks oder »Hilfe, mein Kind durchschaut mich!«

Die unbewusste Sprache Ihres Körpers kann vor den Augen Ihres Kindes niemals lügen. Ihr Kind durchschaut Sie wie kein anderer Mensch auf dieser Welt. Allein mit diesem Wissen können Sie schon eine Menge anfangen. Zumindest können Sie ab nun mehr »Vorsicht« walten lassen. Oder deutlicher formuliert: Besser, Sie **meinen** in Zukunft auch immer, was sie sagen. Wenn Sie es also schaffen, immer öfter wahrhaftig, also authentisch zu sein, wird das Vertrauen Ihres Kindes zu Ihnen stetig wachsen. Somit sind auch Situationen, in denen Sie »durchgreifen« müssen, automatisch von mehr Vertrauen geprägt und laufen natürlich entspannter ab.

Nun sind Sie sicher neugierig zu erfahren, warum das so ist. Zuerst, wie gewohnt, die zugehörige Theorie in einem Satz, danach decken wir »gnadenlos« die Gründe dafür auf:

! Schon seit der Säuglingszeit nimmt Ihr Kind seine Erfahrungen, vor allem aber seine Beobachtungen über die Wahrhaftigkeit des körperlichen Ausdruckes mit bis ins Erwachsenenalter.

Ein wenig Entwicklungspsychologie

Abgesehen vom sogenannten »Urvertrauen«, jener unglaublich engen Bindung zu den Eltern, die ein Baby spätestens bis zum zweiten Lebensjahr aufbaut, wird noch etwas anderes schon in dieser frühen Lebensphase ganz besonders stark entwickelt: **die Beobachtungsgabe!**

Säuglinge haben ihre großen strahlenden Augen auf alles gerichtet, was ihnen so begegnet. Und am öftesten begegnet ihnen natürlich ein Elternteil. Eigentlich fast in jeder Minute des Wachseins. Also beobachtet ein Baby seine Eltern den lieben, langen Tag über ganz genau. Nichts entgeht ihm. Es hat ja schließlich genug Zeit für diese stillen Beobachtungen, weil die Sache mit dem Artikulieren, dem Gebrauch der Sprache, noch kein vorrangiges Thema ist.

Mit dieser feinen Beobachtungsgabe prägt es sich zwei Dinge ganz genau ein: die Körpersprache der Eltern und die jeweils dazugehörige, wirkliche Stimmung. Und den Tonfall der Stimmen und zu welcher Stimmung dieser jeweils passt.

Das heißt: Ihr Kind erkennt schließlich jede kleinste Veränderung in Ihrem Gesicht wie auch an Ihrer Körperhaltung. Es kann somit klar erkennen, wie sich Ihre Gesichtszüge zu den jeweiligen Situationen verhalten. Mit anderen Worten: Ihr Kind kennt Sie wahrscheinlich schon seit der Urvertrauensphase besser als Sie sich selbst. Es weiß haargenau, was Sie fühlen, wenn es Sie nur ansieht. Diese genaue Kenntnis der Körperspra-

che und des Stimmklanges seiner Eltern nimmt Ihr Baby in seine spätere Jugendzeit mit. Sogar bis weit ins Erwachsenenalter.
Und nun kommt die wichtigste Aussage der ganzen langen Erklärungen Ist es Ihnen aufgefallen? Dass sich Babys »die Bedeutung wörtlicher Inhalte auch ganz genau merken«, habe ich mit keiner Silbe erwähnt. Und zwar deshalb, weil es einfach nicht erwähnenswert ist!

! Hauptsächlich die beobachteten Erfahrungswerte aus der Babyzeit ergeben für den jungen Menschen die Summe seiner später notwendigen Wahrnehmungen. Der wörtliche Inhalt von Botschaften gehört kaum zu dieser Summe.

Erkennen Sie nun, warum Sie Ihrem Kind auch später niemals mehr etwas vormachen können?
Hier darf ich den berühmten Pädagogen Pestalozzi frei zitieren, der sinngemäß sagte:

Wenn du zum Kinde gehst, sei wahrhaftig! Dein Körper lügt ohnehin nie!

Gute Beobachter – schlechte Interpreten
Ich darf mir an dieser Stelle erlauben, Pestalozzis geniales Zitat pädagogisch und zeitgemäß zu interpretieren:

! Durch die früh erlernten Beobachtungsfähigkeiten der Kinder und Jugendlichen ist es, besonders für leibliche Eltern, nahezu unmöglich, sich vor ihnen zu verstellen.

So bemerkenswert die Tatsache auch ist, dass Kinder uns immer durchschauen, wenn wir unwahr sind: Es bedeutet nicht gleichzeitig, dass sie auch interpretieren können, warum es so ist! Ganz im Gegenteil. Ihre Wahrnehmung sagt ihnen klar: Mami lügt! Aber ihre Analysefähigekit versagt kurz danach fast immer! Nicht nur, dass sie meist die Hintergründe einer Unwahrheit nicht kennen, meist passiert etwas ganz Erstaunliches: Kinder interpretieren ihre eigene Schuld hinein! Was da so in den Kids vorgehen kann, haben wir ja schon kennengelernt.

Kinder sind gute Beobachter, aber schlechte Interpreten.
Rudolf Dreikurs

⏭ Fall 42: »Gesichtskontrolle«

»Mami, bist du traurig?«, fragt der sechsjährige Tim besorgt. *»Nein, mein Kleiner!«*, erwidert Tims Mami, Frau Egger, mit gekonnt verstelltem, freundlichem Gesicht. *»Mami geht es eh sehr gut heute!«* Dabei hat Frau Egger gerade erfahren, dass ihr Chef sie nächsten Monat entlassen wird. Obendrein gab es gestern Streit mit einer Nachbarin, der heute eskaliert ist. Tim sieht ganz genau an dem fast unmerklichen, harten Zug um den Mund seiner Mami, dass da etwas nicht stimmt. Diesen Zug kennt er nur zu gut. Sie hatte ihn immer, wenn er früher an Angina gelitten hatte. Und, soweit er weiß, war das ziemlich oft. *»Heute haben ihre Mundwinkel schon wieder diese ›komische‹ Form!«*, signalisiert Tims Erinnerung. Und in derselben Sekunde wird ihm klar: *»Mami lügt!«*

Schlimm ist nur, dass er diese Lüge nicht auf das momentan sehr harte, profane Leben seiner Mutter bezieht. Mit seinem absolut typischen kindlichen Denken bezieht er Mamis »Lüge« einerseits auf die momentane Situation *(»Warum hab ich vorhin bloß nicht aufgegessen? Jetzt denkt sie wieder, ich bin krank!«)* und andererseits auf sich selbst *(»**Ich** bin jetzt schuld, dass mich Mami grad' nicht mehr so lieb hat, weil sonst würde sie mir ja alles sagen!«)*.

Frau Egger wundert sich abends, warum der Kleine nicht zu ihr kuscheln kommt, wie üblich. Auch sonst hat er sich heute eher abweisend verhalten. *»Ach, der Junge hat auch keine Herzenswärme mehr!«*, stöhnt sie insgeheim. *»Ich bin so allein!«*

Hausgemacht, liebe Frau Egger! Dabei wäre es so leicht gewesen, wahrhaftig zu sein und dem Kind gegenüber sachlich zu erwähnen, dass Sie halt tatsächlich traurig sind! *»Aber nicht deinetwegen, mein kleiner Schatz, sondern ...!«* Das wäre um ein Vielfaches schonender für Tims Gemüt gewesen, als die »unangenehme Sache« von ihm fernzuhalten, denn – und das wissen Sie ja ab heute – das geht sowieso nicht.

Ich gebe Ihnen mein Wort darauf, Frau Egger: Wenn Sie ihm nur kurz »reinen Wein« –Entschuldigung – »reines Wasser eingeschenkt« hätten: schon allein dafür wäre der Kleine sicher abends zu Ihnen gekommen, um ein paar »Kuscheleinheiten vorbeizubringen«. Schon allein um Sie zu trösten. Das tun Kinder nämlich am liebsten: trösten, wo immer sie können. Und das tun nicht nur die ganz Kleinen sehr gerne! Dann haben sie nämlich ein besonders starkes Gefühl, gebraucht zu werden. Und das ist absolut lebensnotwenig für Kids. Und ungeheuer entwicklungsfördernd.

⏭ Fall 43: »Überflieger«

»Natürlich finde ich deinen Aufsatz ganz toll«, flötet der Vater. Allerdings schafft er diese huldvolle Aussage erst, nachdem ein herzhafter Gähnvorgang beendet ist. Wirklich gelesen hat er den Aufsatz ohnehin nicht. »Überflogen« hat er ihn aber schon. Allerdings ohne den Inhalt wahrzunehmen. Zu heftig war der Tag im Büro. Papa ist eben ziemlich müde. Söhnchen Ronny (9) erkennt die Sachlage sofort. *»Toll!«*, denkt das Kind, *»Papa zeig ich sicher keinen Aufsatz mehr von mir. Der interessiert sich ja sowieso nicht für mich.«* Papa wird sich dann wohl bald wieder ärgern, dass Sohnemann nicht mit seinen Aufgaben zu ihm kommt. Jetzt aber denkt der Vater noch zufrieden: *»Na? Da kann sich mein lieber Herr Bruder aber von mir etwas abschauen. Der kümmert sich ja nie um die Hausaufgaben von seinem Sohn. Ich bin da schon ein besserer Vater.«*

Ja! Sind Sie bestimmt, lieber Papi. Aber kein ehrlicher. Ja, denkt Ihr denn wirklich, liebe Papis und Mamis, eure Kinder merken es nicht, wenn eure Augen, euer Gesicht, eure ganze Körperhaltung ***etwas ganz anderes aussagen als eure Worte?*** *Sie merken es immer! Versprochen!*

Die lautlose Kommunikation oder »Schau auf mich, dann führ' ich dich!«

Die Möglichkeit, Ihre »Körpersprache« sehr bewusst und gezielt zur lautlosen Kommunikation mit dem Kind einzusetzen, macht Erziehung zu einem rundum entspannten Erlebnis. Die Sache mit dem unnötigen »Gelaber« haben wir ja schon bei unseren Themen »Handlungsorientierung« und »Strafen« erfahren. Und nun schließt sich der Kreis ganz perfekt zu einer neuen, entspannteren Pädagogik.

Kurz und bündig mache ich Sie jetzt mit meiner Theorie vertraut, die, so meine ich, den »Kreis schließt«: **weniger reden – mehr zeigen!** Anders gesagt: weniger Ihre Stimme einsetzen, dafür umso deutlicher Ihre Gestik.

Obwohl ich diese »Tools« vor vielen Jahren während meiner Arbeit im Kinder-Ferienhaus der Stadt Wien in Bad Ischl mehr oder weniger zufällig entdeckt habe und all die Jahre seither höchst erfolgreich einsetzen konnte, war es in Wirklichkeit offenbar keine Entdeckung. Jemand anderer – *welche »Enttäuschung« für mich, als ich das herausfand* – war schon vor mehr als 200 Jahren genauso »klug« gewesen. Sinngemäß soll dieser »Jemand« gesagt haben:

»Der Großteil der Wahrnehmung, die ein Kind auf erzieherische Maßnahmen reagieren lässt, geschieht über die Körpersprache der Bezugsperson!«
Johann Heinrich Pestalozzi

Ich darf Pestalozzis Worte zeitgemäß interpretieren: Was immer Sie als erzieherische Maßnahme »einfordern«, wird von Ihrem Kind hauptsächlich durch zweierlei Faktoren eingestuft und somit einer Prüfung auf Ernsthaftigkeit« unterzogen:
- durch Ihre Körpersprache (Haltung, Blick, Gesichtsausdruck, Bewegungen)
- durch den Tonfall, den Sie benutzen. (gereizt, ängstlich, gestresst, ruhig)

Der dritte Faktor, also der Inhalt einer »Auf/forderung«, ja sogar oft einer einfachen Bitte, ist ziemlich zu vernachlässigen. Und zwar aufgrund der dabei ganz automatisch einsetzenden Spannung.
Modernere, wissenschaftliche Forschungen haben diese alte Erkenntnis nicht nur bestätigt, sondern unglaublich präzisiert: So geht aus diesen hervor, dass ein Kind seine erzieherischen Informationen zu mehr als 70 % aus der Körpersprache, zu über 22 % aus dem Tonfall und nur zu 8 % aus dem Inhalt des Gesagten bezieht.
Darf ich es mit meinen Worten ausdrücken? *Zu über 90 % ist es »schnurzegal«,* **was** *Sie sagen!* Es ist einzig und allein wichtig, **wie** Sie es sagen und wie Sie dabei wirken. Ganz anders verhält es sich natürlich, wenn Sie sich im entspannten Gespräch befinden.
Was spricht also dagegen, dieses absolut wichtige »Wissen« ab nun sinnvoll und sehr bewusst zur Interaktion mit Ihrem Kinde einzusetzen? Sie können in gespannten Situationen natürlich auch weiterhin mit blumenreichen Erklärungen viel Inhalt vermitteln. Auch die »traditionellen« Standpauken sind ja sehr beliebt. Nun aber wissen wir sehr genau, warum diese »Beliebtheit« nur bei Erwachsenen, niemals aber bei Kindern und Jugendlichen zu beobachten ist. Aber, Scherz beiseite: Kinder hören solchen »Platitüden« einfach kaum zu. Das, liebe Eltern, werden Sie ja wohl schon des Öfteren selbst registriert haben. Jetzt wissen Sie, warum!

Ihr neuer Stil daheim oder »Der Klang der Lautlosigkeit«

Das Wichtigste für Sie, um den »Hattrick« der »totalen Entspannung« erreichen zu können, ist: *Freuen Sie sich darauf.* Und haben Sie den Mut, »lautlos« zu werden. Es funktioniert wirklich.

Und nach bewährter »Methode« schlage ich vor, dass wir uns gemeinsam mittels der »Babysteps« wie schon beim Thema »Strafen« schrittweise an den Erfolg »herantasten«.

Wie wäre es, wenn Sie sich nun, gemeinsam mit mir, zum Beispiel auf ein Szenario bei Tisch einstellten? Dort herrscht ja üblicherweise »relative« Ordnung. Jeder hat seinen Platz und ist mit einer meist angenehmen Sache beschäftigt: Nämlich stundenlang zubereitetes Essen in wenigen Minuten zu »vernichten«. *Ist doch etwas Angenehmes! Oder?* Aber ich schweife schon wieder ab.

⏭ Fall 44: »Abräumer«

Nun geht es ans Abräumen. Das ist halt nicht Juniors »Ding«. Er macht das eigentlich nie. Obwohl Sie es gerne hätten. *»Ach ja«*, denken Sie wehmütig, *»schön wär's halt, wenn er nicht immer so faul wär'!«* Üblicherweise müssen Sie Ihren Sohnemann dazu heftig »überreden«: *»Manuel, du räumst heute aber deinen Teller selbst ab! Na los! Wenn du wieder zu faul dazu bist, dann gibt's jetzt keine Nachsp...!«* Und so weiter!

Sie haben nun zwei Möglichkeiten, den »Klang der Lautlosigkeit« auszuprobieren: Entweder Sie gehen gleich »aufs Ganze« und probieren meine Methode nun ohne »Vorwarnung« aus. Oder Sie bereiten Ihren »Sonnenschein« darauf vor, was jetzt gleich kommt. Erklären Sie es kurz. Ruhig, aber präzise. Doch glauben Sie mir: Die überraschende Art ist wirksamer. Egal wie, der Teller muss weg. Und Sie machen das heute nicht wieder selbst. Heute machen Sie daher am Esstisch Folgendes:

Step 1 – Neue Aufmerksamkeit

Recht knapp in Juniors Blickfeld schnippen Sie deutlich mit den Fingern oder klopfen leise auf den Tisch, vielleicht klingeln Sie mit zwei Gabeln, was immer Aufmerksamkeit erregt. Die erregen Sie nun mit Sicherheit durch Ihre »angewandte Lautlosigkeit« viel deutlicher als mit jeder gesprochenen »Ermahnung«. Ihr Kind sieht jedenfalls absolut sicher in diesem Moment zu Ihnen hin. Dieser kleine »Trick« funktioniert übrigens in allen Situationen, in denen Sie, viel entspannter als bisher, die Aufmerksamkeit Ihres Kindes erringen wollen: Anstatt »rüberzurufen«, gehen Sie doch mal zu Ihrem Kind hin, wenn es spielt, fernsieht, ja sogar tobt und rauft, und **agieren** Sie einfach. Alles tun Sie aber bitte knapp im Blickfeld des Kindes. Stimmlos, aber »bestimmt«. Und wenn es »hart« hergeht, ist auch ein absolut »grimmiger« Blick erlaubt. Schauspieltalente vor! Je bestimmter Sie »dreinschauen«, desto wirksamer ist Ihr »lautloser Auftritt«.

Step 2 – Neue Zeichen

Besser, Sie haben sich nun schon vorher ein deutlich erkennbares Zeichen ausgedacht. Ich gebe Ihnen natürlich auch hier ein Beispiel: Sie deuten klar und deutlich auf den Teller. Dann auf Ihren Sohnemann und danach folgt die berühmte mit zwei Fingern angedeutete »Gehbewegung« in Richtung Spüle oder Richtung Küche oder zum Abfalleimer, wo immer Sie den teuren Teller haben möchten. Auch das ist »multifunktional« und überall einsetzbar. Ein wenig Fantasie ist halt immer gefragt!

Step 3 – Neue Reaktion

Da Sie auf jeden Fall die ungeteilte Aufmerksamkeit des Kindes haben, wird es hundertprozentig sofort verstehen, was Sie wollen. In fast allen Fällen wird das Kind nun schon aus Verblüffung über den neuen Stil sofort handeln. Und zwar sicher »erwartungsgemäß«. Oft besonders dann, wenn es nicht darauf vorbereitet wurde!

Step 4 – Neue Standhaftigkeit (Konsequenz)

Wenn jetzt doch noch keine Reaktion von Junior kommt, dürfen Sie gerade jetzt nicht locker lassen. Die zunächst ausbleibende Reaktion ist lediglich ein Austesten, wie ernst Sie es wirklich meinen. Ein kurzes Austesten der Grenzen eben. Ganz normal. Wiederholen Sie ungerührt die gleiche, deutliche Geste. Vielleicht mit etwas ernsterer Miene? Halten Sie dabei jedem noch so fragenden Blick Ihres Kindes stand. Beobachten Sie dabei Ihr Kind ganz genau. Sie haben ja schließlich selbst auch einen Bonus: Auch Sie kennen Ihr Kind schon »ziemlich lange«. Mit etwas Übung sehen Sie augenblicklich, in welchem Moment der »Bann« gebrochen ist.

Step 5 – Neue Entspannung

Erleben Sie in diesem schönen Augenblick die stressfreie Reaktion Ihres Kindes. Und staunen Sie, mit welch geringem »Kräfteaufwand« es Ihnen diesmal gelungen ist, Juniors Teller plötzlich »Beine« zu machen. Und Ihre wertvolle Stimme hatte obendrein maximale »Schonzeit«.

Übrigens: Oft wundere ich mich, wie viele Kids sich bei mir »beschweren«, dass sich ihre **Eltern zu rasch im Ton »vergreifen«**, wenn sie etwas von ihnen wollen. Und dass ihnen das immer unglaublich wehtut. Aber natürlich schaffen sie es nie, dies daheim auch auszusprechen. *»Meine Mami keift mich immer gleich ganz laut an, wenn ich nicht sofort aufspringe, sobald sie meine Hilfe braucht«*, klagt Magdalena (11) kürzlich bei einem Einzelgespräch. Dabei empfindet das ihre Mam überhaupt nicht so: *»Ich schreie mein Kind grundsätzlich nie an!«*

> **!** Mit dem »Klang der Lautlosigkeit«, mit dem gezielten Anwenden von Gestik wird es Ihnen zukünftig absolut unmöglich sein, sich im Ton zu vergreifen. Auch wenn Sie noch so böse dreinschauen. Den »falschen Ton« können Sie damit keinesfalls »erwischen«. Schon deshalb wird Ihr Kind eher stressfrei reagieren. Und obendrein wird es dies auch noch gerne tun.

Auf der Suche nach einer Erklärung

Ich habe diese Methode vor nunmehr 19 Jahren ganz spontan bei einer 15-köpfigen »Rasselbande« (elf- bis 13-jährige Jungs) erstmals probiert. Mittlerweile konnte ich sie an Hunderten Kindern und vielen Gruppen sowie natürlich daheim immer erfolgreich anwenden. Und ich glaube nun, eine plausible Erklärung gefunden zu haben, warum meine Kids der Lautlosigkeit immer leichter gefolgt sind als jeder wörtlichen Aufforderung:

> **!** Es gibt auf ungesagte Worte keinen vernünftigen Ablehnungsgrund. Und zwar deshalb, weil es nichts dagegen zu argumentieren gibt.

Überdies vermittelt Lautlosigkeit immer **persönliche Stärke** und **Selbstbewusstsein**. Das ist die ganze Erkenntnis, die dahintersteht. Eine »tiefere« ist mir bis dato nicht eingefallen. Vielleicht meldet sich ja der eine oder andere Psychologe zu Wort? Ich freue mich jedenfalls sehr auf ein gutes Gespräch. Auch weil ich dadurch nur lernen kann. Und in weiterer Folge meine zukünftigen Leser, Klienten und Zuhörer.

Etwas dürfen Sie ebenfalls nicht vergessen: Sie wissen ja nun um eine Sache Bescheid, die Ihr Kind nicht so bewusst wahrnimmt wie wir: 90 Prozent Ihrer Botschaft wird bloß über eine klare Körpersprache vermittelt. Nicht über Worte. Warum dann also reden? Der »lautlose Bonus« ist es, der zählt.

Advanced steps oder Übungen für Fortgeschrittene

Haben einfache »Körpersprachübungen« wie stimmlose Aufforderungen zum *»Mist ausleeren«, »Schulsachen einräumen«, »Besen zur Hand nehmen«* oder – schwieriger – *»Zimmer aufräumen«, »Wahrheit sagen«* schon Erfolg gezeigt, folgen die »Hard-Core«-Aufgaben für »Fortgeschrittene«:
Wenn sie auf Junior oder die kleine Prinzessin böse sind und etwas dringend loswerden müssen, setzen Sie doch auch hier »mutig« anstatt einer der üblichen Ermahnungen Ihren Körper ein: Überlegen Sie, ob Ihnen eine einfache Geste und maximal ein bis zwei Worte dazu einfallen, was Ihnen nicht gefallen hat. Probieren Sie es bei nächster Gelegenheit gleich aus. Viel kann nicht schiefgehen. Mehr als keine Reaktion kann ohnehin nicht passieren. So etwas wie Streit kann jedenfalls unmöglich daraus entstehen. Denn es ist schwer, mit jemandem zu streiten, der kaum bis gar nichts gesagt hat. *Entspannung, sogar bei Misserfolg!*
Und noch eine Steigerung für »Profis«: Sie haben hoffentlich mit Ihrem Kind fix vereinbart: *»Diese bestimmte Bewegung mache ich, wenn ich diese eine, ganz bestimmte Sache von dir will!«* Es muss einfach alles klar sein zwischen Ihnen beiden. Erst wenn das der Fall ist, können Sie das Ganze »auf die Spitze treiben«: Machen Sie Ihre Bewegungen später **nach und nach immer kleiner und undeutlicher**. Das kann so weit gehen, bis ein Kopfschütteln eine kaum mehr sichtbare Bewegung wird. Sie erreichen dadurch, dass das Ganze immer mehr Aufmerksamkeit von Ihrem Kind fordert, bis es irgendwann schließlich spielerisch wird. Spielerisch Maßnahmen zu setzen, ist in der Erziehung immer der pädagogisch wertvollste Zugang. Ihr Kind muss nämlich immer genauer aufpassen, was Sie mit Ihrem fast unmerklichen Kopfnicken eigentlich sagen wollen. Das aber macht ein Kind durchaus gerne. Ihr Kind wird geradezu auf ein Zeichen von Ihnen warten. Es wird zu einer Art »Bewerb«, einer Aufgabe! Eine Art »Spiel« zwischen Ihnen beiden. Dadurch steigt auch Ihre emotionale Bindung zu Ihrem Kind enorm, da Sie einander ohne Worte verstehen. Ist das nicht für uns alle ein erträumter Idealzustand in der »Partnerschaft« mit einem geliebten Menschen?

Wie immer Sie es anlegen: Mit dieser einfachen Methode können Sie tiefgreifend Ihren Erziehungsstil verändern. Für mein Gefühl liegt darin auch das größte Potential für entspanntes und vor allem stressfreies Erziehen.

Wortwahl

Wenn Sie Ihre Gesten lieber doch auch verbal unterstützen möchten, dann bitte, wie schon erwähnt, maximal mit zwei, besser noch mit nur einem einzigen Wort. Zum Beispiel genügt statt *»Es ist schon spät! Heute drehst du den Fernsehapparat sicher nicht mehr auf ... blabla!«* ein Fingerzeig auf die Fernbedienung, ein klares, aber langsames Kopfschütteln und dazu ein lustvolles, ruhiges, gedehntes *»Neeein!«* oder *»Neien!«* (das klingt »hip«). Dazu nun das Wichtigste: Sprechen Sie Ihr *»Neien!«* bitte so leise und so langsam wie nur möglich aus. Ich wiederhole: sehr leise *(je leiser – desto »gut!«)*, jedoch sehr deutlich *(je eindeutiger – desto »ernstgenommen«)* und sehr langsam *(je langsamer – desto »entspannt« und gleichzeitig unwiderlegbar)*.
Sie haben sicher schon erkannt, wie es nicht gut ausginge: »gereizte« Anordnungen, in Verbindung mit entspannter Gestik. Das würde nicht zusammenpassen. Ihr Kind würde sofort die Diskrepanz durchschauen. Die tolle Wirkung wäre »beim Teufel«.

Zwischensumme
Kurz und bündig: wenig bis gar nichts reden, knappe Worte statt langer Erklärungen. Lieber eine eindeutige Körperhaltung für ein Nein oder ein Ja. Klipp und klare Kopfbewegungen, eindeutige, vorher vereinbarte Zeichen mit Hand, Schulter, Augen oder, ganz lustig: mit einem Zeigestab oder anderen Gegenständen. Womit auch immer Sie wollen. Vergessen Sie dabei nie unsere Prozentwerte von vorhin oder Pestalozzis Erkenntnis, »modern« formuliert:

All Ihre kunstvoll »gebackenen« Worte sind immer nur
»Verzierung auf dem Kuchen, den Sie servieren wollen«!
Gerhard Spitzer

»Dauerspiel«

Können Sie sich noch erinnern, dass ich Ihnen erzählt habe, es wäre alles schon vielfach ausprobiert? In meiner Praxis als Gruppenbetreuer konnte ich diese Methode der lautlosen Anweisung zu einem Hauptbestandteil meiner ohnehin schon »pegelreduzierten« Umgangsform mit ganzen Gruppen machen. Hier bewährte sich die Anwendung lautloser Anweisungen und spielerischer Grenzsetzungen.

⏭ **Fall 45: »Rasselbande«**

15 extrem quirlige Burschen (zwölf bis 14 Jahre) an einem langen Esstisch. Eine wahre »Rasselbande«. *»Unmöglich«*, werden Sie sagen, *»so eine Gruppe ohne viel Worte oder laute Durchsetzung ruhig zu halten!«* Tut mir leid, wenn Sie das denken. Weit gefehlt. Die Kinder waren während des Essens fast immer, wie zuvor mit ihnen besprochen, »flüsterleise«, meistens sogar still – und zwar aus eigenem Antrieb. Warum? Weil sie ganz genau auf mich und meine demonstrativ sehr geringen Kopfbewegungen achten mussten. Mein vorher mit ihnen vereinbartes, kaum merkliches Augenzwinkern plus winziger Kopfbewegung als Zustimmung oder Ablehnung war ein Spiel für sie. Und sie haben es gern gespielt, waren damit während des Essens gut ausgelastet. Es wurde zu einem beliebten Dauerspiel am langen Tisch. Zeitweise wurde sogar ein regelrechter Bewerb daraus: *»Wer entdeckt die Reaktionen unseres Betreuers als Erster?«* Oder: *»Wer interpretiert die Kopfbewegungen als Erster falsch?«*

Endspurt oder »Practice makes perfect«

Proben Sie also – am besten zunächst vor dem Spiegel – aus, wie es aussieht, wenn Sie wortlos eine Sanktion oder »Anordnung« setzen. Verwenden Sie ab nun immer öfter **eindeutige, klare und unverwechselbare Körperbewegungen**, Zeichen und Mimiken für denselben Vorgang, um diesen zu signalisieren. Sobald es Ihnen gelingt, Ihrem Kind Ihre ganz spezifische Körpersprache als ernst gemeinte Aufforderung zu verinnerlichen, haben Sie eine vollkommen neue, überaus entspannte Umgangsform gefunden. Ideal wäre es hierbei natürlich, wenn Sie einige der neuen lautlosen Anordnungen mit Ihrem Partner abstimmen.

Bald werden Sie es beide erleben: Nach und nach werden Ihre Vorstellungen ohne Diskussion oder Gegenwehr erfüllt, das Kind »folgt«. Das Tolle dabei ist: Ihr Kind empfindet dabei keinerlei Zwang, keine Demütigung oder Ähnliches. Es kennt Sie seit der Babyzeit. Und es sieht ganz genau, wann es Sie ernst nehmen sollte. Und das tut es dann eben auch. Es akzeptiert Sie. So sollte es ja schließlich sein: totale Akzeptanz als Lösung für alle Probleme! Keine Unterordnung!

Der »Hattrick«

Trotz der »Ernsthaftigkeit« der lautlosen Aufforderungen spricht absolut nichts gegen Spaß. Meine Prämissen aus dem Kapitel »Mut zum Spaß« gelten hier genauso. Verpacken Sie das Ganze doch humorvoll. Das »endet« dann sowieso spielerisch-entspannt. Der Idealfall! Der »Hattrick«!

Zurück beim »Abräumer«
Stellen Sie sich doch bitte kurz mit mir zusammen noch einmal die gleiche Szene mit dem Teller vor!
Haben Sie es?
Denken Sie sich das Ganze nun mit einem lachenden Gesicht oder einer ganz bestimmten leichten, aber eindeutigen Grimasse, ohne gleich zu blödeln. Manuel wird sicher sofort und sicher lächelnd aufspringen. Er kann gar nicht anders. Er ist ein Kind. Er will Spaß. Die Arbeit stört ihn dabei sicher nicht. Aber Spannungen. Die würden ihn stören.
Und das Abräumen des Tellers wird so für ihn zum leicht erfüllbaren kindlichen Spiel. Übrigens: *Keine Sorge!* Um Ihren eigenen Teller brauchen Sie sich dann wohl auch kaum mehr zu kümmern. Manuel wird gerne freiwillig zugreifen. Muss er aber natürlich nicht!

Vertrauen, Verlässlichkeit oder »Entspannung durch Präzision«

Das Thema dieses Kapitels ist so wichtig für Ihr Kind wie das Dach über dem Kopf, das Sie ihm bieten. Deshalb stöbern wir diesmal »rücksichtslos« in der »Trickkiste der präzisen Angaben«. Davor aber müssen wir uns die Feststellung gefallen lassen, dass wir Erwachsene es mit Genauigkeit und Vertrauenswürdigkeit allesamt nicht besonders ernst nehmen. Ein Ausflug in die Welt unserer »verwaschenen Redewendungen« sollte schließlich jedem von uns zu denken geben. Das unglaublich einfache, aber äußerst effiziente Ultra-Präzisions-Spielchen »TickTackSo« wird aber dennoch eine neue Ära des gegenseitigen Vertrauens einleiten.

»Nur so dahersagt« oder Warum wir nicht »glaubwürdig« sind

Entspannung durch Präzision? So steht's in der Überschrift. *Aber wie soll das denn gehen? Also, es kann vieles zueinanderpassen, aber diese zwei Begriffe können wohl kaum »kompatibel« sein.*
Warum ist ausgerechnet »Präzision« oder »Genauigkeit« so wichtig? Wo man doch in der Erziehung stets flexibel und »locker« sein sollte. Auf diese Ihre verständliche Frage habe ich folgende drei Antworten:
– weil **Genauigkeit** gleichzeitig **Verlässlichkeit** bedeutet,
– weil **Verlässlichkeit** gleichzeitig **Vertrauen** bedeutet und
– weil gegenseitiges **Vertrauen** ganz automatisch zur **Entspannung** führt.

Im Laufe meiner jahrelangen Kinder- und Jugendarbeit und dem oftmals intensiven Eingehen auf Dinge, die die kleinen Herzen wirklich stören, stieß ich nach und nach auf eine ebenso unglaubliche wie bahnbrechende Erkenntnis: **Wir Erwachsenen sind allesamt notorisch ungenau!** Und das stört die meisten Kids gewaltig. Mit anderen Worten: Wir sind in höchstem Maße »unpräzise« in unserem Sprachgebrauch. Einfach aus Gewohnheit. Wir sind es tatsächlich gewohnt, sehr viele Dinge »verwaschen«, »halbherzig« und ohne viel Überlegung zu platzieren. Kurz gesagt: Wir meinen oft gar nicht, was wir sagen.

Beispiele gefällig? Bitte schön, hier sind sie:
Der Beamte schnauzt hinter seinem Schalter hervor: *»Eine Sekunde, ich bin gleich bei Ihnen!«*, oder, wenn er zufällig freundlicher ist: *»Ein Sekunderl!« Eine Sekunde? Wirklich?*
»Zwei Minuten noch!«, ruft Ihr Chef unwirsch aus seinem Büro. Dabei ist er bekannt für seine stundenlangen Telefonate. *Zwei Minuten? Tatsächlich?*
»Fahren's hundert Meter, dann links …«, weist Sie der kundige Ortsansässige ein. Ihr Tacho »kratzt« nun schon beinahe an der Ein-Kilometer-Marke, als sie endlich auftaucht, die beschriebene Abzweigung.
»Das wird halt ein paar Euro mehr kosten …«, orakelt der Mechaniker und verrechnet später eiskalt das Doppelte.
»Ist in ein paar Minuten erledigt. Kein Problem«, sagt der treue, ständig besserwissende Nachbar und werkt nach vier Stunden immer noch an der verrosteten Schraube.

»Darf's ein bisserl mehr sein?«
»Ich ruf dich an!« »Ich komm dann rüber!« »Wir sehn uns dann!« »Ein paar Minuten noch!« »Dauert nicht mehr lang!«
Ich glaube, dazu brauche ich nicht das Geringste zu sagen. Eine »erweiterte« Sammlung dieser »Floskeln« würde mehrere Seiten füllen. Alle diese höchst unpräzisen, halbherzigen und unüberlegten »Redewendungen« und Ankündigungen, gehören zu unseren Umgangsformen miteinander. Sie sind nur so dahergesagt und bedeuten uns Erwachsenen genau genommen: nichts!
Schon ein wenig anders ist das mit solchen Aussagen in Wirtschaft, Werbung und Politik. Da werden schon viel bewusster und überlegter »Ungenauigkeiten« nur so »dahergesagt«. Aber auch sie sind Zeichen unseres »normalen« Umganges mit unserem erwachsenen Gegenüber. Das Problem ist nur: Unser »Gegenüber« ist eben leider nicht immer nur ein Erwachsener.

Ungenauigkeiten und die kindliche Gedankenwelt
Stellen Sie sich bitte jetzt einmal vor, Sie würden solche ungenauen Äußerungen ständig im Dialog mit Ihrem Kind gebrauchen! *Hoppla! Schon zuweilen passiert?* Wie war das noch mit unserer Vorbildwirkung? Wie war das mit dem »Dubbing« und dem »Mirroring«? Doch »Dubbing« & Co, sowie eventuell ein schlechtes Vorbild zu werden, bleiben leider nicht die einzigen Folgen in der kindlichen Erlebniswelt.

Die Sache mit dem »Ankündigen« oder Die Lippen des Samurai

Ständig »kündigen« wir etwas an. Gleich mehrfach am Tag haben wir für unser Kind eine »Zukunftsaussicht« auf Lager: *»In einer halben Stunde komme ich heim …« »Wir gehn ja nicht mehr lange.« »Gleich sind wir da.« »Am Wochenende gehen wir in den Zoo.«* Und der »preisgekrönte« Knüller: *»Wenn du groß bist …«* So oder ähnlich lauten unsere Ankündigungen. *Gut gemacht! Fürs Erste haben wir mal ein bisschen Ruhe.*

Jetzt aber kommen wir zu jener Besonderheit in der kindlichen Gedankenwelt, gegen die »Dubbing« oder »Mirroring« geradezu »Peanuts« sind: Für ein Kind ist jede Art von Ankündigung eine Zusage. Ja, sogar ein Versprechen. Sie halten es da wie die alten japanischen Samurai. In deren »Bushido«- Regeln steht geschrieben:

Ein Samurai braucht niemals ein Versprechen zu geben,
denn wenn seine Lippen sich zu einem Wort öffnen,
ist es bereits ein Versprechen.

Das entspricht genau der Gedankenwelt unserer Kinder. Denn diese ist dominiert von jenem unerschütterlichen Urvertrauen aus der Säuglingszeit. Sie vertrauen ihren Eltern eben in allem, was diese sagen!

⏭ Fall 46: »Lesestunde«

Die kleine Susi denkt gerade: *»Papi hat es mir versprochen: In zehn Minuten komme ich, dir vorlesen. Das hat er grade vorhin gesagt. Ich freu mich schon so! Jetzt sind es nur noch acht Minuten.«* Was das Mädchen immer wieder allzu leicht vergisst: Vater leitet eine Firma. Gerade eben hat er noch einmal schnell seinen Geschäftsführer angerufen. Es geht um eine Besprechung morgen. Und es wird ein langes Telefonat …

In der letzten Stunde ist Susi mehrmals eingenickt. Oben in ihrem kleinen Zimmer. Noch immer wartet sie auf Papi, der mittlerweile am Telefon mit seinem Marketingleiter streitet.

Na ja! Einmal hat sie schon kurz geweint. Aber nicht viel. Und es hat ja keiner gesehen. Susi ist ja schon ein großes Mädchen. *Ach ja! Habe ich's vergessen zu erwähnen?* Fünf ist sie gestern geworden. Und Papi hatte gestern leider auch keine Zeit für die Geburtstagsparty.

⏭ Fall 47: »Endspiel«

»Ich komme sicher Freitag zu deinem Spiel!«, lässt Roberts Vater ernsthaft verlauten. Hat der liebe Papi bei dieser Ankündigung auch sicher seinen Chef und dessen Freitag-sechzehn-Uhr-dreißig-Eskapaden mit einkalkuliert? Ich möchte jedenfalls nicht in seiner Haut stecken, wenn Robert dann sein bisher perfektestes Turnier abliefert und Papis Sitz im Stadion bis zuletzt leer bleibt. »Bilanzprobleme« in der Firma. *Bitte, lieber Papi! Rufen Sie mich dann nicht in meiner Beratungskanzlei an, weil der Junge Sie immer öfter »anlügt« und Sie nicht wissen, von wem er das hat.«*

Wir wissen wohl alle, dass nicht eingehaltene Versprechen sehr stark am Gemüt eines Kindes »rütteln« können. Aber ab heute muss uns überdies klar sein, dass unsere Kinder eben »kleine Samurais« sind. *Nein, halt! Umgekehrt!* Genau genommen sind **Sie** als Bezugsperson der große Samurai für Ihr Kind. **Ihre** Lippen sind es ja, die stets jene ehrenvollen Regeln des Bushido ausführen ... sollten. Ob die Kinder wissen, dass es niemals weibliche Samurais gab? Unwichtig! Auch Mütter werden »rücksichtslos« in die Samurai-Tracht gesteckt. *Metaphorisch natürlich.*
Halten Mamis, Papis oder Betreuer ihre Ankündigungen, genau genommen also ihre Versprechen jedoch nicht ein, dann lösen sie damit eben jene seltsamen Abwehrhaltungen aus, die sie dann wiederum mit dem Begriff »schlimmes Kind« übersetzen.

! Eine Ankündigung mit ungenauem oder unhaltbarem Inhalt wertet ein Kind nicht als »Redewendung«, sondern schlichtweg als Lüge!

Sogar ganz kleine Ungenauigkeiten können dabei sehr wehtun. So können fünf Minuten, die Sie zu spät kommen, für Ihr Kind »die Welt« bedeuten, sofern Sie zuvor etwas von »pünktlich sein« gesagt haben. Und die beliebte »akademische Viertelstunde« kennt und versteht ein Kind sicher überhaupt nicht. Die haben wir Erwachsene für uns selbst zurechtgebastelt. Als Entschuldigung. *Weil wir ganz genau wissen ...!*

Unter Beobachtung oder *»Hilfe! Mein Kind kontrolliert mich!«*

Haben Sie sich schon einmal Gedanken gemacht, wie häufig Sie durch Ihr Kind kontrolliert werden? Vor allem bei Zeitangaben? Oder wie genau es abklärt, was Sie wirklich so gemeint haben und was vielleicht nur »so dahergesagt« war? Aber Achtung! Das tut es immer erst nachher. Nicht vorher. Es wartet ab, bis die Ungenauigkeit schon passiert ist. Das macht den Unterschied aus zum rationalen Denken eines Erwachsenen.
Aber Sie würden nicht für möglich halten, wie genau Ihr Kind in diesen Dingen sein kann. Und wie kleinlich manchmal. Anders gesagt: wie viel Genauigkeit es von Ihnen erwartet. Sie stehen nun mal im Lebensmittelpunkt des Kindes. Daher stehen Sie unter »strenger Beobachtung«. Da geht es Ihnen übrigens wie jeder anderen Führungspersönlichkeit auf dieser Welt. Und das sind Sie nun mal, »Negativ-Wort« hin oder her. Sie führen, leiten Ihr Kind. Aber wie es halt so ist: Oft wartet man insgeheim auf einen »Fehler« der Führungspersönlichkeit. Den kann man dann später so schön gegen diese »verwenden«. Also passt man schön auf, bis es einen »verwertbaren Schnitzer« gibt. So ist es nun mal im Leben. Auch in der Kinderwelt.
In der Erwachsenenwelt aber machen wir uns meist nicht viel daraus, von anderen Erwachsenen vielleicht »beobachtet« zu werden: Wir werfen einander munter weiter »Floskeln« zu und zeigen damit deutlich, dass wir es nicht ganz so genau nehmen.

Die kurze Suche nach dem »Warum«

Die Frage nach dem »Warum« lässt sich leicht beantworten: In unserer »Erwachsenen-Welt« sind die so dahergesagten »Floskeln« typisch dafür, dass man es sich in diesem einen Moment leichter machen will. Man will nicht nachdenken müssen. Man will sich nicht festlegen. Manchmal will man einer Situation oder sogar einer Person einfach ausweichen.
Ihrem Kind aber können und sollen Sie nicht ausweichen. Im Dialog mit ihm sollten Sie etwas genauer nachdenken, bevor Sie etwas ankündigen. Ihrem Kind müssen Sie sich stellen. Und dabei möglichst alles einsetzen, was sein Vertrauen zu Ihnen stärkt.

Die tägliche Zeremonie oder Das kleine Spiel mit der großen Genauigkeit

Wäre eine solche »Stärkung« vielleicht schon angebracht in Ihrem Haus? Dann darf ich Ihnen nun mit Freude eine »pfiffige«, selbst entwickelte Methode zur Stärkung des Vertrauens vorstellen. Sie kann verwendet werden, wenn es schon öfter zu Vertrauenseinbußen gekommen ist. Sie ist aber auch gleichzeitig eine perfekte Lösung für viele tägliche Zeremonien, die bisher nicht ganz so gut geklappt haben. Sollte all das für Sie jedoch kein Thema sein, ist zunächst eine herzliche Gratulation meinerseits angebracht! Ihrerseits empfiehlt sich dann ein »Sprung« zum nächsten Kapitel, weil Sie »Tricks« wie diese nicht mehr brauchen. Vergessen Sie »TickTackSo«. Wir »lesen« einander wieder beim »Semifinale« »Persönlichkeit«! Für die wackeren Verbliebenen: Herzlich willkommen zur Ungenauigkeits-Theorie.

> **!** Manche tägliche erwartete Tätigkeiten klappen oft deshalb nicht, weil man sie höchst ungenau formuliert und noch ungenauer einfordert!

Deshalb starten Sie heute mit mir ein Spiel, das dem Kind zeigt: *Ich kann auch anders. Ich schaffe es sogar »ultrapräzise«!* Wie bei unserer »Freitreppe« möchte ich Sie nun in die »Tiefe eines Fantasiebildes« mitnehmen: Wieder spielen Sie eine Hauptrolle! Und Sie »adoptieren« kurzerhand ein zehnjähriges Mädchen namens Felizitas, das Sie gleich liebevoll »Feli« nennen. Feli macht jeden Abend unglaubliches »Theater« beim Abdrehen ihres Schlafzimmerlichts. Wenn Sie es zum dritten Mal abgedreht haben, knipst die Kleine es wenig später zum vierten Male wieder an.

»Ja, ja«, denken Sie ärgerlich, *»ich weiß, dass ich selbst schuld bin: Immer habe ich gesagt: ›In zehn Minuten drehst du ab!‹ Und dann habe ich es jedes Mal vergessen. Oft wurde eine halbe Stunde und mehr daraus. Jetzt nimmt sie mich überhaupt nicht mehr ernst. Aber ab heute ändert sich das! Ich habe da diesen neuen Trick mit der ›Ultra-Genauigkeit‹ entdeckt. Steht in dem tollen Buch: ›Entspannt erziehen‹. Hat meine Freundin mir gestern geschenkt. So mach' ich's: Ich spiele mit Feli heute.*

»TickTackSo« oder Das kleine Spiel mit der »übertriebenen Genauigkeit«

Ich nenne es insgeheim für mich: »Das kleine Ultra-Präzisions-Spielchen«. Ich werde also heute abends Feli mit meiner »Ultra-Genauigkeit« verblüffen. Ich weiß ja schon, dass Kinder einen Erwachsenen gerne überprüfen. Sehr gern tun sie das eben bei Zeitangaben. Gut! Soll Sie haben, die kleine Schelmin!

TickTackSo – Schritt 1

Ich gebe Feli, die gerade ins Bett gekrochen ist, eine fantasiereiche, sonst ganz unübliche Zeitvorgabe: *»In genau 16 Minuten 34 Sekunden schalte ich das Licht ab!«* Heute verwende ich ganz bewusst derart genaue Sekundenangaben. Ich weiß nämlich: Darauf kommt es an!

Schon jetzt kann ich spüren, dass statt des üblichen Gezeters einige »neue« Dinge passieren:

- Zum Beispiel spüre ich, dass ich Felis **ungeteilte Aufmerksamkeit** habe. Das gab es beim Schlafengehen noch nie.
- Ich merke auch, dass Feli **neugierig** wird. Sie kann gar nicht anders. Sie ist eben ein Kind. *»Ob dieser Unsinn wohl eingehalten wird?«*, denkt sie sicher.
- Sieh an! Schon beginnt die Kleine, meine präzise Zeitangabe zu **überprüfen**. Und damit natürlich mich. Ich höre, wie sie insgeheim unter der Decke auf den Start-Button des Handys drückt. Die Stoppuhr läuft. Sie will mir wohl heute beweisen, dass ich eigentlich nie einhalte, was ich angekündigt habe! Und nach dieser schwierigen Zeitangabe wird ihr das sicher gelingen. Das glaubt sie wohl.
- Gänzlich ungewollt passiert dem Kind dabei aber etwas Wundersames: Durch das ständige Nachsehen auf ihrer eigenen Handy-Uhr überprüft Feli die ihr verbleibende Zeit selbst.
- Damit aber »manövriert« sie sich ganz automatisch und ohne äußeren Druck durch mich in ihre **eigenen Grenzen**. *»Bei ›null‹ geht ja vielleicht doch das Licht aus!«* Und Feli weiß das. Das heißt: Die Kleine hat diesen Fall längst schon einkalkuliert und somit akzeptiert.

TickTackSo – Schritt 2

Ich bin jetzt am Zug! Diesmal halte ich meine eigene Zeitvorgabe exakt ein. Dabei bin ich nicht nur genau, sondern absolut übertrieben sorgfältig – geradezu »pingelig«. Ich lasse mich jetzt auch nicht mehr von anderen »wichtigen Dingen« ablenken. Schon bin ich wieder zurück an der Tür zu Felis Zimmer, schaue demonstrativ auf meine Uhr und erinnere ganz gelassen: *»Noch zwölf Minuten 45 Sekunden.«*

Ich weiß ja seit heute auch: Diese Vorbereitung und dass der »Zeitpunkt

null« sich damit nähert, ist ungemein wichtig. Feli kann sich somit langsam, aber ernsthaft darauf einstellen, dass es **wirklich passiert**. »Große Grenzen« in »kleinen Schritten« akzeptieren! Das ist Entspannung pur. Und wenn es so weit ist, gibt es hinterher keine Diskussion.
Zwischen den Zeitangaben verlasse ich klugerweise meinen Platz an ihrer Tür. Gerade das macht ja auch für Feli den Reiz aus. Sie glaubt noch nicht daran, dass ich rechtzeitig wiederkomme. Und dauernd in der Tür stehen zu bleiben würde sich ohnehin extrem »nervig« auf das kluge Mädchen auswirken und eine klare Abwehrhaltung auslösen.

TickTackSo – Schritt 3
Jetzt zähle ich – ein wenig spielerisch, gemeinsam mit der Kleinen den Countdown: *»vier, drei …«* Ich bin total erstaunt: Ganz automatisch macht Feli mit: *»zwei, eins …«* Mit großem Eifer zählt das Mädchen seine eigene Schlafenszeit an. Kinder zählen nämlich überaus gerne rückwärts. Besonders dann, wenn sie das mit jemandem zusammen machen dürfen. *Und das weiß ich auch aus dem Buch!* Es ist jetzt ein Spiel. Und das mit dem Schlafen auf einmal kein Problem mehr. Etwas anderes steht jetzt im Vordergrund. Ich und meine überraschende Genauigkeit. Oder soll ich sagen: **Verlässlichkeit?**
Und jetzt führe ich die Sache zu Ende: Exakt zur letzten verstrichenen Sekunde drückt mein Finger gut hörbar auf den Schalter. *Klick!* Morgen darf Feli selber drücken.
Unser Bild löst sich langsam auf.
Ob Sie nun »Mami« oder »Papi«, Betreuer oder auch verantwortungsvolle(r), große(r) Schwester/Bruder waren: Unser Spielchen findet hier ein Ende! Felizitas ist gerade mit einem zarten Lächeln eingeschlafen!
Natürlich dürfen Sie wieder in Ihrer Fantasie verbleiben, wenn Sie möchten. Schließen Sie ruhig für ein Weilchen die Augen. Stellen Sie sich vor, wie toll das auch bei Ihnen daheim bald funktionieren wird. Nicht nur bei der »Einschlafzeremonie« für Felizitas. Auch in vielen anderen Situationen: Fernsehschluss, Video-Game over, Badeschluss, Start zum Schulweg, aufräumen … *Sogar für »Lärmschluss« habe ich es schon angewendet. Mit erstaunlichem Erfolg. Ich hätte noch ein »paar Hundert« Beispiele. Fragen Sie mich ruhig danach!*
Übrigens: Wenn Sie »TickTackSo« mit Kindern bis elf Jahren »spielen«, vereinbaren Sie doch einen Namen dafür: Es heißt dann nicht mehr *»Licht aus!«* oder *»Jetzt schlaf endlich!«*, sondern jetzt heißt es *»Buschklopfer-*

Spiel« oder *»Klickschlaf«* oder schlicht und einfach *»Klick«*. So wird auch das Ausschalten des Lichtes selbst plötzlich zu einem Spiel mit »Identität«.

! Die tägliche »Zeremonie« wird somit im Denken des Kindes spielerisch positiv besetzt und hat auf einmal all seinen »Schrecken des Schlafengehens« verloren.

Und nun, wenn es »Klick« gemacht hat, dürfen Sie einmal lauschen: Fast können Sie die atemlose Stille an Felis Bettchen fühlen. Es hat schon jetzt beim ersten Versuch dieser neuen »Abendpräzision« »knacks« gemacht im Herzen des Mädchens. Und auch in seinem Denken, im Fühlen! Felis Unterbewusstsein schlägt nun wahre »Purzelbäume«! Aber vor Freude! Sie ist glücklich, weil ihr bewiesen wurde, dass sie sich von nun an auf Ihre Aussagen und Ankündigungen präzise verlassen kann. Und es hat keine Diskussion gegeben und keine Verlängerungsmöglichkeit.
Von nun an wird es einfach sein, die abendliche Schlafenszeremonie durchzuführen. Vielleicht noch ein-, zweimal üben?

Spiel und Ehrgeiz
Ich konnte die Erfahrung machen, dass so manche von mir betreute Gruppe, auf dieses Spiel hin trainiert, oft kaum erwarten konnte, dass »TickTackSo« beginnt! Hier kam natürlich auch der Gruppendruck mit ins Spiel. Es war der Ehrgeiz, einander gegenseitig an Schnelligkeit und Genauigkeit bei den Schlafvorbereitungen zu übertreffen! Für Sie zu Hause wäre das natürlich bestens auf Geschwister anwendbar.

Entspannung durch Präzision

Nun passen sie wohl doch zusammen, diese beiden einander so fremden Begriffe! Und das auf wundersame Weise. Der Erfolg von »TickTackSo« zieht nämlich noch weitere, »unheimliche« Dinge nach sich:

! Ihr Kind wird Ihnen gegenüber bald von sich aus präzisere Angaben machen und außerdem versuchen, diese genau einzuhalten. Kleine wie große Kids empfinden nämlich bald Freude und Ehrgeiz, ebenso präzise sein zu können wie Ihre Bezugspersonen.

Gegenseitiges Einhalten von Vorgaben und »Versprechen« beginnt nun ganz eigendynamisch. Felizitas, zum Beispiel, möchte ja auch ein kleiner, weiblicher »Samurai« werden. Sie hat ja keine Ahnung, dass es solche nie gegeben hat.

Aber eine Frage drängt sich Ihnen sicher gerade auf: *»Muss ich ›TickTackSo‹ ab jetzt etwa täglich durchziehen?«* Nein! Natürlich nicht! Der beschriebene »Trick« wird bald nicht mehr nötig sein. Außer Ihr Kind verlangt dieses Spiel nun täglich. Dann werden Sie es wohl eine Weile »durchziehen« müssen. Aber ganz ehrlich: *Es gibt schlimmere »Dauerverpflichtungen«! Oder?* Im Normalfall aber ist lediglich ab und zu eine »Auffrischung« von »TickTackSo« angebracht, um zu beweisen, dass Sie nur immer verlässlich und glaubwürdig sind.

Dadurch entsteht bald ganz zwangsläufig das Wichtigste in der Eltern-Kind-Beziehung: **Vertrauen!** Das Gefühl »Ich kann mich verlassen« ist die Basis einer wunderbaren und vor allem entspannten Zwei-, Drei-, Vier- oder »Mehrsamkeit« innerhalb einer Familie oder Gruppe. Dazu ist es aber keineswegs notwendig, ab jetzt jede Ihrer Äußerungen auf die »Waagschale« zu legen. Und immer genaue Zeitangaben machen, das kann ja sowieso niemand. Dazu habe ich noch einen wichtigen Tipp für Sie: Wenn Sie keine genauen Voraussagen treffen können, haben Sie einfach den Mut zu sagen: *»Das weiß ich nicht!«* Das ist authentisch. Das kann Ihr Kind absolut akzeptieren. Besser jedenfalls als Unglaubwürdigkeit!

Sie müssen es nun nicht übertreiben mit Genauigkeit und perfekt durchdachten Zusagen! Aber schon ein kleines bisschen mehr Genauigkeit und damit »Glaubhaftigkeit« vermag vielleicht Ihren Alltag ganz und gar zu verwandeln!

Ihre Persönlichkeit oder »Entspannung durch Selbstwert«

In diesem letzten Kapitel darf ich Ihnen noch einmal vor Augen führen, worauf es eigentlich ankommt in der Eltern-Kind-Beziehung. Ich möchte, dass Sie noch einmal Revue passieren lassen, was wir so alles besprochen haben, und dass Ihr Weg zum entspannten Erziehen fast zur Gänze auf eines hinausläuft: auf Ihren bleibenden oder wachsenden Stellenwert als Persönlichkeit in den Augen Ihres Kindes.

»Hilfe, ich werde beurteilt!«

Während der Lektüre von »Entspannt erziehen« haben Sie sicher erkannt: Genetik hin oder her, Ihr Einfluss und der Ihres Partners entscheiden hauptsächlich, ob sich Ihr Kind zu einem »Mitmenschen« entwickelt oder davon weg. Ihre Fähigkeit zu führen, zu leiten und anzuleiten, entscheidet über »Erfolg oder Misserfolg«. Erst in zweiter Linie ist es der Kreis außerhalb der Kernfamilie, der den jungen Menschen formt. Es sind die Persönlichkeiten der Eltern oder der erziehenden Bezugsperson, an denen sich ein Kind orientiert und aufrichtet und denen es mit seinem »Urvertrauen« folgt.

Im letzten Kapitel über die Genauigkeit haben wir uns über das Beobachtet-Werden unterhalten. Beurteilt, »abgecheckt«, so nennen es die Kids, werden Sie also permanent. Nun muss ich aber noch einmal darauf zurückkommen. Denn Sie, als erziehende Person, werden noch umfassender »abgecheckt«, als wir bisher besprochen haben! Es geht dabei generell um **Ihre Persönlichkeit!**

Ja, tatsächlich! Nicht selten habe ich erlebt, dass besonders »schwierige« Kinder sehr genau darauf achten, ob ihre wichtigste Bezugsperson einen »Fehler« macht. Ständig scheinen die lieben Kleinen wissen zu wollen, ob die erziehende Person überhaupt weiterhin ihr Vertrauen verdient. Manchmal scheinen beobachtete Fehler aber auch ganz gut als »Waffe« zu taugen. Tamara, ein elfjähriger »Heim-Wirbelsturm« lässt zum Beispiel nicht die kleinste Gelegenheit aus, um ihrer Mutter vorzuhalten, dass Sie

sich gerade versprochen hat. Jeder einzelne Versprecher wird augenblicklich »breitgetreten«, manchmal sogar verspottet. Ich habe übrigens auch schon Erwachsene getroffen, die das ständig tun! Ziemlich zermürbend, das! Aber das sind natürlich Extremfälle und Reaktionen auf tiefgreifende Probleme mit der Selbstwahrnehmung. Aber dennoch: Fehler und Schwächen werden registriert und »verwertet«! Dauernd!
Sehen Sie die Sache mit dem Beobachtet-Werden aber bitte nicht nur negativ: Ihre Kids müssen Sie ja beobachten, um von Ihnen ständig zu lernen. Das tun Sie schließlich, wie wir nun schon wissen, ab der ersten Minute Ihres Daseins! Sie **müssen** alles in sich aufnehmen, das ihre Eltern tun, vor allem aber auch, wie sie es tun, um für ihr weiteres Leben zu lernen. Und das tun sie ganz »professionell«! Wie stark sich dieses Phänomen auswirkt, haben wir ja bei »Dubbing« und »Körpersprache« erlebt.

Ihr Stellenwert

> **!** Am Stellenwert Ihrer Persönlichkeit »feilen« Sie mit jeder Aktion, die Sie setzen, ja sogar manchmal **mit einem einzelnen Wort**, das Sie sagen, vor allem aber, **wie** Sie es sagen.

Alles, was wir besprochen haben, wird letztendlich Ihren Stellenwert als Persönlichkeit in den Augen Ihres Kindes bestimmen! Er ist entscheidend für aufkommende Spannung oder Entspannung in der Erziehungsarbeit! Er bestimmt überhaupt die gesamte Beziehung zwischen Ihnen und Ihrem Kind! Ihn sollten Sie »pflegen«! An ihm werden Sie also ständig »feilen« müssen! Aber diese »Feilerei« ist natürlich eine ziemlich kleinliche Sache:
Ständig »heben« oder »verringern« Sie mit Handlungen oder Äußerungen Ihren Persönlichkeitswert in den Augen Ihres Kindes. Entscheidend »mitbewertet« wird dabei auch die Art, wie Sie sich ohne Worte geben! Was Sie also ausstrahlen! Körpersprache!
Wenn Sie ihn »gut pflegen«, diesen Stellenwert, wird Ihre Position in den Augen Ihres Kindes mit jeder erfolgreichen Maßnahme erneut gestärkt und Sie erreichen langfristig volle Akzeptanz. Entspannter Umgang mit-

einander ist die unmittelbare Folge! Ihr Kind wird sich gut fühlen und wird als direkte Folge davon selbst merklich entspannter sein.
Mit »Entspannt erziehen« habe ich versucht, Ihnen die Mittel dazu zu geben!
Wenn sie Ihren Wert als Persönlichkeit jedoch weniger pflegen, wird sich dieser immer wieder »verringern«! Die Erziehungsarbeit wird damit ebenso automatisch stressig unentspannt! Auch darüber habe ich Ihnen ja sicher mehr als genug erzählt!

Selbstvertrauen oder »Der große Gewinn«

Nicht nur Ihr Kind wird sich besser fühlen, wenn Ihre Persönlichkeit gut »positioniert« ist! Sie selbst natürlich auch! Sie gewinnen damit permanent an Selbstvertrauen! Und **ein Mensch mit Selbstvertrauen setzt seine Maßnahmen sowieso entspannter** und trotzdem effizienter als ein Mensch, den dauernd Selbstzweifel plagen. Höhere Akzeptanz durch das Kind ist die logische Folge!

> ! Erzieherische Maßnahmen sind immer effizient und wirken obendrein stets »locker«, solange sie von einer »starken **Persönlichkeit«** ausgehen.

Wir wissen es übrigens schon sehr gut: »Stärke« hat hier nichts mit »Härte« zu tun!

»Hart sein« ist eigentlich nur ein Verbergen von »schwach sein«!
Gerhard Spitzer

Wenn Sie aber permanent Ihre Persönlichkeit stärken und diesen Zustand halten, ist das Erziehen und damit »Führen« von Kindern und Jugendlichen eine der schönsten und entspannendsten Aufgaben, die es gibt! Es ist und bleibt ein »edles Erlebnis«! Genießen Sie es doch in vollen Zügen! Und das Tolle daran ist: Sie können aus diesem »edlen Erlebnis« selbst eine Menge gewinnen, lernen, erkennen und entwickeln. Sie müssen nur die Fähigkeit haben, sich von Ihrem Kind auch etwas zu **nehmen!**

Holen Sie sich etwas aus seinem Entwicklungsprozess heraus, das auch Sie selbst fördert und weiterbringt!
Spazieren Sie doch gemeinsam mit Ihrer Familie im »warmen Frühlingsregen«! So oft Sie können!

Endsumme oder *»Das alles haben wir erfahren«*

Nun sollten wir uns daranmachen, in Schlagworten unsere Quintessenz zu ziehen. Und Sie werden sehen: Fast jedes dieser Schlagworte hat irgendwie mit Ihrem Stellenwert als Persönlichkeit zu tun!

Suchen Sie sich jetzt vielleicht jene Themen heraus, die Ihnen am besten liegen, und »feilen« Sie munter drauflos! Keine Sorge! Es kann nichts schiefgehen! Jede Art von mutigem, aber entspanntem Umgang mit den täglichen Erziehungsaufgaben ist schon ein Erfolg! Und auch scheitern kann einen kleinen Erfolg bedeuten! Auch das haben wir in »Entspannt erziehen« erfahren.

Vielleicht machen Sie sich eine Punkteliste, mit der Sie einzelne »Tools« und Tipps nach ihrer Umsetzbarkeit bewerten. Wenden Sie jene mit der höchsten Bewertung zuerst an und schaffen Sie sich damit ein »Punktekonto« bei Ihrem Kind! Ein Punktekonto, das Sie später dann nach Belieben, aber immer entspannt einsetzen können, wenn Sie es brauchen. Sprich, genau dann, wenn **Sie** von Ihrem Kind etwas **wollen**!

Den Stellenwert »pflegen«

- **Kindlich** denken statt erwachsen
- **Erklären** statt »labern«
- **Leise** werden statt laut
- **Körpersprache** statt Redefluss
- **Logische Folgen** statt Strafen
- **Präzise** Äußerungen und Anforderungen statt unhaltbarer Ankündigungen
- **Sinn für Spaß und Humor** statt »Einsatz am Limit«
- Unsinn **mitmachen** statt ihn »schlecht finden« und immer »abdrehen«
- **Elternteil** sein statt »Dienstbote« oder gar »Sklave«
- **Elternfreie Zeit** statt »Big Brother« spielen
- **Loslassen** statt »Overprotection«
- **Kinderfreie Zeit** statt Dauereinsatz
- **»Dauervertrauen«** statt Dauerkontrolle

- **Handeln** statt zerreden
- **»Augenzwinkern«** statt ärgern
- **Klären** statt Klärung erwarten
- **Vertrauen** spüren lassen statt entziehen
- Aufgaben **zuteilen** statt entziehen
- **Anerkennen** statt Belohnen
- **»Coachen«** statt Vorschriften erzwingen ... und vieles mehr!

Bonuspunkte oder Was noch dazugehört

Bei all diesen Tipps und Erkenntnissen müssen Sie nunmehr aber auch **Eigenschaften** an sich pflegen, verbessern oder gar neu entwickeln, die als Bedingungen und Fähigkeiten eines erziehenden Erwachsenen vorauszusetzen sind:
- Geduld
- Humor
- Nachsicht
- Warmherzigkeit
- Aufmerksamkeit
- Mut
- Demut (die Fähigkeit, sich selbst der Situation oder der persönlichen Situation unterzuordnen: sich zurückzunehmen)
- Respektfähigkeit
- Sensitivität für den jeweiligen Entwicklungs- oder Gemütszustand Ihres Kindes
- Genussfähigkeit
- Kontakt – und Kommunikationsfähigkeit!

So erfordert Erziehen von Ihnen ein hohes Maß an Kooperationsfähigkeit, gepaart mit Sensibilität und angemessenen sozialen Umgangsformen. Es ist eben die Mischung aus Anspruch und Anteilnahme, die Ihnen als Erziehendem abverlangt wird. Dafür erhalten Sie aber auch ein wundervolles Maß an Hingabe und unerschütterlicher Liebe, das Ihnen in keiner anderen Lebenssituation jemals wieder zuteil werden wird. Und die Intensität dieser wundervollen Jahre können Sie nur dann in vollen Zügen empfinden und genießen, wenn Sie in Ihrer Eltern-Kind-Beziehung persönlichkeitsstark, aber dennoch locker und launig agieren, mit anderen Worten, wenn Sie ***entspannt erziehen!***

Schlusswort oder »Aus erster Hand«

Ich selbst lese sehr gerne Fachbücher! Dabei war mir aber stets am liebsten, wenn mir »Primärliteratur« in die Hände fiel! Zum besseren Verständnis: Bücher, die zwar fachgerecht geschrieben, aber inhaltlich in der Hauptsache aus anderen Quellen zusammengetragen wurden, nennt man »Sekundärliteratur«. Auf diese Weise entstehen auch wissenschaftliche Arbeiten wie Diplomarbeiten. Dagegen ist absolut nichts einzuwenden! Ich jedoch habe immer solchen Autoren am meisten Vertrauen geschenkt, bei denen ich das Gefühl hatte, ihr erworbenes Wissen »aus erster Hand« zu bekommen! »Ratgeber« und Fachbücher, die Erfahrungen Dritter vermitteln, schaffen es nicht annähernd, mir dieses gute Gefühl zu geben! Irgendwie war es mir ein Anliegen, mit »Entspannt erziehen« auch Ihnen dieses gute Gefühl zu vermitteln!
Wie auch immer Ihre Ansicht dazu ist, liebe Leserin, lieber Leser: Dieses Buch stammt garantiert zur Gänze »aus erster Hand«! Primärliteratur eben!

Praxisbezug

Sämtliche Thesen, Methoden und Tipps sind in meiner 24-jährigen Tätigkeit als Betreuer und pädagogischer Leiter in Kinder- und Ferienheimen, als Vertragslehrer für »unvermittelbare Jugendliche« und Konsulent in diversen sonderpädagogischen Zentren, als Trainer, Familien- und Kinder-Coach sowie als ehrenamtlicher Jugendarbeiter entstanden. Nicht zuletzt während meiner »Berufung« als »häuslicher Pädagoge« in meiner eigenen »Patchwork«-Familie. Dabei war es sicher für meine »pädagogische Entwicklung« durchaus nützlich, dass ich lange Jahre keine eigenen Kinder hatte! Ich hatte also genügend Zeit und Gelegenheit, alle hier angeführten erzieherischen Ansätze aus vielen verschiedenen Blickwinkeln heraus zu erproben und mit Erfolg anzuwenden, bevor ich mich entschlossen habe, darüber in diesem Buch »aus meinem Nähkästchen« zu erzählen!
Um die geschilderten Fallstudien herum habe ich viele neu interpretierte oder gänzlich neue eigene Theorien aufgestellt sowie Methoden entwi-

ckelt, die aber dennoch jeder ernsthaften pädagogischen Prüfung standhalten! Schließlich sollte alles auch »Hand und Fuß« haben, wie man so schön sagt. Die pädagogische und wissenschaftliche Komponente habe ich darum selbstverständlich auch in meine Ausführungen mit einbezogen. Aber um ehrlich zu sein: Dies habe ich stets erst in zweiter Linie getan! Eher bloß zur nachträglichen Überprüfung! Wichtiger war mir bei jedem Thema der Bezug zur »harten« Praxis, die sich zum Teil »einen Teufel« um irgendeine wissenschaftliche Erkenntnis schert!
Vieles in der häuslichen Erziehungsarbeit wird Ihnen vielleicht nun, nach der Lektüre von «Entspannt erziehen«, leichter fallen! Ganz sicher bin ich aber, dass Sie meinen Theorien und Tipps wesentlich mehr Vertrauen schenken werden, in der Gewissheit: *»**Das alles** hat **schon** irgendwo anders vielfach **funktioniert!** Also kann es **auch** bei mir daheim **klappen!**«*

Feedback

Urteilen Sie doch bitte einfach selbst, ob Ihre eigene Praxis die »Treffsicherheit« meiner Theorien bestätigt. Gleich nach diesem Urteil ist es dann an Ihnen, mir ein persönliches Feedback zu geben. Erst damit kann ich ermessen, ob mein Buch Ihnen tatsächlich den Weg zu entspannterem Erziehen zu ebnen vermochte. **Glücklichere Kinder! Zufriedenere Eltern!** Das wäre halt mein wichtigstes Anliegen! Stillen Sie bitte meine Neugier, ob dies eingetroffen ist!
Ich freue mich auf jeden Fall über Ihre Zuschriften und werde gerne jede beantworten. Natürlich auch weiterführende Fragen, sofern Sie mir diese anvertrauen wollen!
Hier meine E-Mail-Adresse: berater@kiddycoach.com
Und meine Website: www.kiddycoach.com oder www.kiddycoach.de

Entspannung schenken

Einen letzten, wichtigen Tipp habe ich noch für Sie mit im »Gepäck«! Und der dient der Verbreitung der – für viele Familien sicher wertvollen – Botschaften in »Entspannt erziehen«: *Wenn Sie nun schon mal ein gern gesehener Gast in Ihrer Buchhandlung oder auf der Website des Vereins KiddyCoach sind, warum nicht noch ein oder zwei Exemplare nachbestellen und verschenken? Zum Beispiel an jene, die daheim noch immer ihren persönlichen »Einsatz am Limit« erfahren?*

Dabei geht es mir sicher nicht um profane Verkaufszahlen! Mein persönlicher Tipp zielt vielmehr auf etwas ganz Besonderes ab: *Sollten Sie mithilfe meines Buches nunmehr tatsächlich selbst mehr Entspannung in Ihrer täglichen Erziehungsarbeit erleben, so liegt es doch nahe, dieses Wissen auch anderen zuteil werden zu lassen. Kann es schließlich etwas Schöneres und Herzlicheres geben, als denen, die man mag, Entspannung zu schenken?*

Ihr
Gerhard Spitzer

Danksagung

Mein erster Dank gilt meinem lieben Freund und Kollegen, Fachlehrer **Werner Hanzal**, einem »Pädagogen aus Berufung«! Er gab den endgültigen Anstoß dazu dieses Buch zu verwirklichen! Geben Sie also bitte ihm die Schuld an »möglichen, unerwünschten Nebenwirkungen«! Schon viele Jahre zuvor hatte ich die Herausgabe eines »Erziehungsratgebers der besonderen Art« geplant, jedoch stets nur Vorträge darüber gehalten. Ich bat ihn damals, das Skriptum für eines meiner Erziehungs-Seminare zu lesen und zu kürzen. Nur Stunden später kam sein Feedback.

»Du, das Skript liest sich so leicht und spannend wie ein Buch! Schreib doch eines!«

»Danke« also, meinem »Initialzünder«, der mir schlussendlich auch zu einigen Kapiteln sein geschätztes »Feedback« gegeben hat. Ebenso gilt mein tief empfundener Dank den Verfassern des Vorwortes **Univ.-Prof. Dr. Friedrich Buchberger** und seiner Gattin, Frau **Univ.-Prof. PhD Aino-Irina Buchberger**, die sich, ohne zu zögern, und mit besonderer Begeisterung auf mein Manuskript »eingelassen« haben. Speziell danken muss ich überdies **Mag. Dagmar Ransmayr, Dipl.Musik-Pädagogin Brigitte Peterl,** und **Mag. Marcus Windbichler,** die mir in meinen Anfangszeiten in der Jugendarbeit vorbildhaft gezeigt haben, wie man mit »schwierigen« Kindern und großen Kindergruppen gefühlvoll und dennoch hocheffizient umgeht. Diese drei Ausnahme-PädagogInnen haben maßgeblich meinen Werdegang bestimmt. Weiters geht mein Dank an die hilfreichen und guten »Seelen« auf meinem Weg »hierher«, **Gerda Winter, Anita Schlick, Vln Barbara Zuliani, DSA Franziska Woller, Sebastian Hazdra, Ing. Karl Windisch** und besonders an meinen besten Freund und Kameraden seit unseren Kindertagen, **Ing. Gerhard Novak,** der, wie die vorgenannten, stets an mich geglaubt, mir viel Mut gemacht, und viele Inputs »geliefert« hat. Vieles, das diese besonderen Menschen mir bisher mitgegeben haben, hat schlussendlich hier Platz gefunden.

Univ.-Prof. Dr. Friedrich Buchberger
Erziehungswissenschafter und Sopäd.-Lehrer. Studium für Psychologie / Pädagogik. Maßgeblich beteiligt an vielen Forschungs- und Entwicklungsprojekten im In- und Ausland (u. a. Förderunterricht, Lehrerbildung). Gastprofessuren in Helsinki, Umea und Sheffield. Zuletzt Experte der Europäischen Union für Hochschulfragen.

Univ.-Prof. PhD Aino-Irina Buchberger
Professorin für Muttersprachendidaktik. Langjährige Dekanin für Lehrerbildung an der Universität Helsinki. Ehem. Leiterin des Forschungsinstitutes »Language and Literature Learning«.

Sabine und
Wolfram Schwieder

Wunderbare Reise durch Schweden

Auf den Spuren Nils Holgerssons

nymphenburger

Besuchen Sie uns im Internet unter
www.nymphenburger-verlag.de

Sonderproduktion 1. Auflage 2008

Umschlag: Wolfgang Heinzel
Umschlagmotiv: getty-images, München
Fotos Innenteil: Sabine und Wolfram Schwieder
Kartographie: Bernhard Spachmüller,
Ing.-Büro für Kartographie, Schwabach – www.b-spachmueller.de
Satz und Layout: EDV-Fotosatz Huber/
Verlagsservice G. Pfeifer, Germering
Gesetzt aus der AGaramond, 11,5 auf 14,75 pt
Druck und Binden: Offizin Andersen Nexö, Leipzig
Printed in Germany
ISBN 978-3-485-01214-0

Stora Djulö
S. 123
Nynashamn
Nyköping
S. 115
Öster-
götland
Kolmården
Bråviken
Norrköping
Göta kanal
Motala
Ulvåsa
Vadstena
S. 107
Omberg
264
Tåkern
S. 101
Alvastra
Mjölby
Linköping
Vänern
Vättern
Göta kanal
Hamburgsund
Väderöarna
S. 251
Bohuslän
Vänersborg
Trollhättan
Lidköping
Skövde
Västergötland
Göta älv
Skagerrak
Klädesholmen
Marstrand
S. 259
Göteborg
Lerum
Nääs
S. 267
Borås
Jönköping
S. 93
Taberg
343
Västervik
Vimmerby
Visby
S. 85
Gotland
S. 77
Karlsö
St.
L.
Djupvik
Vetlanda
Småland
Värnamo
Varberg
Halland
Kattegatt
Växjö
Öland
Kalmar
Färjestaden
Lilla Frö
Stora Alvaret
Halmstad
Ronnebyån
OSTSEE
Kullaberg
S. 46
Mölle
Skåne
Blekinge
Ronneby
S. 53
Karlskrona
S. 59
Ottenby
Ölands södra udde
S. 69
Helsingborg
Kristianstad
Karlshamn
Landskrona
Vittskövle
Lund
KØBENHAVN
Övedskloster
S. 29
Simrishamn
Malmö
Skurup
Glimmingehus
S. 38
Västra Vemmenhög
S. 21
Trelleborg
DÄNEMARK
12°
14°
16°
18°
Nils Holgerssons Reise mit den Gänsen
Nils als Gefangener der Krähen
Nils Flug mit dem Adler Gorgo
S. 175
Seitenzahl des Kapitelanfangs
Staatsgrenze
Landschaftsgrenze
0
100 km

Sabine und
Wolfram Schwieder

Wunderbare Reise durch Schweden

Inhalt

Vorwort

VOR GUT HUNDERT JAHREN bekam Selma Lagerlöf den Auftrag, eine schwedische Landeskunde für den Schulunterricht zu schreiben. Ihr wurde offenbar schnell klar, dass sie das Interesse der Schüler nur gewinnen könnte, wenn sie die landeskundlichen Informationen in eine spannende Rahmenhandlung einbetten würde.

So entstand »Die wunderbare Reise des kleinen Nils Holgersson«, ein Buch, das nicht nur die Schüler ihrer Zeit interessierte, sondern bis heute weltweit unzählige Leser jeden Alters fand. Viele der in Buchhandlungen erhältlichen gekürzten Fassungen beschränken sich allein auf die Reise des kleinen Nils mit den Wildgänsen, die ungekürzte Originalfassung ist hingegen nach wie vor als eine zwar poetische, aber dennoch sehr präzise Landeskunde zu lesen. Während unserer ersten Schwedenreise etwa konnten wir bei einem Gang durch Karlskrona mit dem Buch in der Hand feststellen, dass man den nächtlichen Spaziergang, den der Junge hier macht, Straße für Straße nachverfolgen kann – heute wie vor hundert Jahren.

Daraus entstand die Idee zu diesem Buch: Wenn der »Nils Holgersson« Schweden vor hundert Jahren so genau darstellt, so müsste man heute bei Reisen zu den beschriebenen Orten nachvollziehen können, was sich geändert hat, wie es sich geändert hat und was bestehen geblieben ist. Wir haben also einzelne Orts- und Landschaftsschilderungen der ungekürzten Fassung des »Nils Holgersson« ausgewählt, sie in den Zusammenhang der Geschichte eingebettet und ihnen eine Beschreibung aus der Sicht heutiger Reisender gegenübergestellt, ergänzt jeweils um einige reisepraktische Informationen. Dabei kommt der Süden Schwedens deutlich ausführlicher zur Sprache als der Norden, doch das entspricht sowohl der Vorlage als auch dem Reiseverhalten der meisten Schwedenbesucher.

Zudem hatten wir das Glück, die Reise der Wildgänse in Teilen selbst aus der Luft zu erleben. Ein Freund, der Segelfluglehrer ist, flog mit Wolfram über ganz Schweden bis nach Lappland und zurück. Zwei Wochen lang konnten die beiden vom Motorsegler aus überprüfen, inwieweit Selma Lagerlöfs Beschreibungen »aus der Luft« der Wirklichkeit entsprechen. Und wir stellten voller Bewunderung fest, dass die Autorin allein durch ihren gründlichen Blick auf die Landkarte und ihre gute Vorstellungskraft ein ziemlich genaues Bild geliefert hat. Wir hatten es da leichter: Oft drehte unser Pilot bereitwillig eine weitere Runde, damit die Luftaufnahmen für dieses Buch entstehen konnten.

Während unserer Reisen durch Schweden trafen wir immer wieder auf Menschen, die sich sehr für unser Projekt interessierten und uns mit wertvollen Hinweisen oder interessanten Gesprächen weiterhalfen. Sie alle hatten sich auf unterschiedliche Weise mit dem Buch auseinander gesetzt: Die einen hatten es als Schullektüre zum Lesenlernen eher langweilig gefunden, die anderen verknüpften es mit Erinnerungen an die Kindheit, in der oft aus diesem Buch vorgelesen worden war.

Einer unserer Gesprächspartner erzählte uns eine kleine Geschichte, die zeigt, dass bereits während der vergangenen hundert Jahre von Zeit zu Zeit Deutsche auf den Spuren Nils Holgerssons gereist sind: Ein Mann bat einmal einen Freund, der Schriftsteller und ein ausgewiesener Schweden-Kenner war, ihn mit vorbereitender Lektüre für eine Skandinavienreise zu versorgen. Der Freund empfahl ihm, den »Nils Holgersson« zu lesen, meinte aber, eine Warnung aussprechen zu müssen. Sicherlich habe sich seit Entstehen des Buches vieles verändert. Der Reisende kam zurück, erzählte begeistert von seinen Erlebnissen und fügte hinzu: »Und es war alles ganz genau so, wie im Nils Holgersson beschrieben.«

HINWEISE ZUR BENUTZUNG

Mit der ungekürzten Ausgabe der »Wunderbaren Reise des kleinen Nils Holgersson mit den Wildgänsen« haben die Leser ein ziemlich umfangreiches und umfassendes Werk vor sich. Viele kennen die Geschichte nur aus den gekürzten Jugendbuchausgaben, vom Bilderbuch her oder als Trickfilm, in dem Figuren hinzuerfunden wurden. Wer aber das eigentliche Buch zur Hand nimmt, das ursprünglich als Lese- und Schulbuch

Schweden vor hundert Jahren: Im Freilichtmuseum wird der Vorstellungskraft durch Schauspieler auf die Sprünge geholfen; hier Jamtli in Östersund, Jämtland.

für schwedische Kinder gedacht war, der stößt auf eine wahre Fundgrube an Wissen, eingebettet in spannende und außergewöhnlich gut geschriebene Geschichten. Wer beim Lesen den Atlas oder eine Landkarte neben sich liegen hat, der stellt fest, dass er am Ende von Schweden mehr weiß als von seinem eigenen Heimatland.

Unser Buch beschreibt mehrere Reisen auf den Spuren von Nils Holgersson. Es kann auch zur Reisevorbereitung dienen oder als Reiselektüre. Wer den »Nils Holgersson« früher einmal gelesen und die Geschichte nicht mehr vollkommen parat hat, für den haben wir jedem Kapitel eine kleine Inhaltsangabe vorangestellt. Geht die Reise zum Beispiel nach Dalarna, Stockholm und Gotland, dann kann man sich anhand der entsprechenden Kapitel ein Bild machen, wie es zur Zeit Selma Lagerlöfs aussah und was die Reisenden heute erwartet. Ergänzt haben wir die jeweiligen Kapitel um reisepraktische Hinweise, die jedoch keineswegs vollständig sein können. Für eine umfassende Reisevorbereitung kann dieses Buch also keinen klassischen Reiseführer ersetzen.

Auch wenn Schweden heute politisch in die etwas anders aufgeteilten Län (Verwaltungsbezirke) gegliedert wird, spielen die Regionen nach wie vor eine wichtige Rolle. Jede Region (mit Ausnahme Norrbottens) wird bei Selma Lagerlöf entweder in der Haupthandlung oder öfter in einer Sage oder Erzählung vorgestellt. Daher haben wir zu allen Landesteilen kleine Exkurse verfasst, die die einzelnen Regionen kurz aus Selma Lagerlöfs und aus unserer Sicht charakterisieren.

Für einige Orte gibt es unterschiedliche Schreibweisen: zum einen die deutsche und die schwedische (Schonen – Skåne), zum anderen die alte und die heute gebräuchliche (Gellivare – Gällivare). Wir haben die Namen jeweils so geschrieben, wie sie in den Zusammenhang passen. Darüber hinaus wurden die Zitate aus der Gesamtausgabe des »Nils Holgersson« im vorliegenden Buch kursiv gesetzt. Sie sind stellenweise gekürzt, ohne jede Kürzung einzeln kenntlich zu machen.

Während unserer Arbeit haben wir im Laufe der Jahre mehr und mehr Bewunderung für die Autorin empfunden. Je öfter man im Buch liest, desto mehr realisiert man, wie kunstvoll alles miteinander verwoben ist. Wer also das Buch »Die wundersame Reise des Nils Holgersson mit den Wildgänsen« noch nicht gelesen hat, der bekommt vielleicht durch seine Schwedenreise Lust dazu. Wir jedenfalls können es nur empfehlen.

Begegnung mit Selma Lagerlöf
EINE GRUNDSCHULLEHRERIN ERZÄHLT

WIR HATTEN WÄHREND UNSERER REISEN oft sehr viel Glück mit unseren Gesprächspartnern. Nicht selten fand sich überraschend jemand, der viel über die Autorin zu erzählen hatte oder uns einen guten Hinweis auf Schauplätze geben konnte. Dass wir jedoch Selma Lagerlöf persönlich begegnen würden, damit hatten wir nicht gerechnet – denn immerhin ist sie seit über 60 Jahren tot. Und doch war es so: Wir trafen Selma Lagerlöf während eines Urlaubs auf einem ehemaligen Bauernhof in Södermanland.

Die Begegnung hatte unser Vermieter am Vorabend unserer Abreise vermittelt, dem wir bei einem Glas Wein von unserem Projekt erzählt hatten. Da fiel ihm ein: »Ach, wir haben eine Lehrerin hier in der Gegend, die hat sich früher für ihre Schüler als Selma Lagerlöf verkleidet.« Wir waren natürlich neugierig, wir wollten immer schon mehr über Nils Holgerssons Wirkung auf Schüler erfahren, also baten wir um ein Gespräch. Am Samstagmorgen, kurz vor unserer Abreise, kündigte unser Vermieter an: »Sie kommt – und sie kommt verkleidet.«

Aus dem Auto steigt eine alte Dame, ganz in Schwarz: Kostüm, riesiger Hut, Fuchspelz um den Hals, Seidentuch über dem einen Arm, Krückstock in der anderen Hand, Brille. Die perfekte Darstellung Selma Lagerlöfs, so wie man sie vom Zwanzig-Kronen-Schein her kennt. Die alte Dame nestelt ein bisschen an ihrem Kostüm, ist bei der Suche nach einem nicht allzu sonnigen Platz zum Unterhalten erstaunlich schweigsam. Dann baut sie sich vor uns auf, bedeutet uns mit leicht herrischer Geste, Platz zu nehmen, und beginnt in wunderbar klarem Schwedisch: »Ich heiße Selma Ottilia Lovisa Lagerlöf, bin geboren am 20. November 1858 in Mårbacka, in Värmland.« – Uns läuft trotz der Sommersonne ein Schauer über den Rücken. Natürlich wissen wir, dass Selma Lagerlöf schon lange nicht mehr lebt, aber hier, auf diesem sonnenbeschienenen schönen Flecken Erde in Södermanland, ist sie uns tatsächlich erschienen. Hinter der nahezu perfekten Maskerade steckt Ingrid Rydefalk, eine ältere Dame, die der Autorin erstaunlich ähnlich sieht. Sie war Grundschullehrerin hier, und es muss für die Kinder ein eindrucksvolles Erlebnis gewesen sein, wenn sie in ihrem schwarzen Kostüm vor die Klasse trat und aus Selma Lagerlöfs Leben und von Nils Holgersson erzählte.

Auch uns bringt sie die Biografie der Autorin aus der Ich-Perspektive nahe, und obwohl wir das ja alles bereits kennen, sind wir völlig gebannt von ihrer Erzählung. In ihren kleinen Anekdoten schildert sie in einfacher Sprache, die auch Kinder gut verstehen können, von den Anfängen im värmländischen Mårbacka. Sie erzählt vom Vater, Leutnant und Gutsbesitzer Erik Gustav Lagerlöf, und von der Mutter Louise, geborene Wallroth. Sie berichtet von Selmas Großmutter väterlicherseits, Lisa Maja Wennervik, deren Lebensgeschichte etliche spannende Episoden enthält und die so wunderbare Geschichten erzählen kann. Schließlich gibt es noch die Tante Lovisa, die für die Mädchen der Gegend den Brautschmuck herstellt. Im Nachbarhaus wohnt Tante Wennervik, die Pfarrersfrau, die am Abend von Selmas Geburt dem Mädchen die Zukunft voraussagt. Die Tante prophezeit unter anderem, dass das Kind sein ganzes Leben lang kränklich bleiben, dass es viel mit Papier und Büchern zu tun haben und lange Reisen unternehmen werde, dass es hart arbeiten müsse und nie heiraten werde.

Selmas Kindheit kann trotz eines angeborenen Hüftleidens und zeitweiliger Kinderlähmung als glücklich bezeichnet werden. Die Krankheit wird ihr zeit ihres Lebens eine Sonderstellung einräumen. »Ich werde nie einen Webstuhl bedienen können«, sagt sie, eine Tätigkeit, die in jenen

Lehrerin im Sinne des Vorbilds: Ingrid Rydefalk hat sich im Unterricht oft als Selma Lagerlöf verkleidet und ihren Schülern aus dem Leben der Schriftstellerin erzählt.

Jahren für junge Mädchen von großer Bedeutung war. Die Familie unternimmt eine Fahrt zur Bohuslän-Küste, nach Strömstad, wo sich die Eltern Besserung von Selmas Leiden erhoffen. Wie es tatsächlich zu einer Heilung gekommen ist, kann man sehr schön in ihren Kindheitserinnerungen »Mårbacka« nachlesen, mit denen Selma Lagerlöf ihrer värmländischen Heimat und des Heims ihrer Kindheit gedacht hat. Der »Paradiesvogel«, der dem Mädchen zu seinen ersten Schritten verholfen hat, ist heute noch in Mårbacka zu bewundern: Sie selbst hat, als sie den Hof später zurückkaufte, einen Pfau installiert, und noch heute ist hier das Kreischen seines Nachfolgers zu hören.
Selmas Kindheit ist stark von ihrem Vater, Leutnant Lagerlöf, geprägt und von der großen Familie, die hier oft und gerne zu Festen zusammenkommt. »Mein Vater wollte, dass ich zu einem Ball gehe, aber ich war Hinkebein-Selma. Ich hatte auch keine Ballkleider, sondern nur sehr kindliche Kleider, und ich wurde nicht aufgefordert. Da verstand mein Papa, dass er mich nicht zwingen sollte, zu einem Ball zu gehen.«
Mit fünf Jahren entdeckt Selma das Lesen. Ihr erstes Buch ist ein Indianerbuch. Und dann wird viel gesungen bei den häufigen Festen im Hause Lagerlöf. »Mein Papa, der ein netter und geselliger Mensch war, sang immer Bellmann-Lieder.« Carl Mikael Bellmann (1740 bis 1795) gilt bis heute als schwedischer Nationaldichter. Er trug seine Lieder, zu denen er auch die Musik komponierte, meist selbst vor. Bekannt ist er (auch in Deutschland) vor allem durch recht deftige Trink- und Spottlieder, und von Selma Lagerlöfs Vater heißt es ebenfalls, er sei Alkoholiker gewesen. »Ich bin aber immer sehr vorsichtig gewesen, darüber zu schreiben, denn ich liebte ihn sehr.« Sie habe immer um die dunkle Seite des Menschen gewusst, und daraus seien Werke wie »Gösta Berling« (1891) und »Der Fuhrmann des Todes« (1912) entstanden, sagt die alte Dame vor uns. Aber auch die Sagen und Trollgeschichten, die ihre Großmutter erzählt hat, sind in ihre Werke eingeflossen. Und das besonders innige Verhältnis zu ihrem Vater wird deutlich, wenn man ihre Dankesrede zur Verleihung des Nobelpreises (1909) liest, mit der sie ihm ein anrührendes Denkmal gesetzt hat. Auch im Mårbacka-Kapitel des »Nils Holgersson«

(»Ein kleiner Herrenhof«) spielt der Vater eine kleine, aber nicht unwichtige Rolle.

Sowohl Selma als auch der Familie ist klar, dass die junge Frau wohl kaum heiraten wird, und so verlässt sie ihr geliebtes Mårbacka bereits 1882, um in Stockholm das Höhere Lehrerinnenseminar zu besuchen. »Es war nicht leicht, mit meiner Lehrerinnenausbildung zu beginnen, aber Papa hatte kein Geld, und es war meine einzige Chance, voranzukommen.« Sie habe aber eine gute Grundausbildung erhalten: durch tüchtige Gouvernanten, die Mutter und die Tante Lovisa, die alle sehr belesen waren.

Selma arbeitet von 1885 bis 1895 als Lehrerin an der Mädchenschule von Landskrona. In dieser Zeit entsteht ihr erstes Buch, »Gösta Berling«, für dessen erste fünf Kapitel sie in Stockholm einen Preis gewinnt und das sie schnell auch über die Grenzen Schwedens hinaus bekannt macht. In der Geschichte des ehemaligen Pfarrers Gösta Berling beschreibt Selma Lagerlöf den Untergang der schwedischen Herrenhöfe mit all seinen sozialen und moralischen Folgen.

Ein Stipendium ermöglicht ihr von 1895 bis 1896 eine Reise nach Italien, die sie gemeinsam mit Sophie Elkan, einer Schriftstellerkollegin und sehr guten Freundin unternimmt. Die beiden waren zuvor auf Gotland gewesen, und von da an ist Sophie Elkan »der beste Reisekamerad, den ich bekommen konnte«. Sie ist aus Selmas Leben nicht mehr wegzudenken, und heute wird vermutet, dass die beiden mehr als nur eine Freundschaft verband. Gemeinsam reisen sie später nach Ägypten und Palästina, eine Reise, deren Erfahrungen in das Buch »Jerusalem« münden.

Als der Vater 1887 hoch verschuldet stirbt, muss die Familie den Gutshof verkaufen; die Familienmitglieder werden in alle Winde verstreut. Ihre Schwester Gerda zieht wie später auch Mutter und Tante nach Falun in Dalarna. 1897, zehn Jahre nach dem Tod des Vaters also, siedelt Selma ebenfalls dorthin über, um fortan als freie Schriftstellerin zu leben und ihrer Familie nahe zu sein.

Der Konkurs Mårbackas geht ihr sehr nahe: »Ich sah, wie mein Kinderbett verschwand. Alles verschwand bei fremden Menschen. Und da habe ich beschlossen: Ich werde Bücher schreiben. Ich werde reich sein. Ich werde Mårbacka zurückkaufen. Ich habe nie daran gezweifelt, dass ich schreiben kann.« Aus den Worten der schwarz gekleideten, aufrechten Frau vor uns spricht ein Selbstbewusstsein, das typisch ist für Selma Lagerlöf. Sie wusste ihren Wert immer zu schätzen und legte im Alter großen Wert auch auf Repräsentation.

Und dann erhält Selma Lagerlöf den Auftrag, ein neues Lesebuch für die Volksschule zu schreiben. »Die alten Bücher waren Dichtungen, Reisebeschreibungen. Das war nicht mehr so gut.« Im Jahr 1902 kommen der Verlag Bonnier und die Schwedische Volksschullehrervereinigung überein, neue Schulbücher herauszugeben. Neben Selma Lagerlöf sollen auch andere Autoren an dem Projekt beteiligt werden. Selma selbst soll ein Lesebuch über Schwedens Land und Volk schreiben, ist aber zunächst noch mit der Arbeit an »Jerusalem« beschäftigt. 1904 und 1905 unternimmt sie mehrere Reisen durch Schweden, um das Material für den »Nils Holgersson« zu sammeln, und knüpft Kontakte zu vielen Menschen, die ihr dabei helfen werden. Der erste Teil erscheint 1906, der zweite Teil ein Jahr später.

Die Idee mit den Wildgänsen kommt ihr tatsächlich, wie im Kapitel »Ein kleiner Herrenhof« beschrieben, in Mårbacka, wo immer von einem zahmen Gänserich die Rede war, der mit Wildgänsen mitgezogen und mit seiner Familie nach Värmland zurückgekehrt ist. Er taucht ebenfalls in den Kindheitserinnerungen »Mårbacka« auf.

Ihre wichtigste Helferin bei der Arbeit am »Nils Holgersson« ist Valborg Olander, ebenfalls eine Schriftstellerin, die sich aber ganz in den

Dienst der überragenden Selma stellt, Schreibarbeiten und einen Teil der Korrespondenz erledigt. Dass Valborg Olander auch Selmas Geliebte ist, darüber geben nach Ansicht jüngerer Forscher die Briefe Aufschluss, die 50 Jahre nach dem Tod der Autorin veröffentlicht wurden und die recht deutlich auf eine auch körperliche Beziehung hinweisen. Dies sorgt natürlich für Eifersucht bei Sophie Elkan, die sich von Valborg Olander verdrängt fühlt. Ingrid Rydefalk aber ist mit dieser Interpretation der Briefe nicht einverstanden: »Damals schrieb man eben so: geliebte Selma, geliebte Valborg!«, sagt sie.

Für den kunstvoll angelegten Fischteich in Mårbacka musste Leutnant Lagerlöf tiefer in die Tasche greifen, als es den Finanzen der Familie guttat.

Ein Ziel der Auftraggeber bei Bonnier ist es, mit einem Buch über Schweden auch das Nationalbewusstsein der geschwächten Nation zu stärken. Selma Lagerlöf stellt zudem die Tierwelt in den Vordergrund: »Ich habe auf meinen Reisen gesehen, wie schlecht die Tiere und die Natur behandelt wurden.« So sind die Kapitel »Im Bauernhof« und »Der große Vogelsee« gleichsam Beispiele für Tier- und Naturschutz.

Mit dem Geld, das sie für den »Nils Holgersson« bekommt, kauft Selma Lagerlöf 1907 Mårbacka zurück. 1909 erhält sie als erste Schwedin den Nobelpreis und erwirbt damit auch den Grund und Boden rund um das Gutshaus. 1914 wird sie als erste Frau in die Schwedische Akademie aufgenommen. Finanziell sehr viel besser gestellt als in der Anfangszeit ihrer schriftstellerischen Tätigkeit, verwandelt sie Mårbacka in einen repräsentativen Gutshof. Sie lebt im Winter in ihrem bequemeren Haus

Wer den Gänsen nahe kommen will, hat dazu Gelegenheit im Freilichtmuseum Skansen in Stockholm, wo einige von ihnen den ganzen Sommer verbringen.

in Falun, den Sommer verbringt sie in Värmland. Am 16. März 1940 stirbt sie im Heim ihrer Kindheit und wird auf dem Friedhof von Östra Ämtervik begraben.

Noch zu ihren Lebzeiten kommen viele Menschen, um die berühmte Schriftstellerin aufzusuchen, und zuletzt ist sie es müde. »Alle wollten mich sehen, und ich stand auf dem Balkon und winkte.« Sie wäre schließlich all die Leute ein bisschen Leid gewesen, meint Ingrid Rydefalk mit einem Augenzwinkern, und so habe sich eines Tages die Haushälterin Ellen Lundgren Selmas Kleider angezogen und an ihrer Stelle gewunken.

Wir haben auf unseren Reisen oft mit Menschen unterschiedlichsten Alters über unser Projekt gesprochen und sind immer auf großes Interesse gestoßen. Doch die Erfahrungen, die schwedische Kinder mit dem Buch gemacht haben, sind sehr unterschiedlich. »Meine Mutter hat mir jeden Abend daraus vorgelesen«, erzählen die einen begeistert. »Wir mussten mit dem Nils Holgersson lesen lernen – und es war entsetzlich langweilig«, beklagen die anderen. Sie hatten nicht das Glück, eine Lehrerin wie Ingrid Rydefalk zu haben, eine Lehrerin, die sich nicht scheut, in Kleidern der Jahrhundertwende vor ihren Schülern zu erscheinen und ganz einfach zu erzählen. »Ich habe nie vorgetragen, immer erzählt«, bekräftigt sie – und noch heute hat die alte Dame ihren Text vollkommen sicher parat. »Wenn man sich viel mit einem Autor oder einer Autorin beschäftigt, und in meinem Elternhaus wurde allabendlich aus Selma Lagerlöfs Werken vorgelesen, dann wird man eins mit dieser Person, dann kommt man dazu, deren Gedanken zu denken.«

Schonen

Schonen, schwedisch Skåne, ist die südlichste Region Schwedens. Nils Holgersson, der dort aufgewachsen, aber nicht viel herumgekommen ist, erlebt das Land vom Rücken der Gänse als »gewürfeltes Tuch« aus Äckern und Weiden, Feldern und Gutshöfen, Gärten und kleinen Buchenwäldern: *Er sah nichts weiter als Viereck an Viereck. Die einen waren schief, die anderen länglich, aber überall waren Ecken und gerade Ränder. Nichts war rund, nichts gebogen.*
Selma Lagerlöf hat von 1885 bis 1895 im schonischen Landskrona als Lehrerin gearbeitet. In ihrer Beschreibung werden die viereckig gebauten Höfe mit ihren geschwärzten Strohdächern und den gepflasterten Hofplätzen anschaulich, und selbst in ihrer Schilderung »aus der Luft« kann man ersehen, dass dieser Landstrich immer mehr dänisch als schwedisch war. Obwohl Schonen bereits im Jahre 1658 – im Frieden von Roskilde, nach dem Dreißigjährigen Krieg – zusammen mit Blekinge und Bohuslän Schweden zufiel, wirkt es bis heute noch dänisch: die Art der Häuser und das eher flache, höchstens hügelige Land, das besonders fruchtbar ist und daher von Äckern und Wiesen dominiert wird.

Västra Vemmenhög
NILS HOLGERSSONS HEIMAT

Nils Holgersson ist der Sohn von armen, aber fleißigen Bauern, und er ist ein richtiger Nichtsnutz. Selma Lagerlöf beschreibt ihn als Vierzehnjährigen, der bis vor Beginn seiner großen Reise nur wenig im Kopf hat: schlafen, essen und dumme Streiche. Das Schlimmste aber ist, dass er die Tiere des Hofes quält: Er reißt den Hahn an seinem Kamm, zieht die Katze am Schwanz, wirft den Kühen seine Holzschuhe auf den Rücken. Die Geschichte beginnt an einem Sonntag, es ist Frühlingsanfang und herrlichstes Wetter. Die Eltern sind in der Kirche und haben ihren Sohn allein zu Hause gelassen, mit dem Auftrag, in der Bibel zu lesen. Bei dem widerstrebenden Versuch, zu lesen, was ihm sein Vater aufgetragen hat, schläft er ein, und als er wieder erwacht, sieht er ein Wichtelmännchen aus einer Truhe klettern.

Nils will ihm sogleich einen Streich spielen und fängt es in einem alten Fliegennetz. Jetzt beginnt das Wichtelmännchen zu klagen und um seine Freiheit zu bitten, es bietet dem Jungen sogar Geld an. Dieser denkt sich, er könne das Geld nehmen und sein Opfer trotzdem gefangen halten. Da fängt er sich plötzlich eine heftige Ohrfeige ein, und als er wieder zu sich kommt, ist das Wichtelmännchen fort und er selbst zu einem Däumling geworden.

Jetzt bekommt Nils doch Angst, denn alles um ihn herum ist auf einmal so riesig, und er so klein. Er läuft auf den Hof, aber alle Tiere, die er um Hilfe bittet, geben ihm zu verstehen: Du hast uns viel Böses getan. Von uns bekommst du keine Hilfe. Da bemerkt er etwas Seltsames: Er kann die Sprache der Tiere verstehen. Alle nutzen die Gelegenheit, dem ewigen Störenfried einmal zu zeigen, wer jetzt der Stärkere ist. Nils sieht ein, dass er künftig von allem geschieden ist, was einmal sein Zuhause ausmachte.

Er betrachtete seine Heimat. Es war ein kleines weiß angestrichenes Bauernhaus, das mit seinem hohen, steilen Strohdach wie in die Erde hineingedrückt dalag. Die Wirtschaftsgebäude waren auch klein und die Äckerchen so winzig, dass ein Pferd sich kaum darauf hätte umdrehen können. Aber so klein und arm das Ganze auch war, es war doch noch viel zu gut für ihn. Er konnte keine bessere Wohnung verlangen als ein Loch unter dem Scheunenboden.

Währenddessen fliegt eine Schar Wildgänse über den Hof und ruft den zahmen Gänsen unten zu: »*Kommt mit, kommt mit! Jetzt geht's auf die hohen Berge!*« Die zahmen Gänse, von ihrer Mutter gewarnt, bleiben ganz vernünftig, nur den jungen Gänserich Martin packt das Reisefieber und er will mitreisen. Nils, der ganz vergessen hat, dass er als kleiner Däumling eigentlich nicht viel ausrichten kann, klammert sich an den Gänserich, um ihn am Fortfliegen zu hindern. Gerade in diesem Augenblick hebt Martin ab, und Nils kann nur noch versuchen, auf den Rücken des Fliegenden zu klettern und sich, so gut es geht, zwischen den schlagenden Flügeln an Flaum und Federn festzuhalten.

DEN HOF, auf dem der 14-jährige Nils aufgewachsen ist, kann man – mit etwas Phantasie – auch in unserer Zeit noch entdecken. Zumindest gab es in dem kleinen schonischen Ort Västra Vemmenhög einen Hof dieses Namens, und was wir zunächst für einen geschickten PR-Gag gehalten haben, scheint für manche Lagerlöf-Kenner durchaus realistisch. Andere Fachleute halten allerdings eine Verbindung des Hofes mit dem Buch für völlig abwegig.

Das »gewürfelte Tuch« von Schonen: Obwohl Selma Lagerlöf selbst nie geflogen ist, sind ihre Beschreibungen aus der Luft nahezu perfekt.

Das Schicksal des Hofes ist zurzeit ungewiss, denn im September 2004 brannte er vollständig ab. Man vermutet, dass ein Brandstifter am Werk war, der auch andere touristische Ziele im Visier hatte. Zur Hundert-Jahr-Feier am 20. März 2006 – Nils beginnt an diesem Tag seine Reise mit den Wildgänsen – sollte der Hof neu und sogar erweitert wieder auferstehen, doch Ende September 2005 war noch immer nicht klar, wer den neuen Hof bauen und betreiben sollte. Die Kommune Skurup und der bisherige Besitzer, die Malmöer Brotfabrik Pågen, suchen noch nach einer Lösung.

Selma Lagerlöf, die lange Zeit im schonischen Landskrona als Lehrerin tätig war, hat für ihre Recherchen zahlreiche Reisen und Ausflüge unternommen, und so ist es denkbar, dass sie sich diesen Hof auserkoren hat, um ihre Geschichte beginnen zu lassen. Die Meinungen darüber gehen weit auseinander, und letztlich wird es immer ein Geheimnis bleiben, ob die Schriftstellerin gerade diese Gebäude vor Augen hatte, als sie den Anfang des »Nils Holgersson« niederschrieb.

Der Hof lag während unseres ersten Besuches geduckt inmitten von sommerreifen Feldern, als wir uns bei strahlendem Wetter dem Ausgangspunkt unserer Geschichte näherten. Der kräftige Juliwind fegte durch die Kronen der hohen Bäume, und schon der Anblick der alten Gebäude war wunderschön. Zunächst schien er uns größer zu sein als ein Hof, den arme Bauern zu Nils Holgerssons Zeit bewirtschaftet haben können. Bei einem Rundgang aber erkannten wir, dass es sich nur um wenige Wohnräume handelte. Um den kleinen, gemütlichen Innenhof, der mit alten Dreschgeräten und Holzbänken geschmückt war, gruppierten sich vor allem Ställe und Wirtschaftsgebäude.

»Warum soll ausgerechnet dieser Hof der Nils-Holgersson-Hof sein, wenn der Junge selbst doch eine fiktive Person ist?«, haben wir uns anfangs gefragt, und auch Jan Backman, der hier vor dem Brand Pächter war, hatte darauf nur eine Antwort: »Es ist der einzige Hof hier in der Gegend, der dafür in Frage kommt, und bislang hat das auch noch keiner in Frage gestellt.« Nun, Jan Backman war für die kulinarische Betreuung seiner Gäste zuständig und kein Literaturwissenschaftler, und so mussten wir uns die Antwort auf unsere Frage an anderer Stelle holen. Der Rundgang durch die Räume aber weckte unsere Phantasie, und nach ein paar Stunden konnten auch wir uns vorstellen: Hier hat Selma Lagerlöf ihren grandiosen Reisebericht beginnen lassen.

Das Gut wurde bis zu seiner Zerstörung als Konferenzhotel genutzt, in dem kleine Gruppen Tagungen abhalten, Hochzeiten feiern oder ein verlängertes Wochenende verbringen. Dies ist auch für die Zukunft geplant, doch müsste der Hof um ein Nebengebäude und um Parkplätze erweitert werden, damit ausreichend Betten angeboten werden können.

Im Großen und Ganzen wünscht man sich aber, alles wieder aufzubauen, wie es war: ein Vierkanthof mit Strohdach.
Das Konzept hatte sich nämlich als erfolgreich erwiesen: Die Brotfabrik Pågen, die auf einigen Backwaren den Nils Holgersson im Wappen führt, ermöglichte es, den Hof zu erhalten und konnte zugleich hier eigene Konferenzen abhalten. Neben Konferenzteilnehmern und Hochzeitsgästen kamen auch Besucher aus Kirchengemeinden oder Altenheimen zu einem Tagesausflug.
Die gemütlich eingerichteten Räume mit ihren niedrigen Holzdecken vermittelten eine anheimelnde Atmosphäre: Aus dem ehemaligen Schweinestall wurde – wie passend – ein Speisesaal, in dem die Tische mit weißen Tischdecken und edlen Gläsern feine Küche versprachen; unter der Decke hingen alte, in Lampen verwandelte Wagenräder; der Kuhstall wurde als Konferenzraum genutzt, hier wurde bei Festen auch getanzt. Die Wirtschaftsräume wie zum Beispiel die ehemalige Vorratskammer wurden zu kleinen, aber gemütlichen Gästezimmern. Wie all das nach dem Wiederaufbau aussehen soll, ist bislang noch ungewiss.
In Schweden, so fiel uns während unserer Reisen auf, wird nicht sonderlich viel aus der für den Tourismus recht attraktiven Geschichte des Däumlings gemacht. Warum folgt man nicht dem Beispiel Smålands, in dem Selma Lagerlöfs Schriftstellerkollegin Astrid Lindgren den Lesern mit einem riesigen (und gut gemachten) Freizeitpark näher gebracht wird? Ingrid Backman, die ehemalige Pächterin, kommentierte unsere Frage etwas spöttisch: »Das Land hier drumherum gehört Bauern und ist gut, die verkaufen es nur für sehr, sehr viel Geld. In Småland kann man leicht ein Riesen-Areal erwerben und einen Vergnügungspark bauen. In Schonen ist das viel zu teuer.« War dies nun ein kleiner Stich gegen die ärmeren Smålånder oder gegen die schonischen Bauern, die auf ihrem Land sitzen bis in alle Ewigkeit? Die Schonen und die Schweden, das ist ein Thema für sich. Aber Ingrid Backmans Argument leuchtete uns ein, als wir uns in Richtung Vombsee, der nächsten Station der Wildgänse, bewegten: Kleine Straßen winden sich um riesige Felder, hier hat die Landwirtschaft das Sagen.

Zudem verbinden viele Schweden mit dem Nils Holgersson einen eher langweiligen Schmöker, der in der Schule zum Lesenlernen genutzt wurde. Das Wissen um die Einzigartigkeit dieses Buches setzt sich aber mehr und mehr durch. Einer, der sich sehr für die pädagogischen Fähigkeiten begeistern kann, die Selma Lagerlöf mit ihrem Werk bewies, ist der Heimatforscher Eric Mårtensson. Er ist Intendant des Schlosses Svaneholm, nördlich von Skurup, und hat insbesondere über ihre Zeit als Lehrerin in Landskrona geforscht.

Der ehemalige »Nils Holgersson Gården«, ein klassischer schonischer Vierkanthof, soll nach dem Brand im Jahre 2004 wieder neu aufgebaut werden.

Als wir ihn an einem regnerischen Sommertag im Schloss Svaneholm nach seiner Meinung zum Nils-Holgersson-Gården fragen, schüttelt er energisch den Kopf: So ein Hof könne niemals die Heimat armer Kätnerleute sein. Die Eltern Holgersson seien sehr arm gewesen, und dieser Bauernhof sei doch sehr groß. Auch habe Selma Lagerlöf Västra Vemmenhög nie gesehen, sondern den Ort nur wegen seines musikalischen Klangs ausgesucht. Es gebe lediglich eine ähnliche Geschichte, von ei-

nem Jungen in einem benachbarten Fischerdorf, der in ein Wichtelmännchen verwandelt worden sei, und die habe sie sicher gehört.
Für den Heimatforscher aber ist etwas anderes viel ausschlaggebender, nämlich die besondere pädagogische Fähigkeit und die starke Persönlichkeit, die die junge Lehrerin bereits in ihren ersten Berufsjahren gezeigt hat. Von 1885 bis 1897 lebte sie in Landskrona, und es gibt zahlreiche Spuren ihrer Arbeit, die er verfolgt hat. Dabei kam er zu dem Schluss, dass die junge und schon damals selbstbewusste Frau »eine interessante, spannende und ganz phantastische Pädagogin und moderne Volksbildnerin« war.
Mit 27 Jahren trat sie ihre erste Stelle an, und ihre Rektorin muss eine literarisch gebildete Frau gewesen sein, die allerdings mit großer Strenge unter Schülerinnen wie Lehrerinnen wirkte. Die junge Selma dagegen vertrat eine moderne Pädagogik: Sie wollte ihre Schülerinnen neugierig machen und zu selbstständigem Arbeiten anregen. Sie lehrte über Darwinismus, Sozialismus und Islam. Sie hielt Unterrichtsstunden im Freien, sie machte Nachtwanderungen mit ihren Schülerinnen, um den Sternenhimmel zu erklären. Sie ließ ihre Schülerinnen in Gruppen arbeiten, um sie die Zusammenarbeit mit anderen zu lehren, und sie wollte Selma genannt werden. Sogar aus ihrem in Landskrona entstandenen und noch nicht gedruckten Erstlingswerk »Gösta Berling« las sie ihren Schülerinnen vor.
Die Geschichte des Nils Holgersson ist aus Sicht von Eric Mårtensson ein Paradebeispiel für gelungene Pädagogik. Er sieht in dem gerade Vierzehnjährigen einen schwer erziehbaren Jugendlichen, der sozusagen ein soziales Experiment mitmacht. Ein geglückter Versuch der Rehabilitation, indem man den Delinquenten dazu bringt, mit anderen auszukommen und zusammenzuarbeiten – so wie man heutzutage Jugendliche in ein Arbeitskollektiv im hohen Norden des Landes versetzt oder auf einen Segeltörn mit Gleichaltrigen schickt.

Praktische Hinweise

Information: Skurups Turistbyrå, St. Torggatan 4, 27480 Skurup, Tel: (0)411/536058, Fax: (0)411/536090, www.skurup.se. Bei Redaktionsschluss war noch nicht bekannt, wie weit der Nils-Holgersson-Hof wieder aufgebaut wird; wer einen Besuch plant, erkundige sich besser im Turistbyrå Skurup. In der deutschen Ausgabe des »Nils Holgersson« heißt der Ort »Vämmenhög«; es handelt sich aber eindeutig um Västra Vemmenhög in der Kommune Skurup. **Svaneholms Slotts Museum**, 27432 Skurup, Tel/Fax: (0)411/40012, www.svaneholms-slott.se, geöffnet April und Sept. Mi–So 11–16 Uhr, Mai, Juni und Aug. Di–So 11–17 Uhr, Juli tägl. 10–17 Uhr.

Essen und Einkaufen: Restaurant in Schloss Svaneholm, Tel: (0)411/45040.

Anfahrt: Skurup liegt an der E65 von Malmö nach Ystad, ca. 30 km von Malmö. Västra Vemmenhög liegt ca.7 km südlich von Skurup, Svaneholm ca. 2 km nördlich von Skurup.

Tipp: Skolmuseet, Västra Vemmenhög, 27493 Skurup, Tel: (0)411/532182, geöffnet nur in der Hauptsaison, Erw. 15, Kinder 5 SEK. Hier geht es um das Thema Dorfschule von 1900 bis ca. 1970.

Vombsee und Övedskloster

BEGEGNUNG MIT SMIRRE

Der erste Tag der gemeinsamen Reise ist für den zahmen Gänserich Martin höchst anstrengend, und er ist froh, als sich die Schar der Wildgänse einen Schlafplatz am Ufer des noch winterlichen und von Eis bedeckten Vombsees sucht. Für Nils dagegen stellt sich nicht nur die Frage, wo er geschützt schlafen kann, sondern vor allem, wo er etwas zu essen finden soll. Doch zunächst hilft er dem völlig ermatteten Gänserich ins Wasser, damit dieser trinken kann. Zum Dank erhält der Junge einen kleinen Barsch. So hilft einer dem anderen, und die beiden beginnen, sich langsam anzufreunden.

Akka von Kebnekajse, die alte Anführerin der Wildgänse, ist wohl gewillt, den zahmen Gänserich in ihre Schar aufzunehmen, doch von dem ehemaligen Menschen Nils erwartet sie nur Schlechtes. Durch die freimütigen Antworten der beiden neuen Gefährten bezwungen, erlaubt sie diesen aber, sich mit ihr den Schlafplatz auf einer Eisscholle zu teilen.

Als in der Nacht das Eis, auf dem die Reisenden schlafen, das Ufer berührt, nutzt der Fuchs Smirre, der auf der östlichen Seite des Sees im Park von Övedskloster zu Hause ist, die Gelegenheit und fängt eine der Gänse. Zufällig ist es Akka selbst. Nils Holgersson springt ihm mutig nach. Er kann Akka befreien, wird aber seinerseits von Smirre auf einen Baum gejagt und dort festgehalten. Die gerettete Wildgans holt die anderen Gänse zu Hilfe, und gemeinsam jagen und täuschen die Wildgänse den Fuchs so lange, bis er völlig kraftlos auf einen Haufen welker Blätter niedersinkt.

Eine Woche lang halten sich die Gänse nun am Vombsee auf, eine Zeit, in der sich Martin und Nils bewähren sollen. Und wirklich hat Nils nicht nur Akka das Leben gerettet, sondern schafft es auch, noch zwei weitere gute Taten zu vollbringen und damit seinen Ruf als Helfer der Tiere zu festigen.
Im Park von Övedskloster nämlich ist ein Eichhörnchenweibchen gefangen und zu einem nahe gelegenen Bauernhof gebracht worden. Alle Bewohner sind entzückt von dem kleinen Tier, müssen aber verwundert feststellen, dass es sich offensichtlich nicht wohl fühlt: Es isst nicht und spielt nicht. Eine alte Frau, die am Abend am Fenster sitzt, sieht plötzlich einen winzigen Knirps heranschleichen und mit dem Eichhörnchen sprechen. Als er davonläuft und mehrmals wiederkehrt, um dem gefangenen Tier etwas in den Käfig zu geben, wird die alte Frau neugierig. Sie begreift mit einem Mal, dass das Wichtelmännchen die Jungen des gefangenen Eichhörnchens aus dem Wald holt und der Mutter zurückgibt. Als die alte Frau am nächsten Tag von ihren Beobachtungen erzählt, will ihr zunächst niemand glauben. Nachdem man aber die nackten Jungen im Käfig entdeckt hat, erklärt der Bauer: *»Das mag nun zugegangen sein, wie es will, aber so viel ist sicher, wir hier auf dem Hofe haben uns benommen, dass wir uns vor Tieren und Menschen schämen müssen.«*
Während der Tage am Vombsee, die nicht nur mit Abenteuern im Wald, in der Umgebung von Övedskloster und im nordöstlich gelegenen Vittskövle, sondern auch mit gemütlichem Baden, Weiden und Wettspielen angefüllt sind, wächst bei Nils der Wunsch, die Reise mit den Wildgänsen fortzusetzen. Doch zunächst werden er und der Gänserich Martin zu einem Morgenausflug eingeladen, der unter anderem über den Herrenhof von Övedskloster führt. Hier treiben die Wildgänse Schabernack mit einem Wachhund:
Als die Wildgänse in aller Frühe über den Herrenhof hinflogen, war noch kein Mensch zu sehen. Nachdem sie sich davon überzeugt hatten, ließen sie sich ganz nahe zur Hundehütte hinunter und riefen: »Was ist das hier für eine kleine Hütte? Was ist das hier für eine kleine Hütte?«

Sogleich kam der Hund zornig und wütend aus seinem Hause herausgerannt und bellte aus Leibeskräften.

»Nennt ihr das eine Hütte, ihr, ihr Landstreicher? Seht ihr nicht, dass das ein großes steinernes Schloss ist? Seht ihr nicht, was für schöne Mauern, wie viele Fenster, welche mächtigen Tore und welche prachtvolle Terrasse es hat, wau, wau, wau? Nennt ihr das eine Hütte, ihr? Seht ihr denn nicht den Hof, den Garten, die Gewächshäuser und die Marmorfiguren? Nennt ihr das eine Hütte, ihr? Haben die Hütten für gewöhnlich einen Park ringsum, wo es Buchenwälder und Haselnussgebüsch und Baumwiesen und Eichenhaine und Tannengehölze und einen Tiergarten voller Rehe gibt? Wau, wau, wau! Nennt ihr das eine Hütte, ihr? Habt ihr Hütten gesehen mit so vielen Nebengebäuden, dass sie einen ganzen Ort bilden? Ihr kennt wohl sehr viele Hütten, die eine eigene Kirche und ein eigenes Pfarrhaus haben und die über Herrenhäuser und Bauernhöfe und Pachthöfe und Amtswohnungen gebieten, wau, wau, wau! Nennt ihr das eine Hütte, ihr? Zu dieser Hütte gehört das größte Gut in ganz Schonen, ihr Bettelvolk! Nicht ein einziges Fleckchen könnt ihr da droben von eurer Höhe aus sehen, das nicht unter dieser Hütte stünde, wau, wau, wau!«

Der Hund brachte dies alles wirklich in einem Atemzug heraus; die Gänse flogen über dem Hofe hin und her und hörten ihm zu, bis er Atem schöpfen musste, dann aber riefen sie: »Warum bist du denn so zornig? Wir haben gar nicht nach dem Schloss gefragt, sondern nur nach deiner Hundehütte!«

Als Nils am Abend unter die Flügel seines Reisekameraden schlüpft, denkt er: *»Ja, so ein Leben würde mir gerade gefallen.«* Zunächst muss er befürchten, dass Akka einen Tierschinder wie ihn nicht mit auf die Reise nehmen würde, doch mittlerweile stehen die Chancen nicht mehr so schlecht. Schließlich berichten die Vögel des großen Parks von Övedskloster allenthalben von seinen Heldentaten. Akka hat eigentlich vor, sich bei dem Wichtelmännchen von Västra Vemmenhög für Nils zu verwenden und ihm wieder zu seiner ursprünglichen Gestalt zu verhelfen. Doch der Junge bittet darum, in die Schar der Wildgänse aufgenommen zu werden, und schließlich stimmt Akka dem zu.

»NENNT IHR DAS EINE HÜTTE, ihr Landstreicher?«, zetert der Hund, als die Wildgänse sich von oben herab über ihn lustig machen. Nein, als Hütte kann man Övedskloster wahrlich nicht bezeichnen, es gilt vielmehr als Schwedens schönstes Rokoko-Schloss. Unser erster Besuch fällt in die späten Nachmittagsstunden, und als das rötliche Sonnenlicht auf die großen Mauern fällt und wir über den 85 Meter langen Innenhof mit seinem Kopfsteinpflaster laufen, kommt uns das Schloss überaus prächtig vor. Allerdings wirkt die Pracht mittlerweile ein wenig verfallen: Die Farbe blättert von den Mauern, und das Repräsentative ist deutlich dem Landwirtschaftlichen gewichen. Dennoch ist Övedskloster beeindruckend.

Öffentlich zugänglich ist nur der große Park mit seinen Lusthäusern, gepflegten Wegen, Springbrunnen und Steinfiguren. Die Gebäude sind nach wie vor von der Familie bewohnt, die es sich zur Lebensaufgabe gemacht hat, das Schloss zu erhalten und – in gewissen Grenzen – auch der Öffentlichkeit zugänglich zu machen. Zum Schloss gehören ein großes Gut und ausgedehnter Wald. Die Familie lebt heute wie vor etlichen hundert Jahren von Land- und Forstwirtschaft.

Bei unserem zweiten Besuch haben wir Gelegenheit, uns mit dem derzeitigen Oberhaupt der Familie zu unterhalten: Hans Ramel ist der Inbegriff des adligen Landwirts, selbst als er uns hemdsärmelig und in Shorts begrüßt. Er erweist sich als belesen und hat Sinn für kulturelle Werte. Diese Haltung ist, so kann man sagen, über Jahrhunderte gewachsen, denn der Schlossherr ist Nachfahre eines Adelsgeschlechts, das immer auf die gleiche Art gelebt und sich in den Dienst der Tradition gestellt hat.

Am Anfang war Övedskloster wirklich ein Kloster, das nach der Reformation im 16. Jahrhundert von der dänischen Krone konfisziert wurde. Erst im 17. Jahrhundert ging es in Privatbesitz über. 1753 verkaufte es der damalige Besitzer Adam Lewenhaupt, der in französischen Dienst trat, an seinen Schwager. Dieser Hans Ramel war der erste einer langen Reihe von Hans oder Otto Ramels. »Mein Enkel, auch ein Hans, hat vor drei Monaten einen Sohn bekommen, und der wird sicherlich auch wieder Otto genannt«, berichtet der heutige Schlossherr schmunzelnd.
Dessen Vorfahr ließ ein neues Schloss im Stil des 18. Jahrhunderts errichten. Er hatte reichlich Geld von seinem Vater, Malte Ramel, geerbt und besaß noch etliche weitere Schlösser, weshalb er »Bygge-Hans«, Bau-Hans, genannt wurde. Er schuf mit dem 1776 fertig gestellten Schloss ein ziemlich imponierendes Gebäude, das noch heute einzigartig ist. Die Häuser sind aus Övedsklosters eigenem Sandstein gebaut, was sie vor allem im Nachmittags- und Abendlicht wunderschön leuchten lässt. Die Alleen, Wege, Haine und der Park erstrecken sich bis zum nahe gelegenen Vombsee, auf dem die Wildgänse eine Zeit lang ihr Lager aufgeschlagen haben.
Es vergeht kein Tag, an dem nicht die vier Springbrunnen ihre Schönheit zeigen. Das ist möglich, weil das Wasser vom höher gelegenen Wald stammt. »Speziell im Winter ist es sehr schön, wenn der Wasserstrahl zu einer einzigartigen Eisskulptur friert«, schwärmen die Familienmitglieder auf ihrer – übrigens hervorragend gestalteten – Internet-Seite. Es gibt auch einen aus alten Lindenhecken gebildeten Tunnel im Park. Von der Familie wurde er »Dunkler Tunnel« getauft, aber die Touristenfachleute sagen natürlich »Kärlekstunneln« (Liebestunnel) dazu.
Bygge-Hans war mit Amalia Beata Lewenhaupt verheiratet, einer faszinierenden Persönlichkeit. Die junge Frau hielt sich kaum an die damaligen Konventionen und kann durchaus als emanzipiert gelten: Noch am Hochzeitstag schnitt sie sich die langen Haare ab, um sich die umständliche Kämmerei zu sparen. Sie ging lieber jagen und fischen, als sich mit Hausfrauendingen abzugeben. Sie trug zwar ein Kleid, kombinierte dies aber mit Männerrock und Mütze. Sie war eine sportliche Reiterin, gebildet und

belesen, sie betrieb naturwissenschaftliche Studien, aber handarbeiten konnte sie nicht. Und sie rauchte Pfeife. Eine ungewöhnliche und starke Frau also, die von allen Menschen ihrer Umgebung sehr geliebt wurde.

1768, noch vor der Fertigstellung des Schlosses, war bestimmt worden, dass Övedskloster nie verkauft, sondern immer an den ältesten Sohn vererbt werden sollte. Dies hat nicht immer funktioniert: bereits der erste Sohn, ganz außer der Reihe ein Malte, starb ohne Kinder. Das Gut ging an seinen Neffen Hans Ramel über. Von da an aber hatten immer die ältesten Söhne das Sagen in Övedskloster. Obwohl es diese Art des so genannten Fideikommiss in Schweden seit den 60er Jahren nicht mehr gibt, wurde für einige Familien eine Ausnahme gemacht. Kinder wie Enkel mussten ihr Einverständnis geben, und nach den nächsten zwei Generationen soll erneut geprüft werden. »Wenn meine Enkelkinder also alles richtig machen, dann bleibt alles beim Alten«, sagt Hans Ramel, der 1957 das Amt von seinem Vater übernahm, »das Haus und die Gemäldesammlung gehören zusammen und sollen in der Familie verbleiben. Der Staat nimmt durch einen Steuernnachlass Rücksicht auf Familien wie unsere, weil wir zeigen, dass es möglich ist, das Schloss als Zuhause zu erhalten.«

Der heutige Schlossherr ist Ende Siebzig und hat die Geschäfte 1980 an seinen Sohn Otto übergeben. Wir treffen uns in seinem gemütlichen Büro, an seiner Seite ein norwegischer Elchhund namens Mika. »Ich hätte eigentlich Karr mitbringen müssen«, lacht der alte Herr und zeigt uns damit gleich zu Beginn unseres Gesprächs, dass er seinen »Nils Holgersson« gut gelesen hat. Er spricht hervorragend Deutsch, wie so viele Schweden der älteren Generation. Eine Schwester seiner Großmutter, die in der Nähe von Malmö wohnte, war befreundet mit Selma Lagerlöf, und zudem gab es auf einem der Pachthöfe einen Arzt, dessen Frau aus Värmland stammte und gut mit der Familie Lagerlöf bekannt war. Als die Großmutter, die sehr großes Interesse an Literatur, Kunst und Musik hatte, erfuhr, dass Selma Lagerlöf auf dem Pachthof zu Besuch war, lud

Das Övedskloster am Vombsee gilt als schönstes Rokokoschloss Schwedens. Innenhof und französische Parkanlage sind öffentlich zugänglich.

sie die Schriftstellerin ein. »Die Geschichte vom Eichhörnchen ist zwar erfunden, aber sonst sah hier vor hundert Jahren alles exakt so aus wie heute«, sagt Hans Ramel. Auch der 13 Quadratkilometer große (und besonders schöne) Vombsee, an dessen Nordufer Smirre die Gänse jagte, gehörte damals zu Övedskloster. Heute besitzt die Stadt Malmö zwei Drittel des Sees und nutzt dessen Wasser.

Für die erste Ausgabe des »Nils Holgersson« konnte man sich nicht auf einen Illustrator einigen, und so wurden Fotos verwendet. Von Övedskloster sind eine Allee und ein Springbrunnen zu sehen. Erst später gab es dann die Illustrationen von Bertil Lybeck.

Zusammen mit seiner Frau Madeleine Douglas hat Hans Ramel viele Jahre, bis zur Übergabe an seinen Sohn, im Schloss gewohnt. »So ist das mit alten Häusern: Ich weiß nicht, ob ich ein Teil des Hauses bin, oder das Haus ein Teil von mir«, sagt er. Doch eines weiß er ganz sicher und betont es während unseres Gesprächs mehrmals: Die Familie möchte nicht sehen, dass das Schloss zu einem Museum wird. Zugleich ist sie sich ihrer Verantwortung für die kulturellen Werte bewusst und öffnet das Haus für Führungen. Gegen eine Gebühr und nach Voranmeldung dürfen sich Gruppen die Räume ansehen, oft geführt von Hans Ramel selbst. »Es gibt aber auch Touristen, die sich nicht anmelden, und es ist schon einmal eine Marmorstatue gestohlen worden«, ärgert sich der Hausherr. Im Park finden die Besucher Schilder, auf denen darum gebeten wird, die Privatsphäre zu beachten.

Wir jedoch kommen in den Genuss eines kleinen Rundgangs durch die Gemächer, in denen wirklich schöne Möbel zu bewundern sind und die Ahnenbilder an der Wand Auskunft über die interessante Familiengeschichte geben. Die Familie selbst wohnt im zweiten Stock des Schlosses, wo es kleinere Räume gibt, doch hier unten trifft man sich noch heute zu Familienfeierlichkeiten. Bei drei Kindern, acht Enkelkindern und demnächst den Urenkeln sind die repräsentativen Räume nicht zu groß für derartige Anlässe. Für uns Normalsterbliche ist diese Begegnung durchaus faszinierend: Wann hat man schon mal Gelegenheit, ein Schloss zu besichtigen, in dem noch gelebt wird?

Praktische Hinweise

Information: **Sjöbo turistbyrå,** Gamla Torget, Sjöbo, Tel: (0)416/27201, Fax (0)416/511036, www.sjobo.se/turism.htm. **Arena Övedskloster AB** (auch Schlossverwaltung), Övedskloster, 27594 Sjöbo, Tel: (0)46/63063 oder (0)705/563063, Fax: (0)46/63042, www.ovedskloster.com, lediglich der Park ist zugänglich, täglich 9–16 Uhr.

Anfahrt: 40 km östlich von Malmö. Von dort Riksväg 11 Richtung Simrishamn, 7 km vor Sjöbo rechts abbiegen, dann noch ca. 7 km.

Essen und Einkaufen: Ganz in der Nähe von Schloss Övedskloster gibt es einen kleinen Fischladen, der guten, frischen Fisch anbietet, Tel: (0)46/63130.

Tipps: Am **Vombsee** gibt es einen schönen, versteckten Badeplatz mit Sandstrand; vom Schloss auf der Straße Richtung Riksväg 11 um den Schlosspark herum und dann einen kleinen Weg rechts zum See. Von Övedskloster sind es nach Nordosten auf kleinen Straßen ca. 40 km bis zum **Schloss Vittskövle** bei Degeberga, das im »Nils Holgersson« auch eine wichtige Rolle spielt. Das Wasserschloss selbst ist nur von außen zu besichtigen, in der Nähe gibt es ein gemütliches Café mit selbst gebackenem Kuchen, **Widtsköfle Café,** geöffnet im Sommer, Mo geschlossen, Tel: (0)44/350035.

Glimmingehus
DER KAMPF DER RATTEN

Bevor Nils Holgersson mit den Wildgänsen vom Vombsee aus weiterziehen kann, muss er erneut ein Abenteuer bestehen und beweisen, dass er im Notfall zu gebrauchen ist. Diesmal geht es um die alte Burg Glimmingehus.

Im südöstlichen Schonen, nicht weit vom Meere entfernt, liegt eine alte Burg, Glimmingehaus genannt. Sie besteht aus einem einzigen hohen, großen und starken steinernen Bau, den man in der ebenen Gegend meilenweit sehen kann. Sie hat nur vier Stockwerke, ist aber so mächtig, dass ein gewöhnliches Bauernhaus, das auf demselben Gute steht, sich wie ein Puppenhäuschen dagegen ausnimmt.

Die äußeren Mauern und die Zwischenwände und Wölbungen dieses steinernen Hauses sind alle so dick, dass im Innern kaum noch für etwas anderes Raum ist als für die dicken Quermauern. Die Treppen sind eng, die Gänge schmal, und es sind nur wenig Zimmer da. Und damit die Mauern ihre Stärke behalten sollten, ist auch nur eine kleine Anzahl Fenster in den oberen Stockwerken angebracht worden, in dem untersten aber sind überhaupt nur kleine Lichtöffnungen. In den alten Kriegszeiten waren die Menschen nur zu froh, wenn sie sich in ein so großes, starkes Haus einschließen konnten, wie jemand jetzt im eisig kalten Winter froh ist, wenn er in seinen Pelz hineinkriechen kann. Aber als die gute Friedenszeit kam, wollten die Leute nicht mehr in den dunklen, kalten steinernen Räumen der Burg wohnen; sie haben schon seit langer Zeit Glimmingehaus verlassen und sind in Wohnungen gezogen, in die Luft und Licht hineindringen können.

Zu der Zeit, als Nils mit den Wildgänsen reist, ist Glimmingehus nicht von Menschen bewohnt, nur der Storch Herr Ermenrich und seine Frau nutzen neben anderen Tieren die alten Gemäuer. Die Hauptbewohner sind jedoch Hunderte von Schwarzratten, die bei den übrigen Tieren in hohem Ansehen stehen. Dies hat damit zu tun, dass diese Schwarzratten im Kampf gegen ihre erbittertsten Feinde, das Volk der grauen Ratten, besondere Standfestigkeit gezeigt haben. Die grauen oder Wanderratten sind Einwanderer, die mittlerweile das ganze Land besitzen.

Nur in Glimmingehus sitzen die letzten der schwarzen Ratten, denn das Haus ist für Menschen wie für Ratten uneinnehmbar. Als sich nun aber die schwarzen Ratten wie alle Tiere auf den Weg zum großen Fest auf dem Kullaberg machen, da bleiben nur die Schwachen und Kranken zurück, und dies wollen die Grauen nun zu einem letzten großen Angriff nutzen.

Mit dieser Botschaft kommt Herr Ermenrich zu Akka, die beschließt, den Einwohnern von Glimmingehus gemeinsam mit Nils zu Hilfe zu kommen. Und wirklich, als sich die grauen Ratten schon von Stockwerk zu Stockwerk emporgearbeitet haben, da ertönt von unten vom Hof her der Ton einer Pfeife. Mitten auf dem Hof steht ein kleiner Knirps, der auf der Pfeife bläst. Und da die Ratten diesen Tönen nicht widerstehen können, lockt Nils sie aus Glimmingehus heraus und weit fort. Das Instrument hat Akka von der Turmeule Flammea erhalten, die es in einer Nische der Domkirche zu Lund gefunden hat. Der Rabe Bataki, ein alter Freund Akkas, war hier der Vermittler, und so half wieder einmal ein Tier dem anderen.

Herr Ermenrich aber, der sich zuvor noch über Akka und ihren Knirps lustig gemacht hat, leistet nach der großen Tat des Jungen bei beiden Abbitte, und so beschließen die beiden alten und bei den Tieren hoch angesehenen Vögel, dass Nils, obzwar ein Mensch, einem ganz besonderen Schauspiel beiwohnen darf: dem Kranichtanz auf dem Kullaberg.

ALS SELMA LAGERLÖF für den »Nils Holgersson« recherchierte, diente Glimmingehus lediglich als riesiger Kornspeicher. Es war ein beeindruckender Bau in einer eher flachen bäuerlichen Landschaft, kulturhistorische Bedeutung besaß er offensichtlich nicht. Heute gilt Glimmingehus als die bestbewahrte mittelalterliche Burg des Nordens, ist touristisch perfekt erschlossen und zieht Mittelalterforscher aus aller Welt an. Es ist eines von mehreren Beispielen, das zeigt, wie schlafwandlerisch sicher Selma Lagerlöf die wichtigsten Punkte ihres Landes herausgreift. Nicht selten schreibt sie über Gebäude oder Denkmäler, die zu ihrer Zeit neu oder unbenutzt waren, mittlerweile jedoch als touristische Attraktionen Schwedens gelten.

Wenn man im Fall von Glimmingehus von einer Burg spricht, so ist das nicht ganz richtig. Das massige, durch seine Höhe und seine schmalen Fenster jedoch fast elegant wirkende Gebäude ist eines von zahlreichen »festen Häusern«, die sich Adlige und Bürger Ende des 15. Jahrhunderts bauten. Die meisten dieser festen Häuser waren bewohnt und vergleichsweise komfortabel. Glimmingehus aber ist mehr ein Bollwerk, mit seinen dicken Mauern, schmalen Fenstern und dem einzigen Eingang, umgeben von einem Wallgraben. Zugleich diente es dazu, den Reichtum seines Besitzers zu zeigen. Der Erbauer sorgte nicht nur dafür, dass das Gebäude praktisch uneinnehmbar war, sondern ließ zudem zahlreiche listige »Todesfallen« für mögliche Einbrecher einrichten. Wie man heute aber vermutet, wurde Glimmingehus nie angegriffen, es hätte den »modernen« Kanonen wohl nicht widerstanden. Und so hat die Burg die Jahrhunderte überlebt und darf noch heute den Zwanzig-Kronen-Schein zieren.

In den Sommermonaten allerdings muss es den Angriff zahlreicher Touristen über sich ergehen lassen. An diesem frühen Julimorgen ist der kopfsteingepflasterte Hof bereits proppevoll. Kinder wuseln herum und Jugendliche stecken zur Probe den Kopf durch den Pranger. Mittelalterlich gewandete junge Damen bringen Laternen mit Kerzen, mit denen sie die engen Treppen des düsteren Baus beleuchten.

Als wir vor dem Eingang stehen, fällt unser Blick sogleich auf die große Steintafel darüber. Glimmingehus' Erbauer, der dänische Ritter Jens Holgersen Ulfstand, hat sie zur Erinnerung an sich, an seine beiden Ehefrauen und an die Grundsteinlegung im Mai 1499 anbringen lassen. Zu dieser Zeit, der Übergangszeit vom Mittelalter zur Renaissance, gehörte Schonen zu Dänemark. Unser Führer, ein junger Mann in mittelalterlicher Kleidung, spricht breitestes Schonisch und ist für nicht Dänisch sprechende Touristen nur schwer zu verstehen. Er berichtet von Jens Holgersen Ulfstand, von dem man nicht viel mehr weiß, als dass er als »Schonens letzter Ritter« gilt. Er war Ritter, Reichsrat und Admiral der dänischen Flotte und muss sehr ehrgeizig und geschickt gewesen sein.

Jens Holgersen Ulfstand war dem dänischen König treu ergeben und bekam dafür nicht nur die reiche Insel Gotland als Lehen, sondern auch einen Freibrief zum Kapern: »Am besten war es, die Hanseschiffe zu kapern, aber die Lieblingsfeinde waren natürlich die Schweden«, meint unser Führer. Im Wallgraben, der zu Lebzeiten des Gründers auch als Müllabladeplatz diente und später zugeschüttet wurde, hat man reichlich Importmaterial gefunden, das von der Blüte dieser Zeit erzählt. Der Graben, der in den 30er Jahren des 20. Jahrhunderts ausgeschachtet wurde, ist eine wahre Fundgrube für Archäologen. Hier kamen die teuersten Gegenstände zum Vorschein, die es Anfang des 16. Jahrhunderts in Europa zu kaufen gab. Glas aus Venedig, gepresstes Steingut mit Motiven aus dem Rheingebiet, spanische Keramik, maximilianische Rüstungsgegenstände, all dies zeugte vom besonderen Reichtum des Jens Holgersen. Unser Rundgang beginnt im Keller, in der Gesindestube und der Küche, wo ein Frischwasserbrunnen dafür sorgte, dass auch in Belagerungszeiten niemand hätte verdursten müssen. Der Sage nach soll in diesen Brunnen

Glimmingehus, das massive Haus des »letzten Ritters von Schonen«, beherrscht die Ebene mit den rechtwinkligen Feldern.

ein Geheimgang münden. In der Mitte des Küchenbodens gab es einen Herdplatz für das offene Feuer. Hier standen die großen Kessel auf ihren drei Beinen. Die Wärme des Herdes wurde durch Kanäle in den Wänden nach oben geleitet, der Rauch durch eine Schornsteinmauer ebenso. »Hier war es immer warm, und von hier aus verbreitete sich mal mehr und mal weniger Wärme durch die Warmluftkanäle«, berichtet unser Führer. Heute ist das Haus wesentlich kälter – 400 Jahre lang nicht geheizt, das bekommt man nicht mehr warm.
Eine Treppe führt nach oben in die Burgstube mit ihrer gewölbten Decke und einem Steintisch, der in die tragende Säule eingebaut ist.

Neben der Tür zu den privaten Wohnräumen des Hauses steht der »Wilde Mann«, eine Steinfigur mit einer Keule und einem gefangenen Hasen. Zum so genannten Wohnraum dann gehörte sogar eine Art Badezimmer, ein Ausguss in einer Fensternische. »Im Mittelalter badete man gerne«, berichtet unser Führer, »zu Hause oder in den vielen Badehäusern der Städte.« Auch einen Abort, den so genannten Privé, gibt es im Haus, eine Art Vogelkasten, der an der Burgwand hing. Man konnte ein Licht in eine Nische stellen und sich auf ein Brett mit einem großen Loch setzen. Mit sichtlichem Spaß erzählt unser Führer einige recht deftige Geschichten aus dieser Zeit, als man bei größeren Festlichkeiten und größerem Andrang auch zu zweit auf dem Abort saß und sich mit einem kleinen Spaten den Hintern säuberte. Wer bei einer Erbschaft diesen Spaten bekam, der konnte sicher sein, den größten Schatz ergattert zu haben.

Im zweiten Obergeschoss erwartet uns der große Festsaal, in dem uns der Führer Aufstellung nehmen lässt, wie es sich zu der fraglichen Zeit gehörte: die Damen auf der einen, die Herren auf der anderen Seite. Die Besucher haben offensichtlich viel Spaß, sich als Ritter oder adlige Dame des ausgehenden Mittelalters zu fühlen. Von hier werden wir in den erstaunlichsten Raum des Hauses geführt, Kemenate, Kirche oder Prunkgemach genannt. Eine Reihe von Steinreliefs des deutschen Künstlers Adam von Düren ist in die Wände eingemauert. Sie sind aus gotländischem Sandstein und vollkommen unbeeinflusst von Wind und Wetter. Hier gibt es einen eigenartigen »Gartentisch«, der den Forschern immer noch Rätsel aufgibt, denn er ist mit dem Datum 1487 versehen – zwölf Jahre vor Beginn des Hausbaus. Über den ganzen Raum zerbrechen sich die Wissenschaftler nach wie vor den Kopf, denn er hat keine sichtbare Funktion.

Das dritte Obergeschoss wird Schützenboden genannt: Über die 18 Öffnungen mit Holzluken sollte der Feind abgewehrt werden. Von diesem Stockwerk aus kommt man auch in die »Pechnase«, der Nordwand, einem Erker, von dem aus man geschmolzenes Blei über Angreifer gießen konnte. Trotz aller Verteidigungsanlagen und »Todesfallen« aber war die

Burg bereits bei ihrem Bau veraltet. Warum wurde sie dann so gebaut und nicht moderner? Vermutlich war Jens Holgersen nach vielen Jahren als Krieger und Lehnsherr wie viele andere der Zeit von einer nostalgischen Leidenschaft besessen: Er versuchte, die entschwundene Ritterzeit wieder zu beleben. Er war eben der »letzte Ritter Schonens«. Dazu gehörte auch ein Hofleben mit importierten Luxusgegenständen, Turnierspielen und ausufernder Pracht.

Nach Jens Holgersens Tod lebte man hier normalen Großbauernalltag und so erlebte das Haus nur eine kurze Blütezeit. Knapp 50 Jahre lang war es eine prächtige, wenn auch nicht gerade bequeme Wohnstatt für den dänischen Hochadel. Dann wurde es etwa 400 Jahre lang als Magazin genutzt. Seit 1924 gehört es dem Staat, der es durch das Zentralamt für Denkmalpflege höchst professionell verwalten lässt. Die lange Nutzung als Kornspeicher erwies sich als Vorteil für die Mittelalterforscher, denn das Gebäude wurde niemals umgebaut oder erweitert. Es sieht aus, als hätte das Haus 400 Jahre lang geduldig auf die Historiker gewartet, und ebenso geduldig erträgt es in unserer Zeit Unmengen von Besuchern, die sich Tag für Tag durch die engen Treppen schleusen lassen.

Glimmingehus ist heute touristisch perfekt genutzt: Es gibt Gespensterwanderungen durch die Burg, man kann sich im Pfeil- und Bogenschießen üben, einen Kräutergarten entdecken, Turniere erleben und vielerlei mehr. Viel wurde auch an die jüngsten Besucher gedacht, und unsere Älteste hat heute noch ihr Namensschild über ihrer Tür hängen: eigenhändig mit Federkiel auf Papier geschrieben. Darüber hinaus wird das ganze Jahr über ein Programm für Schulen angeboten, unter anderem mit Übernachtung im mittelalterlichen Zelt. Nicht nur Jens Holgersen Ulfstand war romantisch: Die kleinen Ritter und Burgfräulein in Europas Schulen sind es nicht weniger.

Praktische Hinweise

Information: Glimmingehus, 27656 Hammenhög, Tel: (0)414/18620, Fax: (0)414/186 27, www.raa.se/glimmingehus, geöffnet April, Mai, Sept. tägl. 11–16 Uhr, Juni–August tägl. 10–18 Uhr, Eintritt 50 SEK, Kinder (7–18) 20 SEK, Führungen in der Nebensaison am Wochenende, in der Hauptsaison täglich, auch Englisch, Fr–So auch auf Deutsch.

Anfahrt: 12 km südwestlich von Simrishamn. Ausgeschildert vom Riksväg 9 und 11.

Essen und Einkaufen: Restaurant, Café und Museumsladen; deutsche Broschüre empfehlenswert.

Tipps: Sommerprogramm mit Gespensterwanderung, Erzählabenden, Kinderführungen und Musikvorstellungen, Mittelalterfestival im August mit Turnierspiel, Theater und Handwerk.

Der Kullaberg

DAS FRÜHLINGSFEST DER TIERE

Während Nils noch die grauen Ratten von Glimmingehus fortlockt und ihnen mit Hilfe des Storchs entkommt, entführt Selma Lagerlöf ihre Leser schon an den nächsten Ort, nämlich auf die Halbinsel Kullaberg an der Westküste von Schonen:

Der Kullaberg ist niedrig und lang gestreckt, er ist durchaus kein großes, mächtiges Gebirge. Auf dem breiten Bergrücken liegen Wälder und Felder, und da und dort eine mit Heidekraut bewachsene Fläche. Es ist da oben weder besonders schön noch besonders merkwürdig, und es sieht da gerade so aus wie auf jeder andern hochgelegenen Gegend in Schonen.

Wer die mitten über den Kamm des Berges hinlaufende Landstraße einschlägt, sagt sich unwillkürlich: »Dieses Gebirge verdient seine Berühmtheit gar nicht. Es gibt hier nichts Sehenswertes.«

Aber dann geschieht es vielleicht, dass er vom Wege abweicht und an den Rand des Berges tritt und über den schroffen Abhang hinabschaut, und da entdeckt er auf einmal so viel Sehenswertes, dass er kaum weiß, wie er alles auf einmal betrachten soll.

Denn der Kullaberg steht nicht wie andere Gebirge auf dem Festlande mit Ebenen und Tälern ringsherum, sondern er hat sich gleichsam so weit ins Meer hineingestürzt, wie er überhaupt konnte. Nicht das kleinste Stückchen Land liegt unten am Berg, das ihn gegen die Meereswogen schützte; diese können ganz dicht bis an die Felswände heran, können sie auswaschen und nach Belieben formen.

Deshalb stehen die Gebirgswände dort auch so reich verziert da, wie das Meer und dessen Mithelfer, die Winde, sie zugerichtet haben. Da sind schroffe, tief in die Bergseiten hineingeschnittene Schluchten und schwarze, hervorspringende Felsen, die unter den beständigen Peitschenschlägen des Windes blank gescheuert sind. Da sind einzelstehende Felsensäulen, die senkrecht aus dem Wasser aufragen, und dunkle Grotten mit engen Zugängen. Da finden sich steile, nackte Felswände und sanfte, bewachsene Abhänge, dann wieder kleine Felsvorsprünge und Buchten sowie kleine Rollsteine, die mit jedem Wogenschlag rasselnd umhergespült werden. Da stehen auch stattliche Felsentore, die sich über dem Wasser wölben, und spitzig aufragende Steinblöcke, die beständig mit weißem Schaum überspritzt werden, und wieder andere, die sich in schwarzgrünem, unveränderlichem, stillem Wasser spiegeln.

Die merkwürdigen Bergwände mit dem weiten blauen Meer davor und der schimmernden scharfen Luft darüber, das alles zusammen macht das Kullagebirge den Menschen so lieb, dass den ganzen Sommer hindurch große Scharen von ihnen jeden Tag hinaufziehen.

Auch sämtliche Tiere des Landes finden sich alljährlich im März hier zu einer großen Zusammenkunft ein, um die Wiederkehr des Frühlings zu feiern. Es ist ein Fest, bei dem Burgfrieden herrschen soll und kein Tier vor dem anderen Angst zu haben braucht. Jede Tierart zeigt vor allen anderen ihre Künste, besonders auf den Tanz der Kraniche sind die Zuschauer gespannt. Nils darf als erster Mensch an diesem Schauspiel teilnehmen.

Dabei muss er miterleben, wie Smirre den Frieden des Festtages stört und eine der Wildgänse tötet. Zur Strafe wird der hinterhältige Fuchs von seinen Artgenossen des Landes verwiesen, und damit alle Tiere wissen, dass er in Schonen vogelfrei ist, beißt ihm der Älteste der Füchse die Spitze des rechten Ohres ab. Von nun an verfolgt Smirre die Wildgänse und den Däumling mit abgrundtiefem Hass und versucht, ihnen das Leben schwer zu machen, sooft er nur kann.

WER DIE MITTEN ÜBER DEN KAMM *des Berges hinlaufende Landstraße einschlägt, sagt sich unwillkürlich: »Dieses Gebirge verdient seine Berühmtheit gar nicht. Es gibt hier nichts Sehenswertes.«* Würde dieser Satz in einem Reiseführer stehen, wäre man schnell geneigt, weiterzublättern. Aber wir sind bei Selma Lagerlöf, und die lässt ihren wenig einladenden Worten die begeisterte und begeisternde Schilderung einer Landschaft folgen, die zu den schönsten Südschwedens zählt. Hier auf dem Kullaberg erhält die Geschichte der Wildgänse ihre spannende Wendung, als der Fuchs Smirre durch seinen Mord den Frieden des großen Kranichtanzes stört.

Wie so oft leitet Selma Lagerlöf die Geschichte mit einer detaillierten Landschaftsbeschreibung ein, die nahezu unverändert auch für die heutige Zeit gelten könnte. Der Bergrücken erstreckt sich auf einer Halbinsel zum Meer hin und ist bis in unsere Tage mit Wäldern, Wiesen und Heideflächen bedeckt. Allein die Felder wird man sich wegdenken müssen, denn die Landwirtschaft wurde vom Tourismus nahezu verdrängt. Auch heute noch ist *das Kullagebirge den Menschen so lieb,* dass, wie schon zu Lebzeiten der Autorin, *den ganzen Sommer hindurch große Scharen von ihnen jeden Tag hinaufziehen.*

Wir tun es ihnen gleich und lassen unser Auto an der Naturschutzparkgrenze stehen. Es ist ein windiger Tag, doch hier im Wald merkt man nicht viel davon. Auf kleinen Pfaden, vorbei an schottischen Hochlandrindern, nähern wir uns dem Wesentlichen des Kullabergs, der Küste. Der für Wanderer ausgewiesene schmale Pfad, der uns einmal um die ganze Halbinsel führen soll, steigt leicht bergan, und zwischen den dicht bewachsenen Bäumen tut sich plötzlich ein wunderbarer Blick auf: Vor uns liegt das Meer, in der Nähe von weißen Schaumkronen bedeckt, in der Ferne verschwommen im Dunst. Tief unter uns hört man die Brandung an den Klippen, und wir bleiben eine Weile stehen, um den Ausblick zu genießen. Wer nun einen der vielen Pfade zum Strand abwärts läuft, wird eine Enttäuschung erleben, denn die vielen Höhlen, die hier angepriesen sind, erweisen sich meist als kleinere Schluchten oder unbedeutende Löcher. Nein, der Kullaberg ist von oben am besten zu würdigen, und wer an den grünen Wiesen vorbei in Richtung Leuchtturm läuft, der kann sich so richtig in die Geschichte des kleinen Däumlings und der Wildgänse hineinversetzen.

Der Kullaberg mit seiner steil abfallenden Küste ist Schauplatz des Frühlingsfestes, zu dem alle Tiere zusammenkommen.

Gerade hier könnte der Platz gewesen sein, an dem die Tiere zu ihrer Zusammenkunft kamen, an dem die Kraniche ihren wilden und Sehnsucht weckenden Tanz tanzten. Hier, gerade diese Wiese mit dem kurz geschorenen Gras könnte doch der Schauplatz gewesen sein – plopp: da vernehmen die Besucher ein sirrendes Geräusch, sehen einen kleinen weißen Ball fliegen und hören das dumpfe Geräusch des Aufpralls. Wo nämlich damals die Kraniche tanzten, dort spielt man heute Golf, und

Wer zum kleinen Leuchtturm an der Spitze des Kullaberges hinunterklettert, kann bei etwas Seegang wundervolle Gischtfontänen erleben.

das schöne alte Gasthaus, an dem diejenigen vorbeikommen, die mit dem Auto bis kurz vor den Leuchtturm fahren, gehört zum Golfclub und sieht recht teuer aus.

Zum Höhepunkt unserer Wanderung aber gehört der Abstieg zum kleineren Leuchtturm an der Spitze der Halbinsel. Während der große Turm mit Kiosk, Duft nach Pommes frites und Automatenkaffee sowie einem kleinen, aber interessanten Museum ein wenig profan wirkt, kann man sich hier an windigen Tagen, von der Brandung umtost und von Gischt angeblasen, wie am Ende der Welt fühlen.

Der Rückweg an der Südseite der Halbinsel entlang zeigt eine völlig andere Landschaft: große Heideflächen mit Hochlandrindern, weniger Bäume als Büsche und nach kurzer Zeit ein grandioser Blick auf Mölle. Diesen hübschen Fischerort mit seinen Jahrhundertwende-Häusern und den großen Modellschiffen in den Verandafenstern hat Selma Lagerlöf nicht erwähnt. Für die müden Wanderer aber ist der Blick von der Terrasse des altmodisch-verstaubten Grand Hotels mindestens so viel Begeisterung wert wie der Tanz der Kraniche – von der heißen Schokolade ganz abgesehen, die unsere vom Wind durchgepusteten Knochen wieder wärmt.

Praktische Hinweise

Information: **Höganäs Turistbyrå,** Stadshuset, Centralgatan 20, 26382 Höganäs, Tel: (0)42/337774, Fax: (0)42/337762, www.hoganas.se, **Naturschutzgebiet Kullaberg,** 26042 Mölle, Tel: (0)42/347201, http://www.skane-online.se/kullaberg/, ganzjährig zugänglich, Parkplätze am Eingang, Eintritt frei, Gebühr für Fahrzeuge.
Anfahrt: ca. 35 km nördlich von Helsingborg, von dort Riksväg 111 Richtung Höganäs und weiter nach Mölle.
Essen und Einkaufen: Restaurant neben dem Leuchtturm, Café und Restaurant in Mölle im Grand Hotel (siehe unter Tipps) mit wunderbarer Aussicht über das Meer.
Tipps: Schöner **Badeplatz** zwischen Mölle und der Spitze des Kullabergs an der Südseite. **»Nimis«,** aus Treibholz zusammengenageltes, riesiges begehbares Kunstwerk von Lars Vilks, abgelegen und etwas schwer zugänglich auf der Nordseite der Halbinsel, aber faszinierend! Informationen unter www.vilks.net. In der Umgebung gibt es mehrere **Keramikwerkstätten.** Im **Grand Hotel Mölle,** Bökebolsvägen 11, 26042 Mölle, Tel (0)42/362230, Fax, (0)42/362231, www.grand-molle.se, übernachtet man nicht billig, aber sehr stilvoll.

Blekinge

Blekinge, ganz im Südosten des Landes, ist für schwedische Verhältnisse winzig. Rund 40 Kilometer breit, erstreckt es sich gerade mal 110 Kilometer entlang der Küste. Es ist ganz der Ostsee zugewandt. Nach Norden, zu Småland hin, bedecken die Misch- und Nadelwälder fast zwei Drittel des Landes, dagegen liegen vier der fünf großen Orte in der Nähe des Meeres und auch die Hauptverbindungsstraße (E 22) verläuft immer der Küste entlang. Ebenso ist die Wirtschaft immer noch zum Meer hin ausgerichtet. Zwar spielt die Fischerei wirtschaftlich kaum mehr eine Rolle, aber die Seefahrt ist nach wie vor wichtig: Es gibt Fährverbindungen nach Polen, Lettland und Litauen, Karlshamn zählt zu den größten Handelshäfen des Landes, und in Karlskrona ist die Marine seit jeher prägend.
Selma Lagerlöf beschreibt Blekinge als große Treppe mit drei Stufen, die von Småland zum Meer hin abfällt. Auf der obersten Stufe ist es kalt und unwirtlich, hier wachsen Birken und Nadelbäume; auf der mittleren Stufe ist die Erde bereits so gut, dass sich zwischen den Laubwäldern Äcker und Dörfer ausbreiten; auf der untersten Stufe ist von småländischer Kälte nichts mehr zu spüren. Die Städte liegen zwischen fruchtbaren Äckern, die schönen Häuser und kostbaren Kirchen zeugen von Reichtum durch Handel und Seefahrt. Zu dem sprechenden Bild findet Selma Lagerlöf auch noch eine einprägsame Geschichte: Ein Riese, der auf der obersten Treppenstufe lebte, wollte gerne frischen Lachs essen, war aber zu faul, zum Meer hinab zu laufen. Also nahm er große Felsbrocken und schleuderte sie ins Meer. Die Lachse sprangen vor Schreck die Flüsse hinauf und hörten nicht auf, bis sie auf der obersten Stufe bei dem Riesen anlangten. Noch heute sind die Flüsse in Blekinge für ihren Lachs berühmt, und der Schärengarten mit seinen über 800 Inseln erinnert an die ins Meer geschleuderten Felsbrocken.

Ronneby Brunn

DIE NACHT IM KURPARK

Nach dem Kranichtanz auf dem Kullaberg beschließt die Wildgänseschar endgültig, das Lager am Vombsee abzubrechen und weiterzufliegen. Da aber in Småland noch alles gefroren ist, versuchen die Gänse durch Blekinge nach Osten und dann entlang der milderen Ostküste nordwärts zu kommen.

Während die Wildgänse die erste Nacht auf einem Moor verbringen, schleicht sich Nils in ein nahe gelegenes Dorf. Dabei erfasst ihn Sehnsucht nach den Menschen. Als er das Gespräch zweier Eulen belauscht, erfährt der Däumling, dass auch er wieder ein Mensch werden darf, wenn es ihm gelingt, den Gänserich Martin unbeschadet nach Hause zu bringen.

Bei Nebel und Regen erreichen die Reisenden am zweiten Abend den Ronnebyfluss, an dem sie zunächst ein gut geschütztes Nachtlager finden. Der Fuchs Smirre aber, aus Schonen verbannt, hält sich zufällig auch in der Gegend auf. Er verfolgt die Gänse von Schlafplatz zu Schlafplatz, und erst spät finden die Tiere endlich die ersehnte Nachtruhe. In Ronneby Brunn, einem Kurbad mit Parkanlage, das zur Stadt Ronneby gehört, lassen sie sich auf dem Balkon eines der dortigen Sommerhäuser nieder.

Aber eine Strecke südlicher von der Stadt, nicht weit vom Meere, liegt die Ronnebyer Heilquelle mit ihrem Bade- und Quellenhaus, mit großen Gasthöfen und Sommerwohnungen für die Badegäste. All dies steht den ganzen

Winter hindurch öde und leer, was alle Vögel zur Genüge wissen, und viele Vogelscharen suchen bei harten, stürmischen Zeiten auf den Altanen und Veranden der großen Gebäude Schutz. Hier ließen sich die Wildgänse auf einem Balkon nieder, und ihrer Gewohnheit nach schliefen sie sogleich ein. Der Junge saß auf einem Balkon, der nach Süden ging, so dass er die Aussicht auf das Meer hatte.

Smirre muss wütend einsehen, dass er den Gänsen nicht beikommen kann. Er bietet Akka an, die Schar in Ruhe zu lassen, wenn sie ihm den Däumling ausliefert, den er als seinen eigentlichen Gegner erkennt. Akka lehnt ab: *»Von der jüngsten bis zur ältesten ist keine unter uns, die nicht gern das Leben für ihn lassen würde.«*

DAS TRADITIONSREICHE RONNEBY BRUNN galt zur Zeit der Jahrhundertwende, als Selma Lagerlöf die Wildgänse hier rasten ließ, als das schwedische Kurbad schlechthin. Bereits Anfang des 18. Jahrhunderts war hier aus der noch heute existierenden Quelle getrunken worden. Dem Wasser wurden Heilkräfte übernatürlicher Art nachgesagt, die ihre Wirkung entfalten sollten, wenn man mit ihm in Berührung kam. Später wurde die medizinische Wirkung der im Wasser gelösten Mineralien entdeckt. Wasser mit hohem Eisengehalt, wie Ronneby Brunn es besitzt, wurde unter anderem gegen Blutarmut eingesetzt.

1846 begann mit dem Ausbau der Quelle die Wende zu einem richtigen Kurbad. Die Gäste wohnten anfangs in Ronneby und suchten Ronneby Brunn lediglich auf, um Gesundheitsbäder zu nehmen und die eisenhaltigen »Drinks« zu konsumieren. 1873 wurde der Kurpark angelegt, der von einem großen und naturbelassenen Wald umgeben ist, in dem heute Jogger ihre Runde drehen. Der Kurpark zog den Bau von hübschen Holzvillen nach sich. Sie erinnern heute noch an die Zeit, als für die vornehme Gesellschaft Europas ein Kuraufenthalt eben zum guten Ton gehörte und mit allerlei Vergnügungen verbunden war.

Die Sommervillen, die gemietet werden konnten, wie auch ein Restaurant mit komfortablem Salon wurden per Dampfschiff aus Göteborg angeliefert. Das 1876 fertig gestellte Badehaus Nr. 1 galt seinerzeit als das größte des Landes, und vier private Bauherren erhielten die Erlaubnis, ihre eigenen Sommerdomizile hier zu errichten. Drei davon stehen heute noch und geben dem wunderschönen und gut gepflegten Park seine unverwechselbare Prägung. Mit ihren verwaschenen Pastellfarben wirken sie etwas heruntergekommen, doch unbestreitbar romantisch. Eine leicht angestaubte Schönheit, die darum nur liebenswerter wird. Heute werden sie als Büro-, Konferenz- und Ausstellungsgebäude oder als Jugendherberge genutzt. In einem ehemaligen Lazarett in der Nähe können es sich die Besucher in einem gemütlich eingerichteten Wiener Café gut gehen lassen. Zentrum des Parks und Ausgangspunkt aller Spaziergänge aber ist das 1897 errichtete Wahrzeichen des Ortes, die säulengeschmückte Brunnenhalle.

Von 1880 bis zum Ende des 19. Jahrhunderts wurde Ronneby Brunn umgebaut und für die 200-Jahr-Feier im Jahr 1905 vorbereitet. Es entstand ein riesiges Luxushotel, 1897 fertig gestellt, von dem gesagt wurde, es sei Nordeuropas größte Holzkonstruktion. Die Gäste kamen aus ganz Europa, und 1906 wurde mit 2309 Besuchern ein Rekord verzeichnet. Eine Kur dauerte fünf bis sechs Wochen. Natürlich waren die Kurgäste in Zeiten, in denen es noch keine Krankenkassen gab, überwiegend wohlhabend. Aber auch die Landbevölkerung und im Hotel untergebrachte Patienten (die »freien Trinker«) durften von dem kräftigenden Mineralwasser profitieren.

Von 1920 an nahm die Zahl der Gäste jedoch ab, das Trinken aus Brunnen wurde unmodern, und der Betreiber, die Ronneby Helsobrunn AB, ging in Konkurs. Es war eben nicht mehr »in«, zur Kur nach Ronneby Brunn zu fahren, man bevorzugte die Seebäder an der Küste. Einige der schönen Holzgebäude sind durch Brände zerstört worden, andere mussten abgerissen werden. 1959 brannte auch das große Hotel bis auf die Grundmauern ab; es wird gemunkelt, dass es sich dabei um einen »warmen Abriss« handelte.

Nach einem längeren Dornröschenschlaf wird Ronneby Brunn heute wieder zu neuem Leben erweckt. Während sich auf der anderen Seite des Ronnebyflusses ein so genanntes Soft-Center mit etlichen IT-Firmen etabliert hat, steht diesseits des Flusses wieder die Gesundheit im Vordergrund. Die Hotelkette Radisson SAS hat im Jahr 2002 ein neues Ronneby Brunn Hotel entstehen lassen, das architektonisch gut an das altmodische Milieu des Parks angepasst ist. Nebenan, wo zuvor lediglich eine Sauna und ein Massageraum für Wohlbefinden sorgten, ist eine moderne Spa-Anlage entstanden, die erneut Besucher aus nah und fern anziehen soll.

»Für Ronneby war es damals wie heute ein großer Glücksfall, dass es ein Hotel gab«, sagt Ann-Christin Fyhr, die das neue Spa als Pächterin führt. Die elegant gekleidete Geschäftsfrau arbeitet eng mit dem Hotel zusammen, die Räume sind Eigentum der Stadt, die sich auch am Um- und Neubau beteiligt hat. Neben zehn Behandlungsräumen gehört auch ein öffentliches Hallen- und Freibad dazu.

Doch von Kur ist schon lange nicht mehr die Rede, es geht vielmehr um Wellness. »Wir behandeln die Menschen auf vielerlei Art«, sagt Ann-Christin Fyhr, die sich daran erinnert, dass auch ihre Urgroßmutter jeden Sonntag zum Brunnen kam, um das Mineralwasser zu trinken. »Man weiß eigentlich nicht so recht, wofür es gut war«, meint sie – und das gilt im Grunde auch für vieles, was heutzutage angeboten wird. Im 21. Jahrhundert gibt es eben Spezialisten für Ayurveda, Yoga, Pilates, Tai Chi, Hot Stone (Massage mit heißen Steinen aus Mexiko) und wie die modernen Wellness-Anwendungen alle heißen. Oft sind es Firmen, die ihren Mitarbeitern einen oder mehrere Tage im Spa spendieren, und so hat sich die Zahl der Behandlungen auf rund 300 pro Woche eingependelt. Ann-Christin Fyhr hat ein Lieblingsobjekt unter den Neuheiten,

Der kleine Brunnenpavillon im Park von Ronneby Brunn ist zum Wahrzeichen des Kurortes geworden.

das sie selbst ganz gerne nutzt, wie sie lachend zugibt. Es nennt sich Floating: eine komfortable Wanne mit Deckel. Es handelt sich dabei um ein Bad in warmem Salzwasser, das salziger ist als das des Toten Meeres. »Das ist unglaublich entspannend. Man liegt wie in seiner eigenen Welt«, schwärmt die ansonsten eher nüchterne Geschäftsfrau.
So bietet Ronneby Brunn für vielerlei Geschmack etwas: für Computerfachleute, für Freunde der Wellness und für Nostalgiker. In einem Punkt aber sind wir nicht fündig geworden: Selbst vom höchsten Punkt des Parks, von der hübschen und beeindruckenden Direktörsvilla aus, kann man nicht das Meer sehen. Auch die Besteigung des waldigen Hügels oberhalb des Parks hat nichts erbracht als flüchtende Rehe. 100 Jahre Bewuchs haben dafür gesorgt, dass die Besucher auf den Meeresblick verzichten müssen. Oder sollte Selma Lagerlöf hier nicht so gründlich wie sonst recherchiert haben?

Praktische Hinweise

Information: **Ronneby Turistbyrå,** Västra Torggatan 1, 37230 Ronneby, Tel: (0)457/18090, Fax: (0)457/17444, www.ronneby.se/turist oder gleich www.ronneby.se/brunnsparken.
Anfahrt: Zwischen Karlshamn und Karlskrona an der E 22, in Ronneby Richtung Ronneby hamn.
Essen und Einkaufen: Stilvolles Wiener Café im ehemaligen Brunnslazarett am Rand des Kurparks.
Tipps: Günstig übernachtet man im Vandrarhem, Övre Brunnsvägen 54, 37236 Ronneby, Tel: (0)457/26300, das in einer alten Villa im Kurpark untergebracht ist, oder in der Villa Nora, Norra Rönningevägen 3, 37238 Ronneby, (0)457/31404.

Karlskrona
DIE MARINESTADT

Von Ronneby aus fliegen die Vögel bei Regen und Sturm ostwärts, um sich auf einer Felsinsel einen Schlafplatz zu suchen, der ihnen Schutz vor dem Fuchs Smirre bietet. Aus der Luft kommt dem Däumling die Stadt, die sie schließlich ansteuern, wie eine bergige Insel mit großen, scharfen Felsblöcken vor, die von großen Meeresungetümen umgeben ist. Oben auf dem Gipfel entdeckt er einen Angst einflößenden Riesen, der die Arme in die Höhe reckt. Erst beim Anflug erkennt Nils die Stadt Karlskrona: die Meeresungetüme sind große Kriegsschiffe, die rings um die Insel verankert sind, und der Riese entpuppt sich als Kirche mit zwei Türmen. Von dieser Kirche aus, auf deren Turm die Wildgänse schließlich Unterschlupf gefunden haben, durchstreift der unternehmungslustige Junge die nächtliche Stadt. Er klettert am Blitzableiter des Doms herunter und steht auf dem Markt vor dem Denkmal des Stadtgründers Karls XI., einer Furcht einflößenden Gestalt:

»Was hat denn dieser Lippenfritze hier zu tun?«, sagte der Junge schließlich. Noch nie hatte er sich so klein und ärmlich gefühlt wie an diesem Abend. Er versuchte sich aufzuraffen, indem er etwas Keckes sagte. Dann dachte er nicht mehr an das Standbild, sondern bog in eine breite Straße ein, die zum Meer hinunterführte.

Aber er war noch nicht lange gegangen, als er hörte, dass jemand hinter ihm herging. Vom Markt her kam jemand, der mit schweren Füßen auf das Pflaster stampfte und seinen Stock auf den Boden aufstieß. Es klang fast, als hätte der große Mann aus Bronze, der drüben auf dem Markte stand, sich auf den Weg gemacht.

Anstatt nun geradeaus zu gehen, um womöglich an die Werft zu gelangen, bog der Junge in eine nach Osten führende Straße ein. Er wollte dem, der hinter ihm herkam, um jeden Preis ausweichen.

Aber gleich darauf hörte er den Bronzenen auch in diese Straße einbiegen. Da erschrak der Junge so sehr, dass er einfach nicht wusste, was er tun sollte. Da sah er zu seiner Rechten eine alte, aus Holz gebaute Kirche, die etwas abseits von der Straße an einer großen Anlage stand. Er bedachte sich nicht einen Augenblick, sondern stürzte auf die Kirche zu.

Während er dahinstürmte, sah er plötzlich einen Mann auf einem Sandweg stehen, der ihm winkte. »Das ist gewiss jemand, der mir helfen will«, dachte der Junge; es wurde ihm ganz leicht ums Herz, und er eilte auf den Mann zu. Er hatte wirklich Herzklopfen vor lauter Angst.

Aber als er bei dem Mann angekommen war, der am Rande des Weges auf einem kleinen Schemel stand, stutzte er sehr. »Der kann mir doch nicht gewinkt haben«, dachte er; denn jetzt sah er, dass der ganze Mann aus Holz war.

Er blieb vor dem Mann stehen und betrachtete ihn. Es war ein grob geschnittener Kerl mit kurzen Beinen, breitem, rotem Gesicht, glänzendem schwarzen Haar und einem schwarzen Vollbart. Er hatte einen schwarzen hölzernen Hut auf dem Kopf, auf dem Leib einen braunen hölzernen Rock, um die Mitte eine schwarze hölzerne Schärpe, an den Beinen weite, graue hölzerne Hosen und Strümpfe und an den Füßen schwarze Holzschuhe. Er war überdies frisch gestrichen und gefirnisst, so dass er im Mondschein glänzte und gleißte; und das war es wohl auch, was ihm ein so gutmütiges Aussehen gab, dass der Junge sogleich Vertrauen zu ihm fasste.

Es machte dem Jungen so viel Vergnügen, den hölzernen Mann anzusehen, dass er den andern, vor dem er geflohen war, ganz vergaß. Aber jetzt hörte er ihn wieder. O weh! Auch er verließ die Straße und kam in den Kirchhof herein.

Gerade in diesem Augenblick sah er, dass der Hölzerne sich verbeugte und seine breite hölzerne Hand ausstreckte. Man konnte ihm unmöglich etwas

Böses zutrauen, und mit einem Satz stand ihm der Junge auf der Hand. Und der Hölzerne hob ihn zu seinem Hut empor und steckte ihn darunter.
Der bronzene König und der hölzerne Mann mit Namen Rosenbom kommen ins Gespräch. Verborgen unter dem Hut des Hölzernen macht Nils gemeinsam mit den beiden lebendig gewordenen Skulpturen einen Rundgang durch die Stadt und das Hafengelände, unter fachkundiger Führung der zwei alten Haudegen, die unbehelligt von irgendwelchen Wachhabenden das nächtliche Militärgelände betreten dürfen.

IN KARLSKRONA haben wir zum ersten Mal festgestellt, wie gut es sich auf den Spuren Nils Holgerssons wandeln lässt. Wie später noch sehr oft saßen wir im August 1990 in einem Café und haben ein Kapitel aus dem Buch vorgelesen, um anschließend die Route abzulaufen: vom Stortorget (Markt) die Södra Kungsgatan hinunter, geradeaus weiter durch die Parkanlage Admiralitätstorget, nach Osten in die Vallgatan und dann rechts zur Admiralitätskirche. Wir waren überrascht, wie genau man heute noch den Beschreibungen im Buch folgen kann und wie spannend es ist, herauszufinden, was aus Selma Lagerlöfs Zeiten heute noch Gültigkeit hat.

Diesmal sitzen wir auf dem Stortorget, im Rücken den Lippenfritze, vor uns den Dom (Fredrikskyrka) und genießen in der Nachmittagssonne ein Eis. Wir machen eine Vorlesepause, und die lebendige Schilderung unserer Autorin lässt alles ganz deutlich vor unseren Augen erstehen: die nächtlichen Straßen, den menschenleeren Platz, die Ehrfurcht gebietende Figur auf ihrem Sockel. Der Lippenfritze ist wirklich so hässlich wie Selma Lagerlöf ihn beschrieben hat, mit der Zeit noch dazu schwarz geworden von den Autoabgasen. Das große Standbild wurde 1897 von John Börgesson geschaffen und stellt König Karl XI. dar, der die Stadt gegründet hat. Für uns ist es eine sonderbare Vorstellung, dass diese Skulptur noch keine zehn Jahre alt war, als Selma Lagerlöf sie beschrieben hat, so uralt und von der Zeit angefressen steht sie heute da.

König Karl XI. hatte 1679 beschlossen, einen neuen Flottenstützpunkt zu bauen, und man entschied sich für Trossö im heutigen Schärengebiet von Karlskrona als Standort. Von hier aus waren die schwedischen Gebiete auf der Südseite der Ostsee gut zu erreichen. Eine völlig neue Stadt sollte aus dem Boden gestampft werden, in der neben Werftarbeitern auch Handwerker und Kaufleute leben sollten. Dabei gingen die Verantwortlichen nicht gerade zimperlich vor: Die Nachbarstadt Ronneby verlor ihr Stadtrecht, ihre Bewohner mussten umziehen. Stadtplaner Erik Dahlberg machte sich ans Werk, und in Windeseile wurde die neue Stadt aufgebaut.

Die Aufteilung der Stadt geschah streng nach Standesunterschieden. Es gab großzügige Siedlungen für hohe Offiziere mit prunkvollen Gebäuden. Dahinter entstand die Marinewerft, am Ostufer wurden große Lager- und Wohnhäuser für Kaufleute gebaut, und am westlichen Ufer von Trossö lebten die Werftarbeiter in einfachen Häusern. Der Stortorget, über den nahezu jede schwedische Stadt verfügt, bildete mit seinen drei öffentlichen Gebäuden das Zentrum: das Rathaus im Westen, die Fredrikskirche (Dom) im Osten und auf der Südseite die Dreifaltigkeitskir-

Der Gründer der Marinestadt Karlskrona, Karl XI., steht wie vor hundert Jahren auf dem Marktplatz und schiebt seine Unterlippe vor.

che, die zur deutschen Gemeinde gehörte und bis heute tyska kyrka heißt.

Wir machen uns nun auf den Weg zur ältesten Kirche Karlskronas, der Admiralitätskirche Ulrica Pia, benannt nach der Frau König Karls. Damit die Stadt möglichst schnell über eine Kirche verfügen konnte, wurde das Gebäude 1685 aus Holz gebaut. Hier steht Rosenbom, der dem Däumling Unterschlupf gewährt. Der Weg zieht sich recht lange hin, führt aber an vereinzelten sehr schönen Häusern mit Jugendstilelementen vorbei. Die Stadt hat einen ganz besonderen Charme, aber nichts von einem Museum an sich. Hier mischen sich schöne und hässliche Elemente, und alles wirkt recht lebendig.

An der Admiralitätskirche amüsiert sich gerade ein junges Pärchen damit, Rosenboms Hut zu lupfen und Kleingeld in diese so genannte Armenbüchse zu stecken. Die Kirche selbst ist Schwedens größte Holzkirche, innen schön ausgeschmückt, doch an Bekanntheit wird sie vom Alten Rosenbom weit übertroffen. Die Holzfigur stammt vermutlich aus dem Jahr 1793 (ist vielleicht auch älter) und hat eine spannende und leicht martialische Geschichte zum Hintergrund. Man kann sie auf einem Zettel, der in der Kirche ausliegt, in hervorragendem Deutsch nachlesen.

Mats Rosenbom war ein Marinesoldat im 17. Jahrhundert, ein Oberbootsmann, der mit seiner Frau zwölf Kinder hatte. Sein Unglück begann mit einem Fieber, das ihn so hinfällig werden ließ, dass man im Staatsdienst keine Verwendung mehr für ihn hatte. Er erhielt »gnädigen Abschied« und stand nun ohne Arbeit und Lohn da. Um dennoch ein Auskommen zu haben, erhielt Rosenbom einen Bettelschein. Im Dezember 1717 machte er sich auf einen seiner Rundgänge, und bald war sein Bettelsack mit Gaben gefüllt. Man sparte in den Häusern auch nicht an Schnaps für den Bettler, und Mats war bald ziemlich betrunken.

Als er zum Dank für die Gaben eine große Verbeugung mit gezogenem Hut machen wollte, fiel dieser zu Boden. Der Kapitän, bei dem er gerade zu Besuch war, lachte, setzte ihm den Hut wieder auf und meinte,

»Wenn Ihr meinen Dank haben wollt, müsst Ihr schon selbst meinen Hut abnehmen«: Der hölzerne Rosenbom als Armenbüchse vor der Admiralitätskirche.

wolle man von Mats Rosenbom Dank haben, so müsse man schon selbst dessen Hut abnehmen. Dies gefiel Rosenbom, und als er eine Weile später zu dem reichen Galionsbildhauer Kolbe kam, versuchte er es mit dem gleichen Scherz. Kolbe jedoch fand das gar nicht amüsant und schlug den Bettler nieder. Als Mats wieder zu sich kam, lag er in einer Schneewehe. Mühsam und vor Kälte zitternd schleppte er sich zur Kirchentreppe. Als Kolbe zum Neujahrsgottesdienst zur Kirche kam, mit dem guten Vorsatz, dem Bettler eine Wurst zu spendieren, da fand er Rosenbom steif im Schnee stehend – erfroren.

Getrieben vom schlechten Gewissen spendete der Galionsbildhauer eine fein geschnitzte Armenbüchse in der Gestalt Mats Rosenboms. Und so muss man noch heute dessen Hut abnehmen, will man einige Münzen hineinstecken. Was nun den Rosenbom unserer Tage betrifft, so ist das rote Gesicht, das Selma Lagerlöf beschrieben hat, nicht mehr rot, sondern gelb, der Vollbart ist grau geworden.

In der Erzählung wandern die beiden ungleichen Standbilder, seine Majestät Karl XI. und der ehemalige Oberbootsmann Mats Rosenbom, mit Nils Holgersson in seinem Versteck von der Admiralitätskirche aus in Richtung Hafen und zur Schiffswerft. Ungehindert marschieren die beiden Standbilder an einer Schildwache vorbei und besichtigen gemeinsam einen Saal mit Modellschiffen. Der Junge ist so beeindruckt von seiner Geschichtsstunde, dass er seine Angst vergisst, zuletzt doch aus seinem Versteck herauskommt und ein begeistertes (und patriotisches) *»Ein Hurra für Dich, Lippenfritze!«* ausruft.

Wir aber haben keinen königlichen Begleiter, der uns an der Schildwache vorbeischleust, und so müssen wir uns anderswo umsehen. Glücklicherweise sind die Modelle und Galionsfiguren heute noch zu besichtigen, und das 1997 eingeweihte Marinemuseum auf der Insel Stumholmen ist sehr empfehlenswert, auch für Besucher, die sich sonst nicht so recht für dieses Thema erwärmen können. Der lang gestreckte Bau liegt direkt am Hafen, und das Meer ist so viel wie möglich in das Konzept mit eingebunden. Immer wieder geben große und kleine Fenster den Blick frei auf das Wasser, das heute in der Spätnachmittagssonne glitzert.

Innen veranschaulichen zum Teil lebensgroße Puppen das Leben rund um Bootsbau und Kriegsschifffahrt. So sieht man eine Mannschaft beim Laden einer Kanone, die auf ein vor dem Museum im Wasser liegendes Schiff abgefeuert werden soll. Im Keller gibt ein Tunnel Einblick in die Unterwasserwelt, die sich rund um gesunkene Gegenstände bildet: Muscheln, Pflanzen, Fische. Als wir im Saal mit den großen und beeindruckenden Galionsfiguren stehen, fährt gerade ein altes Holzboot ein. Durch die großen Fenster beobachten wir die Heimkehr des Dreimasters, und plötzlich vermischen sich die Zeiten. Sind wir Teil des 21. Jahrhunderts oder wandern wir mit Lippenfritze, Rosenbom und Nils umher?
Im oberen Stock des Museums beginnen regelmäßig Führungen zu Karlskrona als Weltkulturerbe. Es gibt in Schweden 14 Objekte dieser Art. Karlskrona gehört seit 1998 in seiner Gesamtheit dazu, da es als außerordentlich gut erhaltenes Beispiel für eine europäische, geplante Marinestadt gilt.

Praktische Hinweise

Information: Karlskrona Turistbyrå, Stortorget 2, 37134 Karlskrona, Tel: (0)455/303490, Fax: (0)455/303494, www.karlskrona.se/turism.
Marinemuseum: Stumholmen, 37132 Karlskrona, Tel: (0)455/359302, Fax: (0)455/359349, www.marinmuseum.se, geöffnet Juni–Aug.: tägl. 10–18 Uhr; Sept.–Mai: Di–So 11–17 Uhr, Eintritt frei.
Anfahrt: Zwischen Malmö und Kalmar an der E 22, in Karlskrona Richtung Zentrum.

Öland

Öland, gut 130 Kilometer lang und nur knapp 20 Kilometer breit, ist von allen schwedischen Landschaften die kleinste und ein Teil der Provinz Kalmar. Heute gilt es wegen des überdurchschnittlich guten Wetters als die schwedische Blumen- und Ferieninsel. Im Sommer vervielfacht sich die Zahl der rund 25.000 Einwohner, und selbst das schwedische Königshaus unterhält dort die Sommerresidenz Solliden, deren Park auch der Öffentlichkeit zugänglich ist. Lange Zeit war die Insel Stützpunkt der wichtigsten Handelsrouten über die Ostsee, wovon eine Fülle von Denkmälern von der Steinzeit bis in die Gegenwart zeugt. Heute, im Zeitalter von Auto und Flugzeug, liegt sie trotz der sechs Kilometer langen Brücke, die sie mit dem Festland verbindet, eher abseits. Wer sich Form und Beschaffenheit der Insel einprägen möchte, sei auf Selma Lagerlöfs Beschreibung verwiesen, die in diesem Kapitel wiedergegeben wird.

Die Südspitze von Öland

DAS VOGELPARADIES

Von Karlskrona aus fliegen die Wildgänse nach Öland und vermeiden so den Landweg über Småland, um dem Fuchs Smirre auszuweichen: *»Wenn ihr ihm ganz entgehen wollt, müsst ihr ein paar Tage auf der Südspitze der Insel verweilen. Es gibt dort Nahrung in Hülle und Fülle und auch gute Gesellschaft«*, rät ihnen eine Graugans. Der Flug ist ziemlich beschwerlich, doch als die Reisenden die Insel erreichen, finden sie ein wahres Paradies für Tiere vor:

Auf dem südlichsten Teil von Öland liegt ein altes Krongut, das Ottenby heißt. Es ist ein sehr großes Gut, das sich von einem Ufer zum anderen quer über die Insel erstreckt, und das Merkwürdige an ihm ist, dass es von jeher ein Aufenthaltsort für große Tierscharen war. Im siebzehnten Jahrhundert, als die Könige nach Öland fuhren, um dort zu jagen, war das Besitztum ein einziger großer Wildpark. Im achtzehnten Jahrhundert war ein Gestüt dort, in dem edle Rassepferde gezüchtet wurden, und außerdem noch eine Schäferei mit vielen hundert Schafen. In unsern Tagen gibt es da weder Vollblutpferde noch Schafherden. Statt ihrer sind große Scharen junger Pferde da, die für unsere Kavallerieregimenter bestimmt sind.

In dem ganzen Lande gibt es gewiss keinen Hof, der ein besserer Aufenthaltsort für Tiere aller Art wäre. Die östliche Küste entlang liegt die alte Schäferwiese, die, eine Viertelmeile lang, die größte Wiese Schwedens ist, und dort können die Tiere ebenso frei weiden und spielen und sich tummeln wie in der Wildnis. Und da ist auch der berühmte Hain von Ottenby mit den hundert-

jährigen Eichen, die Schatten gegen die Sonne spenden und Schutz vor dem strengen Ölandswind gewähren. Und dann darf man die lange Mauer von Ottenby nicht vergessen; diese läuft quer über das Eiland hin und schließt Ottenby von der übrigen Insel ab.

Aber dass es viele zahme Tiere auf Ottenby gibt, ist noch lange nicht alles. Nicht allein Hirsche von dem alten Stamme sowie Hasen und Brandenten und Rebhühner halten sich mit Vorliebe dort auf, sondern dieses Gut ist im Frühling und Spätsommer auch der Ruheplatz für Tausende von Zugvögeln; und auf dem sumpfigen östlichen Strand unterhalb der Schäferwiese lassen sie sich hauptsächlich nieder, um da zu weiden und auszuruhen.

Hier auf Öland lernt der Gänserich Martin die junge Graugans Daunenfein kennen, deren einer Flügel aus dem Gelenk gesprungen ist. Nils hilft ihr, den Flügel wieder einzurenken, und gemeinsam setzen sie die Reise mit den Wildgänsen fort.

IN UNSEREN TAGEN zieht es vor allem Vogelbeobachter an die südliche Spitze von Öland. In großen Scharen kommen sie nach Ottenby, die schweren Feldstecher um den Hals oder das Stativ auf dem Rücken. Wir aber machen uns zunächst mit der Landschaft Südölands vertraut, die – wie einige andere von Selma Lagerlöf beschriebene Orte – in die Liste des Unesco-Weltkultur- und Naturerbes aufgenommen worden ist.

Natur und Kultur bilden hier eine interessante Einheit: Der Reichtum an Nahrung dient bis heute zahlreichen zahmen wie auch wilden Tierarten als Lebensgrundlage, und die Bewirtschaftung durch Menschen über

Jahrhunderte hinweg hat für den Erhalt dieses einzigartigen Landstrichs gesorgt. In der Begründung des Unesco-Komitees im Jahr 2000 heißt es: »Die Landschaft ist ein einmaliges Beispiel dafür, wie die Menschen die vielfältige Landschaft auf bestmögliche Weise nutzen.«

Um sich ein möglichst umfassendes Bild von der gesamten Insel zu machen, ist es wieder einmal ratsam, den »Nils Holgersson« zu Rate zu ziehen. Deshalb beginnen wir den Tag mit einer Vorlesestunde in der alten Steinkirche von Resmo. Im Kapitel »Der große Schmetterling« denkt Nils an ein Gespräch, das er belauscht hat und das die Entstehung der Insel wunderbar anschaulich macht. Ein alter Schäfer erzählt einem jungen von der Zeit, in der die Schmetterlinge ungeheuer groß gewesen sind: »*Und da hat es wohl einmal einen viele Meilen langen Schmetterling gegeben mit Flügeln so breit wie Meere. Diese Flügel waren so wunderschön blau und silberschimmernd, dass alle andern Tiere stehen blieben und dem Schmetterling verwundert nachschauten, wenn er durch die Luft dahinflog.*« Aber der Schmetterling war zu groß und zu schwer für seine Flügel, und als er sich auf die Ostsee hinauswagte und ein Sturm aufkam, fiel er ins Meer und strandete an einem Felsenriff. Hier verkalkte der Körper allmählich und wurde hart wie Stein. Schaut man sich Öland auf der Landkarte an, kann man sich diesen Schmetterlingskörper ohne Flügel sehr gut vorstellen. Über die Jahre hinweg kamen Samenkörner angeweht, doch die Erde war hart, und so gab es nur karges Riedgras, später *Schafschwingel, Sonnenröschen und Hunderosensträucher*, wie es bei Selma Lagerlöf heißt. Angeschwemmter Tang, Sand und Muscheln, herabstürzende Steine und Geröll sorgten für das breitere Ufer, wo Getreide, Blumen und Bäume wachsen konnten, doch oben, auf dem harten Schmetterlingskörper, weideten nur Schafe und Kühe und junge Pferde. So gibt es auch keine Häuser auf dem Gelände, das man »Stora Alvaret« nennt, nur die Reste der Steinhütten, in denen die Schäfer Zuflucht vor dem strengen Wind suchten.

Mit seinen 260 Quadratkilometern ist Stora Alvaret die weltweit größte Landschaft dieser Art. Das Wort »Alv« bezeichnet die Schicht, die direkt unter der Erde liegt: ein steriler Kalksteinboden, der nicht zu kultivieren

ist. Das dünne Erdreich des Alvaret ist ständig extremer Trockenheit oder Überschwemmung ausgesetzt, die Pflanzen und Tiere dort müssen sich gut an die raue Umgebung anpassen. Das von Selma Lagerlöf erwähnte Sonnenröschen oder der Alvarwermut zum Beispiel sind endemisch, das heißt, es gibt diese Pflanzen nur an diesem Ort.
Eine Voraussetzung für diese Pflanzen ist die offene Landschaft. Die alte Tradition der Beweidung durch Vieh verhindert, dass Wacholdersträucher und Strauch-Fingerkraut überhand nehmen, und sorgt auf diese

Die Windmühlen auf der Hochfläche »Stora Alvaret« von Öland können auf ihren hölzernen Drehgestellen nach dem Wind ausgerichtet werden.

Weise für Pflanzenreichtum. Wer sich die Vielzahl der Blumenarten ansehen möchte, kann das insgesamt 380 Kilometer lange Netz von Hohlwegen nutzen, mit denen das gesamte Gebiet durchzogen ist. Diese Wege sind infolge der langjährigen Benutzung tief ausgetreten, also nur für Fußgänger geeignet.
Hier oben weht ständig der Wind, und so ist es nicht verwunderlich, dass man eine hölzerne Windmühle nach der anderen vorfindet. Es heißt, dass früher jeder Bauer seine eigene besaß, denn vor 200 Jahren waren Windmühlen ein Zeichen des Wohlstands. In der Mitte des 19. Jahrhunderts gab es auf der Insel fast 2000 Windmühlen, rund 350

davon sind heute noch erhalten. Und wenn man den Wind blasen hört, dann meint man, ebenso wie Selma Lagerlöfs alter Schäfer, auf dem mächtigen und vermeintlich kargen Hochplateau eine Sehnsucht zu spüren – die Sehnsucht des Schmetterlings nach seinen Flügeln.

Auf unserer Fahrt sehen wir alte Bauernhöfe, die fast alle nach dem gleichen Grundriss gebaut sind. Sie bestehen aus einem umbauten rechteckigen Grundstück mit voneinander durch Zäune oder Mauern abgetrennten Wohn- und Wirtschaftsgebäuden. Diese teilen das Gehöft in einen Bereich für Menschen und einen für Tiere auf. Von der Straße aus sieht man zunächst nur eine lange Reihe Scheunen, was manchen Orten etwas Abweisendes gibt. Ein schmales Loch in der Scheunenmauer oder ein geöffnetes Hoftor geben den Blick frei auf die hübschen alten Wohnhäuser mit ihren gedrechselten Veranden und mit Blumen bewachsenen Innenhöfen. Solche Reihendörfer gab es im Mittelalter in weiten Teilen Nordeuropas; die Dörfer im südlichen Öland sind die letzten ihrer Art. Ein besonders sehenswertes Beispiel ist der Ort Lilla Frö im Westen der Insel. Wir kommen am alten Krongut Ottenby vorbei, einem von fünf Königshöfen, die König Gustav Vasa auf Öland errichten ließ. Es befindet sich nach wie vor in staatlichem Besitz und wird von einem Pächter bewirtschaftet. Im dazugehörigen Ottenby Lund leben auch die Nachkommen der Damhirsche, die Johann III. 1569 hier angesiedelt hat. Dieser, ein Sohn Gustav Vasas, hatte 1569 ganz Öland zum königlichen Jagdrevier erklärt und brachte damit die Bevölkerung in große Schwierigkeiten. Die Bauern durften weder Holz noch Laub sammeln, und auch Waffen waren ihnen verboten. So konnten sie das frei umherstreifende Wild nicht mehr von ihren Äckern vertreiben, und insbesondere die Wildschweine richteten großen Schaden an.

1694 wurde dem Weidevieh der Zugang zum Hain versperrt, um die damals jungen, heute dreihundertjährigen Eichen zu schützen. Das Jagdrevier bestand bis 1801; danach wurde das dazugehörige Alvaret durch niedrige Steinmauern aufgeteilt, die noch heute typisch für das Gelände sind. Das gesamte Gut Ottenby, an dessen nördlicher Grenze die Mauer König Karls X. Gustav verläuft, ist Naturschutzgebiet und von April bis

August für Besucher gesperrt. Lediglich die markierten Wanderwege sind das ganze Jahr über geöffnet.
Wir aber fahren mit dem Auto weiter südlich, um dem Leuchtturm namens »Långe Jan«, zu Deutsch »Langer Jan«, einen Besuch abzustatten. Auf einem großen Parkplatz hinter der Mauer empfängt uns ein junger Mann mit dem obligatorischen Feldstecher um den Hals. Später erfahren wir, dass sämtliche Mitarbeiter des Museums »Naturum«, zumeist junge Leute mit großer Liebe zur Ornithologie, ihren Dienst im Wechsel versehen, so dass jeder einmal in den Genuss kommt, auch an aussichtsreicheren Plätzen zu arbeiten als am Parkplatz.
Vom Leuchtturm aus hat man einen wunderbaren Überblick über die Inselspitze. Der Långe Jan, in den Jahren 1784 und 1785 errichtet, gilt mit 42 Metern als der höchste Leuchtturm Skandinaviens. Vor dem benachbarten Naturmuseum steht eine Bronzeskulptur des Gänserichs Martin, neben dem die zierlichen Holzschuhe des Däumlings aufgestellt sind. Unsere Kinder reiten mit Begeisterung auf seinem Rücken und schlüpfen in die Pantinen. Endlich einmal haben sie einen Gänserich zum Anfassen.
Wo das Land ins Meer übergeht, sind selbst jetzt, im Hochsommer, Scharen von Vögeln zu sehen. Für Laien wie uns sind vor allem die großen Kormorane auf der Westseite mit ihrer majestätischen Haltung faszinierend. Unter dem Dach des Museumsrestaurants nisten Schwalben, und auf der Ostseite kann man Seehunde beobachten. Vom Museum aus werden auch Ausflüge in das Reservat angeboten.
Ida-Linnea, eine junge Frau mit rot gefärbten Haaren und einem Ring in der Nase, übernimmt die nächste Führung durch den Beringungsgarten. Sie berichtet davon, wie sie und ihre Kollegen die Vögel fangen, beringen, wiegen und messen und genauestens über sie Buch führen. 1946 hat man mit dem Beringen begonnen, und so wissen wir heute wesentlich mehr über die Zugwege, das Orientierungsvermögen und die Überwinterungsgebiete der Vögel. Heute hat die Vogelwarte noch eine weitere Aufgabe übernommen: Die beobachteten Vögel indizieren Milieuveränderungen und liefern wichtige Daten für den Umweltschutz.

Unsere Führerin Ida-Linnea hat einen jungen Star in die Hand genommen, der zappelnd versucht, wieder freizukommen. Als sie seine Flügel festhält oder ihn streichelt, wird er ruhig. »Er hat ja keine Phantasie«, sagt sie, »wenn es für ihn keine Chance gibt, zu entkommen, dann fügt er sich.«

Praktische Hinweise

Information: **Träffpunkt Öland** (Touristeninformation), Box 74, 38621 Färjestaden, Tel: (0)485/560600, Fax: (0)485/560605, www.olandsturist.se. **Ottenby Naturum,** Ölands södra udde, 38065 Degerhamn, Tel: (0)485/661200 oder (0)705/585970, Vogelwarte, (0)485/661093; www.sofnet.org/ofstn/index2.htm; geöffnet Ostern bis Ende April, Sept., Okt.: tägl., 13–14 Uhr, am Wochenende etwas länger; Mai–Aug.: tägl. 11–16 Uhr, im Juli: 10–20 Uhr; Eintritt in der Hauptsaison pro Auto 50 SEK; Turm und Museen im Preis inbegriffen, Führungen kosten extra.
Anfahrt: Von Kalmar aus über die Brücke, dann Riksväg 136 ca. 60 km nach Süden.
Essen und Einkaufen: Restaurant Fågel Blå, 0485-661201.
Tipps: **Eketorps fornborg** (rekonstruierte Fluchtburg aus der Steinzeit, ca. 10 km nördlich der Südspitze Ölands), 38065 Degerhamn, Tel: (0)485/662000, www.eketorp.se, geöffnet Mai, Juni, 2. Hälfte August und Septemberwochenenden tägl. 10–17 Uhr, Juli–Mitte August tägl. 10–18 Uhr, Eintritt in der Hauptsaison 70 SEK, Kinder (7–14) 30 SEK. **Himmelsberga Museum** (Ölands am besten bewahrtes zweizeiliges Reihendorf, sehenswertes Heimatmuseum, zwischen Färjestaden und Borgholm auf der Ostseite der Insel), 38793 Borgholm, Tel: (0)485/561022, Fax: (0)485/561090, www.olandsmuseum.com, geöffnet Mitte Mai–Mitte August tägl. 10–17:30 Uhr. **Borgholm Slott** (beeindruckende Schlossruine beim Ort Borgholm in der Nordhälfte der Insel), Tel: (0)485/12333, Fax: (0)485/10232, www.borgholmsslott.se, geöffnet April, Sept. tägl. 10–16 Uhr, Mai–August 10–18 Uhr, Eintritt 50 SEK, Kinder (12–17) 20 SEK. **Villa Solliden** (Sommersitz der schwedischen Königsfamilie, beim Ort Borgholm), Tel: (0)485/15356 oder (0)70/6098148, Fax: (0)485/15355, www.sollidensslott.se, Schlosspark geöffnet Mai–Mitte Sept. 11–18 Uhr (Einlass bis 17 Uhr), Eintritt 60 SEK, Kinder (7–17) 30 SEK.

Gotland

Gotland, die große schwedische Insel in der Ostsee, ist nicht allzu bergig. Die höchste Erhebung beträgt gerade einmal 81 Meter. Dennoch gibt es eine ganze Reihe von Kliffs, teils direkt an der Westküste, teils etwas weiter landeinwärts, während die Insel nach Südosten eher flach abfällt – wie ein Stück Teig, das nicht ganz sorgsam ausgerollt wurde und da und dort noch Kanten und Unebenheiten aufweist. So jedenfalls prägt sich der Däumling die Landschaft ein, während die Gänse über die Insel fliegen. Gotlands Glanzperiode waren die Wikinger- und die Hansezeit. Später wurde es zum Spielball der Ostseemächte und nach und nach unter schwedischer Herrschaft immer unbedeutender. Heute kann Gotland aus dieser ehemaligen Schwäche wieder Nutzen ziehen, die Insel präsentiert sich als ursprünglich, lockt mit einer kleinen, aber feinen Hochschule junge Leute und mit viel Kultur und Sehenswürdigkeiten die Touristen an. Die 125 Kilometer lange und rund 50 Kilometer breite Insel ist verwaltungstechnisch zwar nur eine einzige Gemeinde (rund 57.000 Einwohner), ist aber gleichzeitig eine eigenständige Landschaft.

Die Kleine Karlsinsel

SCHAFE UND FÜCHSE

Zusammen mit der Graugans Daunenfein setzen Nils, Martin und Akka mit ihrer Schar die Reise fort. Von Öland wollen die Gänse wieder zum schwedischen Festland fliegen, weil sie sich nun vor Smirre sicher glauben. Doch bald treibt ein heftiger Sturm die Vögel von der Küste weg und hinaus auf die Ostsee. Da den Vögeln auf dem Wasser Gefahr von Seehunden und später Eisschollen droht, bleibt ihnen nichts anderes übrig, als sich vom Sturm treiben zu lassen. Endlich erreichen sie die Steilküste der Kleinen Karlsinsel vor Gotland und können sich in einer Höhle in Sicherheit bringen, wo sie auf einen alten Widder mit seiner Schafherde treffen. Die Tiere haben große Sorge, denn drei Füchse sind über das winterliche Eis auf die Insel gekommen und wüten unter den Schafen.

Am nächsten Tag wanderte der Widder mit dem Jungen auf dem Rücken auf der Insel umher. Diese bestand aus einem einzigen mächtigen Felsen. Sie war wie ein großes Haus mit senkrechten Mauern und einem Plattdach. Der Widder ging zuerst auf das Felsendach hinauf und zeigte dem Jungen die guten Weideplätze, die da oben waren, und dem Jungen kam die Insel gerade wie für Schafe geschaffen vor. Auf dem Berge wuchs kaum etwas anderes als Schafschwingel und kleine, dürre gewürzige Kräuter, die Schafe gern fressen.

Aber wer glücklich den jähen Abhang hinaufgekommen war, für den gab es da oben wahrlich auch noch andres zu sehen als nur Schafweiden. Da war zuerst das weite, weite Meer, das jetzt im Sonnenglanz herrlich blau leuchtete und mit schimmernden Wellen daherrollte. Nur an einzelnen Klippenvorsprüngen schäumte es weiß auf. Geradeaus gegen Osten lag die gleichmäßige, lang gestreckte Küste von Gotland und im Südwesten die Große Karlsinsel, die genauso geformt war wie die Kleine Karlsinsel. Als der Widder ganz an den Rand der Felsengruppe trat und der Junge die Bergwand hinunterschauen konnte, sah er, dass sie voller Vogelnester war, und in der blauen Flut lagen in friedlicher Eintracht die verschiedensten Arten von Möwen, Eidervögeln und Lummen und Alken, die eifrig Strömlinge fischten.

Gemeinsam mit Martin lockt Nils die Unheil stiftenden Füchse zu einer Verfolgungsjagd über das Hochplateau, und durch einen Trick sorgt er dafür, dass sie in eine tiefe Felsspalte fallen. Das »Höllenloch« ist mehrere Meter tief und mehr als einen Meter breit, also eine ideale Falle für Füchse. Am nächsten Morgen findet der Leuchtturmwärter der Großen Karlsinsel ein Stück Rinde unter seiner Haustür, auf dem mit ungelenken Buchstaben geschrieben steht: *»Die Füchse auf der kleinen Insel sind in das Höllenloch gefallen. Mach, dass du hinkommst!«*

EIN BESUCH DER KLEINEN KARLSINSEL gehört zu den schönsten Naturerlebnissen, die Schweden zu bieten hat. Dabei hat diese außergewöhnlich geformte Insel im Sommer so gar nichts Raues, Nordisches, sie wirkt vielmehr mediterran – sofern das Wetter schön ist. Wir haben Glück, denn als wir mit dem Boot übersetzen, scheint die Sonne strahlend hell von einem tiefblauen Himmel und es weht ein leichter, auf dem Wasser kühler Wind.

Die Reise beginnt in Djupvik, einem Fischerdorf an der südlichen Westküste Gotlands. Hier startet in den Sommermonaten allmorgendlich der Fischkutter »Eva« zu einer etwa zwanzigminütigen Überfahrt. Die Kleine und die Große Karlsinsel liegen vor uns wie zwei riesige Pfannkuchenberge, mit ihren imponierenden Steilklippen und einem windzerzausten Hochplateau. Die wenigen Häuser, die sich in der Bucht von Lilla Karlsö unter den Abhang ducken, sind niedrige und dunkel gestrichene Holzhäuser. Eher norwegisch als schwedisch, von Ochsenblutrot keine Spur. Es gibt eine Hütte mit Stockbetten, in der man übernachten kann, ein kleines Museum (Naturum), in dem Steine, Federn und Knochen bewundert sowie Postkarten und Schaffelle gekauft werden können, ein kleines Wohnhaus für die drei bis vier Leute, die hier den Sommer über für den Eigner, den Schwedischen Naturschutzverein, arbeiten, und ein Plumpsklo. Das war's.
Wir werden sehr nett von Måns und seiner Kollegin Annika begrüßt. Vor der Führung machen wir eine kleine Essenspause auf den Holzbänken neben dem Naturum. Alle Besucher haben sich mit Picknick versorgt, denn einen Laden gibt es auf der Insel nicht. Gut gestärkt starten wir die Wanderung, die uns auf eine Strecke von etwa vier Kilometer führt und dreieinhalb Stunden dauern wird. Das ist etwas länger als üblich, denn erstens haben wir Kinder dabei, die das Tempo etwas drosseln, und zweitens macht Annika extra einen kleinen Abstecher, um uns die Felsenspalte zu zeigen, in die Nils Holgersson die Füchse lockt. Zu unserer großen Überraschung nämlich ist auch hier all das, was Selma Lagerlöf in ihrem Lilla-Karlsö-Kapitel schreibt, wirklich zu besichtigen.
Zuerst laufen wir an der Südküste entlang, über weiches Gras, an einem 16 Meter hohen und ziemlich imponierenden Felsenturm vorbei. Die so genannten Raukar, so erklärt Annika, bestehen aus hartem Korallenkalk. Da der weiche Muschelkalk ringsumher zerbröckelt ist, blieben sie als Erinnerung an die Zeit stehen, als das Meer hier noch Alleinherrscher war. Nils Holgersson hielt sie erst für bedrohliche Riesen, aber heute, bei diesem strahlenden Sonnenschein, haben sie nichts Unheimliches.

Um uns herum wirkt alles heute mild und weich, absolut nicht nordisch oder herb. Es ist, als sei man in den Mittelmeerraum gereist. »Ja, das stimmt«, bestätigt Annika diesen Eindruck, »ich arbeite seit über zehn Jahren hier, und als ich in meinem ersten Jahr hierherkam, fragte ich mich: Ist dies Schweden? Ist das nicht vielmehr eine griechische Insel?« Es sind vor allem das Licht und die Farben, die diesen Eindruck erwecken: tiefblauer Himmel, grünbraune Erde mit kargen Felsen dazwischen, hohe Klippen, blaugrünes Meer. Und dann dieser herrliche Geruch: wilder Thymian und diverse Heilpflanzen, vor denen Annika stehen bleibt, um ihre Besucher auf die Vielfalt der Natur aufmerksam zu machen.

Dort, wo das Land beweidet wird, gibt es mehr Artenvielfalt als anderswo, erklärt sie. Zurzeit sind es 300 bis 350 Schafe, die frei und ungebunden über die ganze Insel streifen und uns neugierig hinterhersehen. Diese Schafe mit ihren gewundenen und mächtigen Hörnern fressen das Gras, das seine Samen unten, nahe der Erde trägt. Deshalb vermehrt es sich auf dem Kalksteinboden so unkompliziert. Die Tiere sorgen dafür, dass Raum für andere Pflanzenarten geschaffen wird, von denen viele als Heilkräuter gelten.

Unsere Wandergruppe verhält sich eher ruhig, etwa 15 Personen, zum Großteil ältere Paare. In der Hochsaison sind die Gruppen größer, hat Måns im Naturum berichtet. Jetzt, im August, kommen schon deutlich weniger Besucher auf die Insel. Der Rundweg, den wir unter der sachkundigen Führung von Annika machen, ist eigentlich nicht lang, aber zum Teil nicht einfach zu gehen. Aus diesem Grund war auch auf der Internet-Seite extra darauf hingewiesen worden, dass zweckmäßige Kleidung gefragt ist: feste Schuhe und Schutz gegen den manchmal frischen Wind vom Meer. Wir sind allerdings froh, dass wir auch Tücher für den Kopf mitgebracht haben, denn es ist Sonnenbrand-Wetter. Was die Schuhe betrifft, so werden sie für manche Strecke einfach ausgezogen.

Die »Raukar« genannten Kalkfelsen auf der Kleinen Karlsinsel hielt Nils Holgersson im Anflug in stürmischer Nacht für gefährliche Riesen.

Um an den Klippen vorbeizukommen, watet man nämlich in knöcheltiefem Wasser.
Bei der Höhle, in der Nils und seine Freunde die wilden Schafe kennen gelernt haben, machen wir kurz Halt. Hier hat, so erzählt Annika, ein Archäologe im Rahmen einer Examensarbeit Untersuchungen gemacht, die zeigen, dass die Höhle schon in der Stein- und Bronzezeit Tieren und Menschen als Unterschlupf diente. Bewohnt war die Insel wohl nie, aber sie wurde immer schon genutzt und diente sehr früh als Weidegrund.
Als wir alle unsere Schuhe wieder angezogen und eine kurze Pause mit wundervollem Ausblick auf die Große Karlsinsel mit ihrem Leuchtturm genossen haben, setzen wir unseren Weg zum Anfang des Naturschutzgebietes fort. Der so genannte Vogelberg ist ein Paradies für Seevögel, die zum Brüten hierher kommen: Silbermöwen, Kormorane, Trottellummen und wie sie alle heißen. Deshalb ist der Zutritt verboten. Auch das Fischen ist rund um die Insel nicht erlaubt. »Schließlich leben die Vögel hier vom Fischfang«, meint die junge Führerin. Ein deutscher Segler, den wir später am Strand von Djupvik kennen lernen, hat dafür wenig Verständnis und beklagt, dass er vertrieben wurde: »Wir wollten doch auf der Insel nur Station machen.«
Als wir zum Aussichtspunkt vor dem Vogelberg kommen, herrscht gerade große Aufregung unter den Tieren: Ein Seeadler versucht, sich an die Kolonie heranzumachen. »Kein so populärer Gast«, stellt Annika lakonisch fest, und wirklich: Unter großem Gekreisch wird er von den unzähligen Silbermöwen vertrieben. Wir beobachten diesen Kampf um die Lufthoheit mit Spannung und freuen uns über den Sieg der »Kleinen«. Zuvor hatte Annika von den Trottellummen erzählt und davon, wie sie ihre Jungen ins Meer locken. Diese haben noch zu kleine Flügel zum Fliegen, aber tauchen können sie bereits. Wir stellen mit Erstaunen fest, dass wir, die wir uns bislang eher wenig für die Vogelwelt interessiert haben, einen Zugang zu einer uns fremden Welt bekommen, denn Annika schildert alles auf eine sehr nette Art.
Zuletzt zeigt sie uns noch das Höllenloch, ein Extra-Abstecher für die Besucher aus Deutschland, die sich so für Selma Lagerlöf begeistern. Die

neun Meter tiefe Spalte ist heute mit Brettern bedeckt und von hohen Bäumen umgeben, also fast nicht zu sehen. »Bäume?«, fragt unsere Tochter erstaunt. Ja natürlich, in hundert Jahren kann vieles in die Höhe wachsen, und wo zuvor nur ein tiefes Loch in der Erde war, in dem drei Füchse gefangen wurden, können heute hohe Bäume stehen.
Annika und ihr Kollege Måns sind, obwohl auf den ersten Blick reine »Naturburschen«, sehr interessiert an Selma Lagerlöf. Ob die Autorin selbst die Insel besucht hat oder ob sie, wie in so vielen anderen Fällen, besonders gute Materiallieferanten hatte, können aber auch sie nicht herausfinden. »Ich bin aber ziemlich sicher, dass sie hier gewesen sein muss«, meint Måns. Alles sei so detailliert beschrieben, und man wisse ja, dass die Schriftstellerin oft auf Gotland gewesen sei. Ja wirklich, wer auf Nils Holgerssons Spuren reist, wird auf Lilla Karlsö mehr als fündig: Es gibt Raukar, es gibt die Höhle, es gibt das Höllenloch. Und es gibt Måns und Annika, die auch nach einem turbulenten Sommer offensichtlich noch Spaß daran haben, den Besuchern alles zu zeigen. Und es gibt den Kutter »Eva«, der uns hierher gebracht hat. So gesehen haben wir es etwas luxuriöser als die Besucher vor hundert Jahren, die noch mit dem Ruderboot über das Meer fahren mussten.

Praktische Hinweise

Information: Naturskyddsföreningen, Björn Hjernquist, Snoder, Sproge, 62020 Klintehamn, Tel. (0)498/485248 (während der Saison auch (0)498/241139), www.snf.se/lillakarlso, geführte Rundwanderung durch den schwedischen Naturschutzverein (circa 4 km, gutes Schuhwerk, Regen- oder Sonnenschutz empfohlen). Führung plus Überfahrt 200 SEK, Kinder (1–15) 100 SEK.

Anfahrt: Die Insel liegt vor der Westküste Gotlands, Überfahrt von Djupvik aus. Djupvik liegt etwa 13 km südlich von Klintehamn (Nr. 140 Richtung Fidenäs und Hoburgen), reservierte Parkplätze für die Überfahrt. 20. Mai bis 20. August tägliche Fahrt mit dem kleinen Fischerboot »Eva« (Kapitän Daniel Cedergren). Abfahrt Djupvik ca. 10 Uhr, Abfahrt Lilla Karlsö ca. 15 Uhr, Fahrzeit ca. 30 min.

Essen und Einkaufen: Auf der Insel gibt es keine Einkaufsmöglichkeiten, Picknick nicht vergessen!

Tipps: Bei schönem Wetter **Badesachen** mitnehmen. **Übernachtungsmöglichkeit** in einem kleinen Wandererheim auf der Insel, 250 SEK, Kinder (1–15) 100 SEK.

Visby und Vineta

ZWEI STÄDTE AM MEER

Von der Kleinen Karlsinsel aus unternimmt Nils erneut einen Ausflug. Diesmal ist es Herr Ermenrich, der Storch, der ihn dazu einlädt. In einer schönen, mondhellen Nacht bringt er den Jungen nach Pommern, wo Nils bei einem einsamen Strandspaziergang auf eine seltsame Stadt stößt. Ihm ist klar, dass es sich um eine Spuk-Erscheinung handelt, doch die fremde Stadt zieht ihn an, und so durchstreift er die alten Straßen und betrachtet die seltsam gekleideten Menschen.

Die Schönheit der Stadt und die Bauweise der spitzgiebligen Häuser faszinieren den Jungen, doch ihm fällt auf, dass die Bewohner geradezu verzweifelt versuchen, ihm etwas zu verkaufen. Als er sich erinnert, am Strand eine alte, wertlose Kupfermünze gesehen zu haben, will er sie holen – in dem Moment aber ist die Erscheinung verschwunden.

Herr Ermenrich erzählt ihm, dass er vermutlich Vineta gesehen habe, eine Stadt, die durch eine Sturmflut ins Meer versenkt worden sei. Alle hundert Jahre einmal dürfe sie in ihrer Pracht auferstehen, für eine Stunde. Wenn es in dieser Stunde gelungen sei, etwas an ein lebendiges Wesen zu verkaufen, dann dürften die Bewohner leben und sterben wie andere Menschen auch. Nils ist sehr traurig, dass es ihm nicht gelungen ist, Vineta zu retten, und die Wildgänse wollen ihn trösten. Daher fliegen sie am Ostermontag nach Visby an der Westküste Gotlands.

Die Gänseschar kam von Osten her, und die Sonne war im Untergehen, als sie die Stadt erreichte, deren Mauern und Türme und hohe Giebelhäuser und Kirchen sich vollständig schwarz von dem hellen Abendhimmel abhoben. Als er aber richtig in die Stadt hineinkam, da sah er, dass sie jener auf dem Meeresgrunde ähnlich und unähnlich zugleich war. Es war derselbe Unterschied wie zwischen dem Aussehen eines Menschen, der an dem einen Tag in Purpur und mit reichem Schmuck angetan, am nächsten aber in dürftige Lumpen gehüllt ist.

Ja diese Stadt hier hatte wohl auch einmal so ausgesehen wie jene, die er an der pommerschen Küste bewundert hatte. Diese hier war auch von einer Ringmauer mit Türmen und Toren umgeben. Aber die Türme der Stadt, die auf der Erde hatte bleiben dürfen, waren ohne Dächer, leer und öde. Die Torbogen hatten keine Türen, die Wächter und Kriegsknechte waren verschwunden, die ganze gläserne Pracht war dahin. Nur die nackten, grauen Mauern waren noch da.

Nils ist enttäuscht, weiß er doch, wie schön diese Stadt vermutlich einmal ausgesehen hat. Ihm wird aber klar, dass Vineta, würde es noch existieren, heute auch aus Ruinen bestehen würde. *Da war es doch besser, sie stand im Verborgenen dort unten in all ihrer Herrlichkeit.*

Für die Autorin selbst, die Gotland oft besucht hat und für Visby wohl eine besondere Vorliebe hatte, stellt sich das Ganze anders dar: *Eines sah Nils Holgersson jedoch nicht: dass diese Stadt auch heute noch schön und merkwürdig ist. Er sah weder die hübschen Häuschen in den hinteren Gässchen, mit ihren geschwärzten Mauern, ihren weißen Hausecken und der roten Pelargonienpracht hinter den blitzblanken Fensterscheiben, noch die vielen prächtigen Gärten und Alleen, und ebenso wenig die großartige Schönheit der mit Schlingpflanzen bewachsenen Ruinen.*

AUCH WIR KOMMEN in der Zeit des Sonnenuntergangs, allerdings vom Westen her, vom Meer, und da zeigt sich uns Visby durchaus gefällig. Die ansteigenden Straßen und Gassen im Halbrund oberhalb des Hafens, die vom Abendlicht angeleuchteten ockerfarbenen Steinhäuser und dunkle Ruinen, der warme Ton der Dächer über den schönen Giebeln, all das scheint uns recht viel versprechend. Unser Schiff führt uns gleich in die Geschichte Visbys ein, es trägt nämlich den Namen Tjelvar. Tjelvar ist, wenn man der Sage glauben darf, sozusagen der Entdecker Gotlands. Die Insel war zu jener Zeit ähnlich verzaubert wie Vineta: Sie tauchte nur in der Nacht auf und war tagsüber verschwunden. Aber Tjelvar brachte als Erster das Feuer, und danach versank sie nie wieder.
Selma Lagerlöf, die 1894 während einer längeren Reise mit Sophie Elkan zum ersten Mal auf Gotland war, kannte offensichtlich diese Sage und hat sie kunstvoll mit der Geschichte von Vineta verknüpft. In einem Brief beschreibt sie ihren ersten Eindruck von Visby nicht besonders positiv. Sie habe alle Menschen tief melancholisch und von bedrückenden Großmachtserinnerungen erfüllt gefunden. *»Haben Sie jemals so viele melancholische Augen gesehen wie dort auf Gotland? Ich ging und sah sie an, bis ich alles Elend der Welt vor Augen hatte. Eine solche Traurigkeit und Sehnsucht nach etwas Unbestimmten.«*
1897 kamen die beiden Freundinnen erneut nach Visby, zu einer Zeit, als alle Sommergäste bereits fort waren und die Stadt eher verlassen wirkte. *»Ich wundere mich, ob irgendeine Stadt in der Welt so öde aussehen kann wie Visby, wenn die Badegäste verschwunden sind«*, schreibt Selma Lagerlöf. Man habe die ganzen Straßen entlanglaufen können, ohne Menschen zu treffen. Es sei, als ob sich die Stadtbewohner unsichtbar gemacht hätten.
In zwei kleinen Dachstuben in der Tranhusgatan absolvierten die beiden Frauen eine Art Arbeitsurlaub. Sie wollten an keinen Vergnügungen teilnehmen, sie wollten nur arbeiten und nahmen sich täglich ein festes Pensum vor. Mittags allerdings suchten sie den Pavillon im Botanischen Garten zum Essen auf, einem den Fotos nach imponierenden Restaurant, das es heute leider nicht mehr gibt.

Der Pavillon gehörte der »Gesellschaft der badenden Freunde«, einer Art Club, dem heute noch die Spitzen der Visbyer Gesellschaft angehören. Gegründet wurde er im Sommer 1814 von Kaufmannssöhnen, die auf dem Gelände einer Baumschule den Botanischen Garten einrichteten. Dank des milden Klimas wachsen hier Feigenbäume, Maulbeerbäume und sogar, allerdings in Kübeln, Palmen. Auch eine Kirchenruine trägt zum wildromantischen Bild des Gartens bei. Auf die »Badenden Freunde« stößt man in Visby allenthalben; auf ihr Konto geht die Gründung einer Bank ebenso wie die einer Schule.

Dort wo es sich die Besucher und Bewohner heute im Almedalen-Park gut gehen lassen, war im Mittelalter der Hafen von Visby.

Durch einen Zufall lernen wir Christina Andrée kennen, eine ältere Dame, bei deren Großvater Selma Lagerlöf und ihre Freundin gewohnt haben. Das Haus aus den 60er Jahren des 19. Jahrhunderts liegt im oberen Teil der Altstadt an der Ringmauer und ist, wie man das von Selma Lagerlöf kennt, ein eher herrschaftliches Anwesen. Beim Renovieren der Dachgeschosswohnung habe man eine schöne alte Tapete aus der Zeit gefunden, erzählt Christina Andrée. Und sie beklagt sich bitter über die Mittelalterwoche, die jedes Jahr im Hochsommer unzählige Touristen nach Visby lockt, die sich nicht immer benehmen, wie es sich gehört.

»Es ist unerträglich viel Trubel. Die Leute schmeißen Dreck in den Garten und machen alles kaputt. Und dafür muss man noch extra Steuern bezahlen, weil man innerhalb der Mauer wohnt.«

Ja, öde ist Visby mit seinen etwa 20.000 Einwohnern in unserer Zeit allerhöchstens in den Wintermonaten. Jetzt im August flanieren noch unzählige Müßiggänger durch die Straßen, die jungen Leute ziehen lachend von einer Kneipe zur nächsten. Bis spät in die Nacht hinein hören wir sie. Und dennoch: Wir genießen es, dass Visby kein Museum, sondern eine besonders lebendige Stadt ist.

Aus der Blütezeit Visbys, der Hansezeit, sind neben der Ringmauer auch das Straßennetz und viele mittelalterliche Häuser erhalten – wenn auch Nils Holgersson glaubte, hier nur Verfall zu sehen. Neben den Kirchenruinen findet man Packhäuser und später gebaute, niedrige Stein- und Holzhäuser, eines schöner als das andere. 1995 wurde Visby in die Liste der Welterbestätten Schwedens aufgenommen. In der Begründung des UNESCO-Komitees wurde vor allem auf die außerordentlich wertvolle Bausubstanz hingewiesen.

Der Hafen, wichtigster Bestandteil einer Hansestadt, befand sich im 13. Jahrhundert dort, wo heute Sonnenanbeter im Almedalen-Park Kaffee aus Thermoskannen trinken. Die Insel Gotland war bereits in vorgeschichtlicher Zeit ein wichtiger Handelsplatz, die Verbindungen erstreckten sich entlang den Ostseeküsten von Dänemark bis Russland. Hier lebten freie Bauern vom Tauschhandel: Häute und Bienenwachs aus Russland und Finnland wurden nach Westen transportiert und dort gegen Stoffe und Luxusartikel eingetauscht. Auch das schwedische Eisen, zu Waffen und Geräten geschmiedet, wurde nach Osten verschifft.

Während der Wikingerzeit war die Stadt vermutlich ein Ankerplatz der Handelsbauern. Eine Sandbank schuf den natürlichen, geschützten Hafen an der ansonsten ungeschützten Westküste der Insel. »Hier ist das Wasser tief, es gab Riffe und Inseln davor und so war es natürlich sicher«, erfahren wir bei einer Stadtführung. Heute kommt man vom Almedalen-Park, dem ehemaligen Hafen, zu einem kleinen Strand, auf dem sich die Bikinischönheiten Visbys räkeln.

Oberhalb des Parks erheben sich terrassenförmige Kalksteinformationen. Die Giebel der Häuser in den schmalen Gassen hier zeigen heute zur Straße, damals zum Strand oder Kai. Eine Bebauung, wie man sie ähnlich auch im norwegischen Bergen findet. Im Mittelalter war Visby ein bedeutendes Handelszentrum, russische und deutsche Kaufleute übernahmen dabei eine wichtige Rolle. Im Gegenzug erhielten die gotländischen Kaufleute Handelsprivilegien vom deutschen Kaiser. »Es stand die Todesstrafe darauf, einen Deutschen zu töten oder in Deutschland einen Gotländer«, berichtet dazu unser Führer.
Im mächtigen Hansebund erhielt Visby eine führende Rolle unter den östlichen Mitgliedern. Straßennamen wie Rostockergränd, Lybska Gränd oder Riga Gränd zeugen noch immer davon. Auch das Stadtbild ist von dieser Zeit geprägt: Straßen wurden gepflastert, Kais wurden angelegt, mächtige gemauerte Steinhäuser mit bis zu vier Stockwerken entstanden.
Vermutlich war das gesamte Gebiet unterhalb von Klinten bebaut. Klinten, zu deutsch Kliff, ist der Name der Stufe, die den unteren vom oberen Stadtteil trennt. Unten war es so eng, dass die Häuser oft in die Straße hineinkragten. Von oben hat man einen wunderbaren Blick über Stadt und Meer. Hier stößt man auch auf das bedeutendste Baudenkmal aus der Blütezeit, auf die mächtige Ringmauer. Sie wurde etwa zwischen 1250 und 1350 erbaut und umschließt die gesamte Altstadt. Sie ist eine der wenigen gut erhaltenen Stadtmauern dieser Zeit, von ihren 29 Türmen stehen heute noch 27. In Visby, so meint unser Führer, halte man allerdings nichts davon, alles wieder in den ursprünglichen Zustand zu versetzen. »Es kostet Geld genug, alles zu erhalten«, sagt er. Und so sind auf der dreieinhalb Kilometer langen Mauer viele Steine von Gras überwachsen. Eine weitere Spezialität der Stadt sind die vielen Kirchenruinen, in denen heute zum Teil Konzerte gegeben werden. Einzig die Mariakirche, der Dom, ist heute keine Ruine.
Mit der Eroberung durch die Dänen unter König Valdemar Atterdag im Jahr 1361 begann der Niedergang der Stadt, die in den nächsten dreihundert Jahren mit kurzen Unterbrechungen zu Dänemark gehörte. Wie ge-

schichtsbewusst die Visbyer Bürger sind, erleben wir im nächsten Supermarkt außerhalb der Ringmauer: Er heißt ebenfalls Valdemar Atterdag.
Die Brandschatzung durch die Lübecker im Jahr 1525, die einen Großteil der Stadt zerstörte, bedeutete das Ende der Blütezeit Visbys. Zunächst fehlten die Mittel, alles wieder aufzubauen, doch ein Vierteljahrhundert später machten sich die Bewohner an die Arbeit. Dabei wurden die Ruinen nur teilweise abgetragen, der mittelalterliche Grundriss blieb so erhalten. Es entstanden aber keine Steinhäuser, sondern hauptsächlich einfache Holzhäuser für die Handwerker.
Die darauf folgenden Jahrhunderte veränderten das Stadtbild nur unwesentlich. Mit dem beginnenden Tourismus im 19. Jahrhundert, von dem Gotland früh profitierte, wurde man sich schnell des Wertes bewusst, den die alte Bebauung darstellt. Die Ringmauer wurde bereits 1808 unter Schutz gestellt, und man hörte auf, die Steine der Ruinen zu verwenden. Diese haben bis heute Wind und Wetter überstanden, und wenn man den Einwohnern glauben darf, muss man eigentlich nur im Hochsommer, wenn die Touristen zur Mittelalterwoche nach Visby strömen, um die Stadt fürchten.

Praktische Hinweise

Information: Visby turistbyrå, Skeppsbron 4-6, 62157 Visby, Tel: (0)498/201700, Fax: (0)498/201717, www.gotland.info, geführte Stadtrundgänge (auch auf Deutsch) von Juni bis August.
Anfahrt: Mit der Fähre von Nynäshamn (in der Hauptsaison ca. 5 x tägl.) oder von Oskarshamn (in der Hauptsaison ca. 2 x tägl.), Fahrzeit jeweils rund 3 Stunden, Fährgesellschaft Destination Gotland, Tel: (0)771/223300, www.destinationgotland.se.
Tipps: **Mittelalterwoche** in der 32. Woche des Jahres, www.medeltidsveckan.com, Strandgatan 20, 62156 Visby, Tel: (0)498/291070, Fax: (0)498/247980. Einfach und zentral übernachten im **Wisby Jernvägshotell**, Adelsgatan 9, 62156 Visby, Tel: (0)498/203300, Fax: (0)498/203390, www.gtsab.se/jernvagshotellet.

Småland

Småland erscheint Nils Holgersson bei seinem Flug mit den Krähen von oben zunächst wie ein zerrissener Teppich auf einem großen Spiegel: dichter Wald, immer wieder unterbrochen von Seen, die das Himmelslicht reflektieren. Er lernt damit den zentralen Teil Smålands kennen, das Land von Wald und Steinen, in dem die Bauern als arm, genügsam und besonders tüchtig gelten. Im Norden und an der Küste im Osten jedoch ist Småland lieblicher, und die Lebensbedingungen sind besser.

Das Gänsemädchen Åsa, eine Småländerin, hatte Nils die Sage der Erschaffung dieses Landesteils erzählt: vom lieben Gott, der zuerst den Norden und den Osten geschaffen hatte, von Petrus, der es dann noch besser machen wollte und doch nur das karge, steinige Hochland schuf, und von den Småländern, denen Gott zuletzt Klugheit und Genügsamkeit, Fleiß, Unternehmungslust und Tüchtigkeit eingab, damit sie sich in dem armen Land ihren Unterhalt erwerben können.

Noch heute ist der Wald für die Holzindustrie bedeutsam, und eine überdurchschnittliche Zahl an kleinen Industriebetrieben zeugt von der sprichwörtlichen småländischen Tüchtigkeit. Aber natürlich sind hier wie in ganz Schweden die Dienstleistungen längst wichtiger, nicht zuletzt der Tourismus, zu dem auch die vielen deutschen Besucher beitragen.

Der Name Småland bezeichnete ursprünglich die »kleinen Länder«, einen wilden und unwirtlichen Landstrich, der einen Puffer bildete zwischen dem schwedischen Zentrum um den Mälarsee und dem dänisch dominierten Schonen. Heute ist Småland für südschwedische Verhältnisse immer noch recht dünn besiedelt und mit fast 30.000 Quadratkilometern die größte Landschaft im Süden des Landes.

Taberg und Jönköping
BLICK ÜBER SMÅLAND

Von Gotland aus fliegen die Wildgänse ins nördliche Småland. Hier merken die Vögel, dass der Frühling schon große Fortschritte gemacht hat, und so beschließen sie, möglichst schnell weiter nordwärts zu reisen. Nils ist etwas enttäuscht, dass er auf diese Weise nicht viel von Småland sehen kann, aber durch einen unfreiwilligen Abstecher kommt er schließlich doch noch dazu.

Während er auf den Abflug der Wildgänse wartet, wird er nämlich von Krähen geraubt, die Smirre ihm auf den Hals gehetzt hat. Sie entführen ihn in den südwestlichen Teil Smålands, in den Bezirk Sunnerbo. Er muss den gierigen Räubern helfen, einen großen Topf mit Silbermünzen zu bergen, bevor er an den Fuchs ausgeliefert werden soll. Mit Streichhölzern kann er Smirre aber vertreiben, wobei eine kleine Hütte in Flammen aufgeht.

Es ist zufällig die Hütte des Gänsemädchens Åsa und ihres Bruders Klein-Mats, mit denen Nils vor seiner Reise gemeinsam auf schonischem Boden Gänse gehütet hatte. Die beiden hatten ihm oft von ihrer Heimat Småland vorgeschwärmt, und da auch sie zurzeit auf der Reise in den Norden sind, werden sich die drei im Laufe der Erzählung immer wieder begegnen.

Der Junge findet schließlich zu Martin und Daunenfein zurück, und auf der gemeinsamen Weiterreise durch das nördliche Småland stoßen die drei auf einen ärmlichen Hof, dessen Bewohner bis auf eine alte Frau nach

Amerika ausgewandert sind. Eine Kuh im Stall, die schon lange kein Futter mehr bekommen hat, erbittet ihre Hilfe. Nils sieht etwas ängstlich nach der alten Bäuerin und findet sie tot auf dem Boden der Stube. Die Kuh erzählt ihm die Geschichte einer typischen Auswandererfamilie, und nachdenklich erweist der Däumling der Toten die letzte Ehre. Er schickt die Kuh zum Nachbarhof und macht sich mit Martin und Daunenfein auf den Weg zum Taberg, wo die Wildgänse sie schon erwarten.

Der Taberg ist ziemlich hoch hinauf mit Wald bestanden, aber oben auf dem Gipfel ist er ganz kahl, und von da aus kann man nach allen Seiten hin weit umherschauen. Gegen Osten, Süden und Westen bietet sich dem Auge fast nichts als ein armes, bergiges Hochland mit dunklen Tannenwäldern, braunen Mooren, eisbedeckten Seen und blau schimmernden Bergrücken. Als der Junge aber nach Norden schaute, da bot sich ihm ein ganz anderer Anblick. Hier sah das Land aus, als sei es mit der größten Liebe und Fürsorge geschaffen worden. Hier gab es lauter schöne Berge, sanfte Täler, durch die sich Bäche schlängelten bis hin zu dem großen Vätternsee, der eisfrei und hell glänzend dalag und leuchtete, als sei er nicht mit Wasser, sondern mit blauem Licht gefüllt.

Ja, der Vättern war es, der gegen Norden alles so schön machte! Es sah gerade aus, als steige aus dem See ein blauer Schimmer auf, der sich über die Landschaft ausbreitete. Gehölze und Hügel und die Dächer und Türme der Stadt Jönköping lagen von einem blauen Schein umflossen da, der dem Auge wohltat.

Auf der Weiterreise überfliegen die Gänse eine Erzgrube, eine Papierfabrik und vor allem die Zündholzfabriken von Jönköping: *Groß wie eine Festung erheben sie sich am Ufer des Vättern, und ihre hohen Schornsteine ragen bis zum Himmel auf.* Von unten rufen ihnen die Menschen zu, wohin es wohl gehe, und immer antwortet der Junge so, dass die Fragenden Sehnsucht bekommen und bitten: *»Nehmt uns mit.« »Heuer nicht, heuer nicht«,* antwortet Nils, und das kann durchaus so interpretiert werden, dass die Leser Selma Lagerlöfs, wenn das Buch erst einmal veröffentlicht sein wird, mit der Gänseschar zusammen auf eine literarische Reise gehen können.

EIN PARADIES haben wir nicht vorgefunden, doch als nettes Ausflugsziel kann man den Taberg durchaus empfehlen. Mitten im eher flachen, allerhöchstens hügeligen Waldland erhebt sich der 343 Meter hohe Bergkegel mit seinen steilen Felswänden 140 Meter über das Land, zu dieser Jahreszeit grün bewachsen.

Oben ist der Taberg abgeflacht, und hier befindet sich ein nettes Café mit Garten, wo man Sandwichs, Waffeln und mehr bekommen kann. Sogar ein kleiner Spielzeugladen ist hier, an dessen Fensterscheibe sich unsere Kinder die Nase platt drücken. Für einen Einkaufsbummel aber sind wir schon zu spät, die berühmte blaue Stunde des Nordens setzt bereits ein, und nach einem kleinen Rundgang lassen wir uns an einem der Gartentische nieder. Wir stellen uns vor, wie sich die Wildgänse hier mit Martin, Daunenfein und Nils getroffen haben: einen besseren Treffpunkt kann man sich nicht denken. Bei klarem Wetter kann man 70 Kilometer weit sehen.

Das finden auch die Motorradfahrer, die sich hier im Sommer jeden Mittwochabend versammeln. Der Blick vom Aussichtsplatz ist wunderbar. Genauso, wie Selma Lagerlöf es beschrieben hat, liegt das Land heute noch da: gen Süden blickt man auf scheinbar endlose Wälder mit ihrem kräftigen Grün, gen Norden über den riesigen See Vättern hinweg. Allerdings sind die Büsche mittlerweile recht hoch gewachsen, und man kann nur noch einen Zipfel des lang gestreckten Sees sehen.

»Wie ist dieser Berg eigentlich entstanden?«, fragt unsere Siebenjährige. »Wie kommt es, dass mitten in der Landschaft ein so großer Klotz steht?« Es gibt zwei Versionen einer Antwort, von der uns die zweite wahrscheinlicher vorkommt. Die erste spricht von einem großen Meteoriten, der vor vielen Millionen Jahren hier aufgeschlagen ist, für den Vättern eine lange Furche gezogen hat und zuletzt als Taberg stehen geblieben ist. Die zweite Version ist ebenso anschaulich: Der Taberg war ursprünglich ein Vulkan, dessen Schlotfüllung erkaltet und als hartes Material stehen geblieben ist. Das Erdreich drumherum aber war weich und wurde im Laufe der Jahrhunderte abgetragen. Nachweisbar ist lediglich, dass das Gestein, aus dem der Taberg besteht, nur hier und in Südamerika vorkommt.

Der »zerrissene Teppich«: Die endlosen Wälder von Småland werden immer wieder von glitzernden Seen unterbrochen.

Am nächsten Morgen fahren wir nach Jönköping, denn wo kann man einen Regentag besser verbringen als im Museum. Das einzige Streichholzmuseum der Welt, wie es sich nennt, erweist sich auch als äußerst attraktiv für die Kinder. Hier dürfen sie nicht nur in großen Kisten mit bunt beklebten Streichholzschachteln wühlen, sondern sogar an einem niedrigen Tisch selbst Streichhölzer bündeln. Allerdings erspart man es den Besuchern heute, die Bündel in Phosphat zu tauchen, denn, so erfahren wir in der gut gemachten Ausstellung, der Umgang mit dem Gift ist lebensgefährlich.

Das Museum ist nicht allzu groß, also auch für jüngere Besucher durchaus empfehlenswert, und unsere Töchter sind ziemlich interessiert an den Erzählungen und Berichten und den alten Fotos. Ungesunde Arbeit, zehn Stunden am Tag, besonders schlechter Lohn für die Kinder, Großfamilien in einem Raum mit einer winzigen Küche – all das beeindruckt unsere Siebenjährige schon sehr. Und für alle, die nicht ausreichend Schwedisch verstehen, gibt es eine gut gemachte Broschüre auf Deutsch. Ort der Handlung ist ein hübsches Holzgebäude aus dem Jahr 1848, der ersten Streichholzfabrik Jönköpings. Die Sammlung umfasst einfache Werkzeuge für die manuelle Herstellung, die Wohnung eines Arbeiters und eine Ausstellung zur Herstellung von Streichholzschachteln und Etiketten.

Erzählt wird die Geschichte der Gründer, der Brüder Johan und Carl Lundström, der eine Techniker und Chemiker mit Ideen, der andere Geschäftsmann und Wirtschaftswissenschaftler mit dem nötigen Knowhow für die Vermarktung. Ein erfolgreiches Duo also. Anfangs wurden in der noch kleinen Fabrik leicht entzündbare Phosphorstreichhölzer hergestellt, so genannte Überallzündhölzer, die sich an jedem beliebigen Material anreiben ließen. Sie enthielten jedoch weißen Phosphor und waren damit ausgesprochen gesundheitsschädlich.

Am Beispiel einer Arbeiterin, Lena Törnqvist, die von 1818 bis 1898 lebte, wird das Leben in Jönköping zu jener Zeit beschrieben. Sie arbeitete, wie viele Frauen und Kinder, elf bis zwölf Stunden täglich, sechs Tage in der Woche – und das für zwei Drittel bzw. ein Drittel des Grundlohnes. Das Arbeitstempo war hart, und viele Frauen wurden krank oder starben an Kieferbrand, der durch giftige Phosphordämpfe verursacht wurde. Lena Törnqvist überlebte, brachte sechs Kinder zur Welt, von denen drei früh starben. Ihre Zähne fielen aus, ihr Kieferknochen wurde brüchig und musste wegoperiert werden.

1844 erfand der Chemiker Gustaf Erik Pasch eine neue Sorte, die Sicherheits-Streichhölzer genannt wurde. Bei diesen »Säkerhets-Tänd-

stickor« war der ungiftige rote Phosphor als Reibefläche auf der Streichholzschachtel angebracht. Johan Lundström verbesserte später die Rezeptur, und sein Bruder machte sie in der ganzen Welt bekannt.
Die Erfindung der Sicherheits-Streichhölzer bedeutete aber nicht, dass das Leben nun einfacher oder gesünder geworden wäre: Bis 1920 wurden neben den modernen weiterhin Phosphatstreichhölzer hergestellt und exportiert. In Schweden selbst waren sie bereits von 1901 an verboten.
In der Zeit der Industrialisierung verhalf der Ingenieur Alexander Lagerman der Fabrik zu großem wirtschaftlichen Erfolg. Die von ihm entwickelte Streichholzmaschine wurde zu einem gut gehüteten Geheimnis. Der Gewinn war groß, doch anstelle von Lohnerhöhung wurden Wohnungen gebaut, um die Arbeiterfamilien an die Fabrik zu binden. Die weitere technische Entwicklung sorgte jedoch für hohe Arbeitslosigkeit. Die Arbeiter wünschten natürlich »Lagermans Maschinen in den Vätternsee und ihn selbst nach Sibirien«. Erste Gewerkschaften wurden aus der Taufe gehoben.
Noch ein Name ist eng mit Jönköpings Geschichte verknüpft: Ivar Kreuger. Der »Streichholzkönig« (1880 bis 1932) wurde zu einem der berühmtesten Schweden seiner Zeit, nachdem er das schwedische Streichholzmonopol geschaffen hatte. Um 1930 produzierte die Svenska Tändstick-Aktiebolaget zwischen 60 und 70 Prozent der Streichhölzer weltweit. Der Wert von Kreuger-Aktien stieg rasch, sie galten als eine sichere Anlage. Beim Börsencrash von 1929 an der Wall Street aber wurde auch Kreugers Imperium nicht verschont, und 1932 fand man ihn tot in seiner Pariser Wohnung, mit einer Kugel in der Brust. Es ist allerdings bis heute nicht erwiesen, ob es sich wirklich um Selbstmord gehandelt hat. Viele Aktionäre wurden zugleich mit ihm in den Ruin getrieben und folgten ihm in den Tod.
Im Museum wird den Besuchern ein Bild der damaligen Zeit vermittelt. Es gibt Veranstaltungen mit Musik und Märchen und spezielle Programme für Schulen. Auf dem ehemaligen Fabrikgelände entstanden weitere Museen, ein Theater, Galerien, Trödelläden und Cafés, die zusammen ein interessantes Kulturzentrum bilden.

Praktische Hinweise

Information: **Jönköpings turistbyrå,** Juneporten, Västra Storgatan 16, 55189 Jönköping, Tel: (0)36/105050, Fax: (0)36/107768, www.jonkoping.se. **Naturreservat Taberg,** www.taberg.info. **Toppstugan på berget** (Cafeteria), Bergslid 22, 56240 Taberg, (0)36/64111, toppen54@hotmail.com, geöffnet ca. Mai bis Mitte Sept. tägl. 11–20 Uhr, Juni bis Mitte August 10–21 Uhr. **Tändstickmuseet** (Streichholzmuseum), Tändsticksgränd 27, 55315 Jönköping, (0)36/105543, Fax: (0)36/105541, www.jonkoping.se/kultur/matchmuseum/, geöffnet Juni–August Mo–Fr 10–17, Sa, So 10–15, Sept.–Mai Di–Sa 11–15, So, Mo geschl. An Feiertagen und den Tagen davor immer geschlossen. Eintritt März–Okt. 40 SEK, sonst frei, Kinder bis 19 Jahre frei, Führungen kosten extra.

Anfahrt: Jönköping liegt am Südende des Vätternsees. Taberg liegt 13 km südlich von Jönköping. Auf der E 4 von der Abfahrt Taberg aus ausgeschildert.

Essen und Einkaufen: Cafeteria auf dem Taberg, Kafé Nyfiket im Kulturhuset (siehe unten).

Tipps: Im Streichholzmuseum gibt es eine informative **deutsche Broschüre.** Bummeln rund ums Streichholzmuseum: **Kulturhuset,** Svavelsticksgränd 7–9, 55315 Jönköping, Tel: (0)36/190585, Fax: (0)36/190609, www.kulturhusetjonkoping.com.

Wer sich für die Geschichte der schwedischen Auswanderer interessiert: In einer sehr anschaulich und gut gemachten Ausstellung im **Auswanderermuseum von Växjö,** 100 km südöstlich von Jönköping, erhalten auch Besucher einen Einblick in diese Zeit, die des Schwedischen nicht mächtig sind. Vilhelm Mobergs gata 4, Växjö, Tel: (0)470/20120, Fax: (0)470/39416, www.swemi.se, geöffnet Mai–August Mo–Fr 9–17 Uhr, Sa, So 11–16 Uhr, Sept.–April Di–Fr 9–16 Uhr, So, Mo geschl. Eintritt 40 SEK, Kinder (8–16) 5 SEK.

Östergötland

In einer Sage, an die sich Nils beim Flug über Östergötland erinnert, wird die Landschaft mit einem Rock aus Drillich und Samt verglichen: Links und rechts schimmert der Samt blaugolden, während in der Mitte ein Streifen einfachen grauen Drillichstoffes zu sehen ist. Der Drillich aber ist so mit Schmuckstücken besetzt, dass er noch viel feiner wirkt als der Samt. Beim Flug über Östergötland, aber auch bereits beim Blick auf die Landkarte wird deutlich: Im Norden und im Süden sind große bewaldete Höhenzüge, in der Mitte zieht sich vom Vättern im Westen bis zur Ostsee im Osten eine Ebene hin, die geschmückt ist mit *Städten und Höfen, Kirchen und Fabriken, Schlössern und Bahnhöfen. Gelbe Landstraßen, glänzende Eisenbahnschienen und blaue Kanäle liefen wie aus Seide gestickte Ranken zwischen den Ortschaften hin.*
Vermutlich käme heute niemand auf die Idee, die Autobahn E 4, die Stockholm mit dem Süden des Landes verbindet, als schmückendes Band zu bezeichnen. Dennoch ist sie wie auch die übrigen Straßen, Bahnlinien und der touristisch genutzte Göta-Kanal natürlich mit ein Grund dafür, dass die fruchtbare und geschichtsträchtige Ebene nach wie vor relativ dicht besiedelt ist. Neben der Landwirtschaft, die immer noch die Landschaft prägt, aber wirtschaftlich keine große Rolle mehr spielt, haben sich hier viele forschungsintensive Industriebetriebe angesiedelt. So ist der geschmückte Drillichstreifen, der sich von Mjölby über Linköping nach Norrköping zieht, auch heute noch unschwer auszumachen.

Tåkern

DER GROSSE VOGELSEE

Am Ostufer des großen Vätternsees erhebt sich der Omberg, dessen Steilwände direkt zum Wasser hinunterreichen. Östlich davon liegt der See Tåkern, heute wie vor hundert Jahren ein Paradies für Wasservögel. Hier machen die Wildgänse Station, und gemeinsam mit Nils helfen sie, ein Stück Natur zu erhalten. Der Tåkern, so wollen es nämlich die in seiner Umgebung heimischen Bauern, soll vollständig trockengelegt werden, um Platz für fruchtbare Felder zu machen.

Seit der See zum ersten Mal abgelassen wurde, ist das Wasser an keiner Stelle mehr als einen Meter tief. Die Ufer sind moorig und schlickrig geworden, und auf dem See draußen ragen überall kleine sumpfige Inseln über dem Wasser auf.

Doch es gibt jemand, der gern mit den Füßen im Wasser steht, wenn nur sein Körper und Kopf in der Luft sind. Das ist das Schilf, und nirgends gedeiht es besser als an den lang gestreckten, seichten Ufern des Tåkern und rings um die kleinen Sumpfinseln herum. Ja, es gedeiht da so ausgezeichnet, dass es mehr als mannshoch wird und so dicht wächst, dass sich ein Boot mit knapper Not hindurchzwängen kann. Das Röhricht bildet einen breiten grünen Gürtel um den ganzen See herum, der dadurch nur an ein paar Stellen, wo die Menschen Luft geschafft haben, zugänglich ist. Aber wenn das Schilf die Menschen vom See ausschließt, so gibt es dagegen vielen anderen Geschöpfen Schutz und Schirm. In dem Schilf selbst gibt es viele Teiche und Kanäle mit grünen stillstehenden Gewässern, wo Wasserlinsen und Laichkraut gedeihen und wo Mückenlarven, Fischbrut und Kaulquappen in unermesslichen Mengen ausgebrütet werden. An den Ufern dieser kleinen Teiche und Kanäle gibt es auch eine Menge wohlversteckter Plätze, wo die Seevögel ihre Eier ausbrüten und ihre Jungen füttern können, ohne von Feinden bedroht oder von Nahrungssorgen geplagt zu sein.

Auf dem Hof des Bauern, der federführend bei den Plänen zur Trockenlegung des Tåkern ist, wächst ein zahmer Wildenterich namens Jarro auf, der gut Freund mit dem Hund Cäsar und dem kleinen Sohn des Bauern wird. Doch Jarro muss erfahren, dass er von den Menschen als Lockvogel benutzt wird, und er versucht wenigstens, seine Artgenossen zu warnen. Nils Holgersson, der mit den Wildgänsen auf dem See Station macht, befreit ihn aus seiner misslichen Lage. Doch der kleine Sohn des Bauern vermisst seinen Spielkameraden, macht sich auf die Suche nach Jarro und gerät mit einem alten, lecken Kahn auf dem Wasser in Seenot. Nils und die Wildgänse bringen ihn auf eine kleine Insel und lassen den Kleinen sozusagen als Geisel dort, wo er vergnügt mit den Vögeln spielt. Die Mutter, in ihrem Kummer um den Sohn, fängt an zu verstehen, dass es den Vögeln der Umgebung schlecht gehen wird, sollte der See trockengelegt werden. Als sie ihren Mann zur Änderung der Pläne bewegen kann, bringen die Tiere mit Hilfe des Hundes Cäsar den Jungen zurück zu seinen Eltern. *»Ja, vielleicht will Gott nicht, dass wir in seine Ordnung eingreifen«*, erkennt der Bauer. *»Ich will morgen mit den anderen sprechen, und ich glaube, wir werden alles beim alten lassen.«*

MIT DEM TÅKERN-KAPITEL hat sich Selma Lagerlöf als engagierte und erfolgreiche Naturschützerin erwiesen. Der See, der den umliegenden Bauern lange Zeit ein Dorn im Auge war, ist heute Teil eines großen Naturschutzgebietes. Es bietet unzähligen Wasservögeln ausreichend Gelegenheit zur Nahrungsaufnahme und Schutz zur Aufzucht des Nachwuchses. Und dies ist nicht zuletzt Selma Lagerlöf zu verdanken, die mit ihrer Geschichte von Jarro und Cäsar dazu beigetragen hat, den Menschen die Augen zu öffnen: dafür, dass die Natur es wert ist, erhalten zu werden.

Natürlich ist es heute schwer, nachzuweisen, ob wirklich das Buch zu dieser Entwicklung einen entscheidenden Anstoß gab. Tatsächlich war zu dieser Zeit bereits ein Umdenken spürbar, von der exzessiven Nutzung des Erdbodens hin zum Schutz der Natur. Es gab bereits Zoologen, die sich für den Tåkern einsetzten, aber der Schulbuchautorin Selma Lagerlöf gelang es natürlich wesentlich leichter, den See in Schweden bekannt zu machen und für seine Wertschätzung zu sorgen.

Doch wie so oft ist es nicht die Natur allein, die für den Reichtum sorgt. Zwischen 1842 und 1844 wurde der See durch eine Vertiefung des Mjölnaflusses, des Abflusses zum Vätternsee hin, abgesenkt, und zwar um 1,70 Meter. Nach der Senkung lag die Wassertiefe nur noch ungefähr bei 80 Zentimetern. Das war der Beginn des »Großen Vogelsees«. Der Schilfgürtel breitete sich rundherum aus, und die Vegetation der Uferwiesen wurde durch Beweidung kurz gehalten. Somit ist der Tåkern in seiner heutigen Gestalt nicht viel älter als 150 Jahre. 1966 wurde der See mithilfe eines Dammes im Mjölnafluss gestaut. Durch Gerichtsbeschluss wurde festgelegt, dass der Wasserstand um 45 Zentimeter pro Jahr schwanken kann. Auch Überschwemmungen im Frühjahr gehören zum ökologischen Jahresrhythmus der Uferwiesen.

Das Schilf rund um den See bedeckt eine Fläche von etwa 15 Quadratkilometern und gehört damit zu den größten Schilfgürteln Nordeuropas. Hier wimmelt es nur so von Leben: Insekten und Vögel finden den idealen Lebensraum. Ein Teil des Schilfs wird im Winter geschnitten und zum Decken von Hausdächern verwendet. Die Uferwiesen des Tåkern umfassen etwa 450 Hektar. Sie entstanden, da sie über einen längeren Zeitraum durch Beweidung oder Mahd offen gehalten wurden. Die Beweidung ist wichtig, damit die Natur, die erst durch Kultivierung entstanden ist, bewahrt wird. Dies wird zum Großteil vom »Tåkernfond WWF« finanziert.

Vor allem aber ist der Tåkern der See der Vögel. Hier werden bis zu 270 Vogelarten gezählt, ein kleinerer Teil brütet hier, die übrigen ziehen weiter zu ihren Brutplätzen im Norden. Man kann sie nicht alle nennen, doch wer Freude daran hat, all diese Vögel zu beobachten, der hat hier reichlich Gelegenheit dazu.

Während des Herbst- und Frühjahrszuges wird der See von den meisten Arten der Wasser- und Watvögel besucht, die hier auf ihrer langen Reise

Einen Überblick über den Tåkern und seine Schilfgürtel und -inseln erhält man nur aus der Luft, die Ufer sind schwer zugänglich.

Station machen. Es muss ein faszinierender Anblick sein, wenn im Frühherbst rund 2000 Höckerschwäne den See bevölkern, zusammen mit mehreren tausend Grau- und Kanadagänsen. Mitte Oktober übernachten bis zu 15.000 Saatgänse auf dem See, um auf den umgebenden Feldern nach Nahrung zu suchen, eine schier unvorstellbare Zahl.

Für menschliche Besucher ist das Gebiet zwischen dem 1. April und dem 30. Juni tabu. Lediglich die ausgewiesenen Besuchsgebiete und Wanderwege dürfen dann benutzt werden. Es gibt vier Besuchsbereiche, die gut erreichbar und mit Informationstafeln versehen sind: Glänås, Hov, Svälinge und Väversunda. Vom Vogelturm Glänås aus verlaufen Bohlenwege, auf denen man, zum Teil mit kundiger Führung, die verschiedenen Naturarten des Tåkern erleben kann. Hov ist vor allem für die großen Mengen an Kranichen, Gänsen und Enten bekannt, die sich hier im Herbst sammeln. Der etwa zwei Kilometer lange Wanderweg zum großen und zum kleinen Vogelturm von Svälinge führt am Wasserlauf Mjölnaån vorbei, dem einzigen Abfluss aus dem Tåkern. Bei der Väversunda-Sumpfwiese gibt es eine Plattform mit einer guten Aussicht über die flachen Strandsumpfwiesen auf der westlichen Seeseite. Hier sind im Frühling die meisten Vögel zu sehen.
Auch wer kein passionierter Vogelbeobachter ist, kann, mit einem Fernglas ausgerüstet, Spaß an der »Pirsch« bekommen. Wir hatten zudem das Glück, das Gebiet bei einer unserer Reisen mit dem Motorsegler zu überfliegen. Aus der Luft kann man sehr gut erkennen, dass die dunkle Wasserfläche, die man als normaler Besucher ja an keiner Stelle überblicken kann, fast überall von einem hellen, zerfransten Schilfgürtel umgeben ist. Aus diesem Blickwinkel wird deutlich, dass der Tåkern inmitten der bäuerlichen Landschaft eine Welt für sich ist.
Unbedingt zu empfehlen ist auch der Besuch des Naturums von Omberg. Hier gibt es eine kleine, anschauliche Ausstellung über die Natur und Kultur der Gegend, und bei unserem Kurzbesuch kommen wir ins Gespräch mit einer der Mitarbeiterinnen in ihrer khakifarbenen Uniform, die Führungen durch die verschiedenen Naturschutzgebiete der Gegend anbietet. Sie begeistert sich sehr für Selma Lagerlöf und zeigt sich überzeugt, dass das Buch dazu beigetragen habe, dies alles zu erhalten. »Sie hat zwar in ihren Tierbeschreibungen manchmal danebengelegen, was Biologen mit Grausen lesen, aber sie hat letztlich viel für den Naturschutz erreicht – und das zu einer Zeit, als dies eigentlich noch kein Thema war«, meint die junge Frau.

Praktische Hinweise

Information: Tåkerns Fältstation, Box 204, 59522 Mjölby, Tel: (0)144/32119, www.takern.se. **Östergötlands naturguidningar** (Führungen von den Besucherstationen Glänås und Hov), Ulrika Carlsson, Länsstyrelsen Östergötland, 58186 Linköping, Tel: (0)13/196597, Fax: (0)13/196333, guide@e.lst.se. **Ombergs naturum,** Stocklycke, 59993 Ödeshög, Tel: (0)144/33245, www5.e.lst.se/Hemsida/index_ty.html, geöffnet Ende März–April und Sept.–Mitte Okt. Sa, So 11–16 Uhr, Mai–August tägl. 11–17 Uhr, geführte Touren von etwa eineinhalb Stunden, zum Teil auf Deutsch. Ausstellungstexte auch Deutsch.
Anfahrt: Der Tåkern liegt nördlich der E 4 zwischen Ödeshög und Mjölby und ist nur auf kleinen Straßen zu erreichen, der Omberg liegt westlich davon am Vätternsee.
Essen und Einkaufen: Cafeteria in Hästholmen mit schönem Blick aufs Wasser.
Tipps: Vom Naturum aus kann man eine Einbahnstraße **am Omberg entlang** nach Borghamn fahren, von der man an mehreren Stellen eine schöne Aussicht über den Vätternsee hat (Vorsicht: die Straße ist von Borghamn aus gesperrt). Am Naturum beginnen aber auch etliche interessante **Wanderwege.** Besonders im Frühling oder Frühsommer lockt der waldbestandene Berg, der sich deutlich über das Flachland erhebt, zahlreiche Wanderer an, denn er wird auch der »Berg der Blumen« genannt. **Alvastra** (Klosterruine), www.raa.se/platser/alvastra.asp, 10 km nördlich von Ödeshög an der Straße Nr. 50 zwischen Ödeshög und Vadstena, frei zugänglich. Führungen Juni–August Di 18–19 Uhr 50 SEK, Kinder frei, zu buchen über Ombergs Naturum (siehe oben). Wunderschöner **Badeplatz** am Vätternsee in Hästholmen, **Übernachten** am besten in Vadstena oder Gränna.

Vadstena

DIE WEISE FRAU VON ULFÅSA

Während seines Aufenthalts auf dem Tåkern wird Nils Holgersson zufällig Zeuge eines Gesprächs zwischen zwei alten Männern, die auf dem See fischen. Sie unterhalten sich darüber, wie schön Östergötland sei. Das Beste daran sei: Man wisse, dass es immer so bleiben werde. Auf einem Gut namens Ulfåsa nämlich, so erfährt der Däumling aus dem Gespräch der beiden, lebte einst eine Schlossherrin, welche die Gabe hatte, in die Zukunft zu blicken. Eines Tages kommt ein armer Bauer zu ihr und möchte wissen, wie es künftig um Östergötland bestellt ist. Die weise Frau von Ulfåsa ermöglicht ihm einen Blick in die Zukunft und prophezeit, dass das Land allezeit etwas haben werde, dessen es sich vor den anderen Landschaften rühmen kann. An erster Stelle nennt sie zwei Klöster sowie die Domkirche in Linköping. Der Bauer aber ist unzufrieden: *»Ich fürchte, es könnte eine Zeit kommen, in der sie uns weder wegen Alvastra oder Vreta noch wegen unserer Domkirche ehren werden.«*
Da nennt die weise Frau nacheinander, was das Land ferner an Besonderheiten zu bieten hat: ein von ihr selbst gegründetes Kloster, das Schloss von Vadstena, Eisenhütten und Schmiedewerkstätten, eine stattliche Zahl von Herrenhöfen, die Heilquellen von Medevi, den Göta-Kanal, Fabriken und vieles mehr. Auf jede Wahrsagung erhält die weise Frau jedoch ein »Aber«. Schließlich ruft sie erbost aus: *»Du sagst, alles sei vergänglich! Aber jetzt will ich dir etwas nennen, was immer und ewig sich gleich bleiben wird. Und das ist, dass es hier in dieser Landschaft bis zum*

Jüngsten Tage solche hochmütigen, eigensinnigen Bauern geben wird, wie du einer bist!«

Da erst ist der Bauer zufrieden, und er erklärt ihr auch, warum: *»Alles, was Könige und Klosterleute und Gutsbesitzer und Stadtbewohner bauen und errichten, das hat nur einige Jahre Bestand. Aber wenn Ihr mir sagt, dass es in Östergötland immer ehrgeizige und beharrliche Bauern geben werde, dann weiß ich auch, dass es seinen alten Ruhm behalten wird. Denn nur die, die unter der ewigen Arbeit zur Erde gebückt einhergehen, können das Land für alle Zeiten in Wohlstand und Ehren erhalten.«*

MIT DEM KAPITEL »Die Wahrsagung« hat Selma Lagerlöf ihren Lesern ein kleines Rätsel aufgegeben. Wir, die wir hundert Jahre nach ihr zum »Nils Holgersson« gegriffen haben, müssen lange rätseln: Wer war die weise Frau von Ulfåsa? Gab es sie wirklich oder ist sie nur eine von der Autorin eingeführte Person, die dazu dient, die Entwicklung Östergötlands anschaulich zu machen?

Nach einem Besuch in Vadstena erhalten wir endlich Bestätigung für unsere Vermutung: Die weise Frau von Ulfåsa ist niemand anderes als die heilige Birgitta, Schwedens einzige Heilige, deren Andenken hier heute noch hochgehalten wird. Also begeben wir uns auf weitere Spurensuche in die kleine, hübsche Stadt am See Vättern, die sich ganz und gar der Erinnerung an die heilige Birgitta verschrieben hat. Auch wer sich nicht so intensiv mit Kirchengeschichte auseinandersetzen möchte, findet hier ein Juwel vor, das einen Besuch lohnt.

Birgitta Birgersdotter wurde 1303 als Tochter eines adeligen Landrichters in Finsta in der Provinz Uppland geboren. Als Dreizehnjährige wurde sie mit dem Ritter und Landrichter Ulf Gudmarsson verheiratet. Auf dem Gut Ulfåsa, etwa 20 Kilometer nördlich von Vadstena, feierten die beiden ihre Hochzeit.
In ihrer Ehe gebar Birgitta acht Kinder, von denen die Tochter Katarina am bekanntesten ist, da sie die erste Äbtissin des Klosters in Vadstena wurde. Birgitta selbst lebte einige Jahre als Hofdame am Hofe des Königs Magnus und der Königin Blanka, die ihren Sommersitz im Königspalast zu Vadstena hatten. Zu dieser Zeit hatte sie die Offenbarung, die sie zur Gründung eines Klosters veranlasste. Zusammen mit ihrem Mann Ulf Gudmarsson reiste sie anlässlich ihrer Silberhochzeit nach

Für einen rechten Bauern aus Östergötland nur vergängliche Pracht: Das herrliche Wasserschloss von Vadstena steht immerhin seit über 450 Jahren.

Spanien, zum Grab des heiligen Jakob in Santiago de Compostela. Auf der Heimreise erkrankte ihr Mann und starb 1344, kurz nach der Rückkehr, im Kloster Alvastra. Für Birgitta begann ein neues Leben, das ganz der Spiritualität gewidmet war.

Nach dem Tod ihres Mannes wohnte Birgitta in der unmittelbaren Nähe des Klosters und hatte zahlreiche Offenbarungen. In ihnen wurden auch die Klosterregeln geformt, die zum Teil heute noch Gültigkeit haben. Hier in Alvastra verstärkte sich auch das Gefühl, dass sie als Vermittlerin der göttlichen Botschaft wirken müsse. Ihr Auftrag bestand darin, die degenerierte Kirche auf den göttlichen Weg zurückzuführen. Bei der Verfolgung ihrer Pläne scheute sie nicht vor der Kritik an Priestern, Papst und Fürsten zurück. Um ihre Klosterpläne verwirklichen zu können, mussten die Klosterregeln vom Papst gutgeheißen werden. Aus diesem Grund reiste sie 1349 mit zwei ihrer Kinder nach Rom – in einer Zeit, in der Krieg und Pest ganz Europa verwüsteten. Da sich der Papst zu der Zeit aber in Avignon aufhielt, musste sich die schwedische Adlige lange gedulden. Erst 21 Jahre später, im Jahr 1370, erhielt sie die Erlaubnis, in Vadstena zwei Klöster zu gründen; eines für Nonnen und eines für Mönche, allerdings nach den Regeln des Augustinerordens.

Nach einer beschwerlichen Pilgerreise ins Heilige Land, die ihr von Christus in einer Offenbarung aufgetragen wurde, starb sie auf dem Rückweg 1373 in Rom. Das Kloster von Vadstena wurde schließlich von ihrer Tochter Katarina gegründet und 1384 eingeweiht. 1391 wurde Birgitta heilig gesprochen, fünf Jahre später erfolgte ihre Erhebung zur Schutzheiligen Schwedens.

Was findet man in Vadstena heute noch vor, das an die Heilige erinnert? Kirche und Klostermuseum. Ein Pilgerzentrum. Ein Nonnenkloster, das Ende des vorigen Jahrhunderts neu gegründet wurde. Viele Menschen, die sich intensiv mit dem Leben der Birgitta auseinander setzen. Zu ihnen gehören auch Göran und Birgit Grevbäck. Er ist ein pensionierter Pfarrer und sie eine Lehrerin, die in Vadstena bekannt ist für einen Vortrag über Nils Holgersson. Das belesene Ehepaar wird uns helfen, ein weiteres Rätsel zu lösen: Wir fragen uns nämlich, warum Selma Lagerlöf im »Nils Holgersson« nie den Namen Birgitta erwähnt hat. Warum ging es immer nur um die »weise Frau von Ulfåsa«?

Wir hatten zunächst mehrere Vermutungen. Es konnte ja möglich sein, dass in einem protestantischen Land eine Katholikin nicht hoch angese-

Die heilige Birgitta, Schutzpatronin Schwedens, sieht bei Selma Lagerlöf als »weise Frau von Ulfåsa« in die Zukunft.

hen war. Vielleicht zeigte diese Zurückhaltung aber auch eine kritische Haltung der Autorin der Kirche gegenüber. Schließlich wurde sie für ihren »Nils Holgersson« zum Teil heftig kritisiert, denn der Junge findet ja am Ende nicht in den Schoß der Kirche zurück, sondern entwickelt sich mit Hilfe der Tiere zu einem ordentlichen Menschen. 1907 wurde in Småland eine Lehrerin sogar entlassen, weil sie ihren Schülern aus dem »Nils Holgersson« vorgelesen hatte. »Alles nicht ganz richtig«, kommentiert Göran Grevbäck. »Die Kirche war nicht generell unzufrieden mit der Autorin, und Selma Lagerlöf war, wie ihre späteren Arbeiten zeigen, nicht gegen die Religion eingestellt«, erklärt der pensionierte Pfarrer.

Eine andere Vermutung ist, dass Selma Lagerlöf ihre Schüler durch die kleine Geheimniskrämerei neugierig machen wollte, wobei sie davon ausgehen konnte, dass ihre Leser wussten, von wem die Rede ist. Zu dieser Zeit aber war Birgitta nicht sehr bekannt. Heute ist dies anders: Im Jubiläumsjahr 2003, zur 700-Jahr-Feier, wurde in Vadstena mächtig die Trommel für die schwedische Schutzheilige gerührt.

Birgit Grevbäck, die als Gymnasiallehrerin in Vadstena unterrichtet hat und heute ehrenamtlich Pilger durch die Stadt führt, findet die plausibelste Erklärung für die Frage, warum die Autorin die Heilige nicht mit Namen genannt hat: Sie hatte zwar über eine historische Persönlichkeit geschrieben, dieser aber Weissagungen in den Mund gelegt, die so nie gesagt wurden. »Es ist so, dass sie einfach vorsichtig war«, mutmaßt Birgit Grevbäck.

Dass die weise Frau in diesem Kapitel eher ironisch betrachtet wird, hat mehr mit der Beharrlichkeit des konservativ denkenden Bauern zu tun als mit der Figur der Erneuerin Birgitta. Im Gegenteil, Selma Lagerlöf war voller Bewunderung für diese starke Persönlichkeit, und 1923 hielt sie zum Birgittafest in Vadstena einen viel beachteten Vortrag über »Die letzten Tage der heiligen Birgitta«. In diesem Text, der 1933 in einem Erzählband erschienen ist, beschreibt sie eindrucksvoll die letzten Tage vor dem Tod der Heiligen und von der Wirkung dieses Ereignisses auf die Menschen ihrer Umgebung.

Wer sich in und um Vadstena auf Spurensuche begibt, wird aber mehr auf Erinnerungen an die Heilige stoßen als auf Selma Lagerlöf. Etwa eine halbe Stunde außerhalb von Vadstena findet man das Herrenhaus von Ulfåsa, das kurioserweise auf einem Foto in der Erstausgabe des Nils Holgersson abgebildet ist. Zu diesem Herrenhaus, das imponierend auf einem Hügel oberhalb der nur leicht gewellten Landschaft über dem See Boren thront und von einem wildromantischen Englischen Garten umgeben ist, gehört auch eine Ruine, Birgittas udde genannt.
Die Burg, in der Birgitta nach ihrer Heirat lebte, stand am Ende einer Landzunge. Bevor sie nach Rom reiste, baute sie hier ein neues Schloss, von dem heute nur noch Reste zu sehen sind. In dieser Ruine wird alljährlich im Juli eine Messe gefeiert, und die Pilger wandern von dort nach Vadstena. Touristen kommen hier nur wenige her, man kann normalerweise nicht mit dem Auto dorthin fahren, und der Fußmarsch dauert etwa eine halbe Stunde.
Bei unserer Spurensuche stoßen wir auf zwei ältere Damen, die mit dem Fahrrad heraufgekommen sind und den Blick auf das beeindruckende Herrenhaus genießen. Auf meine Frage nach Selma Lagerlöf zögern die beiden, die offensichtlich mehr auf dem Pilgerweg zu Birgittas Heimstatt sind. »Ja, da müssen Sie wohl eher nach Värmland fahren«, meint die eine Dame schließlich, »die Leute da wissen alles über Selma Lagerlöf.«

Praktische Hinweise

Information: Vadstena turistbyrå, Vadstena slott, 59280 Vadstena, Tel: (0)143/31570 oder 31571, Fax: (0)143/31579, www.vadstena.com. **Schloss,** geöffnet Mai Mo–Fr 11–15 Uhr, Juni tägl. 10–18 Uhr, Juli tägl. 10–19 Uhr, August tägl. 10–17 Uhr, 1. Sept.–April Mo–Fr 11–14 Uhr. **Sancta Birgitta Klostermuseum,** Gräsgården, 59232 Vadstena, Tel: (0)143/10031, Fax: (0)143/24922, www.sanctabirgitta.com, geöffnet Mai und Sept. am Wochenende 11–16 Uhr, Juni–August tägl. 11-16 Uhr, im Juli bis 18 Uhr, Birgittatag am 7. Oktober, Eintritt 50 SEK, Kinder ab 10 Jahre 20 SEK.
Anfahrt: Vadstena liegt am Ostufer des Vättern ca. 100 km nördlich von Jönköping.
Tipps: Ulfåsa (Herrenhaus) und **Birgittas udde** (Halbinsel mit Klosterruine), beide am See Boren, von Vadstena aus auf dem Riksväg 50 nach Motala, von dort nach Osten Richtung Österstad, bei der Kirche von Ask nach links Richtung Ulfåsa und Ekebyborna. Das Herrenhaus ist in Privatbesitz, nur der Park ist zugänglich. Zur Klosterruine gibt es geführte Touren (2 x 40 min. Fußweg), Informationen in der Touristeninformation Motala, Tel: (0)141/225254, Fax: (0)141/214557, turistbyran@motala.se. In Vadstena kann man im Spielzeugmuseum übernachten: **Hotell und Café Vadstena,** Leksaksmuseum, Lilla Hamnarmen, 59230 Vadstena, (0)143/29275, Fax (0)143/29276, www.leksaksmuseet.nu. Eine weitere Übernachtungsmöglichkeit bietet das **Pensionat Solgården,** Strågatan 3, Tel/Fax: (0)143/14350, http://home.swipnet.se/111/solgarden, zentral, sehr individuelle, schöne Zimmer.

Kolmården

DER GROSSE WALD

Vom Tåkern aus fliegen die Gänse nordöstlich, über die Östgötaebene, bis sie zu einem lang gestreckten und breiten Bergrücken kommen. Hier lernt Nils den Jagdhund Karr und dessen Freund Graufell, den Elch, kennen, deren Geschichte eng mit dem Kolmården verknüpft ist. Selma Lagerlöf vergleicht diesen Wald mit einem Gebäude, das wohl groß, aber nicht über die Grundmauern hinausgekommen ist.

Aber gleichsam als Ersatz für die Gipfel und Felsenkuppen ist der große Berg von jeher mit prächtigen Bäumen bestanden gewesen. Eichen und Linden wuchsen am Saum des Waldes und in den Tälern, Birken und Erlen um den See herum, Föhren droben auf den steilen Terrassen, Fichten aber überall, wo sich nur eine Handvoll Erde fand, in der sie Wurzeln schlagen konnten. Alle diese Bäume miteinander bildeten den in den alten Zeiten so gefürchteten großen Wald von Kolmarden, der so verrufen war, dass jeder Wanderer, der hindurch musste, seine Seele Gott befahl und auf sein letztes Stündchen gefasst war.

Sobald aber ein Erzlager entdeckt wurde, nahmen sich die Menschen den Berg, um Kapital aus ihm zu schlagen. Das Holz wurde als Brennmaterial genutzt, und der Wald wurde nahezu vernichtet. *Als die Menschen so allmählich Herr über den Wald geworden waren, handelten sie sehr schlecht gegen ihn; ohne eine Spur von Rücksicht wurden die Bäume gefällt und Kohlen daraus gebrannt. Sie hatten ihren alten Hass gegen den Wald nicht vergessen, und nun sah es so aus, als wollten sie ihn ganz und gar von der Erde vertilgen.*

Erst nach dem Ende der Bergwerkszeit wuchs der Wald wieder heran und breitete sich von Neuem aus; die Menschen wurden wieder ärmer, bis sie ihn als Lieferanten für Bauholz nutzten. *Von da an sahen die Menschen den Wald mit ganz anderen Augen an. Sie lernten es, schonend mit ihm umzugehen und ihn zu lieben. Jetzt vergaßen sie auch die alte Feindschaft und betrachteten fortan den Wald als ihren besten Freund.*

In diesem Umfeld erzählt Selma Lagerlöf die Geschichte des Jagdhundes Karr und des zahmen Elchs Graufell, die auf dem Hof eines Waldhüters leben. Als der Elch an einen Zoo im Ausland verkauft werden soll, bringt Karr seinen Freund dazu, zu fliehen und das Leben seiner Artgenossen zu führen. Tief im Wald angelangt, erschlägt Graufell aus Notwehr eine alte Natter, und deren Gefährte schwört Rache. Die Gelegenheit dazu liefern die Nonnenschmetterlinge, deren Raupen den Wald kahl fressen und fast ganz vernichten. Alle Tiere des Waldes sind natürlich besorgt, und die Natter streut aus, die Bäume könnten gerettet werden, wenn Graufell verbannt würde. Als dieser davonzieht, befällt die Nonnenschmetterlinge eine Seuche, und nach einigen Sommern ist das Gleichgewicht im Wald wieder hergestellt.

Karr aber wartet darauf, dass die alte Natter stirbt und Graufell wieder heimkommen darf. Dazu kommt es, als Nils Holgersson von dem Tier verfolgt wird. Mit einem Felsblock kann er es töten. Der Rabe Bataki, der sich zufällig auch auf dem Kolmården aufhält und mit dem Nils hier erstmals Bekanntschaft macht, erzählt ihm die Geschichte von den Nonnenschmetterlingen. Für den Elch Graufell ist es jedoch zu spät: Die Wildgänse berichten dem alt gewordenen Jagdhund Karr vom heldenhaften Tod seines Freundes im hohen Norden.

DER KOLMÅRDEN gehört zu den wenigen Landschaften Schwedens, die sich im Vergleich zu Selma Lagerlöfs Schilderung besonders stark verändert haben. Wo früher undurchdringliche Wildnis herrschte, strömen heute die Besucher zu einer der größten Touristenattraktionen des Landes. Wo früher Bären und Wölfe herrschten, fahren heute Scharen von neugierigen und sensationssüchtigen Touristen mit ihren stinkenden Fahrzeugen, die Fenster fest verschlossen, langsam durch den Wald. Wir befinden uns in einem so genannten Safaripark. Vom Auto aus können die Besucher nicht nur Bären, Wölfe und Elche beobachten, sondern auch Giraffen, Lamas, Alpensteinböcke, Straußenvögel oder eine Löwenherde. Zwar sind die heimischen Tierarten im großen Zoo von Kolmården durchaus vertreten, doch für den richtigen Kick ist anscheinend ein wenig Exotik nötig, Elch und Jagdhund allein sind in unserem Zeitalter nicht mehr attraktiv genug.

Der eigentliche Tierpark mitten im Wald ist allerdings durchaus einen Besuch wert, wenn man sich auf Unterhaltung einstellt. Um einen Eindruck von der Größe des Kolmården zu bekommen, fahren wir erst einmal mit der Gondel im Karree um den Park. Dessen Bewohner sind von oben nicht auszumachen, man sieht Bäume, Bäume, Bäume – und vereinzelt Restaurants, die Jugendherberge, Verwaltungsgebäude und einen kleinen Vergnügungspark. Allein für den Ausblick auf den Bråviken, den breiten Meeresarm, der sich von der Ostsee bis Norrköping erstreckt, lohnt sich aber diese Gondelfahrt. Das Wasser leuchtet blau gegen das Grün des Mischwaldes, kleine Schaumkrönchen setzen weiße Akzente. Später werden wir noch eine kleine Kaffeepause in Östra Setra einlegen, einem winzigen Fähr- und Badeort. Hier kann man den Kolmården von einer anderen Warte aus betrachten.

Wer den Kolmården in seiner ursprünglichen Gestalt erleben möchte, ist besser beraten, eines der Naturreservate zu durchwandern. Als Beispiele seien der Wald Glotternskogen oder das Moorgebiet Fjällmossen genannt. Dort findet man trotz ausgewiesener Wanderwege den Kolmården annähernd noch in der Form vor, wie ihn Selma Lagerlöf beschrieben hat.

Ein paar Tage später führen uns der Zufall und hilfreiche Gespräche mit dem pensionierten Bibliotheksleiter Per Marner aus Katrineholm zu einem Ort, den wir nicht unbedingt mit der Geschichte des Kolmården in Verbindung gebracht hätten: nach Mariefred. Hier fahren die hundertjährigen Dampfzüge der Museumsbahn Östra Södermanland Järnväg. Auf der Schmalspurstrecke zwischen Mariefred und Läggesta erleben die Reisenden eine Bahnfahrt wie zur Zeit Selma Lagerlöfs, einschließlich Dampfwolken, Trillerpfeife und uniformiertem Schaffner, der unsere Papp-Fahrkarten locht wie anno dazumal. Die Kinder sind begeistert –

Der schmucke Bahnhof von Mariefred empfängt die Museumszüge, die früher das Holz aus dem Kolmården zum Bråviken transportiert haben.

und ahnen gar nicht, dass sie wieder einmal auf Nils Holgerssons Spuren reisen.

Mit dieser Bahn nämlich wurde das Holz abtransportiert, das die Raupen der Nonnenschmetterlinge zerstört hatten. Deshalb hieß diese Bahn auch »Nunnebanan«, die Nonnenbahn. Im Sommer 1898 hausten die Schmetterlingsraupen am schlimmsten im Virå-Wald. Von diesem Teil

des Kolmårdens wurde für den Abtransport des Holzes eigens eine Bahnlinie hinunter zum Bråviken gebaut. Selma Lagerlöf hatte sich gründlich informiert, bevor sie die Geschichte von Karr und Graufell schrieb. Selbst Karr, den Hund des Fabrikbesitzers, der vom Waldhüter vor dem Erschießen gerettet wird, hat es wirklich gegeben. Die Waggons wurden später zu Personenwagen umgebaut und auf der dreieinhalb Kilometer langen Museumsstrecke eingesetzt, unterstützt von Vereinsmitgliedern, die sich dem Hobby Dampfeisenbahn verschrieben haben. Das Mariefreder Bahnhofsgebäude wurde im alten Stil wiederhergestellt, und in den Sommermonaten herrscht hier ganz ordentlich Betrieb.
Schließlich sind Mariefred und das benachbarte Schloss Gripsholm eine der wichtigsten Attraktionen Schwedens – zumindest für uns Deutsche. Hierher kommen vor allem Touristen, die auf Spuren Kurt Tucholskys wandeln wollen. Mit seiner leichten, 1931 erschienenen Sommergeschichte »Schloss Gripsholm« hat der Satiriker und Gesellschaftskritiker aus Berlin schon viele nach Schweden gelockt. Das alte Bahnhofsgebäude an der Nonnenbahn, ein schönes Holzhaus im reinsten Jugendstil, kennen die Leser auch aus diesem Roman: »Wir gingen auf den Bahnhof. So ein winziger Bahnhof war das; eigentlich war es nur ein kleines Haus, das aber furchtbar ernst tat und vor lauter Bahnhof vergessen hatte, dass es ein Haus war. Da lagen auch zwei Schienenpaare, weil die ja zu einem Bahnhof gehören, und hinten kam der Waggon angeschnauft.«

Praktische Hinweise

Information: **Kolmårdens Djurpark,** 61892 Kolmården, Tel: (0)11/249000, Fax: (0)11-249040, www.kolmarden.com, geöffnet Mai bis August: tägl., 10–17, im Juli bis 18 Uhr, Sept. nur am Wochenende. Eintritt 260 SEK, Kinder (4–15) 155 SEK, Fahrgeschäfte und Attraktionen kosten teilweise extra.
Museumsverein Östra Södermanlands Järnväg, Box 53, 64722 Mariefred, 0159-21000/21006, www.oslj.nu, Dampfzüge auf der Strecke Läggesta – Mariefred (3,5 km). Vom Bahnhof Mariefred führt ein Gleis zur Dampferbrücke (Mariefreds Ångbåtsstation), wo der Dampfer »Mariefred« anschließt, der zwischen Stockholm und Mariefred verkehrt. Dampfzüge der ÖSlJ verkehren Mai–Sept. an den Wochenenden und feiertags, Mitte Juni bis Mitte August täglich. Erste Abfahrt des Tages 10.50 Uhr, dann etwa jede Stunde bis etwa 16.30 Uhr.
Anfahrt: Der Tierpark Kolmården liegt bei Krokek ca. 20 km nordöstlich von Norrköping am Nordufer der Bucht Bråviken und ist gut ausgeschildert. Mariefred liegt etwa 60 km westlich von Stockholm am Mälarsee, Läggesta ca. 4 km südwestlich von Mariefred direkt an der E 20.
Essen und Einkaufen: Mehrere Restaurants und Cafeterias im Tierpark Kolmården und in Mariefred.
Tipps: **Naturreservat Glotternskogen,** unberührter Wald, der einen Eindruck vom ursprünglichen Kolmården vermittelt, http://www5.e.lst.se/reservat/lst/reservat.asp?id=54&sprak=de, von Norrköping Richtung Katrineholm; hinter Åby, wenige Kilometer nach der Abzweigung zum Sörsjön, geht es einen langen Berg hinauf und dann zum Naturreservat nach rechts. Von dort Parkplatz nach 1 km. **Naturreservat Fjällmossen,** großes Moor auf der Grenze zwischen Östergötland und Södermanland, vom Tierpark aus zu erreichen sowie von der Straße zwischen Kvarsebo und Jönåker.

Schloss Gripsholm am Mälarsee ist vielen deutschen Touristen vor allem durch Kurt Tucholskys gleichnamige Liebesgeschichte ein Begriff.

Södermanland und Närke

Södermanland – oder Sörmland, wie es von den Schweden liebevoll genannt wird – erscheint Nils vom Rücken des Gänserichs aus als eine besonders gelungene Mischung: Seen, Flüsse, Wälder, Hügel, auf der Meerseite viele kleine Inseln. Es ist altes Kulturland und gehörte schon früh zum schwedischen Kerngebiet. Der Name bedeutet »Land der Südmänner«, und das hängt mit seiner Lage südlich von Uppland zusammen. Dieses stellte zu allen Zeiten die Hauptstadt und bildete somit das Zentrum Schwedens.
Mit dem großen Bruder Uppland teilt sich Sörmland die jetzige Hauptstadt Stockholm. Im Übrigen ist die Region von viel Wasser umgeben: dem Mälarsee an der Nordgrenze zu Uppland, dem Hjälmarsee im Westen und der Ostsee im Südosten. Das knapp 9000 Quadratkilometer große Gebiet ist vergleichsweise dicht besiedelt, ein Land, reich an Herrensitzen.
Wie zu Selma Lagerlöfs Zeit bietet Sörmland auch heute eine gelungene Mischung aus gepflegter Natur und alter Kultur. Nach wie vor definiert es sich über seine Nähe zu Stockholm, und so pendeln Tag für Tag viele Südmänner und -frauen in die Hauptstadt.
Westlich davon, zwischen Hjälmar- und Vätternsee, liegt die kleine Landschaft Närke. In der deutschen »Nils Holgersson«-Ausgabe heißt sie Närkes. Selma Lagerlöf beschreibt sie als eine ausgesprochen windige Ebene, in die der Wind von der Ostsee her über Södermanland weht und sich in den waldbestandenen Bergen fängt.
Den Hjälmaren oder Hjälmarsee, der an keiner Stelle tiefer als 18 Meter ist, kann man von der Größe her mit dem Bodensee vergleichen. Im Kapitel »Der Eisgang« versuchen das Gänsemädchen Åsa und sein Bruder, den See zu überqueren, obwohl das Eis bereits brüchig wird. Nur durch Nils, der ihnen aus der Luft den richtigen Weg weist, werden sie schließlich gerettet.

Stora Djulö

DER SCHÖNE GARTEN

Vom Fuchs Smirre gejagt, müssen die Gänse vom Kolmården aus noch einmal kreuz und quer über Södermanland fliegen. Sie landen abends auf dem Rittergut Groß-Djulö, wie Stora Djulö in der deutschen Übersetzung heißt.

Das große weiße Wohnhaus lag im Schutze eines prächtigen Laubholzparkes, und vor ihm breitete sich der große Djulösee aus mit seinen hervorspringenden Landzungen und hohen Ufern. Das Herrenhaus sah ehrwürdig und behaglich aus.

In einem benachbarten Kätnerhaus, in das sich der Junge schleicht, erzählt eine alte Frau Gespenstergeschichten aus der Gegend: von Eriksberg, von Vibyholm, Julita, Lagmansö und anderen Herrenhäusern. Nördlich von Stora Djulö, so berichtet sie, habe früher ein Schloss gestanden, bewohnt vom Herrn Karl. Dieser gerät ins Gespräch mit einem Tagelöhner von Stora Djulö, der über seine Arbeit stöhnt. Aber der Ritter kann es nicht leiden, wenn sich die Leute beklagen, und so entgegnet er ihm heftig: *»Ich sage dir, ich wollte ganz zufrieden sein, wenn ich mein Leben lang Södermanlands Boden umgraben dürfte!«* Die Antwort des Tagelöhners, *»Möge es dem gnädigen Herren so gehen, wie er sich wünscht!«*, erweist sich als Prophezeiung, denn nach seinem Tod muss Herr Karl jede Nacht nach Stora Djulö kommen und in seinem Garten graben.

Schloss und Garten des Herrn Karl gibt es zu Nils Holgerssons Zeit schon nicht mehr, doch Wanderer haben von einem geheimnisvollen und wunderschönen Garten im Wald berichtet, der nur nachts zu sehen ist. Nils, der sich einen trockenen Schlafplatz auf einer Tanne gesucht hat, wird in der Nacht vom Knirschen einer Gartenpforte geweckt, und wirklich: Er begegnet dem mit einer Gärtnerschürze bekleideten und mit einem Spaten ausgerüsteten Herrn Karl, der ihn durch den Garten führt. Es handelt sich dabei um ein Miniatur-Södermanland, vom Kolmården bis zum Mälarsee. Überall gibt es Herrenhäuser oder Schlösser, in denen es spukt, aber alle Gespenster scheinen Ruhe gefunden zu haben, nur Herr Karl nicht. Als es ihm auch nicht gelingt, Nils den Spaten in die Hand zu drücken und ihn damit als Nachfolger einzusetzen, wird der alte Mann zornig. Der kleine Junge aber versucht, ihn zu trösten: *»Seid doch nicht so betrübt darüber, Herr Karl von Södermanland«,* sagt er. *»Denn es findet sich gewiss niemand, der Euren Garten so gut pflegen würde, wie Ihr es tut.«*

DEN »SCHÖNEN LUSTGARTEN« und das Schloss des Herrn Karl kann man heute nicht mehr finden, doch Södermanland ist reich an alten Herrenhäusern, in denen man der Zeit vor hundert Jahren gut nachspüren kann. Stora Djulö, das weiße Haus am schönen Djulösee, an dem die Wildgänse ihr Nachtlager aufgeschlagen haben, gibt es noch immer. Hier treffen wir einen ausgewiesenen Selma-Lagerlöf-Kenner.

Per Marner ist ein älterer, sehr belesener Herr, der uns mit großer Begeisterung in die Geschichte Södermanlands einweist. Am Ende gönnt er uns noch eine Privatführung durch das Herrenhaus.
Zunächst aber sitzen wir im weiß gestrichenen Pavillon, mit Blick auf das glitzernde Wasser und die dunkelgrünen Bäume. Es ist beeindruckend, wie lebendig der alte Herr vor uns von der Zeit berichtet, in der Selma Lagerlöf als junge Lehrerin nach Södermanland kam und das Material für viele ihrer Bücher gesammelt hat. Per Marner ist ein pensionierter Bibliothekar, er war Kulturchef der Stadt Katrineholm und hat nebenbei unzählige Führungen durch Stora Djulö angeboten. Was Selma Lagerlöf betrifft, so kann er uns aus ihrem Leben berichten, als ob er sie persönlich gekannt habe.
Nein, in Stora Djulö selbst war die Autorin nicht, die Anregung zu diesem Kapitel erhielt sie durch Freunde und durch eine Geschichtensammlung. Von Januar bis September 1891 lebte sie nämlich bei Freunden, Gundla und Otto Gumaelius vom Gutshof Rocklunda bei Sköldinge. Zu der Zeit war sie 32 Jahre alt und hatte gerade einen Preis der Zeitschrift »Idun« für die ersten fünf Kapitel des »Gösta Berling« gewonnen. Sie nahm eine Auszeit von ihrer Lehrerinnen-Stelle in Landskrona und suchte nach einem Ort, an dem sie das Buch fertig schreiben konnte. Da kam die Einladung nach Rocklunda gerade recht.
Hier beendete die junge Autorin nicht nur den »Gösta Berling«, sie sammelte auch viele Sagen und Geistergeschichten der Gegend. *Es ist ja bekannt, dass es im ganzen Reiche nirgends so viele Herrenhöfe und nirgends so viele Spukgeschichten gibt wie gerade in Södermanland,* verrät die Autorin im »Nils Holgersson«. Obwohl ihr Erstlingswerk, der »Gösta Berling«, als värmländische Dichtung schlechthin gilt, sind in Wahrheit auch einige sörmländische Geschichten darin verwoben. »Aber das wurde natürlich verschwiegen«, schmunzelt Per Marner.
Insbesondere Gundla Gumaelius' Mutter erwies sich als eine meisterhafte Erzählerin von alten Sagen und vor allem von Gespenstergeschichten. Ihr hat Selma Lagerlöf mit der Figur der alten Frau in der Kätnerhütte ein Denkmal gesetzt. Wer allerdings dieser »Herr Karl« gewesen ist, darüber

streiten sich die Geister. Gelegentlich ist die Rede von Karl XI., doch es ist eher anzunehmen, dass es sich um Herzog Karl, den späteren Karl IX., handelt.

Wenn Selma Lagerlöf das Herrenhaus von Stora Djulö auch nicht persönlich gesehen hat, so ist ihre Schilderung nach Fotos doch faszinierend genau. Und der von ihr beschriebene Garten entspricht in allem exakt der Landschaft von Södermanland. »Sie muss ein enormes Vermögen gehabt haben, eine Karte umzusetzen«, meint Per Marner, selbst ein Lieb-

Das Herrenhaus von Stora Djulö liegt direkt am See. Im Sommer kann man hier im Garten am Wasser gemütlich Kaffee trinken.

haber alter Landkarten, bewundernd. »Sie konnte das Land aus der Luft beschreiben, ohne jemals die Möglichkeit gehabt zu haben, mit dem Flugzeug zu fliegen.« Aber sie habe auch viel Kritik für ihr Buch einstecken müssen: Der Kirche erschien es nicht fromm genug, den Geografielehrern waren es zu viele Geschichten. Per Marner findet vor allem schade, dass es in den Schulen als Lesebuch, weniger als Lehrbuch genutzt wurde. »Das war für viele Schüler langweilig.«

Wer heute nach Stora Djulö kommt, findet einen alten Herrenhof aus dem Beginn des 18. Jahrhunderts vor, der lange im Besitz einer Familie war und 1907 vom Staat übernommen wurde. Durch eine Thujenallee kommt man zum See, vorbei an unserem heimeligen Pavillon. In der ehemaligen Küche im Untergeschoss des Herrenhauses gibt es ein gemütliches Café, bei gutem Wetter kann man auch im Garten mit Blick auf den See Kaffee trinken und hervorragendes Gebäck oder Sandwichs genießen. Das obere Geschoss kann für Feste gemietet werden, in den ehemaligen Dienstbotenräumen gibt es wechselnde Ausstellungen. Führungen durch das Haus werden allerdings nur für Gruppen angeboten. Hier hängen Porträts an den Wänden: von Herzog Karl, von der schönen Gertrud, um die er warb, die dann aber einen anderen geheiratet hat.

Was die Beschreibung Sörmlands im »Nils Holgersson« betrifft, so sagt Per Marner: »Es ist genau so, wie sie es beschrieben hat, nur mit einem Unterschied: Zu Selma Lagerlöfs Zeit haben viele Menschen auf den Höfen gewohnt, Mägde und Knechte. Heute sitzen die Gutsbesitzer selbst auf dem Traktor.« Wenn Södermanland nun wieder mehr bevölkert sei, dann läge das auch an der Hinwendung zu Stockholm: »Es gibt viele, die dort arbeiten und hier leben. Die Zugverbindungen werden immer besser.« Und es gibt auffallend viele Golfplätze, denn im bevölkerungsarmen und landreichen Schweden gilt das Golfspiel als Volkssport. Von Per Marner stammt noch ein Tipp, den wir gerne an dieser Stelle weitergeben. Wenn man einen Hof aus der Nils-Holgersson-Zeit sehen wolle, sei Julita der richtige. Der ehemalige Herrenhof, der bei Selma Lagerlöf nur kurz erwähnt wird, gehört heute zum größten Museumsgelände Schwedens und ist auf jeden Fall einen Besuch wert. Ursprünglich war Julita ein sehr reiches Zisterzienserkloster mit großen Ländereien, das angeblich Reliquien besaß. Später wurde es Königshof und Adelsgut, es gab hier eine Ziegelei, die das Material für Schloss Gripsholm lieferte; schließlich kam das Gut in privaten Besitz.

Der Tag, den wir für unseren Besuch wählen, ist ein wenig wolkig und windig, aber das Licht ist immer noch strahlend. Das Gelände mit seinen kleinen rotbraunen Häusern ist riesig, wir schlendern durch eine Art Privat-Freilichtmuseum, das sich der Eigentümer des Gutes anlegen ließ. »Eine sehr romantische Idee«, erklärt uns Amanda Andersson, unsere kundige Führerin durch das große weiß-gelbe Herrenhaus, das majestätisch auf einem Hügel thront, umgeben von diversen Nebengebäuden und schönen Parkanlagen.

Ein Museum für den eigenen Gebrauch aufzubauen ist nicht untypisch für die Zeit der Jahrhundertwende. Der letzte private Eigner des Gutes, Leutnant Arthur Bäckström, hatte 1906 seinen Abschied genommen und sich von da an ganz der Einrichtung des Museums gewidmet – neben der Gründung einer Bank und einer Brauerei, versteht sich. Seine Mutter war eine gute Freundin von Artur Hazelius, dem Gründer des weltweit ersten Freilichtmuseums, Skansen in Stockholm, und so ist nach dessen Vorbild hier in Södermanland auf privatem Grund ein Mini-Skansen entstanden.

Arthur Bäckström war nicht verheiratet, aber er hatte oft Freunde zu Besuch, und das Herrenhaus ist reich geschmückt mit schönen Möbeln. Diese stammen überwiegend vom Hausschreiner Julitas, einem Mann namens Forsman, der durch einen Vertrag ausschließlich an Julita gebunden war. Er hatte zu Lebzeiten des Hausherrn nie die Gelegenheit, seine Möbel in ihrer Umgebung zu sehen. Erst als Julita Museum wurde, kam der Urheber all dieser Schönheiten ins Haus. »Es muss ein großer Augenblick für ihn gewesen sein«, meint unsere Führerin.

Als Arthur Bäckström 1941 kinderlos starb, sollte das Museum nach seinem Willen für die Allgemeinheit geöffnet werden. Das Nordische Museum in Stockholm aber ließ sich erst auf die Schenkung ein, als auch 2200 Hektar Land dazu kamen. So kann das Museum heute erhalten werden: Neben einem großen Beitrag durch Sponsoren fließt Geld aus Vermietung und Verpachtung. Es gibt beispielsweise Zimmer, Konferenz- oder Festräume zu mieten. Julita ist im Übrigen eine von sechs Außenstellen des Nordischen Museums, allein drei davon liegen in Södermanland. »Diese Region ist eben reich an alten Herrensitzen«, kommentiert unsere Führerin nicht ohne Stolz.

Der »schöne Garten« des Herrn Karl ist verschwunden, doch im Freilichtmuseum Julita bekommt man eine Idee davon, wie er ausgesehen haben könnte.

In Julita ist auch Schwedens Landwirtschaftsmuseum untergebracht, in dem eine große Sammlung bäuerlicher Geräte und Gegenstände ausgestellt ist. Auf dem Hof gibt es zudem eine Genbank für Äpfel, Birnen, Hopfen, Pfingstrosen und Rhabarber.
Unsere Kinder aber haben bald genug von all der Historie. Alte Häuser, alte Möbel und dann noch Landwirtschaftsgeräte – sie finden Julita nach einer Weile nur noch langweilig. Deshalb haben wir uns den Höhepunkt für die jüngsten Besucher für den Schluss aufgespart: Hier steht Petterssons Hof. Der alte Pettersson und sein Kater Findus, Figuren aus mehreren Bilderbüchern von Sven Nordqvist, gehören beim Vorlesen seit jeher zu den Lieblingen. Und hier ist nun der Hof von Pettersson aufgebaut, mit seinem windschiefen Häuschen, mit dem Hühnerstall und einem Werkzeugschuppen, in dem vergnügliches Chaos herrscht. Das Ganze ist sehr liebevoll und echt gestaltet, und es ist zu merken, dass Sven Nordqvist Mitte der 1990er Jahre an der Realisation des Projektes mitgewirkt hat. Und so sind unsere Kinder zuletzt doch ganz zufrieden mit Julita.

Praktische Hinweise

Information: **Katrineholms Turistbyrå,** Kulturhuset Ängeln, Djulögatan 27, 64180 Katrineholm, Tel: (0)150/57241, Fax (0)150/488300, www.katrineholm.se. **Stora Djulö Herrgård,** 64145 Katrineholm, Tel: (0)150/53457, Café mit Terrasse am See geöffnet tägl. Mai–Sept. Herrenhausbesichtigung nur mit Gruppenführung, zu buchen über das Turistbyrå. **Julita Gård** und Museen, (gehören zum Nordiska Museet in Stockholm), 64025 Julita, Tel: (0)150/487500, Fax: (0)150/487551, www.nordiskamuseet.se/default.asp (dann Julita Gård anklicken), geöffnet Mai–Mitte Juni und Mitte August–Sept. Herrenhofumgebung tägl. 11–16, Herrenhaus, Petterssons Spielhaus und Julitaboden (Laden) nur am Wochenende, Mitte Juni bis Mitte August alles täglich geöffnet 10–18 Uhr, Landwirtschaftsausstellung Juni und August tägl. 12–16 Uhr, Juli tägl., 12–17 Uhr, Eintritt Gelände 60 SEK, Kinder (3–18) 15 SEK, Führungen im Herrenhaus kosten extra.

Anfahrt: Katrineholm liegt rund 50 km nördlich von Norrköping. Stora Djulö liegt südlich von Katrineholm, von dort die Straße Nr. 55 Richtung Norrköping, nach etwa zwei Kilometer links. Julita liegt am See Öljaren, 25 km nordwestlich von Katrineholm, von dort die Straße Nr. 56 Richtung Köping, nach gut 20 km dann links (ausgeschildert).

Essen und Einkaufen: Gemütliche Cafés in Stora Djulö und Julita, lebendiges Stadtleben in Katrineholm mit Restaurants und Konditoreien.

Tipps: **Dramatisierte Führungen** durch Stora Djulö für Gruppen, Information Turistbyrå Katrineholm. In **Julita übernachtet** man stilvoll in den Seitenflügeln des Herrenhauses oder günstig im Vandrarhem, Tel: (0)150/487555, Fax: (0)150/487551, julitabokn@nordiskamuseet.se. Im Sommer gibt es dort eine Reihe von **Ausstellungen und Konzerten.**

Västmanland

Västmanland, das »Land der Westmänner« (vom Zentrum Uppland aus gesehen) wird bei Selma Lagerlöf, wie so oft, durch eine Sage eingeführt: Eine Riesin möchte vor ihrem Tod das Land unter ihren drei Söhnen aufteilen. Die beiden Älteren erhalten die fruchtbaren Ebenen rund um den Mälarsee, in der heute die Hauptstadt Västerås liegt, der Jüngste aber, ihr Lieblingssohn, nimmt aus Liebe zur Mutter den scheinbar wertloseren Landesteil entgegen: eine bergige Gegend mit Fichten- und Föhrenwäldern, ärmlichen Birkengehölzen und kleinen Seen im Norden und Westen des Landes. Nach ihrem Tod aber entdeckt der vermeintlich benachteiligte Sohn, dass die Felsen von Erzadern durchzogen sind und sein Land voller Eisen, Silber und Kupfer steckt. Dieser spätere Bergwerksdistrikt Västmanlands geht in denjenigen Dalarnas über, und wie dort auch waren es häufig deutsche Fachleute in der Erzgewinnung, die das Land zur Blüte brachten und ihre Spuren hinterließen.

Nils Holgersson wundert sich aus der Luft über die Striche, die von Norden nach Süden und quer über die Ebene hinlaufen, und auch heute noch fallen die vielen Verkehrswege in der doch dünn besiedelten Landschaft auf. Tatsächlich ist zwar der Bergbau nicht mehr so bedeutend, aber die Industrie spielt immer noch eine größere Rolle als im übrigen Schweden. Auf die Frage an einen Västmanländer, was denn die Schweden heute mit dieser Landschaft verbinden, lautet die Antwort: »Mit Västmanland? Gar nichts, da fährt man durch und merkt es noch nicht mal.«

Im Bergwerksdistrikt
ENGELSBERG BRUK

Nach ihrer Reise von Stora Djulö über Närke und den Hjälmarsee geraten die Wildgänse über Västmanland in einen heftigen Westwind, der sie ostwärts an die Grenze zu Uppland treibt. Während die Gänse versuchen, sich gegen den Wind wieder westwärts zu wenden, bekommt der Junge einen Überblick über all das, was diesen Landstrich, den so genannten Bergwerksdistrikt, ausmacht. Zuerst sieht er eine Erzgrube, dann einen Hochofen:

Unter ihm lagen große Haufen Kohle und Erz, und zwischen diesen stand ein hohes achteckiges, rot angestrichenes Gebäude, aus dem eine ganze Flammengarbe zum Himmel hinaufstieg.

Etwas weiter überfliegt er ein Hammerwerk:

Aber sie waren noch nicht weit gekommen, als aus der Tiefe der Erde ein fürchterlicher Lärm und Spektakel zu ihm heraufdrang, und als er hinunterschaute, fiel ihm zuerst ein Wasserfall auf, der über eine Felswand hinunterstürzte. Neben dem Wasserfall stand ein großes Gebäude, mit einem schwarzen Dach und einem hohen Schornstein, der einen dicken, mit Funken vermischten Rauch ausstieß. Vor dem Gebäude lagen Eisenklumpen und Eisenstangen und ganz kleine Berge von Kohlen. Der Boden war weit umher ganz schwarz, und nach allen Seiten hin erstreckten sich schwarze Pfade. Aus dem Gebäude heraus tönte ein unbeschreiblicher Lärm; es dröhnte und donnerte ununterbrochen, und es war, als ob sich jemand mit gewaltigen Schlägen gegen ein brüllendes wildes Tier zu verteidigen suchte. Ein Stück entfernt lagen Arbeiterwohnungen unter grünen Bäumen, und noch etwas weiter ragte ein großer weißer Herrensitz auf.

Eine plötzliche Bö schleudert Nils vom Rücken des Gänserichs und er fällt in eine tiefe und weite Bergschlucht. Dort entdeckt ihn ein Bär und will das winzige Menschlein sofort verspeisen, denn von den Menschen ist er nichts Gutes gewöhnt. Nils jedoch holt seine Zündhölzer hervor und steckt dem Angreifer das brennende Streichholz in den Rachen. Dies beeindruckt den Bären, und er möchte, dass der Junge das große Hüttenwerk in der Nachbarschaft anzündet, das die Tiere mehr und mehr aus dem Wald vertreibt.

Gemeinsam beobachten die beiden die Arbeit im Eisenhammer, im Walzwerk, in der Schmelzhütte und in der Eisenschmiede, und der Bär will Nils zwingen, alles zu zerstören. Nils zögert und weigert sich, denn er erkennt, wie wichtig das Eisen für die Menschen ist. Doch gerade, als er vom Bären zerquetscht werden soll, nähern sich Jäger, die auf seinen Angreifer zielen. Ohne nachzudenken, warnt der Junge den Bären, der ihm zum Dank das Leben schenkt.

IN IHREM KAPITEL ÜBER BERGSLAGEN, den Bergwerksdistrikt, nennt Selma Lagerlöf keine genauen Ortsnamen, aber es gab in dieser Gegend Hunderte von kleinen Erzgruben, Schmelzöfen, Schmieden und Hammerwerken. Also haben wir uns dort umgesehen und dabei festgestellt, dass es einen Museumsverbund gibt, der dieser Vielfalt wunderbar Rechnung trägt. Es ist das Ekomuseum Bergslagen, ein Zusammenschluss von rund fünfzig Orten, die jeweils einzelne Aspekte der alten Bergwerkskultur an ihrem ursprünglichen Platz vor Augen führen, sei es als Museum, als Freilichtmuseum oder auch als ein Kanal, der Strömholms-Kanal, der heute wie früher viele dieser Stätten verbindet.
Einer dieser Orte ist Engelsberg bruk, ein alter Standort der Eisenindustrie, der in immer wieder anderen Funktionen mit der Eisenherstellung verknüpft war und seit 1993 zum Weltkulturerbe zählt. Hier treffen wir Roland Pettersson, der seit vielen Jahren Besucher herumführt und sie mit der Eisenherstellung vertraut macht. Unsere erste Frage ist natürlich, ob Selma Lagerlöf wirklich hier oder vielleicht an anderen Orten im Bergwerksdistrikt war. »Ich glaube, sie war tatsächlich hier«, meint Roland Pettersson, »jedenfalls war Ängelsberg um 1900 nicht nur ein Industriestandort, sondern auch ein Kurort und eine kleine Künstlerkolonie, und viele Künstlerkollegen fuhren hierher.« Die Eisenbahnlinie von Stockholm nach Ängelsberg wurde 1876 eröffnet, und in dem Kurort – der sich, anders als das Eisenwerk, mit Ä schreibt – wurden zahlreiche Pensionen eröffnet, von denen einige heute noch zu sehen sind.
Doch zurück zum Eisenwerk: Die Bezeichnung »bruk« ist nicht ganz einfach ins Deutsche zu übersetzen. Sie beschreibt eine für Schweden typische Form der Fabrik, die einen kleinen, sich weitgehend selbst versorgenden Kosmos umfasste. Neben der eigentlichen Produktion gehörten dazu auch die Wohnungen für die Arbeiter und ihre Familien, eine Landwirtschaft und viele kleine Gewerke für den Eigenbedarf, Verwaltungsgebäude und gegebenenfalls einige Zulieferbetriebe. Über all das herrschte der brukspatron, also der Gutsherr, wie ein ungekrönter König.
Die Produktionsgebäude, die man in Engelsberg heute besichtigen kann, spiegeln in etwa den Zustand wider, der zu Nils Holgerssons Zeit ge-

herrscht haben muss. Das Erz wurde von den Gruben um Norberg herum zunächst mit Schlitten und Fuhrwerken, später mit einer Eisenbahn herbeigeschafft. Ein kleines Waaghäuschen macht deutlich, wie die Gespanne vor und nach dem Entladen gewogen wurden. Der Differenz entsprechend wurden die Fuhrleute dann entlohnt.

Das Erz kam zunächst in den Röstofen (röstugn) und wurde dort auf etwa 1000° erhitzt. Dabei verflüchtigten sich bereits einige Verunreinigungen wie etwa Schwefel, außerdem wurde das Gestein so spröde, dass es in einer Gesteinsmühle dann zu kartoffelgroßen Brocken zerkleinert werden konnte. Erhitzt wurde der Röstofen mit brennendem Gichtgas, einem Abfallprodukt aus dem Hochofen, der nächsten Produktionsstufe.

Im Hochofen (masugn) wurden dann die Erzbrocken zusammen mit Holzkohle (erst sehr spät Steinkohle) und Kalk erhitzt, bis das Material flüssig wurde und sich das Eisen von dem übrigen Material aufgrund des unterschiedlichen Gewichts trennte. Das Ergebnis war zum einen Roheisen, zum anderen die Schlacke, die, in Formen gegossen, noch gut als Baumaterial dienen konnte. In Engelsberg stehen die beiden Öfen direkt nebeneinander, da der Röstofen ja mit dem Gichtgas des Hochofens betrieben wird. Zunächst erscheint es etwas verwunderlich, die Öfen in schönen, rot angestrichenen Holzgebäuden zu finden, doch war die Brandgefahr wohl beherrschbar. Es handelt sich um eine so genannte mulltimmerhytta: Um den gemauerten Ofen kam eine sehr dicke Schicht Erde (mull) zur Wärmedämmung und darum dann eine Holzkonstruktion in Blockbauweise (timmer).

Anfangs war die Verhüttung ein Saisongeschäft. Im Winter, wenn sich das Material gut per Schlitten transportieren ließ, wurde der Ofen für zwei bis drei Monate hochgefahren. Erst 1880 wurde auf ganzjährigen Betrieb umgestellt – also geschah genau das, was der Bär bei Selma Lagerlöf beklagt; nicht nur eine gelegentliche Arbeit im Wald, sondern ein lauter, arbeitsintensiver Dauerbetrieb, der den Wald zur Industrie-Umgebung degradierte. Im Zwei-Schicht-Betrieb wurde mit insgesamt 20 Mann Tag und Nacht, sieben Tage in der Woche gearbeitet. Man kann sich gut vorstellen, wie gesund die zwölfstündige unfallträchtige Arbeit bei Hitze und Lärm und giftigen Gasen gewesen sein muss. Trotzdem suchten auch Landstreicher die Nähe des Ofens, da er im Winter ein wunderbar warmer Platz war, und es sollen auch schon betrunkene Landstreicher in den Ofen gefallen sein. Roland Pettersson erzählt: »Als das dem Patron zu Ohren kam, fragte er genauer nach, wurde aber vom Hüttenmeister beruhigt, auf die Qualität des Eisens würde sich das nicht auswirken ...« Das Dach, welches heute über dem obersten Stock des Hochofens liegt, gab es früher nicht, so dass die Flammen tatsächlich aus dem Ofen direkt in den Himmel lodern konnten und weithin sichtbar waren.

Im Röstofen (links im Bild) wurde das Erz ein erstes Mal erhitzt, bevor es im Hochofen (rechts) geschmolzen wurde; auf der hölzernen Rampe wurde die Kohle transportiert.

Roland Pettersson erzählt weiter: »Wo immer sich ein kleiner Wasserlauf fand, wurde ein Hüttenwerk errichtet.« Wer nun denkt, zur Verhüttung werde vor allem Kohle und Erz benötigt, der wird hier eines Besseren belehrt. Mit einem einfachen Hebel öffnet Roland Pettersson das Wehr, und eines der Wasserräder setzt sich polternd in Bewegung. Es treibt die Mühle, mit der das geröstete Erz gemahlen wird. Auch der Transport des Erzes zum Röstofen und zum Hochofen hinauf geschieht mit Wasserkraft. Nicht zuletzt werden auch die Blasebälge für die Öfen mit Wasserkraft angetrieben.

In diesem Seitenflügel des Herrenhauses wuchsen die zahlreichen Kinder des »brukspatron« auf, die Jungen links, die Mädchen rechts.

Das so gewonnene Roheisen kann zwar als Gusseisen zur Herstellung von beispielsweise Töpfen genommen werden, zum Schmieden ist es aber zu spröde. In einem nächsten Schritt wird es also nochmals geschmolzen, um den Kohlenstoffanteil zu verringern. In Engelsberg geschieht dies in der Schmiede, die direkt unterhalb des Herrenhauses liegt. In den so genannten Lancashire-Schmiedeöfen wird das Erz aufgeschmolzen und kann dann später unter den gewaltigen Hämmern zu Stabeisen geschmiedet werden. Auch diese Hammerwerke werden natürlich mit Wasserkraft angetrieben. Die so geschmiedeten drei bis vier Meter langen Eisenstangen, etwa fünf bis zehn Zentimeter breit und 15 bis

20 Millimeter dick, wurden mit einem Herkunftsstempel versehen und dann über den Strömsundkanal bis in den Mälarsee und weiter ins Ausland verschifft und verkauft.
Auch wenn jetzt im Museumsbetrieb natürlich Hochofen und Schmiede im Vordergrund stehen, sagt Roland Pettersson: »Die meiste Arbeit geschah doch in den Wäldern.« Man rechnet damit, dass rund 56 Prozent der Arbeitskraft für die Holzkohleerzeugung und den Transport gebraucht wurden, etwa 25 Prozent in den Erzgruben und nur rund 16 Prozent in den Öfen und der Schmiede. Die restlichen paar Prozent reichten für die Verwaltung.
Das Herrenhaus selbst ist nach wie vor in Privatbesitz, es kann aber im Rahmen der Führung zumindest von außen besichtigt werden. Vor den beiden Flügelgebäuden stehen zwei hübsche runde Türme, aus Schlackesteinen gemauert, einer war ein kleines Lusthaus, der andere wurde als Toilette benutzt. Die Schlackesteine haben blaue und grüne Einschlüsse, die wie gefärbtes Glas aussehen. Überall im Bergwerksdistrikt kann man auf diese Steine treffen oder sie auch ungeformt irgendwo in der Natur finden. Sie erinnern teilweise an Edelsteine und werden tatsächlich auch in der Schmuckherstellung verwendet.
In den alten Stallungen hat heute die Reederei Nordstjärnan, der auch das Herrenhaus gehört, ihr Archiv; in dem daneben liegenden »modernen« Walzwerk von 1917 arbeitet heute eine Ventilfabrik – beides Firmen, die mit der Eisenherstellung nichts mehr, mit der Eisenverarbeitung aber durchaus noch etwas zu tun haben. Damit sind sie typisch für die Region. Wirtschaftliche Bedeutung haben zwar nur noch die großen Erzgruben in Lappland, auch gibt es in ganz Schweden nur noch drei hochmoderne Hüttenwerke, keines davon im Bergwerksdistrikt. Dennoch ist die Eisenindustrie nach wie vor wichtig. Die großen Arbeitgeber der nahe gelegenen Stadt Fagersta sind Werkzeughersteller; zusammen mit weiteren Metall verarbeitenden Betrieben sind sie aus dem ehemaligen Hüttenwerk Fagersta hervorgegangen.
Selma Lagerlöf beschreibt den großen Sprung vom gelegentlichen Gebrauch der Hütte zum Dauerbetrieb. In den letzten Jahrzehnten des

20. Jahrhunderts gab es einen erneuten Sprung von den Kleinbetrieben zu den rentablen Konzernen. Engelsbergs bruk produzierte im Jahr 4500 Tonnen Roheisen, im Hüttenwerk im nordschwedischen Luleå sind es heute an einem einzigen Tag 5000 Tonnen. Aber noch in der Mitte des 20. Jahrhunderts hätte sich Nils Holgersson durchaus zurechtgefunden. So schreibt Mats Hulander in einem Artikel zum Ekomuseum Bergslagen: »Anfang der 60er Jahre gab es mindestens ein Dutzend voll arbeitender Gruben in einem Umkreis von ein paar Zehnerkilometern um die Stadt (Ludvika). (...) Die Industriegesellschaft war auf ihrem Höhepunkt angekommen. (...) Hüttenwerke, Gruben und Industriebetriebe kümmerten sich um ihre Leute, so wie sie es die letzten Jahrhunderte getan hatten und das wohl weiterhin tun würden. Es gibt heute Forscher, die davon ausgehen, dass die Industriegesellschaft des Bergwerksdistriktes das Modell für den schwedischen Wohlfahrtsstaat bildete. (...) Aber in den 1970ern und 1980ern begann eine schmerzhafte Umstrukturierung. (...) Die Eisenindustrie, die seit Generationen einen Landstrich und dessen Bevölkerung geschaffen und geformt hatte, wurde plötzlich zur Belastung. (...) Mit den Folgen kämpft die Region noch heute.«
Die vielfältigen Teile des Ekomuseums Bergslagen sind ein nicht unwichtiger Teil in diesem Kampf, zu dem auch die Vergewisserung der eigenen Herkunft gehört.

Praktische Hinweise

Information: Fagersta Turism, 73780 Fagersta, Tel (0)223/13100, Fax (0)223/12760, www.fagersta.se/turism/. **Stiftelsen Ekomuseum Bergslagen,** Hamngatan 2, 77730 Smedjebacken, Tel: (0)240/663082, Fax: (0)240/74860, www.ekomuseum.se oder direkt www.ekomuseum.se/besoksmal/engelsberg.html, **Turistinfo Lilla Slaggarboden** (direkt in Engelsberg während der Saison), Tel: (0)223/30035.
Das Gelände von Engelsberg bruk ist frei zugänglich; um etwas davon zu haben, sollte man aber eine Führung machen. Termine ca. Mai und Sept. an Wochenenden und Feiertagen, Juni und zweite Augusthälfte Di–So, Ende Juni–Mitte August tägl., Zeiten meist 10.30 und 13 Uhr, Preis 50 SEK, für Kinder unter 15 gratis, am 14. August ist Engelsbergtag.
Anfahrt: Engelsberg Bruk liegt rund 120 km nordwestlich von Stockholm bzw. 15 km östlich von Fagersta zwischen den Seen Snyten und Åmänningen.
Essen und Einkaufen: Kiosk, kleiner Laden und Café in Engelsberg bruk.
Tipps: Herrenhaus und Küchenflügel werden nur an wenigen Tagen im Jahr gezeigt (Infos bei allen oben genannten Stellen). **Dramatisierte Führungen** an den Sonntagen im Juli (100 SEK), bei der kostümierte Darsteller die Arbeit und die sozialen Verhältnisse der Zeit um 1910 anschaulich machen. Ein Kombiticket (80 SEK) gilt neben dem Besuch von Engelsberg bruk auch für die Bootsfahrt zur **Oljeön,** der »Ölinsel« beim Ort Ängelsberg im See Åmänningen, auf der die weltweit erste Raffinerie gebaut wurde. Wer Zeit hat, kann die Region Bergslagen auf dem historischen **Strömholms-Kanal** per Dampfer oder mit dem Paddelboot erkunden.

Dalarna

Dalarna wird auf seiner ganzen Länge von Nordwesten nach Südosten vom Dalälv durchflossen. Selma Lagerlöf beschreibt, wie sich die beiden kleinen ungestümen Flüsse Österdalälv und Västerdalälv von den Bergen an der norwegischen Grenze durch die ganze Landschaft ein Wettrennen liefern, bis sie schließlich, groß und ruhiger geworden, bei Djurås zusammenfließen, Dalarna verlassen und gemächlich zum Meer strömen.

In der Mitte der Landschaft liegt der berühmte Siljansee, umgeben von einer erstaunlich lieblichen und dicht besiedelten Landschaft. Nordwestlich davon erstrecken sich endlose Wälder, während im Südosten eine Bergbauregion direkt in den Bergwerksdistrikt von Västmanland überleitet. Hier liegen fruchtbare Ebenen und alle großen Orte, insbesondere Borlänge mit dem Flughafen und die Grubenstadt Falun. Obwohl Dalarna nicht zum schwedischen Kernland um den Mälarsee gehört, spielt es doch eine besondere Rolle, weil dem Land von den Leuten aus Dalarna mehrfach entscheidende Hilfe zuteil wurde. So ist es kein Zufall, dass die Landschaft bereits im romantischen 19. Jahrhundert zum touristischen Ziel avancierte und das rote Dalarnapferdchen inzwischen zum Symbol für ganz Schweden wurde.

Falun

DIE ALTE GRUBENSTADT

Für den Raben Bataki, einen guten Freund Akkas, gibt es einen Ort in Schweden, an dem er sich am liebsten aufhält. Das ist die Bergwerksstadt Falun in Dalarna.

Falun liegt in einer Talsenkung, durch die ein kurzes Flüsschen zieht. An dem nördlichen Ende des Tals liegt ein schöner, heller, kleiner See mit grünen, reich gegliederten Ufern namens Varpan. Am südlichen Ende ist eine weite, große, vom Runnsee gebildete Bucht, die auch fast wie ein See aussieht; sie heißt Tisken und hat niedriges, trübes Wasser und sumpfige, unschöne, mit allem möglichen Abfall übersäte Ufer. Östlich von dem Tale zieht sich eine reizende Hügelkette hin, auf deren Gipfeln stattliche Föhrenwälder und saftige Birkengehölze wachsen und deren Hügel überall mit schattigen Obstgärten bedeckt sind. Westlich von der Stadt liegt auch ein Bergrücken. Dieser ist ganz oben mit ärmlichen Kiefern bestanden, die Hänge aber sind vollständig kahl, ohne Bäume und Kräuter, wie eine richtige Wüste! Nichts gibt es dort oben, nichts als große, runde Steinblöcke, die überall verstreut liegen.

Mitten in der großen Steinwüste liegen die Faluner Gruben mit ihren Kränen, Winden und Pumpwerken, mit altmodischen Gebäuden, die schief auf dem untergrabenen Erdreich stehen, mit hohen schwarzen Schlackenbergen und langen Reihen von Schmelzöfen ringsumher.

Den Raben Bataki regt dies alles zum Nachdenken an. Warum zum Beispiel ist diese alte rote Holzstadt nicht auch abgebrannt wie so viele rote

Holzhäuser in diesem Land. Den großen »Schacht«, eine ungeheure Öffnung im Boden mitten auf dem Grubenfeld, hat er gründlich untersucht und fragt sich, wie dieser unermesslich große leere Raum entstanden ist. Er hat untersucht, welche Bewandtnis es mit den riesigen Schlackehaufen hat, die wie Mauern den Schacht und die Grubenhäuser umgeben. Und was hat die kleine Signalglocke zu bedeuten, die das ganze Jahr hindurch in bestimmten Abständen einen kurzen, unheimlich klingenden Glockenschlag vernehmen lässt? Warum wächst wohl kein Gras zwischen den Feldsteinen, warum gibt es im See Tisken keine Fische und warum wird das Wasser, wenn es vom Wind aufgewühlt ist, manchmal ganz rot? Warum hat ein Grubenfluss, der in den See fließt, dagegen glänzendes hellgelbes Wasser?

Der Rabe gerät eines Tages in eine ehemalige Schwefelküche, ein altes Haus am Ufer des Tisken, in dem alle paar Jahre einige Monate lang Schwefel gekocht wurde. Hier ist er durch einen Zufall gefangen, nachdem der Wind eine Luke zugeschlagen hat. Mit Hilfe etlicher Faluner Vögel lässt er Nils Holgersson kommen, der ihn befreien soll. Damit dieser bei der mühsamen Arbeit, ein Loch in die Wand zu schlagen, nicht einschläft, erzählt ihm Bataki die Geschichte der Grube zu Falun.

Er erzählt von einem Riesen, der seinen beiden Töchtern einen Kupferberg schenkt – gegen das Versprechen, jeden Fremden totzuschlagen, der den Berg entdeckt. Die Ältere, wild und grausam, erfüllt das Versprechen, aber der Jüngeren fällt dies schwer, und so erhält sie nur ein Drittel der Erbschaft. Lange Zeit bleibt das Geheimnis des Berges so gewahrt, wer immer den Schatz im Berg entdeckt, verliert durch einen Unglücksfall sein Leben.

Ein Bauer aber, dessen Vieh bei einer Sennhütte am Runnsee weidet, bemerkt eines Tages, dass sein Geißbock namens Kåre merkwürdig rote Hörner hat. Noch während er entdeckt, dass es sich um Kupfer handeln muss, wird der Bock von einem Felsblock erschlagen, geworfen von der Jüngeren der beiden Riesinnen. Der Bauer kann sie davon überzeugen, dass sie ihr Versprechen gehalten hat, indem sie den Bock erschlagen hat.

So kommt er mit dem Leben davon und verdient von da an viel Geld mit der Gewinnung von Kupfer.
Auch die Nachfolger des Bauern arbeiten am Berg, die Grube nimmt an Umfang zu, und das ganze Gebiet erhält den Namen »Großer Kupferbergwerkdistrikt« – auf Schwedisch »Stora Kopparbergs bergslag«. Mit der Zeit jedoch waren die Grubenbesitzer gezwungen, das Erz tief unter der Erde zu suchen, die Arbeit wurde beschwerlich und äußerst gefährlich. Manchmal drang Wasser in die Grube, manchmal stürzte die Decke über den Arbeitern zusammen. Um die Schwierigkeiten aus dem Weg zu räumen, ließen die Bergwerksbesitzer erfahrene Bergleute aus dem Ausland kommen, die Aufzüge und Pumpwerke bauten.
Durch die Grube entstand nach und nach die Stadt Falun, die Grube selbst wurde als so bedeutend und nutzbringend angesehen, dass selbst die Könige nach Falun zu reisen pflegten, um sie zu besichtigen, ja, sie nannten sie geradezu das Glück und die Schatzkammer des Schwedenreiches.
Doch diese Schatzkammer hatte auch ihre Schattenseiten: *Aus der großen Grubenöffnung, aus den hundert Schmelzöfen ringsum drang ein schwarzer, beißender Schwefelrauch heraus und hüllte die ganze Stadt wie ein Nebel ein. Der Rauch hinderte die Pflanzen am richtigen Wachstum, kahl und öde lagen die Felder ringsumher. Überall sah der Bergmann von schwarzen Kohlenschuppen umgebene Schmelzöfen, aus denen die Flammen herausschlugen, und zwar nicht allein hier in der Stadt, sondern in der ganzen Umgebung.*
So erzählt Bataki, während Nils Holgersson mühsam ein Loch in die Wand schlägt, um den Raben zu befreien. Der Junge möchte natürlich gerne wissen, wo der noch nicht entdeckte Schatz der älteren Riesenschwester liegt, um später einmal davon zu profitieren. Bataki aber behält das Geheimnis für sich – vielleicht, um nicht erschlagen zu werden, vielleicht, um dem Jungen dieses Schicksal zu ersparen. Nils Holgersson muss enttäuscht alle Hoffnung auf schnellen Reichtum fahren lassen.

HEUTE LIEGT KEIN SCHWEFELGELBER oder schwarzer Rauch mehr über der Stadt, doch etwas Düsteres, Geheimnisvolles besitzt Falun immer noch. Es ist beileibe keine lebendige, fröhliche Stadt, und wenn auch wieder Grün zu sehen ist in den Parks und an den Seeufern und die schönen alten Holzhäuser dunkelrot leuchten und nicht mehr verrußt sind: Das große Kupferbergwerk scheint nach wie vor seinen Schatten auf die Straßen und Häuser zu legen. Auf dem Bergwerksgelände stehen wir staunend vor einem riesigen Loch, das in der Erde klafft, und stellen uns schaudernd vor, welch ein Lärm und was für eine enorme Staubwolke entstanden sein muss, als an einem Mittsommertag im Jahr 1687 alles zusammenstürzte.

Wir müssen an Carl von Linnés Worte denken, die der Stadt kein gutes Zeugnis ausstellen. Er beschrieb das Bergwerk 1734 als »größtes Wunder Schwedens, aber furchtbar wie die Hölle selbst«, und die gut 1200 Bergleute als »teuflisch schwarze Laboranten, umgeben von Ruß und Dunkelheit, ringsum umhüllt von Rauch und Ausdünstungen«.

Wir fragen uns, was in aller Welt Selma Lagerlöf bewogen haben kann, sich in dieser Stadt niederzulassen. Wie kam es, dass sie sich eher positiv über Falun äußerte? Die Antworten finden wir im Kupferbergwerk selbst sowie im »Dalarnas Museum«, in dem wir auf einen herausragenden Selma-Lagerlöf-Spezialisten treffen, der Antworten auf fast alle unsere Fra-

gen parat hat. Doch zunächst ziehen wir uns einen ocker-gelben Regenumhang an, setzen einen Helm auf und tun das, was alle Touristen in Falun seit jeher getan haben: Wir fahren in die Grube.
Auf dem Weg zum Schacht passieren wir das riesige freie Gelände neben der »Großen Grube«, der wir uns immer wieder fasziniert zuwenden. Man kann sie auf einem Wanderweg umrunden, entlang an riesigen Gneishalden, dem so genannten tauben (nicht Erz führenden) Gestein. Je näher wir dem Eingang zur Unterwelt kommen, desto lauter dringt ein monoton wiederkehrendes Glockensignal in unser Bewusstsein. Schon Bataki wollte es ergründen, und auch heute noch, da die Grube nur noch für Besucher »in Betrieb« ist, erklingt das Signal den ganzen Tag über – ein regelmäßiges »Pling«, das etwas Verstörendes hat Die Glocke war, als unter der Erde noch Bergarbeiter ihrer Arbeit nachgingen, mit einer Wasserpumpe verbunden. War diese defekt, drang Wasser in die Grube. Sobald also der Ton nicht mehr zu hören war, wussten die Menschen in den Stollen: Nichts wie weg, nichts wie hoch ans Tageslicht, sonst sind wir verloren!
Im Entré des Besucherschachts empfängt uns Roland, unser Führer durch die Unterwelt. Seine Führung ist unterhaltsam wie auch informativ, er behandelt uns wie die Kinder einer Schulklasse. Eine Methode, die nicht jedermanns Geschmack trifft, die aber sehr erfolgreich ist. Durch seine einfachen Fragen nämlich, die er uns selber beantworten lässt, macht er uns die komplexen Arbeitsbedingungen unter Tage anschaulich. Wir fühlen uns an Bataki erinnert, der sich ja auch zahlreiche Fragen stellt. Anders als unser Führer Roland gibt die Autorin Selma Lagerlöf nicht auf alle Fragen eine Antwort – ein Kunstgriff, der sie als hervorragende Pädagogin ausweist. Die jungen Leser sollen selbst die Antworten finden oder zumindest die Fragen an die Lehrer weiterleiten.
Wir fahren mit einem Fahrstuhl auf 55 Meter Tiefe und wandern durch die alten Stollen und Kammern, vorbei an tiefen Schächten und Gruben, die vom Mittelalter bis ins 20. Jahrhundert hinein Arbeitsplatz der Bergleute waren. Es ist kalt, dämmrig, der Boden ist lehmig und rutschig, und wir sind froh über unser festes Schuhwerk. Einige der Besu-

cher empfinden es als leicht gruselig, hier unten zu sein, doch das Interesse ist bald geweckt. Im Creutz-Stollen zum Beispiel kann man die vermutlich höchste Holzkonstruktion der Welt bestaunen: eine Holzwand, die den Schacht teilt und von der Oberfläche bis in 200 Meter Tiefe reicht.

Das Große Kupferbergwerk, so erfahren wir hier während unserer Wanderung, war lange Zeit ein enorm wichtiger Faktor der schwedischen Wirtschaftsgeschichte. Zwei Drittel der weltweiten Kupferproduktion kamen im 17. Jahrhundert aus Schweden. So hieß es zu dieser Zeit ganz selbstverständlich: »Das Reich steht und fällt mit Kopparberget!« Falun selbst war zu dieser Zeit mit 6000 Einwohnern die zweitgrößte Stadt Schwedens.

Beim Anblick der riesigen, mit Holz abgestützten Grubenwände können sich die Besucher kaum zwischen Schaudern und Begeisterung entscheiden.

Zunächst wurde das Erz im Tagebau und nur für den Eigenbedarf der Bauern gewonnen. Später kamen die Bergherren, die sich in der Bergbaugesellschaft »Stora Kopparberget bergslag« zusammenschlossen. Ihr

Geschäft blühte, bis im 16. Jahrhundert verheerende Einstürze und Wassereinbrüche die Bedingungen erschwerten. Man holte sich Hilfe im Ausland und modernisierte die Anlagen nach deutschem Vorbild. In der folgenden Hochkonjunktur des 17. Jahrhunderts hinterließen diese deutschen Fachleute ihre Spuren auch in der Stadtplanung und Architektur Faluns.

Die Verarbeitung des Erzes war recht kompliziert: Hatte man es aus bis zu 400 Meter tiefen Schächten an die Oberfläche befördert, wurde es wochenlang im Freien geröstet, um den Schwefel herauszulösen. Dicke Rauchwolken lagen über der Stadt und der Umgebung, in der nichts Grünes mehr wachsen konnte. Das geröstete Erz wurde schließlich in einer der über hundert Hütten der Gegend geschmolzen. Im Jahr 1650 hatten über 600 Bergherren Anteile am Kupferberg und ließen bis zu 1000 Personen unter Tage für sich arbeiten.

Durch den hemmungslosen Erzabbau wurde die Erde ausgehöhlt wie ein Schweizer Käse. Schließlich wurden die Wände zwischen den einzelnen Schächten so dünn, dass eine Katastrophe eigentlich schon absehbar war und sich durch mehrere kleinere Einstürze bereits ankündigte. Am 25. Juni 1687 war es dann soweit: In der Stadt war ein unheilvolles Knarren und Grollen zu hören, und mit einem unvorstellbaren Getöse stürzte schließlich die zentrale Wand zusammen und begrub alle Gänge und Schächte unter sich. Die Arbeiter, die an diesem Tage Mittsommer feierten, kamen wie durch ein Wunder ungeschoren davon; es war nicht ein einziges Todesopfer zu beklagen. Als sich der Staub legte, standen die fassungslosen Faluner vor einem 300 mal 400 Meter großen und 100 Meter tiefen Krater.

In einem mithilfe von Computeranimation erstellten Video können die Besucher im Museum von Kopparberget heute den großen Einsturz eindrucksvoll nacherleben. Das Museum wurde 1922 eingerichtet, also zu einer Zeit, als in der Grube noch gearbeitet wurde. Heute ist es um eine neu gestaltete Weltkulturerbe-Ausstellung ergänzt.

Für die weitere Arbeit war der Einsturz von 1687 natürlich prägend, man achtete künftig mehr auf Sicherheit. Das Loch selbst, »Stora Stöten« (der große Schlag) genannt, wurde später im Tagebau weiter abgebaut. Daneben entstanden neue Schächte unter Tage, die man heute auch besichtigen kann.

In den vergangenen zwei Jahrhunderten wurde in Falun nicht mehr nur Kupfer- und Eisenerz abgebaut. Die Grubenbesitzer verdienten ihr Geld auch mit der Gewinnung von Schwefel, Zink, Blei, Silber und Gold. Daneben produzierte man Vitriol, Schwefelsäure, Schwefelkies und Essig. Die dabei entstandenen Abfälle sorgten für die Gelbfärbung des Tisken, über die sich der Rabe Bataki verwundert.

Bekanntestes Nebenprodukt in Falun aber ist das Falu-Rot. Auch heute noch leuchten ja die meisten Holzhäuser in Schweden ochsenblutrot, und diese Farbe stammt von hier. Die Farben aus Falun, die eine Palette von Hellrot über Ocker und Terra bis Schwarz umfassen, verdanken ihre Herstellung der Erzgewinnung, sie sind ein Abfallprodukt. Die Abraumhalden rund um die Grube verwittern unter freiem Himmel, bis sich die so genannte Roterde bildet. Sie wird gewaschen, getrocknet und gebrannt, und das fertige Pigment wird zu einem feinen Pulver gemahlen. Man kocht Roggen- oder Weizenmehl und Eisenvitriol und Wasser zusammen mit dem pigmentierten Eisenoxid auf. Die fertige Farbe lässt das Holz atmen, blättert nicht ab, ist Schmutz abweisend und weniger leicht entflammbar als andere Farben für den Außenbereich.

Die Fabrik, die das berühmte Falu-Rot herstellt, liegt ebenfalls auf dem Bergwerksgelände und kann besichtigt werden. Natürlich nehmen wir wie viele Besucher eine kleine Dose mit, um ein bisschen rote Farbe in unseren deutschen Alltag zu bringen.

In Schweden wurde die rote Farbe anfangs zumeist für die Häuser wohlhabender Städter verwendet, um die Ziegelfarbe von Steinhäusern nachzuempfinden. Im 18. Jahrhundert verbreitete sich die Mode der rot angestrichenen Holzhäuser bis hin zu den Pfarr- und Bergmannshöfen auf dem Land. Erst im 19. Jahrhundert wurde der Farbanstrich auch für die Wohnhäuser der Bauern verwendet. In Falun selbst sind die Häuser übrigens deutlich dunkler als zum Beispiel in Småland. Dies hat nichts mit dem Ruß der vergangenen Jahrhunderte zu tun, wie man meinen sollte,

sondern mit Tradition: In Dalarna wird dem Falu-Rot mehr Schwarz beigemischt als in anderen Landstrichen.
Die Faluner Grube war bis weit ins 20. Jahrhundert in Gebrauch. Erst Ende 1992 wurde das letzte Mal gesprengt. Wer nun kam, das waren die Touristen. Der Grundstein dafür war bereits zur Jahrhundertwende gelegt worden, als die ersten Besucher nach Falun kamen – Intellektuelle meist, die durch Schweden reisten und sich für das wirtschaftliche Herz der Nation begeisterten.
Im Jahr 2001 wurde die Industrielandschaft um Stora Kopparberget herum von der Unesco zum Weltkulturerbe ernannt. In der Begründung wurde unter anderem auf den starken Einfluss hingewiesen, den Stora Kopparberget auf die technische, finanzielle, soziale und politische Entwicklung in Schweden und Europa hatte. Zum Weltkulturerbe gehören neben der Grube auch die Stadt und die umliegende Bergmannslandschaft.
Wir selbst finden es spannend, wenn auch etwas bedrückend, im Innern der Erde durch lange Gänge zu laufen. Es ist kalt und nass, und unser Führer Roland wird nicht müde, auf die unglaublich harten Bedingungen hinzuweisen, unter denen hier gearbeitet wurde. »Wenn man von den guten alten Zeiten spricht, dann sollte man sich das hier ansehen«, gibt er zu bedenken. Zuletzt führt er uns aber wieder in die Gegenwart und berichtet von den Überlegungen der Faluner Stadtväter, den Tisken-See zu retten. Das Gewässer, das von den bei der Kupfergewinnung entstandenen Schadstoffen völlig verseucht ist, soll wieder gesäubert und für kleine Boote zugänglich gemacht werden. »Eine schwere Aufgabe, die man sich da vorgenommen hat«, meint Roland.
Die Zeit der gefährlichen Einstürze hat auch kuriose Geschichten hervorgebracht. Eine davon kennen viele deutsche Schüler aus der Erzählung »Unverhofftes Wiedersehen« von Johann Peter Hebel oder vielleicht sogar aus E.T.A. Hoffmanns Erzählung »Die Bergwerke zu Falun«: In einem Stollen wird die Leiche eines jungen Mannes gefunden, in dem eine vom Alter gezeichnete Frau ihren einstigen Bräutigam wieder erkennt. Den Mann hat es wirklich gegeben: Mats Israelsson kam 1677

beim Einsturz eines Stollens ums Leben und wurde erst 1719 gefunden. Das vitriolhaltige Wasser der Grube hatte seine sterblichen Überreste konserviert. Man bestaunte ihn in einem Glassarg als den »fetten Mats«, denn das Wasser hatte ihn zwar konserviert, aber auch aufgeschwemmt. Bei Johann Peter Hebel spricht dagegen die dichterische Freiheit mit, wenn er lediglich von einem Jüngling berichtet.

Eine andere Geschichte, die Roland erzählt, wirft ein Licht auf die Lebensbedingungen in der Stadt Falun. Jedes Mal, so schmunzelt er, wenn in der Grube eine Leiche gefunden wurde, kamen etliche Frauen und behaupteten, dies sei ihr Ehemann: Witwen erhielten nämlich zu jener Zeit das Recht, in der Stadt eine Kneipe aufzumachen, und das war für viele Frauen der einzige Weg zum Broterwerb.

Selma Lagerlöf hatte es da besser: Als sie Weihnachten 1897 nach Falun zog, konnte sie hier ausschließlich als freie Schriftstellerin arbeiten. Nach der Veröffentlichung von »Jerusalem« kam mehr und mehr auch der wirtschaftliche Erfolg. Mehrmals wechselte sie das Quartier, immer auf der Suche nach einem repräsentativeren Domizil. Die Anfänge müssen jedoch nicht einfach gewesen sein. Nachdem der Vater die Familie in wirtschaftliche Schwierigkeiten gebracht hatte und das värmländische Heim Mårbacka verkauft werden musste, nach der Lehrerinnenausbildung in Stockholm und der langen Zeit als Lehrerin in Landskrona suchte die junge Autorin nach einer neuen Heimat und fand sie in der Bergwerksstadt. Ihre Schwester Gerda Ahlgren hatte nach Falun geheiratet, Selma hatte sie dort mehrmals besucht, und mit der Übersiedelung konnten die beiden Schwestern gemeinsam die Pflege der Mutter und der Tante Lovisa, einer Schwester des Vaters, übernehmen.

Wer noch etwas aus dieser Zeit zu sehen bekommen möchte, der besucht am besten das 1962 eingeweihte »Dalarnas Museum« in Falun. Hier wurde das Original-Arbeitszimmer der Schriftstellerin wieder aufgebaut. Lediglich ein großer Teil der Bücher wurde nach Mårbacka gebracht. Hier, im Garten des ausgezeichneten Museumsrestaurants namens Kopparhatten, treffen wir auf Örjan Hamrin, einen Kunsthistoriker und Experten für Industriegeschichte, dem wir viele Informationen verdanken. Vier Stunden lang erzählt er uns mit großer Begeisterung über Selma Lagerlöfs Zeit in Falun. Neben seiner Arbeit für das Museum bietet er auch Führungen zu den etwas entfernter liegenden Höfen Gassarvet und Bengtarvet an. Es sind die einzigen Häuser, in denen Selma Lagerlöf in Falun gewohnt hat, die man heute noch, zumindest von außen, sehen kann. Er selbst lebt im Stadtteil Elsborg unterhalb des Grubengeländes. Es lohnt sich, dieses Wohnviertel, das mit seinen geraden Straßen und alten Holzhäusern eine wichtige Rolle in der Geschichte der Stadt spielte, zu durchstreifen.

Das herrschaftliche Arbeitszimmer von Selma Lagerlöf wurde nach dem Abriss ihres Hauses im »Dalarnas Museum« originalgetreu wieder aufgebaut.

»Zur Zeit Selma Lagerlöfs war Falun eine hässliche Stadt, heute ist sie vergleichsweise schön«, meint Örjan Hamrin. Während heute auch Schulwesen und Verwaltung eine wesentliche Rolle spielen, war Falun Ende des 19. Jahrhunderts noch eine reine Industriestadt: Es gab zwar keinen Schwefelrauch mehr, aber auch kein Grün, keine Pflanzen. »Selma Lagerlöf hat zunächst aus praktischen Erwägungen heraus in Falun gewohnt, aber als sie anfing, über die Stadt zu schreiben, hat sie sie schätzen gelernt«, meint Örjan Hamrin.

Die Schwester Gerda wohnte mit ihrer Familie im Wohnhaus eines stillgelegten Sägewerks am Tisken, jener »Tisksagen«, in der sich der Rabe Bataki so gerne aufhält. Auch dieses Haus gibt es heute nicht mehr, auf dem Gelände findet man stattdessen Geschäftshäuser, einen Park und eine Schule. Die »Schwefelküche« war ein leer stehendes Gebäude in der Nähe des Sägewerks, der Spielplatz der Neffen und Nichten Selma Lagerlöfs.

Nachdem die Autorin den Nobelpreis gewonnen hatte, kaufte sie Mårbacka zurück, den Hof ihrer Familie in Värmland, und ließ ihn unter großen finanziellen Opfern wieder herstellen. »Sie ist aber eigentlich nie ganz nach Mårbacka gezogen, nur offiziell. Die Politiker von Falun meinten nämlich, sie müsse nun Steuern für den Nobelpreis bezahlen«, erklärt Örjan Hamrin. So pendelte die Schriftstellerin mit der Eisenbahn zwischen Dalarna und Värmland: »Das war damals gut zu machen. Heute ist das etwas schwieriger.«

Mårbacka war auch trotz der Umbauarbeiten ein unbequemer Ort, im Haus am Villaväg in Falun konnte die damals schon weltberühmte Schriftstellerin ihren repräsentativen Verpflichtungen eher nachgehen und für die Journalisten Hof halten. Auch die Freundin Valborg Olander, deren Familie in Falun lebte, besaß ein Haus in der Nähe. »Sie war eine besonders wichtige Mitarbeiterin bei der Arbeit am Nils Holgersson, aber natürlich war sie sehr umstritten«, erzählt Örjan Hamrin: Valborg Olander galt als eine der Vorkämpferinnen für die Emanzipation der Frau. Zudem ist es heute ein offenes Geheimnis, dass sie mit Selma Lagerlöf mehr verband als nur Freundschaft.

Aber auch der »Nils Holgersson« wurde nicht nur mit Zustimmung bedacht. »Wer nicht mit dem Buch zufrieden war, das waren die Religionslehrer und die Kirche«, lacht der Historiker, »nachdem Nils Holgersson ein besserer Mensch geworden ist, müsste es eigentlich damit enden, dass er in die Kirche geht.« Dass das Buch so nicht endet, wurde der Schriftstellerin von vielen übel genommen.

Örjan Hamrin schätzt das Werk und dessen Autorin höher ein, und er kann gut nachvollziehen, dass wir uns am Ende unseres Besuches eher andächtig der Bibliothek Selma Lagerlöfs nähern. Er schaltet sogar extra für uns die Alarmanlage ab, damit wir in der Erstausgabe des »Nils Holgersson« blättern können. Sie ist mit Fotografien bestückt, denn zunächst konnte man sich nicht auf einen Illustrator einigen. Der große schwedische Künstler Carl Larsson, der ein Freund Selma Lagerlöfs war und dessen Heim Sundborn in der weiteren Umgebung Faluns sehr sehenswert ist, hatte erstaunlicherweise eine Anfrage abgelehnt. Später folgten die bekannten Illustrationen Bertil Lybecks, heute sind eher die farbenprächtigen Bilder Lars Klintings bekannt, die allüberall in Schweden auch als Postkartenmotive zu erwerben sind.

Mit leichtem Herzklopfen legen wir das Buch zurück, und als wir das Arbeitszimmer sogar mit Blitzlicht fotografieren dürfen, erwarten wir jeden Moment, dass uns die Schriftstellerin erscheint und mit dem Finger droht – oder gar ihren Krückstock benutzt. Während wir uns gerade nach einem anderen Buch im unteren Regal bücken, knackt die alte Holztreppe neben uns geheimnisvoll. »Das war Selma selbst«, grinst Örjan Hamrin, der unsere erschrockenen Blicke bemerkt hat, »hier gibt es oft seltsame Geräusche.«

Praktische Hinweise

Information: Falu turistbyrå, Trotzgatan 10-12, 79183 Falun, Tel: (0)23/83050, Fax: (0)23/83314, www.visitfalun.se. **Stiftung Stora Kopparberget,** Berghauptmansgatan 58, 79161 Falun Tel: (0)23/782030, Fax: (0)23/782043, www.kopparberget.com, Öffnungszeiten Grube und Museum Mai bis August tägl. 10–17, Juli bis 18 Uhr, Sept. bis April tägl. 12–16 Uhr, Okt. bis April muss man die Grubenführung vorher buchen. Öffnungszeiten Welterbeausstellung und Souvenirladen tägl. Mai–Sept. 10–17, im Juli bis 18 Uhr, Okt. bis April 11–16 Uhr. Eintritt Grubenführung und Museum 90 SEK, Kinder (7–18) 45 SEK, nur Museum 40 SEK, Kinder (7–18) 20 SEK. **Dalarnas Museum,** Stigaregatan 2–4, Box 22, 79121 Falun, Tel: (0)23/765500, Fax: (0)23/28358, www.dalarnasmuseum.se, geöffnet ganzjährig Mo–Fr 10–17 Uhr, Sa, So 12–17 Uhr. Sept. bis April Mi bis 21 Uhr, Eintritt: 40 SEK, Kinder (7–18): 20 SEK
Anfahrt: Falun liegt gut 200 km nordwestlich von Stockholm und ist über die E 18 (bis Enköping), Straße Nr. 70 (bis Borlänge) und Straße 60 zu erreichen.
Essen und Einkaufen: Café Kopparhatten im Dalarnas Museum werktags 10–21 Uhr, Sonntag 11 bis 21 Uhr. **Rote Farbe** siehe unter Tipps.
Tipps: Falu Rödfärg auf dem Grubengelände, 79180 Falun, Tel: (0)23/782325, Fax: (0)23/782708, www.falurodfarg.com, Laden, Ausstellung und Führungen. **Carl Larsson-gården,** 79015 Sundborn, Tel: (0)23/60053, Fax: (0)23/60653, www.carllarsson.se, geöffnet Mai bis Sept. tägl. 10–17 Uhr, Okt. bis April Mo bis Fr 11 Uhr, Eintritt nur mit (sehr guter) Führung: 90 SEK, Kinder (7–17): 40 SEK. Das Heim des Malers Carl Larsson und seiner Familie ist ein Gesamtkunstwerk. Sundborn liegt gute 10 km nordöstlich von Falun.

Rättvik

WALPURGISNACHT AM SILJANSEE

Auf dem Siljansee liegt in der Nacht zum ersten Mai noch Eis, und die Wildgänse haben sich auf den Eisschollen niedergelassen. Es ist die Walpurgisnacht, die in Dalarna mit großen Feuern, Gesang, Erzählen und Feuerwerk gefeiert wird.

Am Nachmittag hatte Nils die Gegend rund um den See sehen können, mit großen Kirchen und Dörfern. Er hatte sich gewundert, wie dicht bebaut das Land im Norden war. Die ganze Gegend erschien ihm viel freundlicher und lachender, als er erwartet hatte; er hatte durchaus nichts Unfreundliches oder Schreckeinjagendes entdecken können. Die Feuer rings umher an den Ufern des Sees machen ihm zunächst Angst, doch Akka beruhigt ihn: Das sei nur Kurzweil der Menschenkinder.

So läuft er auf die lange Seebrücke, die in Rättvik ins Wasser ragt, wo eine Gruppe von Sängern Lieder von Dalarna singt. An einem der Feuer, die am Strand angezündet worden sind, lässt er sich nieder und lauscht den dort erzählten Geschichten. *Noch nie hatte er Menschen in solchen Anzügen gesehen. Die Frauen trugen schwarze, spitzige Mützen auf dem Kopf, kleine Pelzjäckchen, rosa Tücher um den Hals, grünseidene Leibchen und schwarze Röcke mit einem weiß, rot, grün und schwarz gestreiften Vorderblatt. Die Männer hatten runde Hüte mit niedrigem Kopf, blaue Röcke mit rot eingefassten Säumen, gelbe Lederhosen, die bis an die Knie reichten und von roten, mit Quästchen gezierten Strumpfbändern festgehalten wurden. Der Junge wusste nicht, ob es nur von den Anzügen herkäme, aber er meinte, diese Menschen sähen ganz anders aus als an anderen Orten: viel stattlicher und viel vornehmer.*

Zunächst denkt er, es seien Menschen früherer Zeiten, doch dann wird ihm klar, dass sich die Bewohner am Siljansee in ihrer Rede, ihrer Tracht und in ihren Sitten noch mehr von den vergangenen Zeiten bewahrt haben als an anderen Orten. Durch den Bericht einer alten Frau, Kersti vom Moore, die aus ihrer Jugend und von der schwierigen Arbeit in der Fremde erzählt, wird ihm auch bewusst, welch hartes Leben die Menschen von Dalarna geführt haben. Der Junge hatte nicht alles vergessen, was er einst in der Schule von den Männern aus dem Hause Sture und von Gustav Vasa gehört hatte, und er hatte sich immer gewundert, warum sie gerade bei den Dalmännern Hilfe gesucht haben sollten. Aber jetzt verstand er es; denn in einem Lande, wo es solche Frauen gab wie die Alte, die dort am Feuer ihre Geschichte erzählt hatte, mussten ja die Männer geradezu unbesiegbar sein.

DIE BILDER, die Selma Lagerlöf für ihre leicht schwärmerische Schilderung der Bewohner von Dalarna gefunden hat, stimmen heute noch wie vor hundert Jahren. Auch wenn es wie reinstes Klischee klingt: Die Menschen hier sind größer und schöner als anderswo und strahlen eine Kraft und Lebensfreude aus, die ansteckend wirkt. Wir können das beobachten, als wir am Siljansee, in Rättvik, an den Mittsommerfeierlichkeiten teilnehmen. Es ist ein völlig verregneter, eher kalter Tag, doch die Menschen in ihren leuchtenden Trachten singen und tanzen fröhlich um den Mittsommerbaum, ohne sich im Geringsten die Laune verderben zu lassen.

Selma Lagerlöf schien sehr beeindruckt von diesem Menschenschlag, denn sie hat den Dalekarliern, wie sie in der deutschen Übersetzung genannt werden, nicht nur im »Nils Holgersson« ein Denkmal gesetzt. In vielen ihrer Geschichten verkörpern sie den Inbegriff des starken, dem Wetter trotzenden und unerschütterlichen Naturmenschen.

Auch die Landschaft, über die Nils Holgersson sich so verwunderte, hat größtenteils ihren Charakter bewahrt. Wir reisen von Värmland aus an und fahren zunächst stundenlang durch Einsamkeit. Wald, Wald, Wald, zwischendurch Seen, die in unserem Atlas noch nicht einmal einen Namen haben. Lange Straßen bergauf, bergab. Sümpfe.

Als wir bei Mora auf den Siljansee stoßen, landen wir in einer der vielen Werkstätten, in denen Dalarnas Exportartikel Nummer eins verkauft wird: das Dalapferd. Diese bunten Holzpferdchen findet man in Schweden überall, sie sind sozusagen zum Symbol des Landes geworden, und ihre Abbildung ziert Reiseführer ebenso wie Schwedisch-Lehrbücher. Sie kommen ursprünglich aus dem Bezirk Mora, aus den vier Dörfern Bergkarlås, Risa, Vattnäs und Nusnäs. Die Spielzeugpferde wurden an langen Winterabenden aus Fichten- oder Tannenholz geschnitzt. Auf einem anderen Hof hat man sich dann auf das Anmalen spezialisiert. Meist waren die zierlichen Pferdchen weiß oder ziegelrot und mit farbenfrohen Ornamenten geschmückt. Anfangs wurden sie auf dem Jahrmarkt von Mora verkauft, später wurden sie von reisenden Handwerkern oder Kaufleuten im ganzen Land verbreitet. Richtig berühmt wurde das Dalapferdchen aber erst 1939 während der Weltausstellung in New York, als ein schwedischer Ausstellungsarchitekt auf die Idee kam, ein großes Dalapferd vor den Eingang zum schwedischen Pavillon zu stellen. Bis heute werden diese Souvenirs in Handarbeit hergestellt, was auch den hohen Preis erklärt.

In Rättvik wohnen wir auf einem alten Bauernhof mit phantastischem Ausblick über den See. Die dunklen Blockhäuser sind zu einer Art Pension mit einem kleinen, aber feinen Restaurant umfunktioniert worden.

Unser Zimmer ist winzig, aber mit seinen weiß gestrichenen Holzbalken sehr gemütlich. Hier auf dem Jöns-Anders-Gården kommt am Nachmittag des 20. Juni die ganze Nachbarschaft zusammen, um Mittsommer zu feiern. Mädchen und Jungen in Tracht, die Geige in der Hand, stellen sich auf, um fröhliche Tänze zu spielen. Auf der Wiese tummeln sich weizenblonde Kinder, die Kleinsten mit einer roten Haube oder mit einem Blumenkranz im Haar.

Mittsommer in Schweden, das ist wahrlich das Fest unter den Festen. Trotz des strömenden Regens tanzen alle um den Mittsommerbaum, Große wie Kleine gleichermaßen begeistert. Die Lieder und Tänze erinnern ein bisschen an Kindergarten, es wird von kleinen Schweinchen und ihren Ringelschwänzchen gesungen. Doch hier steht niemand verlegen daneben, sogar die pubertierenden Teenager machen fröhlich mit.

Am frühen Abend laufen wir hinunter zum See, wo sich das Volk an der Kleinen Enåbrücke zum Festumzug trifft. Leider scheint die Sonne nicht auf die vielen schmucken Dalekarlier in ihren gelben Hosen, auf die blumenbekränzten Schönheiten in ihrer leuchtenden Tracht und auf die alten Damen mit ihren spitzen Mützen. Vom Himmel pladdert und pladdert es, und so fällt der Festzug mit den birkengeschmückten Wagen etwas kürzer aus als erwartet. Da es für die Spielleute und ihre Instrumente einfach zu nass ist, fehlt die Musik, bis eine schöne Frauenstimme neben uns ein Sommerlied nach dem anderen anstimmt.

Auf der großen Festwiese des Freilichtmuseums Gammelgård versammelt sich erneut viel Volk, diesmal sind auch etliche deutsche Touristen und Amerikaner auf den Spuren ihrer Ahnen dabei. Eine alte Dame aus Chicago erzählt uns gerührt, dass es für sie, deren Eltern aus Schweden stammen, das erste Mal sei, dass sie sich mit schwedischer Tradition befasse. In ihrem Elternhaus sei es nämlich verboten gewesen, schwedische Lieder zu singen, da man sich voll und ganz in die neue Heimat habe eingliedern wollen.

Begleitet von der Musik eines größeren Orchesters, wird der Mittsommerbaum herangetragen. Das Aufstellen dauert recht lange, denn die

Männer in den gelben Hosen und blauen Röcken sind diesmal eher fortgeschrittenen Alters und quälen sich ein bisschen mit dem hohen Baum. Immer wieder werden die Geiger aufgefordert, das Ganze musikalisch anzufeuern. Endlich gelingt es, mithilfe einiger starker Kerle aus dem Publikum, die mit grünen Girlanden geschmückte Stange aufzurichten. Von der Bühne herab gibt es einige Erklärungen auf Schwedisch und auf Englisch, es gibt eine patriotische Rede einer Lokalpolitikerin, es gibt Vorführungen von Volkstanzgruppen, doch zuletzt tanzt alles fröhlich um den Baum. Und wieder gibt es kleine lustige Liedchen vom Karussell-Fahren und Bonbonessen.

Hier in Rättvik wird uns übrigens zum ersten Mal klar, warum die Mittsommerstange einen so verwirrenden Namen hat: Majstång. Die Erklärung ist ziemlich einfach: Ursprünglich wollten die Schweden die deutsche Tradition der Maifeier übernehmen, da es aber am 1. Mai hier im kalten Norden nicht genügend Birkengrün gibt, hat man die Maifeier auf den Mittsommervorabend verlegt. Alljährlich wird am Freitag oder Samstag, der dem Mittsommertag am nächsten liegt, dieses Fruchtbarkeitssymbol aus vorchristlicher Zeit aufgestellt, und das im kleinsten Dorf Schwedens ebenso wie in der Metropole Stockholm. Kulinarisch wird dieser Tag meist mit Hering und neuen Kartoffeln gefeiert, im Hof des Rättviker Heimatmuseums gibt es dagegen Bratwürste aus der Hand.

Nils Holgersson, der mit den Gänsen noch auf Eisschollen nächtigen musste, hat hier in Rättvik die Walpurgisnacht mit ihren Feuern erlebt, wir dürfen an ihrem Pendant teilnehmen, dem Mittsommerabend. Das Fest beschließen wir mit einem Tanz auf der Tenne. Der Abend wird noch lang, denn auch wenn der Himmel regenverhangen ist und wir noch nicht ganz hoch im Norden des Landes sind: Es ist noch lange hell um diese Jahreszeit, und diese hellen Nächte kann man einfach nicht verschlafen.

Am nächsten Tag, Mittsommertag, strahlt die Sonne von einem tiefblauen Himmel, die Erde dampft den Regen vom Vortag heraus, und wir genießen eine Fahrt mit dem Kirchboot. Die großen Ruderboote mit acht bis zwölf Ruderpaaren fahren im Sommer an jedem Sonntag von der Enåbrücke zur Kirche von Rättvik. Auch hierher kommen die Menschen in Tracht, Geigerinnen begleiten die Ruderer. Etliche Touristen dürfen mitfahren, was die Fahrt nicht unbedingt erleichtert. Irgendwann ruft der Bootsführer verzweifelt: »Ist hier irgendjemand, der Schwedisch versteht?«, denn niemand folgt seinen Anweisungen. Vor allem die Gruppe älterer Amerikaner hinter uns macht so viel Unsinn, dass die Ruder einen von ihnen buchstäblich von der Bank werfen. Glucksend und kichernd lässt er sich von seinen Begleiterinnen wieder aufhelfen.

Auf der Fahrt passieren wir die lange Brücke, die Hauptattraktion Rättviks, auf der heute viele Menschen stehen und uns zuwinken. Auf einen Befehl werden alle Ruder zum Gruß aufgestellt, und die Spaziergänger bekommen ein lohnendes Fotomotiv serviert: das mit Grün geschmückte Boot, die langen Holzruder in einer Reihe und die blau-gelbe Schwedenfahne, die in der Sonne leuchtet.

Die »Långbryggan« selbst ist durchaus auch ein Klicken mit der Kamera wert. Hier wurde Nils Holgersson auf die Sänger aufmerksam, die mit patriotischen Liedern den Frühling begrüßten. Die Brücke gilt als die längste der Welt, die in einen Binnensee ragt, und ist mit 628 Metern eine der längsten Holzkonstruktionen. Sie wurde 1886/87 als Verbindung zwischen dem »Kalten Bad« auf einer künstlichen Insel und der Dampfschiffswerft gebaut und war von Anfang an ein beliebtes Objekt für Spaziergänger, insbesondere für Liebespaare. Das Bad mit seinen zwei Abteilungen für Damen und für Herren wurde Ende der 1930er Jahre abgerissen, nachdem die Brücke vom brechenden Frühlingseis zerstört worden war.

Von 1989 an fanden sich aber zahlreiche Förderer, die sich für ihre Wiedererrichtung einsetzten. Unter anderem wurden 2638 Planken für 500 Kronen das Stück verkauft. Wer während der Promenade seinen Blick senkt, kann die vielen Namen der Sponsoren entdecken, die mitgeholfen

Die mit Birkenzweigen geschmückten Kirchboote vom Siljansee fahren im Sommer jeden Sonntag zur Rättviker Kirche.

haben, die Brücke originalgetreu wieder aufzubauen. Sie wurde am 6. Juni 1992, Schwedens Nationalfeiertag, ihrer Bestimmung übergeben, ein Jahr später konnten die Besucher auch die künstliche Insel betreten, deren Bäume heute Schatten spenden.

Der Gottesdienst, zu dem wir mit unserem Långbåt rudern, findet dann draußen statt, mit einer wunderbaren Aussicht auf das dunkelblaue Wasser des Siljansees und ein weißes Segelboot vor dem Hintergrund der dunstig graublauen Berge. Ein wunderbarer Anblick. Auf dem Heimweg bekommt das lange, elegante Holzboot ganz schön Fahrt. Es hat wieder angefangen zu regnen, und da sind etliche Touristen weggeblieben. Die verbliebenen Ruderer strengen sich ordentlich an, sich im gleichen Takt zu bewegen und das Boot elegant über den See gleiten zu lassen. Eine alte Dame mit spitzer Haube erzählt uns bei der Abfahrt ganz aufgeregt, dass sie wegen des Kirchkaffees beinahe das Boot verpasst hätte – so wie andere die Straßenbahn.

An jedem Sonntag im Sommer legt ein anderes Boot mit einer anderen Mannschaft am Steg an und fährt – Trachten und Touristen bunt durcheinander – zum Gottesdienst. Diese Tradition hat ihren Anfang in den 40er Jahren des 20. Jahrhunderts, als der Heimatverein ein »nygammal« Boot, also ein auf alt gemachtes neues Boot bestellte. Das erste namens Rättvikan hat mittlerweile viele Nachfolger, aber es gibt auch noch ein Exemplar von 1716 zu bewundern, allerdings nicht mehr zu Wasser.

In der Hochsaison starten die Boote auch zu einem Kirchbootrennen, ganz nach der alten Tradition, als die Gemeinden bei der Rückfahrt vom Gottesdienst beweisen wollten, die stärksten und schnellsten zu sein. »Aber dann sind es nicht die älteren Herrschaften, sondern junge, kräftige Burschen«, wird uns beim abschließenden Kaffeetrinken schmunzelnd erklärt. Über die Einladung zu Kaffee und Zimtwecken freuen wir uns nach der Rudertour ganz besonders. Eine gute Gelegenheit, sich in die Mysterien der Tracht einweisen zu lassen.

Auf die Frage, ob die heute bewunderte Kleidung denn für den ganzen Siljansee gilt, folgt die entrüstete Antwort. »Nej, natürlich nur für Rättvik!« Der Lokalpatriotismus ist hier in Dalarna enorm groß, und so passt auch das Monument, das wir bei der Kirche entdeckt haben, gut ins Bild: Auf einer Tafel wird hier erklärt, dass nur die Rättviker, und sie allein, König Gustav Vasa die Treue gehalten und ganz Schweden von der Fremdherrschaft durch die Dänen befreit haben. Wären also die Rättviker Burschen nicht gewesen, dann wäre ganz Schweden noch in dänischer Hand. Und das würde wohl keiner wollen, oder?

Praktische Hinweise

Information: Rättvik Turism, Järnvägsstationen, Riksvägen 40, 79532 Rättvik, Tel: (0)248/797210 Fax: (0)248/12251, www.siljan.se.
Anfahrt: Rättvik liegt am Siljansee gut 250 km nordwestlich von Stockholm und ist über die E 18 (bis Enköping) und Straße Nr 70 zu erreichen.
Essen: Jöns-Anders-Gården (siehe Tipps).
Tipps: Sonntags starten im Sommer in Tracht gekleidete Rättviker mit dem **Kirchboot** von der Enåbrücke in Rättvik zur Kirche und nehmen manchmal Touristen mit. Mit der **M/S Gustaf Wasa** kann man über den Siljansee fahren, Tel: (0)70/5421025, www.wasanet.nu, Abfahrt in Rättvik vom Ende der Seebrücke. Im Pensionat **Jöns-Anders-Gården,** Bygatan 16, 79530 Rättvik, Tel: (0)248/13015 oder (0)70/6285893, www.jons-andersgarden.se, kann man gut essen und in der umgebauten Hofanlage einfach, aber stilvoll übernachten.

Uppland

Uppland, so die Sage bei Selma Lagerlöf, sei ursprünglich die ärmste und unbedeutendste Landschaft von ganz Schweden gewesen: magere Lehmfelder, niedrige Steinhaufen, nicht viel mehr. Aber eines Tages habe Uppland es satt gehabt, so unbedeutend zu sein, habe einen Reisesack genommen und sei ausgezogen, um bei denen zu betteln, die es besser haben. Viele Landschaften gaben ihr auch ein Stückchen ab, aber immer nur das Schlechteste oder das, was sie gerade nicht brauchen konnten. Mit diesen ärmlichen, aber vielfältigen Gaben kehrte Uppland heim, schuf ein überraschend schönes Land und wurde schließlich in einem Wettbewerb der Landschaften um den Königssitz zum Sieger gewählt.

Und tatsächlich, alle schwedischen Königsstädte, von Alt-Uppsala über Birka und Sigtuna bis Stockholm, liegen auf dem Gebiet des heutigen Uppland, welches auch von Anfang an das Kernland des schwedischen Reiches bildete. Auch heute beherbergt diese Landschaft Uppsala als kirchliches und intellektuelles Zentrum und – zusammen mit Södermanland – Stockholm als überragendes wirtschaftliches und administratives Zentrum des Landes.

Uppsala
DER STUDENT UND DER RABE

Smirre nutzt die Überschwemmung des Mälar, um Nils und seine Gefährten dorthin zu locken, wo sie angeblich den Schwänen aus der Not helfen sollen. Diese aber werden wütend, als sie den weißen Gänserich Martin entdecken, und nur mit der Hilfe aller kleinen Vögel der Umgebung kann die Gänseschar entkommen.
Auf der Suche nach Nahrung trifft Nils erneut auf Smirre, der sich auf ihn stürzen will. Der Junge sucht Zuflucht bei einem Hofhund, der vor einigen Kätnerhütten angekettet ist. Von Nils freigelassen, besiegt dieser den Fuchs und schleppt ihn in die Hundehütte, wo es dem Jungen gelingt, Smirre anzubinden.
Vom Mälar aus unternimmt Nils einen Ausflug mit dem Raben Bataki in die alte Universitätsstadt Uppsala am nördlichsten Zipfel des weit verzweigten Sees. Hier macht der Rabe den Jungen mit einem tüchtigen Studenten bekannt, der vor einer wichtigen Prüfung steht. Gerade an diesem Tag hatte sich jener erboten, das Manuskript eines armen und besonders schüchternen Kollegen zu lesen. Die Arbeit über die Geschichte Uppsalas scheint ihm außerordentlich gut zu sein, doch da er Eile hat, lässt er das Manuskript in seinem Zimmer, und durch das offen stehende Fenster wirbelt der Wind alle losen Blätter hinaus. Vor lauter Verzweiflung über den Verlust verpatzt er auch noch die Prüfung.
Als er erfährt, dass sein Kollege vor Kummer krank geworden ist, besucht er ihn, um ihm sein Lob für die gelungene Arbeit auszusprechen,

doch dieser glaubt ihm nicht und fürchtet nur, geschont zu werden. Auch die Beichte, die Manuskriptblätter verloren zu haben, stößt auf Unglauben, und so kehrt der Student unverrichteter Dinge zurück in sein Dachstübchen, wo er vor lauter Sorge einschläft.

Vor dem Kammerfenster sitzt Nils, vom Raben Bataki hierher gelockt, der ihm zuvor die Schönheiten der Stadt gezeigt hat: die stattlichen Häuser, das Schloss mit seinen zwei massiven Türmen, die Domkirche mit ihren drei schlanken Türmen und nicht zuletzt die große Universität mit ihrer Bibliothek, den Hörsälen, dem Gustavianum mit seinen ausgestopften Tieren, dem Gewächshaus, der Sternwarte und all den Gelehrten, die mit Lesen oder Schreiben beschäftigt sind. Mehr und mehr bekommt Nils Lust, einer von ihnen zu sein. Schließlich eröffnet ihm Bataki, dass es da eine Möglichkeit gäbe: Es müsste nur jemand sagen, er würde gerne an seiner Stelle mit den Wildgänsen umherziehen.

Und nun hockt der Junge am Fenster des unglücklichen Studenten, und die beiden erzählen sich gegenseitig ihre Geschichte. Statt aber den jungen Mann zum Tauschen zu überreden, bringt Nils den Raben durch eine List dazu, alle Manuskriptseiten wieder zu beschaffen. Bataki ärgert sich über die verpasste Gelegenheit, doch Nils meint, er sei ja wohl nur auf die Probe gestellt worden. Er dürfe den weißen Gänserich Martin nicht alleine weiterziehen lassen: *»Als mir der Student da drinnen seine Geschichte erzählte, erkannte ich, wie hässlich das ist, wenn man einen Freund in der Not verlässt, und das wollte ich nicht tun.«*

DER RABE BATAKI setzt den Däumling auf einem Dach ab, befiehlt ihm, sich gut umzuschauen, und dann will er wissen, wer denn wohl in dieser Stadt wohnt und regiert. Wir haben es da leichter, wir müssen keine Dächer erklimmen, denn schon bei der Ankunft in der viertgrößten Stadt Schwedens wird deutlich: Hier wohnt und bestimmt die Jugend. Uppsala ist heute wie vor langer Zeit die Stadt der Studenten, man merkt es an jeder Ecke. Trotz der Semesterferien sieht man überall junge Leute, die Stimmung ist fröhlich, und nirgends haben wir so viele nette Kneipen und Biergärten gesehen.

»Ganz Uppsala ist ein Studentenviertel«, beschreibt es Bent Syse, der stellvertretende Leiter des Uppsala Museums, den wir nach Selma Lagerlöf und ihrem Verhältnis zu dieser Stadt fragen. Vor allem rund um den Dom, also im eigentlichen Zentrum, quirlt das Studentenleben, hier gibt es zahlreiche Studentenwohnheime und Einrichtungen der Universität. »Ja, Uppsala ist heute noch eine Wissenschaftsstadt«, meint der Archäologe. Für ihn selbst kam damals auch keine andere Stadt in Frage, als er sich für einen Studienplatz entscheiden sollte, und noch heute merkt man ihm die große Verbundenheit zu seiner Alma mater an.

Selma Lagerlöf wurde von der Universität mit dem Ehrendoktor ausgezeichnet; sie war allerdings nicht oft hier. »Es ist ja nicht viel, worüber sie schreibt. Das kann man auch in den Broschüren des Touristenbüros nachlesen«, merkt Bent Syse an, der nicht glaubt, dass sie in der Stadt viel für das Buch recherchiert hat.

Bis in die 80er Jahre des 20. Jahrhunderts, erinnert er sich, sah das wissenschaftliche Leben in Uppsala noch fast so aus, wie es von der Schriftstellerin geschildert wurde. »Heute geht es hier sehr viel verschulter zu«, klagt er, »Die Studenten bekommen vielleicht eine bessere Ausbildung, aber es ist wie Wurststopfen. Das freie Denken wird nicht mehr so gefördert wie zu Selma Lagerlöfs Zeiten.«

Die Autorin beschreibt die Stadt – wie so oft – von oben, aus dem Blickwinkel eines Vogels, und da liegt die Frage nach einem Aussichtsturm nahe. »Den besten Blick hat man vom Schloss aus, von der Bastion mit der Gunilla-Glocke«, rät uns Bent Syse. Hier treffen sich auch in der Mainacht die Studenten, um zu feiern.

Das Studentenleben hat sich nicht allzu sehr von dem entfernt, was Selma Lagerlöf etwas pathetisch geschildert hat. Zu Zeiten des traditionellen Frühlingsballes und der Valborgsmesse, dem großen Fest am Abend vor dem ersten Mai, verdreifacht sich die Zahl der Einwohner: »Alle Studenten«, so sagt Bent Syse, »laden dann ihre kompissar, ihre Freunde, nach Uppsala ein.« Die Mädchen machen sich besonders fein, die Stadt wimmelt von Abendkleidern, Fräcken und Studentenmützen. »Und dann wird immer noch viel gesungen, viel geredet, es gibt gutes Essen und viel zu trinken, es werden Reden gehalten: auf die Frauen, auf den Wein, auf den König«, schmunzelt Bent Syse.

Ja, in Uppsala werden die Traditionen hochgehalten, aber knochentrocken wirkt die Stadt dennoch nicht. Vielmehr ist sie lebendig und fröhlich, es gibt sehr viel mehr Radfahrer und breite Radwege als in den übrigen Städten Schwedens. Auf einem Holzsteg, der am Fyrisån entlang führt, dem Flüsschen, das sich durch die Stadt schlängelt, treffen sich heute Abend viele junge Leute, um die letzten Strahlen der Abendsonne zu genießen und ihr Bier zu trinken.

Als Beispiel für die gelungene Mischung von Tradition und Moderne nennt der stellvertretende Museumsleiter die Einrichtung der »Nationen«, die in der Zeit der Nationalromantik entstanden. In Uppsala wie in anderen Universitätsstädten auch, ist es Pflicht, sich als Erstsemester in eine der »Nationen« einzuschreiben. Diese Einrichtungen sind den verschiedenen Landschaften Schwedens zugeordnet, es gibt also Häuser von »Småland« bis »Norrland«. Jeder Student kann sich aber seine Nation aussuchen, man muss also als Värmländer nicht unbedingt in die Värmländische Nation. Im Gegensatz zu den deutschen Studenten-Corps haben diese Nationen aber allein soziale Bedeutung und keine politische.

Der Dom von Uppsala spiegelt sich im Fyrisån. Auf den hölzernen Promenaden lagern im Sommer die jungen Leute bis spät in den Abend.

Über die Pflicht zur Einschreibung und die damit verbundene finanzielle Belastung für Studenten wird zurzeit allerdings diskutiert; man überlegt, ob man den Zwang nicht abschaffen sollte. Dies geht vor allem die kleineren Universitätsstädte an, die nicht den gleichen Gegenwert bieten können wie Uppsala. Die Vorteile der Nationen sind nämlich nicht von der Hand zu weisen: Neuzugänge werden von den älteren Semestern willkommen geheißen und eingewiesen, es gibt bezahlbare Zimmer, zum Teil in wunderschönen alten Häusern mit grünen Innenhöfen, und sogar verbilligtes Essen, denn einige der Nationen beherbergen kleine Cafeterias oder sogar gemütliche Kneipen. »Wir müssen hier keine Steuern bezahlen, deshalb ist alles so viel billiger«, erzählt uns eine Studentin, die in einer dieser gemütlichen Kneipen bedient.

Wir beginnen unseren Uppsala-Rundgang wie Nils Holgersson mit einem Besuch des großen Schlosses, das majestätisch auf einem Hügel über der Stadt thront. Die hier oben aufgestellte Gunilla-Glocke schlug und schlägt zweimal am Tag, morgens und abends. Sie sollte die Bewohner von Uppsala früher daran erinnern, dass sie nachts nicht offenes Feuer über die Straßen tragen durften.

Wer mit Kindern unterwegs ist, dem sei hier ein Abstecher in die »Vasa borgen« empfohlen. Im alten Teil des Schlosses wurde mithilfe von Puppen, Requisiten und Licht mittelalterliches Gepräge kindgerecht präsentiert. Eine kleine Geschichte macht alles anschaulich: Die Burg bereitet sich auf die Ankunft des Königs vor, dem Küchenjungen ist der Milchkrug aus der Hand gefallen, im Gefängnis schmachten die Gefangenen. »Gruselig«, finden unsere Kinder – und sind begeistert. (Wer noch tiefer in die Vergangenheit eintauchen will, dem seien die alten Königshügel von »Gamla Uppsala« empfohlen, das etwas außerhalb des Zentrums liegt.)

Der Dom, von dem Nils Holgersson vermutete, er sei nach dem König die zweite Macht in der Stadt, ist die größte Kirche im Norden. Mit dem Bau wurde Ende des 13. Jahrhunderts begonnen, erst 1435 wurde sie eingeweiht. Die bekannten spitzen Türme sind allerdings erst im Rahmen einer umfassenden Restaurierung im späten 19. Jahrhundert

hinzugekommen. Hier wurden die schwedischen Könige lange Zeit gekrönt, und hier liegt eine Reihe von berühmten Schweden begraben: Gustav Vasa, Johan III. oder Carl von Linné, um nur einige wenige zu nennen.
Mit dem Namen Linné ist Uppsala übrigens auch sehr eng verknüpft, es gibt einen kleinen und schönen Garten, in dem man auf den Spuren des Botanikers wandeln kann. Warum aber hat eigentlich Selma Lagerlöf diesen großen Sohn der Stadt unerwähnt gelassen? »Nun ja, die Bedeutung Linnés kam und ging in Schweden«, erklärt uns Bent Syse. Der Garten war eine Zeit lang verfallen und wurde erst später der Öffentlichkeit zugänglich gemacht.
Gemeinsam mit Nils Holgersson und dem Raben Bataki machen wir uns auf, die Universität zu erforschen. Die meisten Fakultäten sind allerdings nicht mehr dort, wo sie vor hundert Jahren waren, denn, so berichtet Bent Syse, in Uppsala ziehen die Einrichtungen sehr oft um. Doch es gibt noch die große Universitätsbibliothek mit Namen Carolina Rediviva, die aus den Jahren 1819 bis 1841 stammt und Schwedens älteste Forschungsbibliothek enthält – mit rund fünf Millionen Büchern und etwa 3500 Regalmetern voller Handschriften. Das monumentale Universitätshaus mit seiner Neurenaissance-Fassade ist seit 1887 das Hauptgebäude der Universität, doch der Großteil der Vorlesungsräume verteilt sich heute über die gesamte Innenstadt. Das benachbarte gelbe Haus wird übrigens »Skandalhaus« genannt: Bei seinem Bau empörte man sich, dass es das Universitätshaus überragen würde.
Gegenüber dem Haupteingang der Domkirche liegt das Gustavianum, in dem der Däumling lediglich ausgestopfte Tiere sieht. Es hat seinen Namen von Gustav II. Adolf und beherbergt ein Anatomisches Theater, das zu sehen sich lohnt (das Gustavianum ist seit 1997 Museum). Die Besucher erklimmen überaus steile Treppen und blicken dann mit leichtem Schwindel auf den Holztisch unter ihnen, auf dem damals die Leichen seziert wurden. Wem hier nicht schon wegen Höhenangst schwindelig war, dem wurde sicherlich spätestens beim Anblick des Seziermessers schlecht ...

Unser nächstes Ziel ist der Botanische Garten, der mit seinem großen Gewächshaus und den seltenen Pflanzen ziemlichen Eindruck auf Nils Holgersson gemacht hat. Auch die Bewohner von Uppsala halten große Stücke auf ihren Botaniska Trädgården. »Hier wachsen Seerosen, die sind so groß, dass sie kleine Kinder tragen könnten«, hatte uns auch Bent Syse vorgeschwärmt.

Zuletzt landen wir im Garten der »Västergötland Nation«, wo wir ein gutes und bezahlbares Mittagessen bekommen. Die Studentin, die uns das Essen austeilt, zeigt uns auch die dazugehörige Kneipe, einen gemütlichen alten Raum, in dem abends junge Leute auf durchgesessenen Sofas unter den verblassten Bildern altmodischer Herren ihr Bier trinken. Ja, in Uppsala, da wären wir auch gerne wieder Studenten ...

Praktische Hinweise

Information: **Uppsala Tourism AB,** Fyristorg 8, 75310 Uppsala, Tel: (0)18/7274800, www.uppland.nu. **Domkirche,** geöffnet tägl. 8–18 Uhr. **Schloss,** nur Führungen, Tel: (0)18/7272485, www.uppsala.se/konstmuseum. **Vasaburg,** Mai–August tägl. 10–16 Uhr, www.vasaborgen.se. **Botanischer Garten,** Villavägen 8, 75236 Uppsala, Tel: (0)18/4712838 tägl. 7–19 Uhr, Mai–August bis 21 Uhr www.botan.uu.se. **Linnégården,** Svartbäcksgatan 27, Tel: (0)18/4712576, www.linnaeus.uu.se, Mai–August täglich 9–21 Uhr, Sept. 9–19 Uhr, Ausstellung in der Orangerie werktags 11–15 Uhr. **Museum Gustavianum,** Akademigatan 3, 75310 Uppsala, Tel: (0)18/4717571, Fax: (0)18/4717572, geöffnet Di–So 11–16 Uhr, www.gustavianum.uu.se. **Uppland Museet,** St. Erikstorg 10, Tel: (0)18/169100, Fax: (0)18/692509 www.upplandsmuseet.se, geöffnet Di–So 12–17, an einigen Feiertagen geschlossen, Eintritt frei.

Anfahrt: Uppsala liegt rund 70 km nördlich von Stockholm.

Tipp: Nehmen Sie sich Zeit für einen Bummel am Fluss entlang.

Stockholm

DIE SCHWIMMENDE STADT

Der Hauptstadt Schwedens nähern sich die Wildgänse vom Mälar kommend, und ihr erster Eindruck ist der lustiger und bunter Sommerhäuser am Strand. Dann aber folgen rauchige Fabrikgebäude und schwerfällige Frachtdampfer. Die Stadt selbst liegt im Nebel und bietet einen verzauberten Anblick.

Die Graugans Daunenfein, deren Familie auf einer Felseninsel im Schärengebiet lebt, nennt Stockholm die »schwimmende Stadt«, da sie aus mehreren Inseln besteht. Auf einer von ihnen, Djurgården, liegt das große Freilichtmuseum Skansen, und hier wird der Däumling Nils in Gefangenschaft gehalten. Bei einem Besuch von Daunenfeins Familie nämlich war er durch die Bosheit zweier ihrer Schwestern von einem Fischer gefangen und nach Stockholm verkauft worden.

Auf Skansen lebt auch der Spielmann Klement Larsson aus Hälsingland, der hier als Geiger und Wächter arbeitet. Er bietet Nils die Freiheit an – unter der Bedingung, dass dieser im Freilichtmuseum bleibt, bis es ihm erlaubt wird weiterzuziehen. Klement, der großes Heimweh hat, kommt mit einem alten Herrn ins Gespräch, dem er von seiner Sehnsucht nach Hälsingland erzählt. Sie setzen sich auf eine Bank, von der aus man Stockholm gut überblicken kann, und der alte Herr erzählt die Geschichte der Stadt.

Zuletzt verspricht er Klement ein Buch, aus dem dieser mehr über die schöne Stadt erfahren kann. *»Gib dir Mühe, so recht vertraut mit Stock-*

holm zu werden, Klement, denn die Stadt gehört nicht allein den Stockholmern, sie gehört dir und ganz Schweden«, rät er dem Spielmann. Er macht dem Heimwehkranken deutlich, wie bedeutend diese Stadt ist: *»Von hier erhalten alle Schweden irgendetwas, und hier haben auch alle Schweden irgendetwas zu tun. Hier braucht sich niemand fremd zu fühlen oder Heimweh zu haben. Hier sind alle Schweden daheim.«* Als Klement das versprochene Buch bekommt, stellt sich heraus, dass der alte, vornehme Herr der König selbst war, Oscar II., der in dem Spielmann die Liebe zur Hauptstadt wecken wollte. Dennoch kehrt Klement in seine Heimat zurück, um allen von seiner Begegnung mit dem König zu erzählen.

Und so verlässt er Skansen, ohne allerdings Nils von dessen Versprechen zu entbinden. Dieser befreit den Adler Gorgo, der hier ebenfalls gefangen ist, aus seinem Käfig, und zum Dank nimmt Gorgo ihn mit in Richtung Lappland. Er hofft, dass Nils zwischen ihm und Akka Frieden stiften kann. Die Anführerin der Wildgänse hatte den jungen Adler in Lappland aufgezogen, ihn dann aber verstoßen, als er sich wie ein Adler verhielt und nicht wie eine Wildgans. Gemeinsam suchen sie zunächst in Hälsingland nach Klement, damit Nils von seinem Versprechen entbunden werden kann.

DIE »SCHWIMMENDE STADT« STOCKHOLM übt heute ebenso wie in den vergangenen Jahrhunderten eine große Anziehungskraft aus. Sie ist eine kleine, aber sehr lebendige Metropole, und einen Großteil ihrer Schönheit macht die Lage am Wasser aus. Wer je mit einem Dampfer oder Segelboot auf Saltsjön unterwegs war, dieser Verbindung zwischen der Stadt und dem großen Meer, der wird den Anblick nicht vergessen.

Nils Holgersson und die Gänse betrachten die Stadt aus der Luft, der Spielmann Klement von einer Bank auf einem Hügel Skansens aus, und so suchen auch wir einen der zahlreichen Aussichtspunkte auf, um uns einen Überblick zu verschaffen. In Skansen selbst ist dies nicht ganz einfach. Es gibt zwar etliche Bänke, auf denen Klement und der König gesessen haben könnten, doch die inzwischen hoch gewachsenen Bäume lassen nur wenig Blick auf die Stadt frei. Am aussichtsreichsten ist es noch, den 30 Meter hohen Backsteinturm Bredablick im Nordosten des riesigen Freilichtmuseums aufzusuchen. Er liegt 45 Meter über dem Meeresspiegel und beherbergt unter anderem ein gemütliches kleines Café.

Wir aber beginnen unseren Stockholm-Aufenthalt mit der Besteigung eines Aussichtsturms, der im »Nils Holgersson« unerwähnt bleibt: das Stadthaus (stadshuset). Es wurde erst 1912 bis 1923 erbaut und konnte daher nicht von Selma Lagerlöf als Schauplatz gewählt werden. Doch der 106 Meter hohe Turm des auf Kungsholmen gelegenen Repräsentationsgebäudes bietet eine wunderbare Aussicht. Es empfiehlt sich, in der zweiten Tageshälfte hier heraufzukommen, wenn das Nachmittagslicht golden auf die Altstadt und die umliegenden Inseln fällt. Das Stadthaus ist im Übrigen mehr als ein Aussichtsturm: Hier findet alljährlich das große Bankett anlässlich der Nobelpreisverleihung statt.

Nachdem wir uns einen Überblick verschafft haben und so die Erzählungen des Königs auch geografisch besser einordnen können, nehmen wir uns für Skansen einen ganzen Tag Zeit. Das erste Freilichtmuseum der Welt, 1891 von dem Lehrer und Sprachforscher Artur Hazelius gegründet, ist riesengroß und bietet nicht nur einen Querschnitt Schwedens en miniature, sondern ist ebenso Treffpunkt und Lieblingsspielplatz der Stockholmer. Hier gibt es Karussells und Ponyreiten für die Kinder, einen großen Tierpark und ein Aquarium, den Streichelzoo »Klein Skansen«, die große Freilichtbühne »Solliden«, auf der junge Talente wie weltbekannte Künstler auftreten, mehrere kleinere Bühnen für Tanzvorführungen, eine große »Tanzbahn«, in der sich abends junge und alte Stockholmer zu Volkstänzen treffen. Bei unserem ersten Besuch strömen mit uns auffallend viele junge Damen mit Riemchenschuhen dorthin: Es gibt argentinischen Tango für jedermann.

Ja, Skansen ist sehr vielfältig, und jeder Besucher wird ein anderes Bild davon bekommen, andere Plätze aufsuchen und andere Erinnerungen mit nach Hause nehmen. Wer allerdings erwartet, nach einem Rundgang durch dieses Freilichtmuseum über Geschichte, Kunst und Kultur Schwedens umfassend informiert zu sein, der muss seine Studien doch noch zu Hause fortsetzen oder sich eine Jahreskarte besorgen: Diese Anlage ist zu komplex, um sie an einem Tag erfassen zu können.

Nachdem wir über das große, hügelige Gelände geschlendert sind und uns die alten Holzhäuser aus den verschiedenen Landesteilen angesehen haben, machen wir auf einer Bank Rast und informieren uns über die Geschichte Skansens. Anfang des 19. Jahrhunderts war die Insel Djurgården von Hügeln mit Kiefernwäldern bedeckt. Ein Stockholmer Großhändler hatte hier sein Landhaus und nannte es Skansen nach der kleinen Schanze, einer Befestigung, die sich in der Nachbarschaft befand. Sie war für Kronprinz Oscar angelegt worden, der hier mit seinen Kameraden Krieg spielte.

1891 erwarb der Stockholmer Artur Hazelius hier einen Sommersitz mit einem prächtigen Garten und begann, das weltweit erste Freilichtmuseum einzurichten. Die Entstehung Skansens ist in engem Zusammenhang mit der gegen Ende des 19. Jahrhunderts vorherrschenden nationalromantischen Stimmung und dem vaterländischen Geist zu sehen. Artur Hazelius, 1833 in Stockholm geboren, studierte an der Universität von Uppsala und erwarb dort den Doktortitel der nordischen Sprachen. Er unternahm ausgedehnte Fußwanderungen durch die ländlichen Gebiete und beobachtete, wie sich die alte Bauerngesellschaft radikal zu verändern begann: es gab einen Zuwachs an Kleinbauern oder Dienstboten ohne Landbesitz; die Mechanisierung der Landwirtschaft und des Handwerks sorgte dafür, dass die Landlosen ihre Dörfer verließen und ihr Glück beim Eisenbahnbau, auf den Werften, in den Sägewerken

Norrlands oder den Industrien der Städte versuchten. Missernten gegen Ende der 60er Jahre des 19. Jahrhunderts hatten die Auswanderung von über 100.000 Menschen nach Amerika zur Folge: Um das Jahr 1900 lebte praktisch jeder fünfte Schwede in Amerika.
Artur Hazelius erkannte während eines Aufenthalts in Dalarna im Jahr 1872, wie schnell durch diesen gesellschaftlichen Wandel das Alte verloren gehen würde. So begann er, Trachten, Hausrat, Möbel und Geräte der alten bäuerlichen Kultur zu sammeln. 1873 eröffnete er sein erstes

Der Blick vom Stadshuset auf Gamla Stan – die Altstadt – ist mit das Schönste, was Stockholm zu bieten hat.

Museum, die Skandinavisch-Ethnographische Sammlung in Stockholm, den Vorläufer des Nordischen Museums. Mit dem Bau dieses Museums wurde 1888 auf einem königlichen Grundstück auf Djurgården begonnen, doch erst 1907, sechs Jahre nach Hazelius' Tod, wurde es eröffnet.
Die traditionellen Ausstellungen und Interieurs schienen dem Museumsgründer nicht ausreichend für seine Idee der Volksbildung. Er wollte das gesamte Umfeld zeigen. Die Häuser, eingerichtet mit Möbeln und

Gegenständen, sollten von Menschen in der für die damalige Zeit typischen Bekleidung bevölkert sein und umgeben von Haus- und Nutztieren in ihrer natürlichen Landschaft. Wurde ein Haus nach Skansen versetzt, so begleiteten oft Menschen aus dem Ursprungsort den Umzug – und blieben. Es sollte ja ein lebendiges Museum werden: Spinnräder sollten schnurren und Webstühle klappern. Wer immer von den Neueinwohnern der Stadt wie Klement von Heimweh geplagt war, der sollte hierher kommen können.

Die Volkstänzer im großen Freilichtmuseum Skansen haben merklich Spaß an ihren gekonnten und witzigen Darbietungen.

Als Selma Lagerlöf das Treffen zwischen dem alten Spielmann Klement und dem König niederschrieb, war Skansen noch relativ jung, das Gelände aber schon etwa so groß wie heute und das Prinzip bereits erkennbar. Die Autorin berichtet insbesondere von den Lappen (Sami), die im nördlichen Teil ihre Wohnstatt hatten, und den Mädchen von Dalarna, mit denen sich Klement gerne unterhält.
Beim Anlegen der Häuser und Gebäude ging man nach dem Grundsatz vor, die nordschwedischen Höfe im nördlichen Teil und die südschwedi-

schen im südlichen Teil anzusiedeln. Hazelius wollte ein Bild des ganzen Landes, wie es in früheren Zeiten ausgesehen hatte, vermitteln. Doch Schweden ist ein lang gestrecktes Land, das Gelände von Skansen aber ist ziemlich rund. So konnte es keine exakte Kopie werden, wie man es beispielsweise im småländischen »Lilla Landet« versucht hat – die Besucher müssen ein wenig Phantasie mitbringen. Dennoch können sie vom südlichen Schonenhof bis zum Samenlager auf der nördlichen Bergspitze viel über die Bauweise der Häuser sowie über die Lebensweise ihrer Bewohner erfahren. Es ist allerdings ratsam, sich zuvor mit dem deutschsprachigen und ausführlichen Führer auszustatten, denn die Informationen vor Ort sind eher spärlich. Überall aber gibt es Menschen in Tracht, die neben ihrer eigentlichen Arbeit, die sie präsentieren, auf die Fragen der Besucher gerne Antwort geben und erzählen.

Interessant ist das Freilichtmuseum auch für große und kleine Tierfreunde. Die Stockholmer hatten sich schon lange einen zoologischen Garten gewünscht, und so sollte es hier nicht nur Haustiere geben, sondern alle Tiere, die es in Schweden zu der Zeit gab. In den Gehegen im oberen Teil sind unter anderem Elche, Rentiere, Braunbären, Füchse, Wölfe und andere heimische Wildtierarten untergebracht. Zur Zeit der Jahrhundertwende gab es auch, wie bei Selma Lagerlöf beschrieben, Adler. Viele Stockholmer waren der Meinung, es ginge nicht an, diese Symbole der Freiheit in Käfigen zu halten. Eines Tages, im Oktober 1937, über 30 Jahre nach Erscheinen des »Nils Holgersson«, wurden daher vier Adler im Schärengarten freigelassen.

Heutzutage freuen sich die jüngeren Besucher an den Tieren im Streichelzoo, an den kreischenden Pfauen, an den vielen Eichhörnchen, die über das Gelände flitzen, und an den schnatternden Gänsescharen, die hier ihr Lager aufschlagen. Jedes Jahr ziehen die Weißwangengänse zu ihren am nördlichen Eismeer gelegenen Nistplätzen. Aus dieser großen Schar setzt sich ein Teil der Vögel ab und fliegt Skansen an. Die Tiere sind hier aufgewachsen und verbringen den Sommer in ihrer Heimat.

Neben den Tieren ist das Stadtviertel im Freilichtmuseum bei vielen Besuchern besonders beliebt, und so sind die engen Gassen in den Sommermonaten gefüllt mit flanierenden Menschen. Herzstück ist das von Stockholm nach Djurgården versetzte Geburtshaus von Artur Hazelius, das 1926, fünfundzwanzig Jahre nach seinem Tod, den Anfang machte. Der Zeitpunkt war günstig, denn die Stadt Stockholm hatte seit Längerem etliche alte Gebäude aufgekauft, vor allem auf Södermalm, um Platz für moderne Wohnhäuser zu schaffen. Von 1926 bis 1933 wurden zehn Gebäude nach Skansen gebracht, und zwar in ein Gebiet, das mit seinem hügeligen Gepräge dem Viertel Söder ähnelte.

Mit den wieder aufgebauten Häusern sollte die Atmosphäre einer schwedischen Stadt aus dem 18. und 19. Jahrhundert nachempfunden werden, ein Quartier für Handwerker und Kaufleute mit großbürgerlichen Zügen. Heute finden auf Skansen alljährlich spezielle Handwerkstage statt, bei denen verschiedene Gewerke vorgestellt werden.

Bereits früh wurden hier historische Gedenktage gefeiert, denn Artur Hazelius war bewusst, dass sich Feste als Publikumsmagnet erweisen würden: Feste des Jahres- und Lebenskreislaufs, Volkstänze und Volksmusik, Bellman-Feiern, lebendiges Handwerk und Arbeiten in Haus und Hof. Insbesondere das Maibaumaufstellen an Mittsommer gehörte von Anfang an zur Tradition Skansens. Und zum alljährlichen Weihnachtsmarkt an den ersten drei Adventswochenenden drängt sich ganz Schweden durch die Marktstraße, so will es scheinen. Neben der traditionellen Kultur hat aber auch die zeitgenössische ihren Platz in Skansen, und so gibt es hier argentinischen Tango oder Jazz- und Popkonzerte ebenso wie Operngesang oder schwedischen Volkstanz für jedermann.

Und wie soll das Freilichtmuseum in Zukunft aussehen? »Skansen wird niemals richtig fertig«, schreiben Mona Larsson und der Illustrator Tord Nygren in ihrem empfehlenswerten Buch »På Skansen – Ett Sverige i miniatyr«, Stockholm 1996. Vor hundert Jahren, da habe man Sorge gehabt, die alte Bauernkultur könne verschwinden. »In hundert Jahren wird unsere eigene Zeit ›die alte Zeit‹ sein. Was wird dann nach Skansen versetzt? Vielleicht eine Tankstelle? Oder ein Supermarkt? Eine Würstchenbude? Ein Kindergarten? Eine Bank? Ein Kino? Eine U-Bahn-Station? Ja, wer weiß ...«

Praktische Hinweise

Information: Stockholm Tourist Centre, Sverigehuset, Hamngatan 27, Eingang Kungsträdgården, Postadresse: Box 16282 Stockholm, Tel: (0)8/50828508, Fax: 08/50828509, www.stockholmtown.com. **Skansen:** Box 27807, 11593 Stockholm. Tel: (0)8/4428000 Fax: (0)8/4428082, www.skansen.se, geöffnet tägl. Okt.–April 10–16 Uhr, Mai 10–20 Uhr, Juni–August 10–22 Uhr, September 10–17 Uhr, Eintritt je nach Saison zwischen 50 und 70 SEK, Kinder zwischen 20 und 30 SEK. Skansen ist mit den Bussen 44 und 47, mit der Djurgårdsfähre von Nybroplan und Slussen und in der Hochsaison mit der alten Straßenbahnlinie Nr. 7 vom Norrmalmstorg erreichbar.
Essen und Einkaufen: In der Markthalle am Östermalmstorg kann man feinste schwedische Lebensmittel kaufen oder in anregender Atmosphäre gleich verzehren. Auch sind viele Cafés und Restaurants in Gamla Stan gemütlich und nicht so überteuert, wie man es in Anbetracht der vielen Touristen vermuten würde.
Tipps: Aussicht auf die Stadt vom **Stadshuset:** Hantverkargatan 1, Tel: (0)8/50829058, www2.stockholm.se/stadshuset, geöffnet April Sa/So, Mai–Sept. tägl. 10–16.30 Uhr, Eintritt 20 SEK, Kinder unter 12 frei. Nur knapp zehn Minuten zu Fuß vom Hauptbahnhof. Die sehr empfehlenswerte **Netzkarte** gilt nicht nur für U- und S-Bahn, Bus und alte Straßenbahn, sondern auch für die immer wieder schöne Fahrt mit der Djurgårdsfähre und ermäßigt einige Eintritte. Man bekommt sie an den größeren Verkaufsstellen. Informationen unter www.sl.se oder unter Tel: (0)8/6001000, Preise: 24 Stunden für 95 bzw. 55 SEK, 3 Tage für 180 bzw. 110 SEK. Eine bescheidene, günstige und originelle Unterkunft ist das Vandrarhem/Hotel **Röda Båten,** ein Hausboot, zentral gegenüber der Altstadt am Söder Mälarstrand vertäut, Söder Mälarstrand 6, 11720 Stockholm, Tel: (0)8/6444385, Fax: 08/6413733, www.theredboat.com, Preise: Vandrarhem ab 195 SEK, Hotel ab 460 SEK/Person.

Gästriksland und Hälsingland

Beide Landschaften sind dem Bottnischen Meerbusen zugewandt und bilden zusammen heute den Regierungsbezirk Gävleborgs Län. Obwohl sie auf gleicher Höhe wie Dalarna liegen, werden sie schon Norrland, dem nördlichsten der drei schwedischen Landesteile, zugerechnet.

Aus der Luft vergleicht Nils Gästriksland mit einem Gewand aus Kiefernzweigen und Feldsteinen, in der Mitte geschmückt mit einem kostbaren Gürtel aus lebhaften Orten und einer schönen Stadt als Gürtelschnalle. Dieser Gürtel ist auf der Karte heute noch klar zu erkennen. Von der Grenze zu Dalarna im Westen bis zum Meer im Osten reiht sich ein Industrieort an den anderen, Hofors, Storvik, Sandviken und schließlich die Stadt Gävle. Hier führt die große schwedische Nord-Süd-Verbindung, die Küstenfernstraße E 4, vorbei.

Hälsingland vergleicht Nils mit dem Blatt eines Baumes: es ist grün, und die Täler verzweigen sich wie die Rippen auf einem ausgebreiteten Blatt. Die Mittelrippe bildet der Fluss Ljusnan, der, von Härjedalen im Nordwesten kommend, die ganze Landschaft durchzieht. Sein Tal mit dem Hauptort Bollnäs ist die eine wichtige Achse, die andere verläuft mit der Eisenbahntrasse und der E 4 entlang der Küste, vorbei an Söderhamn und Hudiksvall.

Blacksåsen

DIE NEUJAHRSNACHT DER TIERE

Auf der Suche nach dem Spielmann Klement Larsson fliegen der Adler Gorgo und der Däumling kreuz und quer über Hälsingland hin. Es ist die Zeit, in der die Kühe auf die Alm getrieben werden, und den ganzen Tag über beobachten die beiden einen fröhlichen Zug von Menschen und Vieh, die den dunklen Wald oberhalb des besiedelten Landes mit Leben erfüllen.

In einer bergigen Gegend finden sie den alten Klement bei der Arbeit neben einer Sennhütte. Nils belauscht die Sennerinnen, die beim feierabendlichen Beisammensein ihre Begleiter zum Wettstreit im Erzählen von Geschichten anstiften. Die erste, die vorgetragen wird, handelt vom Propst von Delsbo, der mitten in einer Neujahrsnacht durch den Wald reitet.

Der Propst achtet nicht besonders auf den Weg, denn sein Pferd ist *stark und ausdauernd und fast ebenso klug wie ein Mensch*. Wider Erwarten führt es ihn aber nicht nach Hause, sondern tiefer in die Wildnis und sogar auf einen Berg. Selbst als der Propst absteigen und alleine zu Fuß heimgehen will, versucht das Tier, ihn zum Mitkommen zu bewegen. Es rührt seinen Herrn, weil es so unbeschreibliche Angst zeigt, und so gelangen sie schließlich auf den Blacksåsen, den höchsten Berg in Hälsingland. In der deutschen Ausgabe heißt es übrigens Blackasen und Hälsingeland.

Unermesslich dehnte sich das Land vor seinen Blicken; mit düstern Wäldern bedeckt, reihten sich Hügel und Bergketten wellenförmig aneinander: Im Westen sieht der Propst den Järvsee, im Osten das Meer und im Norden

den Dellensee. Doch er merkt auch, dass sie nicht alleine unterwegs sind. Zahlreiche Tiere, wilde wie zahme, versammeln sich auf dem kahlen Gipfel des Berges zu einer Art Gerichtsversammlung. Mitten unter ihnen steht der Waldgeist, groß wie der höchste Baum, mit einem Mantel aus Tannenzweigen und Haaren aus Tannenzapfen.
Mit einer Fackel kennzeichnet er diejenigen unter den zahmen Tieren, die im Lauf des nächsten Jahres den Raubtieren zum Opfer fallen sollen. Als die Reihe an die Tiere des Pfarrhofes von Delsbo kommt, reitet der Probst ruhig zum Waldgeist hin, und als er ihm das Kirchenbuch mit dem Zeichen des Kreuzes entgegenhält, verschwindet der Spuk.
Für diese Erzählung gibt es viel Beifall, doch als Nächstes erzählt Klement Larsson von seiner Begegnung mit Nils Holgersson und mit dem König von Schweden – und gewinnt damit den Wettstreit. Zuletzt muss er allerdings zugeben, dass er den Däumling nicht von seinem Versprechen entbunden hat. Ein anderer sollte dies für ihn tun, hatte es aber aus Unkenntnis nicht richtig gemacht. Kaum hat Klement dies gesagt, als ihm ein kleiner Kieferzapfen auf die Nase fliegt – und so wird ihm klar, dass der Däumling nicht zufrieden mit ihm ist.

»GEWISS BIN ICH REICH, aber meine Schwester auf dem Blacksås ist sehr viel reicher.« So hat sich der Sage nach das Riesenweib der Faluner Kupfergrube geäußert, und von Mitte des 19. Jahrhunderts bis etwa 1920 kamen viele auf der Suche nach dem unermesslichen Reichtum auch nach Hälsingland. Eine Anzahl Grubenlöcher im Berg zeugt heute noch von den misslungenen Unternehmungen. Neuere geologische Un-

tersuchungen gehen jedoch davon aus, dass der Berg nur aus taubem Gestein besteht.
Nach Goldgräberstimmung sieht die Gegend nicht gerade aus. Selma Lagerlöfs Beschreibung stimmt noch heute: Auf dem Weg zum Blacksås fahren wir lange durch dunkle Wälder, nur gelegentlich von Seen unterbrochen. Der besiedelte Teil dieses Landstrichs konzentriert sich offensichtlich auf Delsbo und die Küste, an der es deutlich belebter wird.
Doch der 438 Meter hohe Blacksås lohnt sich als Wanderziel auf jeden Fall, und auch Vogelbeobachter haben hier ihre Freude. Zunächst aber rumpeln wir über einen holperigen Weg zum Café Blacksåsvallen. Es gleicht eher einer gemütlichen Almhütte, und als wir den Garten mit seinen Holzbänken betreten, kommt uns der Wirt gleich sehr freundlich entgegen. Er heißt uns herzlich willkommen, und schnell geraten wir mit ihm und seinen jungen Mithelferinnen in ein Gespräch über Selma Lagerlöf. Sie zeigen uns den Ausschnitt aus dem »Nils Holgersson«, der hier für alle Besucher liegt, und lassen uns durch das Fernrohr sehen, mit dem sie außer Vögeln auch die wandernden Touristen auf dem kahlen Gipfel beobachten. Ein durchaus beruhigendes Gefühl.
Diesmal haben wir die Tradition durchbrochen und vorher nicht aus dem »Nils Holgersson« vorgelesen: Die gruselige Geschichte von der Neujahrsnacht in Verbindung mit dieser nicht gerade lieblichen Landschaft erschien uns für unsere sechsjährige Tochter zu aufregend. Im Nachhinein aber mochte gerade sie die Erzählung besonders gerne.
Fröhlich wie kleine Ziegen klettern die Mädchen den steilen Pfad hinauf. Der Aufstieg dauert etwa eine Stunde und ist mit gutem Schuhwerk auch für Ungeübte zu bewältigen. Bisweilen nehmen wir aber durchaus die Hände zu Hilfe. Oben angelangt, werden wir mit einem grandiosen Blick über das Blacksåstal und weiter bis zum Meer belohnt. Das Tal wird im Schwedischen übrigens auch »Fäbodvallen« genannt, Alm- oder Sennetal. Vom Mittelalter an bis etwa 1937 diente es als Hochweide für das Vieh der Umgebung.
Dem Riesenweib, das angeblich auf diesem sagenumsponnenen Berg hausen soll, sind wir nicht begegnet, doch mit uns macht ein junges Paar

Nach Osten hin fällt der Blacksåsen steil zum Blacksåsvallen ab. An klaren Tagen kann man von hier ein gutes Stück der Ostseeküste überblicken.

mit zwei Hunden und einem zwei Monate alten Töchterchen im Tragerucksack Pause. Der junge Vater telefoniert gerade mit seinen Kollegen, die in der weit entfernt liegenden Papierfabrik von Iggesund Dienst tun. »Ich kann euch von hier aus sehen«, freut er sich, trotz des eher verregneten Sommers einen Tag mit guter Fernsicht erwischt zu haben.
Der Abstieg dauert dann auch etwa eine Stunde, sogar ein bisschen mehr, denn an den zahllosen Blaubeeren können wir einfach nicht vorbeigehen, ohne ausgiebig zu naschen ...

Praktische Hinweise

Information: Hudiksvall Turistbyrå, Storgatan 33, 82480 Hudiksvall, Tel: (0)650/19100, www.hudiksvall.se. **Blacksåsvallen,** Tel: (0)650/67160 oder (0)70/5828475, Café im Sommer Ende Juni bis Anfang August nachmittags und abends geöffnet.
Anfahrt: Der Blacksås liegt südwestlich von Hudiksvall. Von dort auf der E 4 nach Süden bis Njutånger, dann auf der Straße Nr. 84 etwa 14 km, vor Nianfors dann ausgeschildert nach rechts etwa 5 km Schotterweg bis Blacksåsvallen. Von dort Aufsteig zum Gipfel ca. eine Stunde.
Informationen über das Turistbyrå Hudiksvall.
Essen: Café siehe Öffnungszeiten.
Tipps: Festes Schuhwerk, Picknick, Fernglas und Mückenschutz nicht vergessen. Dienstagabends im Sommer manchmal **Spielmannsmusik.**

Medelpad und Ångermanland

Die beiden Landschaften sind zum Bezirk Västernorrlands Län zusammengefasst. Wie auch die anderen Küstenlandschaften Norrlands sind sie einerseits durch einen relativ dicht besiedelten Küstenstreifen mit der E 4 als Verbindungslinie geprägt, andererseits durch endlose Wälder im Hinterland, unterbrochen von Flüssen, die aus Jämtland und Lappland kommen und in den Bottnischen Meerbusen münden. In Medelpad sind es der Ljungån und der Indalsälv, in Ångermanland ist es der Ångermanälv. Wälder und Flüsse waren die ideale Voraussetzung für eine blühende Holzindustrie, die hier auch heute noch eine große Rolle spielt.

Svartvik
DIE GROSSE SÄGEMÜHLE

Von Hälsingland kommend überqueren Gorgo und Nils Holgersson die Landschaft des südlichen Medelpads. Der Däumling sieht nichts als dunkle Wälder, und als er sich wundert, wie die Menschen hier wohl ihr Auskommen finden, klärt ihn der Adler auf: *»Hier oben ist der Wald der Acker.«* Nils vergleicht diese Äcker, die jahrelang wachsen müssen, bis sie zur Ernte reif sind, mit denen von Schonen und meint, die Menschen hier müssten wohl besondere Geduld haben.

Sie überfliegen eine Rodung, und der Junge findet alles hässlich und armselig. Gorgo aber sagt, das sei der Acker, der im letzten Winter geschnitten worden sei. Im Wald wird eben unter schwierigen Bedingungen in der kältesten Zeit des Jahres geerntet. Der Junge sieht auch einige Waldarbeiterhütten, die er für sehr ärmlich hält, er kann einfach nicht begreifen, wie sich die Arbeiter hier ernährt haben. Schließlich sehen sie einen schmalen und unebenen Weg voller Schlaglöcher. Auf diesem Weg, so erzählt Gorgo, sei die Ernte in die Scheune geführt worden.

Als sie an einem Fluss einen Platz erreichen, der mit Rinden und Holzabfällen übersät ist, erklärt Gorgo, hier seien die Garben in Haufen gesetzt worden.

Das Tal war so breit, dass sich der Fluss an mehreren Stellen zu einem See erweitern konnte, und an den Ufern stand ein großer wohlhabender Hof dicht neben dem andern. An diesem Ort, so sagt Gorgo, leben die Schnitter, die den Waldacker geschnitten haben. *»Hier wohnen ja die Bauern* *geradezu in Herrenhäusern, und es sieht aus, als lohne sich die Arbeit im Walde doch recht gut«*, stellt der Junge fest.

Jetzt ist seine Neugier geweckt, und er will wissen, wie es mit all dem Holz weitergeht. So fliegen sie den Fluss entlang in östlicher Richtung:

Hier kamen große Mengen gefällter Baumstämme den Fluss herunter geschwommen, ohne dass sich jemand darum kümmerte. Er war überzeugt, dass nicht die Hälfte von denen da ankommen würde, wo sie sollten. In den Seen sammelten sich die Stämme in so großer Zahl, dass sie oft die ganze Oberfläche bedeckten.

Doch dann beobachten die beiden Reisenden Flößer bei ihrer gefährlichen Arbeit, kühne und entschlossene Männer, wie Nils findet. Als sie den Bottnischen Meerbusen erreichen, gelangen sie zu einer großen Sägemühle namens Svartvik:

Diese Mühle hier, wo die Waldernte gemahlen wurde, lag dicht am Meeresufer. Auf dem Wasser davor schwamm eine Menge Balken, von denen einer nach dem andern mit eisernen Ketten zuerst auf eine schräge Brücke und von da an in ein scheunenartiges Haus hineingezogen wurde. Was da drinnen mit ihnen geschah, konnte der Junge nicht sehen, aber er hörte ein lautes Rasseln und Dröhnen, und auf der anderen Seite des Hauses kamen kleine, mit weißen Brettern hoch beladene Wagen herausgerollt. Die Wagen fuhren auf blanken Schienen nach dem Zimmerplatz, wo die Bretter zu großen Stapeln aufgeschichtet waren, die ganze Straßen bildeten, geradeso wie die Häuser in einer Stadt. An einer Stelle wurden neue Stapel gebaut, an einer andern die alten eingerissen und die Bretter auf zwei große Schiffe geladen, die schon auf ihre Last warteten. Überall wimmelte es von Arbeitern, deren Häuser hinter dem Zimmerplatz lagen.

So überfliegen sie in nördlicher Richtung ein Sägewerk nach dem anderen, bis sie die große Stadt Sundsvall erreichen. *Hier oben im kalten Norden lag Sundsvall ganz drinnen in einer schönen Bucht und sah neu und vergnügt und strahlend schön aus. Von oben gesehen hatte die Stadt etwas überaus Heiteres, denn in der Mitte lag eine Gruppe schöner, hoher und steinerner Häuser, die kaum in Stockholm ihresgleichen haben konnten.*

Auch über die benachbarte Insel Alnön fliegen die beiden, wo ebenfalls Sägewerk neben Sägewerk und Zimmerplatz neben Zimmerplatz liegen. Nils staunt über den Reichtum dieses Gebiets und freut sich einmal mehr über sein Heimatland: *»Das ist doch ein wunderbares Land! Wohin ich auch komme, überall gibt es etwas, wovon die Menschen leben können.«*

DAS BILD VON DEN UNZÄHLIGEN BAUMSTÄMMEN auf dem Wasser, das Selma Lagerlöf so anschaulich malt, das stimmt – zu unserem Leidwesen – schon länger nicht mehr. Mitte des 20. Jahrhunderts begannen Lastwagen, den Fluss als Transportweg abzulösen. Wer sich allerdings die alten Fotos aus dieser Zeit ansieht, der empfindet ähnliche Ehrfurcht vor den Waldarbeitern und Flößern wie Nils Holgersson. Im Übrigen ist Medelpad ein gutes Beispiel dafür, wie ein Industriezweig eine Region reich gemacht und geprägt hat. Besonders gut zu sehen ist dies in Svartvik, das vor nicht allzu langer Zeit zu einem interessanten Museum umgebaut wurde.
Hier empfängt uns Sofia Sjöström, eine junge Studentin, die den Sommer über im Café, dem Mittelpunkt der Einrichtung, arbeitet. Sie will Gymnasial-Lehrerin werden und schreibt ihre Abschlussarbeit über die Dynastie der Familie Dickson, Vertreter der so genannten Holzbarone. Und so bekommen wir eine sehr informative und unterhaltsame Führung. Sofia stammt von der Insel Alnön, und gelegentlich reichert sie ihre Erklärungen auch mit Erzählungen ihres Großvaters oder ihres On-

kels an, die in Sägewerken gearbeitet haben und viele Geschichten kennen über die Zeit, auf deren Spuren wir reisen.

Svartvik ist nicht nur ein Museum, sondern vielmehr Erinnerungsstätte und Kulturzentrum. Hier geht es zwar auch darum, zu bewahren, was aus alten Zeiten gerettet werden kann, aber es geht ebenso darum, den Menschen unserer Zeit die Vergangenheit anschaulich zu machen.

Herzstück ist die erst 2002 eingeweihte Ausstellung mit alten Fotos aus der Sägemühlenzeit und vor allem mit einem wundervollen Modell des Sägewerks, das die Zeit um 1930 zeigt. »Es wurde 1996 eingeweiht und ist natürlich die Interpretation des Künstlers, Folke Hübinette aus Umeå«, erläutert Sofia. Zuweilen kommen wohl alte Leute, die sagen, es habe ganz anders ausgesehen, aber man wollte eben nicht eine exakte Nachbildung, sondern ein lebendiges Bild schaffen. Überall sind kleine Puppen bei der Arbeit zu sehen, es gibt eine kleine Seilbahn, man sieht die Baumstämme, die sich auf dem Wasser sammeln. Und es gibt viele kleine Prahme, ähnlich wie Hausboote, aber mit Baumstämmen beladen. Sie werden von kleinen Booten gezogen und beliefern die großen Schiffe, die wegen ihres Tiefgangs nicht ans Ufer kommen können. Gezeigt werden auch die Häuser der Arbeiter, der Disponenten und Kontorsmitarbeiter. Man erkennt deutlich den Unterschied zwischen Herrenhäusern und Arbeiterhäuschen, wie wir später noch am Beispiel eines erhaltenen Häuschens erfahren. In der Gillska stugan, die auf der anderen Seite der E 4 liegt, kann man zwei kleine Zimmer besichtigen, in denen Platz war für zwei Familien mit jeweils acht bis zehn Personen. Erstaunlich finden wir, dass die Herrenhäuser deutlich näher am Sägewerk entstanden sind. Heute bauen sich die Chefs ihre Häuser möglichst weit weg von den Gewerbegebieten.

Auch die übrige Ausstellung ist didaktisch wunderbar aufbereitet: Es gibt Knöpfe zu drücken – worauf Sägen ertönen, Bäume fallen, Wasser rauscht, Arbeiter ihre Lieder singen und vieles mehr. Unsere Mädchen dürfen auch an einer Kurbel drehen, und dann sägen zwei kleine Arbeiter aus Holz einen Baumstamm durch. Es gibt mehrere Videobildschirme mit alten Filmen. Die wenigen Texte der Ausstellung sind meist anschauliche Zitate aus der Blütezeit des Sägewerks. Einfache Mittel, keine umfangreiche Ausstellung, alles ist überschaubar, doch man erhält ein sehr anschauliches Bild vom Leben und Arbeiten vergangener Zeiten. Und die Studentin Sofia erzählt so nett: von König Oscar II., dem man den roten Teppich ausbreitete, als er von seiner Segelyacht kam, und der so bescheiden war, dass er den Teppich viel zu schön fand, um wirklich darauf zu treten. Von dem Kastell auf dem Berg (auf der anderen Seite der viel befahrenen E 4), das eigentlich nur eine Attrappe war, Holzbretter, denen man Steine aufgemalt hatte. Wenn der brukspatron, der Gründer und Leiter des Sägewerks, mit seiner Segelyacht anlegte, dann musste allerdings aus echten Kanonen Salut geschossen werden. Hier wie überall in Schweden waren die Patrone immer kleine Könige in ihrem Reich. James Dickson, der Gründer von Svartvik, war der zweitgeborene Sohn reicher Leute in Schottland. Da Familien wie die seine einerseits den Besitz immer nur an den Erstgeborenen weitergaben, andererseits aber Geld in Hülle und Fülle besaßen, so kaufte man eben schnell ein oder mehrere Sägewerke in Schweden. In Dicksons Fall hieß das Sägewerk Matfors und lag etwa 40 Kilometer oberhalb von Svartvik am Ljungån. Von hier aus wurden die zersägten Baumstämme den mächtigen Fluss entlang zum Meer geflößt, wo sie verschifft werden sollten. Svartvik war also ursprünglich nur ein Umschlag- und Ladeplatz, wo die zersägten Stämme gewaschen wurden. Aus dieser Zeit stammt auch das Wahrzeichen Svartviks, der schöne Wasserturm. »Der Älteste in Schweden«, sagt Sofia, »wir vermuten sogar, dass er der Älteste in Europa ist.« Für die Zukunft ist geplant, diesen leicht baufälligen Turm wieder so herzurichten, dass er begehbar ist. Die Aussicht von dort auf den Fjord muss wunderbar sein.

Als es nicht mehr rentabel war, die zersägten Baumstämme den Fluss herunter zu transportieren, verlegte man 1870 die Sägemühle ans Meer und errichtete eine Schiffswerft, wo das Holz zu Schiffen verbaut wurde. Bevor es Elektrizität gab, wurde die Sägemühle hier mit Dampf betrieben, und auch das illustriert die Ausstellung sehr gut. Unter der Überschrift »Havet« wird veranschaulicht, wohin das schwedische Holz schließlich

gelangte: nach London, das nach einem großen Brand viel Holz zum Wiederaufbau brauchte; nach Italien, wo die Gazetten und das Geld ebenfalls aus schwedischem Holz entstanden sind; oder nach Japan.
Ein kleiner Teil der Ausstellung ist auch der Entwicklung Svartviks hin zur Papierherstellung und zur chemischen Industrie (Sulfit zum Papierbleichen) gewidmet. Wir bleiben an der Beschreibung eines Streiks hängen. Später sollten größere und dramatischere Auseinandersetzungen mit den Holzbaronen folgen, doch diese Episode hat sich uns besonders ins Gedächtnis eingegraben: Der Patron kommt von einer Reise zurück,

Im eindrucksvollen Modell von Svartvik wirkt alles sehr hübsch und gemütlich, doch die Arbeit im Sägewerk war hart und kräftezehrend.

die Arbeiter haben sich in Reih und Glied vor ihm aufgebaut. »Was ist los, warum seid Ihr nicht bei der Arbeit?«, fragt der Patron unwirsch. »Uns wurden einige Öre mehr Lohn versprochen, und der Vorarbeiter will sie uns nicht geben«, ist die Antwort. Der Patron zeigt sich schließlich doch gerührt von seinen Arbeitern, die ihn in solcher Ordnung willkommen heißen. »Jetzt hört ihr aber mit euren Dummheiten auf«, sagt er, »geht sofort wieder an eure Arbeit. Ich will euch das versprochene Geld geben, aber nur wegen eurer Frauen und Kinder.«

Ja, so patriarchalisch ging es damals zu, und die Lebensumstände hingen eben sehr von der Laune der Holzbarone ab. Dazu passt auch, dass sich ein Holzbaron wie James Dickson eine eigene Kirche leistete. »Zu dieser Zeit kam eben die Arbeiterbewegung mehr und mehr in Gang, und die Kirche war ein gutes Mittel, die Arbeiter ruhig zu stellen«, kommentiert Sofia.

Eine weitere nette Geschichte fällt ihr noch ein, als wir vor dem Herrenhaus stehen: Einer der Verwalter war, wie es damals oft üblich war, Mitglied in einem Nüchternheitsverein, der die Arbeiter vom Saufen abhalten sollte. Doch die Kapitäne aus aller Welt brachten diverse Flaschen mit Alkoholika mit. »Die Nachfahren entdeckten schließlich einen Erdkeller mit alten Schätzchen«, schmunzelt sie: Wie gut, dass Rum und Whisky nicht schlecht werden.

Die Entwicklung des Sägewerkes verlief rasant: An der Mündung des Ljungån in den Fjord standen zuweilen die Segelboote Schlange, um die Bretterstapel aufzunehmen und in alle Welt zu transportieren. Doch die Zeiten waren hart, die Arbeitsbedingungen waren schwierig und Krankheiten wie Cholera, Malaria oder Tuberkulose allgegenwärtig. Die Kindersterblichkeit war hoch, was nicht zuletzt auch damit zu tun hatte, dass die Frauen hart mitarbeiten mussten.

Wir verwundern uns, hier hoch im Norden von der Krankheit Malaria zu hören, die man sonst eher vom heißen Afrika kennt. »Das Gebiet um Sundsvall war sehr sumpfig«, erzählt Sofia. Die Stadt selbst wurde erst mit der Errichtung der »Stenstaden«, der heutigen Altstadt mit ihren Steinhäusern, trockengelegt.

Diese »Steinstadt«, das heutige Zentrum von Sundsvall, ist auch eng mit der Sägewerksgeschichte verknüpft. 1888 brannte nämlich die alte Holzstadt ab, 383 Häuser wurden zerstört, und rund 9000 Menschen wurden obdachlos. Die reichen Holzbarone jedoch reagierten sofort. Sie beratschlagten, wie die Stadt wieder aufgebaut werden könnte. Das Ideal der Zeit verlangte breite Straßen (Esplanaden genannt), grüne Parks und hohe, verzierte Steinhäuser. Da der große Bauboom in Stockholm gerade abebbte, gelang es den Sundsvallern, namhafte Architekten nach Medelpad zu locken und eine reich geschmückte Stadt aus dem Boden zu stampfen. Geld war im Überfluss vorhanden – und auch heute noch merkt man Sundsvall diesen Reichtum an. Entlang des Fjordes reiht sich Industrie an Industrie, nicht immer schön anzusehen und von der lauten E 4 verbunden. Neben chemischer Industrie ist es nach wie vor die Holzverarbeitung, die mit vielen Werken des Konzerns SCA (Svensk Cellulose Aktiebolag) das Bild bestimmt.

Zu Selma Lagerlöfs Zeit war das Zentrum keine zwanzig Jahre alt, eine funkelnagelneue Stadt – *vergnügt und strahlend schön* – wie sie schrieb. Auch die Insel Alnön, die der Stadt gegenüberliegt, hat sich ihre Schönheit bewahrt: Lag hier früher Sägewerk an Sägewerk, ist sie heute die Sommerinsel der Sundsvaller mit alten Fischer- und kleinen Sommerhäuschen.

Aber zurück zu unserem eigentlichen Aufenthaltsort, dem Museum in Svartvik. Es wurde erst vor wenigen Jahren von einem Verein – Svartvik dagarna föreningen – ins Leben gerufen. Ihm gehören neben engagierten Bürgern auch der Bezirk Sundsvall kommun sowie einige lokale Firmen an. Der Verein ist Betreiber des Cafés, sein Name bezieht sich auf den Höhepunkt des Jahres: die Svartvik dagarna, die alljährlich am letzten Augustwochenende viele Besucher aus der Umgebung anlocken. Dann gibt es Führungen, Vorträge, Unterhaltung für Groß und Klein, und auf der nach alten Zeichnungen aufgebauten Kegelbahn werden Wettkämpfe ausgefochten.

Auch wir haben die schweren Holzkugeln über die lange Bahn mit Blick auf den Fjord geschoben – und hatten sehr viel Spaß dabei. Im Übrigen

ist Svartvik eben nicht nur Museum: Hier ist man sich nicht zu schade, alten Kram so wie auch echte Antiquitäten zu verkaufen. Und der Papierschöpfer neben dem Café, der in seinem Raum handgeschöpftes Papier anpreist, bietet auch Kurse für Erwachsene und Kinder an.
Während wir über das Gelände auf das alte Herrenhaus zulaufen (es ist zu einem schicken Restaurant und Konferenzraum umgebaut, aber leider in den Sommermonaten geschlossen, da sich in dieser Zeit der Betrieb noch nicht rentiert), hören wir von ferne eine Kreissäge. Wie, wird hier noch gearbeitet? Nun ja, auf dem Nebengelände entsteht gerade aus Holz ein großer Abenteuerspielplatz für Kinder, mit einem Labyrinth, das zu einem Turm führt, und einer Nachbildung des Pseudo-Kastells. »Kinder interessieren sich nicht so sehr für Industriegeschichte«, zwinkert Sofie unseren Mädchen zu. Ja, in Svartvik versteht man es, den Besuchern, Kleinen wie Großen, den Zugang zur Historie zu erleichtern. Wir jedenfalls sind von dem Konzept dieses funkelnagelneuen Museums sehr überzeugt.

Praktische Hinweise

Information: **Sundsvall turistbyrå,** Stora Torget, 85230 Sundsvall, Tel: (0)60/610450, Fax: (0)60/127272, www.sundsvallturism.com. **Svartviks industriminnen,** Svartviksvägen 22, 86233 Kvissleby, Café Svartvik, Tel/Fax: (0)60/561155, www.svartviks-industriminnen.nu, geöffnet Mai–Sept. werktags 11–16 Uhr, im Juli auch am Wochenende; Kegelbahn (mit Anleitung) mittwochs 12–14 Uhr; im Sommer mittwochs um 19 Uhr Musikabende.
Anfahrt: Ca. 10 km südlich von Sundsvall, direkt an der E 4.
Essen und Einkaufen: **Café Svartvik, Handpappersbruk** (handgeschöpftes Papier, auch Kurse), **Antik och Kuriosa** (Antiquitäten und Flohmarkt).
Tipps: Es ist empfehlenswert, sich im Café nach **Führungen** zu erkundigen. **Svartviks dagarna** am letzten Augustwochenende mit Kinder- und Erwachsenenprogramm, Weihnachtsmarkt in der Adventszeit.

Västerbotten, Norrbotten und Lappland

Diese drei Landschaften nehmen mehr als ein Drittel von Schweden ein, hier wohnen heute aber gerade mal eine gute halbe Million Menschen. Bergbau und Holzwirtschaft sind immer noch wichtig, wenn auch wie überall Dienstleitungen längst an erster Stelle stehen.
Selma Lagerlöf lässt die Vögel, denen es im Süden zu eng geworden ist, fünf Kundschafter nach Västerbotten und Lappland schicken. Bei ihrer Rückkehr erzählen alle begeistert von dem großen Land im Norden: Die Fischmöwe berichtet von Küste und Schären ganz im Osten, die Lerche von Feldern, Flüssen und Wiesen etwas westlicher, der Auerhahn von Wäldern und Mooren in der Mitte, die Lumme von Seen und brausenden Wasserfällen und der Schneesperling vom großen Gebirge ganz im Westen.
Aber was ist mit Norrbotten? Nun, Landschaften und Län (Verwaltungsbezirke) gehen hier ziemlich durcheinander. Monica Andersson vom Archiv des Norbotten-Museums konnte uns Licht in das Dunkel bringen: Zunächst gab es nur das Län Västerbotten, zu dem die Landschaften Västerbotten (entlang der Küste) und Lappland (im Inland) gehörten. 1810 wurde dann durch Teilung das Län Norrbotten geschaffen, jeweils der nördliche Teil von Küste und Inland wurden dazu von Västerbotten abgetrennt. So war es auch, als »Nils Holgersson« geschrieben wurde. Erst viel später beschloss die Länsregierung, Norrbotten offiziell als Landschaft zu bezeichnen. Damit ist klar, warum Selma Lagerlöf diese Landschaft nie eigens erwähnt hat. Heute gibt es also drei Landschaften und zwei Bezirke.

Gammelstad
EINE KIRCHSTADT IM NORDEN

Nachdem der Adler Gorgo mit Nils die Sägewerke von Medelpad hinter sich gelassen hat, fliegen die beiden über Ångermanland mit seinem majestätischen Fluss Ångermanälv und erreichen bald Västerbotten. Die beiden Reisenden haben Rückenwind, und die Schwingen des Adlers tragen beide ganz gleichmäßig voran, so dass der Däumling das Gefühl bekommt, in der Luft zu stehen. Das Land unter ihm jedoch scheint sich zügig nach Süden zu bewegen. Nils überlegt sich zum Spaß, wie es wäre, wenn die Landschaft unter ihm wirklich in den Süden Schwedens kommen würde. Die gerade erst eingesäten Äcker würden in Schonen auf wogendes Getreide treffen, die kleinen Gärtchen würden über die Herrenhöfe in Södermanland staunen. Die mächtigen Flüsse dagegen, würden die kleinen Flüsschen im Süden eher beschämen. Auch die Gebäude wären deutlich zu unterscheiden:

Wie, wenn die hölzerne Kirche unter ihm, mit den roten Holzschindeln an den Wänden, mit dem bunt bemalten Glockenturm und einem ganzen Städtchen von grauen Kirchenhütten um sich her, in denen die Familien, die von weither kamen, übernachteten, an einer der großen, fest gemauerten Kirchen auf der Insel Gotland vorübergezogen käme? Die würden einander ordentlich was zu erzählen haben!

EIN GANZES STÄDTCHEN von Kirchenhütten, *in denen die Familien, die von weither kamen, übernachteten.* Wie oft haben wir diesen Satz überlesen, bevor uns aufging, dass sich dahinter eine spannende Geschichte verbirgt.

Zu Selma Lagerlöfs Zeiten war die Tradition der Kirchstädte noch so lebendig, dass eine kurze Erwähnung genügte. Heute muss man sie schon deutlicher erklären: Seit der Reformation waren die Bauern verpflichtet, sich regelmäßig in der Kirche einzufinden. Da der Hin- und Rückweg von den weit verstreut liegenden Höfen aber so weit war, dass sie nicht am selben Tag heimkehren konnten, entschieden sie sich für den Bau winziger Häuschen, die sich rund um die Kirche scharten.

Mit der Zeit entwickelten sich aus diesen Häuschen, die meist nur aus einem Raum bestanden, richtige kleine Wochenendstädtchen mit eigenen Regeln und Gebräuchen. Der Kirchenbesuch war bald nur noch ein Grund neben anderen, die Kirchenstadt aufzusuchen, denn wo sonst konnte man besser Neuigkeiten erfahren, Kühe verkaufen oder nach einer Braut Ausschau halten als hier?

Auf diese Weise entstanden über 70 Kirchstädte in Nordschweden. Von 16 findet man heute noch Reste, ganze drei sind einigermaßen gut erhalten. Die übrigen fielen oft einer Stadterneuerung zum Opfer, da sie ja in bester Lage rund um die Kirche gebaut worden waren, andere wurden nicht mehr benutzt und verfielen oder wurden aufgrund der schlechten

hygienischen Bedingungen abgerissen, meist um die Wende zum 20. Jahrhundert.
Die drei erhaltenen Kirchstädte – Lövanger zwischen Umeå und Skellefteå in Västerbotten, Öjebyn bei Piteå und Gammelstad bei Luleå, beide in Norrbotten – liegen heute alle nahe der Küste, und das ist kein Zufall. Der Grund dafür liegt in der Erdgeschichte: Durch den ungeheuren Eispanzer, der in der jüngsten Eiszeit über Skandinavien lag, wurde die gesamte Landmasse nach unten gedrückt. Nachdem das Eis dann geschmolzen war, konnte sich das Land langsam wieder heben, etwa so, wie sich ein eingedelltes Ledersofa langsam wieder in seine ursprüngliche Lage hebt, wenn jemand aufgestanden ist. Und nachdem Landmassen nicht so beweglich sind wie Ledersofas, dauert diese Hebung bis heute an.

Im Mai ist hier in Lappland der Winter noch nicht vorüber, doch bereits zwei Monate später werden in einem Tal wie diesem die jungen Gänschen aufgezogen.

Das Zentrum der Landhebung liegt mit rund acht Millimetern pro Jahr im Bereich der Höga Kusten (Hohe Küste) in Ångermanland, aber auch südlich und nördlich davon hebt sich das Land beinahe genauso schnell. Nun klingt acht Millimeter nicht besonders viel, aber in ein paar hundert Jahren summiert sich das schon zu mehreren Höhenmetern. Damit verschiebt sich die Küstenlinie meerwärts, die alten Häfen verlanden und werden mit allem, was dazugehört, näher am Wasser neu errichtet. Im Falle unserer Kirchstädte mussten die alten Zentren um die Kirche herum nun nicht dem Neuen weichen, sondern das Neue wurde an anderer Stelle errichtet.

»Nicht ein Winkel stimmt, und Häuschen an Häuschen.«: Ein Straßenzug in der Kirchstadt von Gammelstad in Norrbotten.

Als die Kirchstadt, die am besten erhalten ist und in der auch die Bräuche noch fortleben, wurde Gammelstad 1996 zum Weltkulturerbe erklärt, und hier wollen auch wir den Traditionen nachspüren. Mit dem Stadtbus fahren wir von Luleå in etwa einer halben Stunde durch mehrere andere Vororte nach Gammelstad. An diesem Samstagmorgen im Mai ist noch nicht viel los auf den engen Straßen, die große alte Steinkirche aus dem 15. Jahrhundert wirkt vor den Puppenstubenhäuschen besonders riesig. Die Häuschen selbst drängen sich dicht an dicht zu unregelmäßigen Straßenzügen zusammen; die ursprüngliche Blockbauweise ist hinter der Verschalung mit dem typischen roten Anstrich verborgen. Als

das Kirchdorf Anfang des 19. Jahrhunderts zum ersten Mal kartiert wurde, ging der Landvermesser umher und seufzte: »Nicht ein Winkel stimmt, und Häuschen an Häuschen.« Genauso sieht es heute noch aus. Wir kommen mit einem Mann ins Gespräch, der gerade sein Häuschen absperrt. »Wir haben es von meiner Schwiegermutter geerbt, aber wir wohnen jetzt in Skellefteå, daher wollen wir es verkaufen.« Uns ist bekannt, dass die Regeln den Hausbesitz in der Kirchstadt nur erlauben, wenn man nicht am Ort selbst, aber innerhalb der sehr großen Kirchgemeinde wohnt, also fragen wir nach: »Muss man denn verkaufen, wenn man nicht mehr im Gemeindegebiet wohnt?« »Nein, man wird nicht gezwungen, aber es sollte in der Gemeinde bleiben, und es ist ja auch ein bisschen umständlich, es von so weit weg zu unterhalten«, ist seine Antwort. Die Regeln funktionieren also noch. Eine weitere besagt, dass man nur am Wochenende im Häuschen wohnen darf. Auch das kann uns der Hausbesitzer bestätigen, er erzählt aber von einer Ausnahme: »Ich bin hier auch zum Konfirmandenunterricht gegangen, das war die einzige Zeit, in der man länger im Kirchhäuschen wohnen durfte, natürlich mit einer Großmutter als Anstandswauwau.«
Dabei waren die Regeln gar nicht so prüde, wie man meinen könnte. Im 19. und 20. Jahrhundert gab es nicht mehr den Gottesdienstzwang der Anfangszeit, die Wochenenden wurden auch aufgeteilt, es gab solche, an denen eher die Alten kamen, und auch solche für die Jugendlichen. Diese konnten sich so kennen lernen und durften allein in den Häuschen wohnen. Dabei sperrten sich die Mädchen in den Häusern ein, während die Jungen in Gruppen von Haus zu Haus zogen und mit Liedern, selbst verfassten Gedichten und sicherlich viel Hallo um Einlass baten. Die Mädchen konnten dann den Mann ihres Herzens für die Nacht einlassen, beide mussten aber geloben, in ihren Kleidern zu schlafen. Es wird von besorgten Müttern berichtet, die ihren Kindern die Leibchen zwischen den Beinen zunähten. Die jungen Paare werden dabei vielleicht Nähen gelernt haben ...
Bei unserem Besuch ist allerdings von solchen Feierlichkeiten nichts zu merken. Die meisten der 425 Häuschen sind verlassen, eine Ausnahme

ist die Nummer 253. Hier können wir ein Haus mit der ursprünglichen Inneneinrichtung besichtigen. Lennart Rönnlund und seine Tochter arbeiten ehrenamtlich für den Heimatverein Nederluleå und beantworten bereitwillig die vielen Fragen der Besucher. Der alte Herr kommt schnell ins Erzählen, er kramt viel in den Unterlagen und fördert immer neue Dinge zutage: alte Ortspläne, Bilder vom letzten Mittsommerfest, Regeln für die Häuschenbesitzer und vieles mehr.

Seit 1600 gibt es erste Belege für die Kirchhäuschen im Ort, wahrscheinlich sind sie aber ein gutes Stück älter. Damals war hier noch das Zentrum von Luleå, mit dem Hafen direkt am Ort; der Name »Alte Hafenstraße« zeugt heute noch davon. Wegen der Küstenhebung wurde der Hafen immer flacher, die Kaufleute beschwerten sich, und 1649 wurde Luleå zehn Kilometer näher am Meer am heutigen Platz neu gegründet – als Luleå Nystad (Neustadt). Folgerichtig wurde der alte Ort dann Luleå Gammelstad (Alte Stadt) genannt, und so ist es ja bis heute geblieben. »Irgendwann muss man den Erzhafen dann vielleicht wieder weiterverlegen«, sagt Lennart Rönnlund.

Die Hütte selbst besteht aus zwei Räumen und ist damit schon besonders groß. Im Hauptraum ist der Kachelofen gemütlich eingeheizt, daneben gibt es zum Schlafen einen Alkoven, allerdings eher in Kinderbettgröße. Neben einem Tisch mit Stühlen steht noch eine Ausziehcouch. An der Wand hängen alte Festtagstrachten. »Die Trachten blieben natürlich hier und wurden nicht mit zum Hof zurückgenommen«, meint die Tochter, »man brauchte sie ja nur hier am Wochenende.« Wenn die ganze Familie dann in die Kirche kam, wurde es natürlich eng. »Da schlief man zusammen in so einem Bett«, sagt die Tochter. Auf die Frage, ob denn die anderen Häuschen genauso mit alten Möbel eingerichtet sind oder ob die Besitzer sie auch neu möblieren dürften, erklärt sie: »Jeder darf machen, was er will, aber wenn man so durchs Fenster sieht, haben doch die meisten noch die alten Möbel.« Elektrizität gibt es inzwischen, aber keine Wasseranschlüsse, sondern nur eine Reihe öffentlicher Toiletten.

Die meisten Ställe dagegen wurden bis 1935 abgerissen, weil es dann gute Busverbindungen gab und die Bauern nicht mehr mit dem Fuhrwerk anreisen mussten. Ursprünglich war Gammelstad auch Bischofssitz, und um sich das Einzugsgebiet und damit die Anfahrtswege vorzustellen, muss man wissen, wo die nächsten Kirchen standen: an der Küste in Piteå im Südwesten (50 km), im heute finnischen Tornio im Nordosten (100 km) und in Jokkmokk (150 km) im Hinterland im Nordwesten. Dort in Lappland gab es, vergleichbar den Kirchstädten, auch Lappenstädte (Lappstaden bei Arvidsjaur), also feste Zeltplätze für die ansonsten mit ihren Rentieren umherziehenden Samen.

Für die heute lebenden »Bewohner« von Gammelstad sind die großen Jahresfeste natürlich am wichtigsten, allen voran Mittsommer. Am selben Wochenende wird auch die Persmesse (Petersmesse) gefeiert. Fast alle Häuschen sind dann bewohnt. An der großen Zehntscheune neben der Kirche werden wie in alten Zeiten die Abgaben in Naturalien abgeliefert, und auch wenn es sich heute um eine symbolische Abgabe an das Sockenmagazinet (Gemeindemagazin) handelt, kann da schon mal eine lebende Ziege dabei sein. Zur »Mitternachtsmesse« abends um zehn Uhr scheint dann bei gutem Wetter die Sonne durchs Nordfenster genau auf die Jesusfigur am Kreuz.

Auf unsere Frage, was sich denn durch den Status »Welterbe« für Gammelstad verändert habe, sagen Lennart Rönnlund und seine Tochter: »Eigentlich nicht viel, es kommen bloß mehr Touristen. Das Welterbe ist ja nicht nur das Dorf, sondern genauso die Tradition, die aufrechterhalten wird.«

Auf der Nordseite des Kirchplatzes sind in einem größeren Gebäude eine Touristeninformation und das Welterbebüro untergebracht. Eine Ausstellung erzählt einfach, aber eindrucksvoll in Schwedisch, Englisch und Deutsch von Geschichte und Gegenwart der Kirchstadt. Hier erhält man auch einen Plan, um sich im Gewirr der Gässchen gut zurechtzufinden, ein kleines Café lädt nach dem Bummel zur Pause ein.

Der kurze Film, der neben der Ausstellung regelmäßig vorgeführt wird, macht mit Bildern und Musik noch einmal deutlich, dass hier nicht nur ein paar Gebäude, sondern eine ganze Lebensweise mit dem Titel Kulturerbe ausgezeichnet wurde.

Praktische Hinweise

Information: Gammelstads turistbyrå (Visitor Centre mit Café, Kurzfilm und Ausstellung, Führungen durch die Kirchstadt) Kyrktorget 1, 95433 Gammelstad, Tel: (0)920/293581, (0)920/435111, Fax: (0)920/435112, www.lulea.se/gammelstad, geöffnet Juni–Mitte August tägl. 9–18 Uhr, Mitte August–Mai Di–Do 10–12 und 13–16 Uhr, Eintritt Ausstellung 30 SEK. **Nederluleå kyrka** (Kirche von Gammelstad), geöffnet Juni–Mitte August tägl. 9–18 Uhr, Mitte August–Mai Mo–Fr 10–14 Uhr, Tel Kirchengemeinde: (0)920/203000. **Visningsstugan** (Kirchhäuschen Nr. 253 im Framlänningsvägen), geöffnet Juni–Mitte August Sa, So 10–17 Uhr, ansonsten nach Anmeldung oder als Teil der Führung. **Luleå turistbyrå,** Storgatan 43b, Luleå, Tel: (0)920/293500, Fax: (0)920/294138, www.lulea.se.

Anfahrt: Luleå liegt am Bottnischen Meerbusen rund 130 km vor der finnischen Grenze. Nach Stockholm sind es über die E 4 rund 1000 km. Gammelstad liegt rund 15 km nordwestlich von Luleå, es gibt regelmäßige Stadtbusverbindungen mit der Linie 9 von Luleå nach Kyrkbyn, www.llt.lulea.se.

Essen und Einkaufen: Café und Souvenirladen in der Touristeninformation in Gammelstad.

Tipps: Friluftsmuseet Hägnan (Freilichtmuseum direkt neben der Kirchstadt), Kyrkbyn, 95433 Gammelstad, Tel: (0)920/293809, (0)920/294866, www.lulea.se/hagnan. In Gammelstad gibt es keine offizielle **Übernachtungsmöglichkeit.** Ein kleines, persönlich geführtes Hotel in Luleå ist ganz in der Nähe des Bahnhofs das Hotel Aveny, Hermelinsgatan 10, 97234 Luleå, Tel: (0)920/221820, Fax: (0)920/220122, www.hotellaveny.com.

Gällivare und Malmberget

DIE GESCHICHTE VON ÅSA UND KLEIN-MATS

Der Flug mit dem Adler Gorgo endet in Lappland, wo Nils wieder mit seinen Gefährten zusammentrifft. Die Wildgänse sind hier am Ziel ihrer Reise angekommen, und der Däumling bringt die zerstrittenen Freunde Akka und Gorgo wieder zusammen.

Bei dieser Gelegenheit erfahren die Leser auch, was aus dem Fuchs Smirre geworden ist: Dieser war ebenfalls nach Skansen verkauft worden, und als Nils hörte, dass ein Abgesandter einer fernen Insel einen Fuchs erwerben wollte, um der dortigen Rattenplage Herr zu werden, sorgte er dafür, dass Smirre dorthin kam.

Während die Wildgänse in dem Gebiet rund um den Kebnekajse ihre Eier ausbrüten und ihre jungen Gänschen aufziehen, bis sie stark genug sind für die weite Reise in den Süden, macht Nils zusammen mit Gorgo und Akka etliche Ausflüge. Sie führen ihn zu hohen Bergen wie dem schneebedeckten Kebnekajse, zu dem schönen See Torneträsk, zum großen Wasserfall namens Sjöfall, zu den Grubenfeldern und Erzbergwerken von Malmberget, Gällivare und Kiruna. Selma Lagerlöf erzählt derweil die Geschichte von dem Gänsemädchen Åsa und ihrem Bruder Klein-Mats. Die beiden Geschwister, Halbwaisen, sind zur selben Zeit wie die Wildgänse auf dem Weg in den Norden, um ihren Vater zu suchen.

Åsa und Mats stammen aus Småland, aus dem Bezirk Sunnerbo, wo sie mit ihren Eltern und vier Geschwistern lebten. Als die Kinder noch klein sind, bittet eine Frau, die sehr krank ist, um Obdach in ihrer Hütte. Sie glaubt, eine Zigeunerin habe ihr die Krankheit angehext und auch alle mit einem Fluch belegt, die ihr helfen würden. Åsas und Mats' Eltern aber, die rechtschaffene Leute sind und ein gutes Herz haben, pflegen die Kranke bis zu ihrem Tod. Von da an herrscht großes Unglück in der Familie: Die Geschwister von Åsa und Mats erkranken nacheinander und sterben, der Vater wird dadurch schwermütig und geht eines Tages auf und davon. Die Mutter geht mit den beiden Kindern in ihre Heimat Schonen zurück, wo Åsa und Mats gemeinsam mit anderen Kindern – darunter auch Nils Holgersson – Gänse hüten. Als die Mutter ebenfalls stirbt, versuchen die stille Åsa und der muntere Mats, sich allein über Wasser zu halten.

Eines Tages hören sie einen Vortrag über die Krankheit Tuberkulose, und der Redner bestärkt sie darin, dass es sich bei der Krankheit ihrer Geschwister nicht um den Fluch einer Zigeunerin, sondern um eine ansteckende Krankheit gehandelt habe. Und so machen sich die beiden auf den Weg in den Norden, um dies ihrem Vater zu erzählen.

Als sie zu ihrer Hütte im småländischen Bezirk Sunnerbo kommen, finden sie alles durch ein Feuer zerstört vor, das Nils Holgersson im Kampf gegen Smirre entfacht hat. Die Kinder wandern von dort aus weiter nordwärts, denn sie haben gehört, ihr Vater arbeite in den Erzgruben von Malmberget. Noch einige Male begegnen sie auf ihrer Wanderung den Wildgänsen und Nils, der ihnen auch hilft, wohlbehalten über das brüchige Eis des Hjälmarsees zu kommen. Zuletzt erreichen die beiden Gällivare (früher Gellivare) in Lappland.

Dieses Dorf lag mit seiner Kirche, seinem Bahnhof, mit Rathaus, Bank, Apotheke und Gasthaus am Fuße eines hohen Berges, auf dem noch jetzt mitten im Sommer helle Schneestreifen schimmerten. Die Häuser in Gellivare waren fast alle noch ganz neu und gut und ordentlich gebaut. Und doch war Gellivare noch nicht der Ort, wo ihr Vater zu finden sein sollte, es war vielmehr Malmberget, das noch eine Strecke weiter nördlich lag, und dort hatte es nicht so ordentlich ausgesehen wie hier in Gellivare.

Das aber hatte folgenden Grund. Obwohl die Menschen schon lange gewusst hatten, dass in der Nähe von Gellivare sehr viel Eisenerz zu finden sei, war doch die Ausbeutung erst vor einigen Jahren richtig in Gang gekommen, nachdem die Eisenbahn fertig geworden war. Dann aber strömten mehrere tausend Menschen auf einmal hinauf, und es war auch Arbeit genug für sie da, nur fehlte es an Häusern, und diese mussten sie nun, so gut es eben ging, in aller Eile herstellen; die einen zimmerten sich aus unbehauenen Balken Hütten zusammen, andere wohnten in Schuppen, die sie sich aus Kisten und leeren Dynamitdosen bauten, die sie wie Backsteine aufeinander legten. Jetzt waren allmählich ziemlich viele ordentliche Häuser entstanden, aber der ganze Ort sah jedenfalls höchst merkwürdig aus. Die Inspektoren und Ingenieure hatten schöne große Wohnhäuser, und daneben waren niedrige komische Baracken, die noch aus der ersten Zeit stammten. Überdies gab es Eisenbahnen, elektrisches Licht und große Maschinenhäuser.

Als die Kinder im Nachbarort Malmberget nach dem Vater fragen, erfahren sie, dass dieser wieder auf Wanderschaft gegangen ist. Hier am Rand der Grube stirbt Klein-Mats: Er wird bei einer Sprengung von umher fliegenden Steinen am Kopf getroffen.

Åsa wünscht sich in ihrer Trauer um den Bruder, dass er in allen Ehren begraben wird, und zuletzt überzeugt das mutige Mädchen sogar den allmächtigen Inspektor von Malmberget, dass Klein-Mats diese Ehre auch verdient hat.

MAN MERKT ES GLEICH, alle Entfernungen sind hier in Lappland größer als im Süden, und es scheint endlos viel Platz zu geben. Die beiden Orte Gällivare und Malmberget, aus denen die Stadt besteht, liegen gute fünf Kilometer auseinander. Wir sind gespannt, ob sich der Charakter der beiden Ortsteile nach hundert Jahren immer noch so deutlich unterscheidet, wie von Selma Lagerlöf beschrieben. Auch wenn die alten Bretterbuden, die sich die ersten Bergarbeiter gebaut haben, nicht mehr stehen, so gibt es doch in Malmberget eine Nachbildung dieser Budenstadt, auf Schwedisch Kåkstan.
Zunächst beziehen wir jedoch Quartier in Gällivare. Als wir der Zimmerwirtin von unserem Vorhaben erzählen, meint sie: »Ach ja, Selma Lagerlöf war ja auch hier. Sie hat im alten Waisenhaus, vom Bahnhof aus über den Fluss gewohnt.« Sie zeigt uns auch noch eine Lampe mit grünem Glas, die früher einmal in der alten Budenstadt Kåkstan gehangen haben soll, in der auch ihre Vorfahren gearbeitet haben.
Das Zentrum von Gällivare liegt am Fluss Vassara, die Holzkirche strahlt in reinstem Weiß, und der Bahnhof ist mit lauter schönen Holzschnitzereien verziert. Von der Südseite des Flusses her leuchtet der Berg Dundret, der jetzt im Mai noch richtig mit Schnee bedeckt ist. Und doch wirkt alles nicht lieblich, sondern in all seiner Weitläufigkeit ein bisschen trostlos.
Unterhalb des Berges liegt ein riesiges Holzhaus, eine Villa mit Türmchen und Erkern. Es ist die alte Inspektorenvilla Fjellsnäs, und gleich kommt uns der Gedanke: »Sollte Åsa hier mit dem Inspektor geredet haben?« Nein, fällt uns ein, das war ja in Malmberget. Die Villa Fjellsnäs wird jedenfalls zum Winter 2006 in ein Sporthotel umgewandelt – sicher eine sehr stilvolle Unterkunft.
Am nächsten Morgen sind wir in der Stadtverwaltung mit Lars Israelsson verabredet, dem Leiter der Kulturabteilung. Er nimmt uns im Auto mit nach Malmberget, um uns die Budenstadt zu zeigen. Auf dem Weg dahin sehen wir alte Fördertürme. »Die Schachttürme sind nur noch Denkmäler, heute fährt man ja mit dem LKW in die Grube«, erklärt Lars. Etwas weiter weist er uns auf ein Bild hin, das an die Wand eines Supermarktes

gemalt ist. Man sieht darauf das Zentrum von Malmberget in den 1960er Jahren. Es war dort, wo jetzt bereits eine große Grube ist. »Man hat Malmberget bereits mehrfach verlegt«, sagt Lars Israelsson und betont, dass es trotzdem ein starkes Gemeinschaftsgefühl gibt, das sich beispielsweise in einem regen Vereinsleben ausdrückt. Auf die Frage, wie denn die Bewohner auf solche Vertreibungen reagierten, antwortet er: »Es gibt keinen Widerstand, alle leben ja vom Erz und eben auf dem Erz.«

In Gällivare ist alles sehr weitläufig: Blick über den Fluss Vassara auf den Ortsteil »Andra Sidan« und den Berg Dundret.

Die alte Budenstadt Kåkstan wurde bereits 1904 abgerissen, im selben Jahr, in dem Selma Lagerlöf den Ort besuchte. 1985 wurde die zentrale Straße Västerlånggatan an der ursprünglichen Stelle originalgetreu wieder aufgebaut, und nach der Einweihung 1988 konnte man in den Buden Kunsthandwerk kaufen. In einigen war es sogar möglich, zu übernachten, und im Café Endast för Nyktra, zu Deutsch »nur für Nüchterne«, konnte man Kaffee trinken. Nüchternheit scheint unter den Bergarbeitern demnach eher die Ausnahme gewesen zu sein.

Vor zwei Jahren wurde das Ganze dann geschlossen, offenbar weil es sich nicht mehr lohnte, und so ist jetzt alles verlassen und etwas heruntergekommen. Lars hat einen Schlüssel für das Café, und wir können uns hineinschleichen und beim trüben Licht einer Glühbirne das Innere bewundern. Das letzte Ereignis scheint eine Weihnachtsfeier gewesen zu sein, überall ist noch mit Adventsschmuck dekoriert, und in einer Ecke lehnen zwei Nikoläuse. Die Tapeten sind sehr liebevoll aus Zeitungskopien der Originalzeit hergestellt. Wieder im Freien bewundern wir die schönen alten Ladenschilder und finden uns am Ende der Straße vor einem Zaun wieder, auf dem steht: »Einsturzgefahr. Betreten verboten!« Wir stehen hier am Rand der Erzgrube.
Auch der Nachbau der Budenstadt wird vermutlich in zwei bis drei Jahren abgerissen, da der Erzabbau immer weiter fortschreitet. Für Kåkstan wird sich daher kein Pächter mehr finden lassen, weil niemand zu einem so kurzfristigen Engagement bereit ist. Allenfalls Teile der Straße werden in das Freilichtmuseum von Gällivare mit übernommen.
Von Kåkstan aus sind es nur ein paar Schritte zur Tuoddarvilla. Jetzt haben wir wirklich das ehemalige Haus des Inspektors vor uns, bei dem Åsa das Begräbnis für ihren Bruder durchsetzt. Selma Lagerlöf schreibt in einem Brief an ihre Mutter vom 6. Juli 1904 beeindruckt: »Dann fuhren wir nach Gellivare, besuchten den Inspektor von Malmberget, Boséus, und wurden äußerst freundlich in Empfang genommen und in der Grube und den Anlagen herumgeführt.« Heute wird hier niemand mehr in Empfang genommen. Die wunderschöne Villa mit vielen Holzschnitzereien im Stil der Wende zum 20. Jahrhundert ist mit der Villa Fjellsnäs in Gällivare durchaus vergleichbar, aber sie steht leer und ist ziemlich heruntergekommen. Sie wartet nur noch auf den Abriss, ganz so wie viele weitere schöne Holzvillen in der näheren Umgebung. Als wir unser Bedauern darüber ausdrücken, dass alle diese schönen Häuser einfach abgerissen werden, meint Lars Israelsson nur: »Ja schon, aber darunter liegen Milliarden!«
Wir machen noch einen Abstecher zum »Waisenhaus«, in dem Selma Lagerlöf gewohnt hat. Zurzeit steht es leer und sieht etwas abweisend

aus. Es ist aber innen wohl noch sehr gut erhalten und soll als Hotel wiedereröffnet werden. Ringsum stehen lauter rot angestrichene Baracken, die zusammen das Vandrarhem bilden. Der Ortsteil hier trägt den sprechenden Namen »Andra Sidan«, weil er vom Zentrum aus auf der anderen Seite des Flusses liegt. Hier gibt es auch noch viel Platz, und wenn in Malmberget bei der nächsten Grubenerweiterung wieder viel abgerissen wird, dann wird man auch auf dieser Flussseite neue Häuser bauen.

Es gibt ihn also schon noch, den unterschiedlichen Charakter der beiden Ortsteile. Es ist jedoch nicht mehr so sehr der Unterschied zwischen wohlgeordnet und chaotisch oder zwischen schön und hässlich, als vielmehr der zwischen dem unbeständigen Malmberget, in dem immer wieder neu begonnen wird, und dem verlässlichen Gällivare, das nicht auf Erz gebaut ist und darum seine Lage behalten darf. So sind folgerichtig auch die ganzen zentralen Einrichtungen wie Bahnhof, Einkaufsmöglichkeiten und Stadtverwaltung hier untergebracht.

Was aber bringt die Menschen dazu, sich überhaupt in einer so unwirtlichen Gegend immer wieder aufs Neue Häuser zu bauen, die dann nach ein paar Jahrzehnten doch wieder abgerissen werden? Um das zu verstehen, sollte man eine der Gruben besuchen. Zwar kann man sich heute nicht mehr wie Selma Lagerlöf einfach in der Villa des Chefs melden, um dann herumgeführt zu werden, aber beide großen Grubenunternehmen bieten zumindest in der Hauptsaison geführte Touren an.

Da ist zum einen die altehrwürdige LKAB (Luossavaara-Kirunavaara Aktiebolag), deren Vorgängerfirma bereits vor über hundert Jahren hier das Eisenerz gefördert hat und die heute in Kiruna eines der größten Bergwerke der Welt betreibt.

Zum anderen gibt es die Grube Aitik, die zum privatwirtschaftlich geführten Konzern Boliden (Skellefteå) gehört. Dieser Tagebau liegt rund 15 Kilometer außerhalb der Stadt und ist die größte Kupfergrube der Welt. Seit 1968 wird hier Kupfererz abgebaut, jährlich gewinnt man über 50.000 Tonnen Kupfer. Als gern gesehene Beigabe fallen jedes Jahr über eine Tonne Gold und mehr als 50 Tonnen Silber an.

Hier vermittelt uns Lars die Gelegenheit, uns einer Gruppe von angehenden Bergbauingenieuren anzuschließen, die auch außerhalb der Saison eine Führung bekommen. Nach einem kurzen Vortrag bekommen wir alle einen Grubenhelm – und sind vermutlich schon damit besser ausgerüstet als die Arbeiter vor hundert Jahren. Im »Nils Holgersson« heißt es: *Auf dem großen Grubenfeld, wo die Sprengschüsse jeden Tag ertönten, musste ja jeder Arbeiter jeden Augenblick damit rechnen, von einem umherfliegenden Stein oder einem herabrollenden Felsblock getroffen zu werden.*

Danach geht es mit dem Bus zum Tagebau. Hier werden die ungeheuren Dimensionen augenfällig. Die Maße der Grube (fast drei Kilometer lang, einen Kilometer breit und 345 Meter tief) sind mit dem Auge kaum zu erfassen. Noch beeindruckender sind die Lastwagen, die das Erz transportieren. Ihre Reifen sind doppelt so hoch wie ein Mensch, und die Führerhäuschen sind nur über eine fünf Meter hohe Leiter zu erreichen. Am deutlichsten wird das Spielzeugformat der »normalen« Welt aber durch die gewöhnlichen Autos und Jeeps, die im Tagebau umherfahren. Sie alle haben einen orangefarbenen Wimpel an einer hohen Stange, so wie bei uns die Kinderfahrräder, damit sie von den Lastwagenfahrern nicht übersehen werden.

Beim Anblick der Grube vom Flugzeug aus kann man sich des Eindrucks nicht erwehren, dass hier der Erde eine Wunde zugefügt wird. Zu Selma Lagerlöfs Zeit waren die Dimensionen zum einen viel kleiner, zum anderen stellte sich der Gedanke an Umweltschutz gar nicht angesichts der Unmengen von Natur, die Lappland zu bieten hat. Heute versucht man zumindest, die Mengen an giftigen Abwässern zu begrenzen und die grauen Abraumhalden wieder zu begrünen.

Praktische Hinweise

Information: Gällivare Turistbyrå, Centralplan 3, 98236 Gällivare, Tel: (0)970/16660, Fax 0970-667 39, www.gellivare.se/turism.

Kåkstan (die Budenstadt der Grubenarbeiter am Rande des riesigen Tagebaulochs Gropen in Malmberget) ist frei zugänglich, aber die Häuschen sind derzeit verriegelt und verlassen und werden voraussichtlich vor ihrem Abriss nicht mehr wiederbelebt. Ganz in der Nähe befindet sich auch das **Grubenmuseum** der LKAB mit Mineraliensammlung und Ausstellung der Grubengeschichte, Tel: (0)970/71337, weitere Infos über das Turistbyrå. Letzteres vermittelt auch Grubentouren, zum einen unter Tage in der **Grube der LKAB** in Malmberget, zum anderen in den **Tagebau Aitik,** 15 km südöstlich von Gällivare. Im **Zentrum von Gällivare** sind noch eine ganze Reihe alter Gebäude zu sehen, die man gut bei einem Spaziergang am Fluss entlang erreichen kann: Bahnhof, alte Holzkirche, Pfarrhof, Villa Fjellsnäs.

Anfahrt: Gällivare liegt 250 km nordwestlich von Luleå, bereits nördlich des Polarkreises.

Tipps: Im gut 50 km entfernten Porjus gibt es eine Ausstellung von hervorragenden **Polarlicht-Fotos:** Arctic Colors Galleri, Stationshuset, 98260 Porjus Tel: (0)973/10306 oder (0)70/2422812, www.arctic-color.com. Lesetipp: **»Gorilla Hobelia und Langer Schatten«,** ISBN 3-8067-5064-5, ist ein spannendes Kinderbuch von Helena Olofsson und Jacky Gleich (Illustr.), das sehr gut die Atmosphäre in der Budenstadt am Ende des 19. Jh. einfängt.

Kiruna

DER BERGBAU UND DAS VOLK DER SAMEN

Nach dem Begräbnis von Klein-Mats in Malmberget sitzt Åsa alleine in der Hütte ihres Vaters und grübelt darüber, wie es nun weitergehen soll. Da klopft es, und Nils Holgersson steht vor ihr. In wenigen Worten teilt er ihr mit, wo ihr Vater ist und was sie tun muss, um ihn zu finden, doch Åsa ängstigt sich vor dem Wichtelmännchen und schlägt ihm die Tür vor der Nase zu. Dennoch macht sie sich am nächsten Tag auf, dem Rat Nils Holgerssons zu folgen.

Am linken Ufer vom Luossajaure, einem kleinen See, der noch viele Meilen nördlicher liegt als Malmberget, war ein kleines Lappenlager. Am südlichen Ende des Sees ragte ein gewaltiger Berg auf, der Kirunavara heißt und der Sage nach aus lauter Eisenerz bestehen soll. Auf der nordöstlichen Seite lag wieder ein Berg, der Luossavara heißt, und auch das ist ein Berg mit viel Eisenerz. Zu diesen Bergen hinauf wurde eben die Eisenbahn von Gellivare aus weitergeführt, und in der Nähe von Kirunavara baute man eifrig einen Bahnhof, ein Gasthaus und eine Menge Wohnhäuser für die Arbeiter und Ingenieure, die hier wohnen sollten, wenn die Ausbeutung des Erzes einmal ordentlich in Gang gekommen wäre. Es war ein ganzes Städtchen mit hübschen, behaglichen Häusern, das da so hoch droben in diesem nördlich gelegenen Bezirk entstand.

Westlich vom See haben die Lappenfamilien ihr Lager aufgeschlagen. Sie haben nicht viel Zeit gebraucht, ihre Wohnungen fertig zu stellen: Sind die Weidengebüsche weggehauen und der Bauplatz geebnet, müssen nur noch die Zeltstangen in den Boden hineingeschlagen und die Zeltdecken darüber gehängt werden.

Die Ansiedler auf der östlichen Seite des Sees, die aus Leibeskräften arbeiteten, ihre Häuser vor Beginn des strengen Winters fertig zu bringen, verwunderten sich sehr über die Lappen, die nun schon seit vielen, vielen hundert Jahren hier oben in dem kalten Norden umherstreiften, ohne je zu denken, man könnte einen anderen Schutz vor Sturm und Kälte nötig haben als dünne Zeltwände. Und die Lappen wunderten sich ihrerseits über die Ansiedler, die sich diese ganze schwierige und mühselige Arbeit machten, wenn doch der Besitz von einigen Rentieren und einem Zelt zur Erhaltung des Lebens genügte.

Hier bei den Lappen findet Åsa ihren Vater und kann ihn davon überzeugen, dass seine Familie nicht einem bösen Fluch, sondern einer gewöhnlichen Krankheit zum Opfer gefallen ist. Gemeinsam machen sie sich wieder auf in den Süden.

NACH DEM STÄDTCHEN mit hübschen, behaglichen Häusern sucht man heute in Kiruna vergebens; von der Pionierstimmung, die Selma Lagerlöf beschreibt, ist in unserer Zeit aber wieder einiges zu spüren. Noch mehr als Gällivare und Malmberget lebt Kiruna vom Erz. Der Kirunavaara, von Selma Lagerlöf als Berg, der *der Sage nach aus lauter Eisenerz*

bestehen soll, beschrieben, ist zu einem Teil bereits abgetragen; die Bagger haben riesige Treppenstufen hineinmodelliert. Doch die Erz führende Schicht senkt sich in den Boden, und so wird das Erz seit 1962 nicht mehr im Tagebau, sondern unter Tage abgebaut.

Dieses Bergwerk gräbt sich – inzwischen gut tausend Meter unter dem Erdboden – immer näher an das Zentrum von Kiruna heran. Trotz der großen Tiefe ist das gesamte Gestein darüber von Absenkungen bedroht, die Häuser an der Erdoberfläche sind deshalb einsturzgefährdet. Wenn man also weiter Erz abbauen möchte, muss man weite Teile der Stadt aufgeben. Anders jedoch als in Malmberget, wo man sich immer auf den Ortskern in Gällivare zurückziehen kann, ist hier auch das Zentrum selbst mit Kirche, Rathaus und anderen zentralen Einrichtungen betroffen. Vor dieser Herausforderung steht Kiruna heute, und wir stellen uns die Frage, wie die Menschen damit umgehen.

Zunächst jedoch wollen wir einen Blick auf die Geschichte der Stadt werfen, und das kann man nirgends besser als im Hjalmar Lundbohmsgården. Das weitläufige, eher unscheinbare Holzhaus liegt etwas versteckt hinter Bäumen im Süden der Stadt, und man kann es leicht mit dem davor liegenden, gelb bemalten »Bolagshotell«, dem sehr viel repräsentativeren Gästehaus der LKAB (Luossavaara-Kirunavaara Aktiebolag), verwechseln.

Der Namensgeber, Hjalmar Lundbohm, war von 1900 bis 1920 einer der ersten Direktoren dieser bereits 1890 gegründeten Bergbau-Aktiengesellschaft, die bis heute das Schicksal der Stadt bestimmt. Geprägt von dem britischen Sozialreformer Robert Owen, war für ihn von Anfang an nicht nur die Erzfirma wichtig, sondern die Vision eines blühenden Gemeinwesens mitten in der lappländischen Wildnis. Für die Verwirklichung dieser Vision wird er heute noch als Stadtgründer verehrt. Er sorgte durch gute Bezahlung, günstige Wohnmöglichkeiten und einen garantierten Urlaub dafür, dass trotz der ansonsten harten Arbeitsbedingungen genügend Bergleute nach Kiruna kamen. Die Stadt wurde planmäßig angelegt. Dabei wurde die Landschaft aber so gut integriert, dass der heutige Grundriss eher wie gewachsen aussieht.

Lundbohm holte die führenden Architekten seiner Zeit nach Kiruna, die die heute noch sehenswerten Repräsentativbauten wie auch zweigeschossige Häuser für die Arbeiter errichteten. Er förderte die schönen Künste und hatte zu vielen Künstlern und Schriftstellern seiner Zeit persönliche Beziehungen. Rudyard Kipling nannte ihn den »ungekrönten König Lapplands«. Zu den Samen, auf deren Grund die neue Stadt errichtet wurde, pflegte er ein gutes Verhältnis und wurde von ihnen hoch geschätzt. Darüber hinaus gründete er in Kiruna die erste Berufsschule Schwedens.

Sein Wohn- und Arbeitshaus ist heute ein Museum und Forschungszentrum für die Lokalgeschichte. Doch interessanter noch als die teilweise erhaltene Jugendstileinrichtung ist die Ausstellung der Fotos von Borg Mesch (1869–1956). Dieser Fotograf begleitete die Geschichte der Stadt über mehr als ein halbes Jahrhundert, und ein Rundgang oder besser noch eine Führung entlang der Bilder lassen diese Geschichte lebendig werden.

Vom Lundbohmsgården geht es zur Kirche ordentlich den Berg hinauf. Die rote Holzkirche wurde erst 1909, fünf Jahre nach Selma Lagerlöfs Besuch, errichtet. Sie hätte sonst sicher Erwähnung gefunden, denn sie ist mit ihren zwölf vergoldeten Jugendstilfiguren auf dem Dach und der an Stabkirchen erinnernden Holzkonstruktion im Innern wunderschön und in ihrer Größe beeindruckend.

Bei einem Gespräch mit dem Küster erfahren wir, dass auch die Kirche irgendwann in den nächsten dreißig Jahren wird umziehen müssen. Noch ist unklar, wie man dieses Bauwerk versetzen kann, ob in großen Teilen oder zerlegt in einzelne Planken. »Jedenfalls sind nur die Schindeln genagelt. Alles andere ist erstaunlicherweise verschraubt. Ich denke manchmal, dass der Architekt damals bereits mit so etwas gerechnet hat«, meint der Küster und zeigt auf die vielen Schraubverbindungen, die uns jetzt auch auffallen. Auf unsere Frage, ob es Widerstand gegen die Umzugspläne für Kirche und Stadt gibt, antwortet er: »Natürlich gibt es immer Leute, die dagegen sind, aber die Mehrheit ist eher dafür und erhofft sich neuen Schwung. Wir leben schließlich vom Erz. Tourismus allein kann eine Stadt wie Kiruna nicht am Leben erhalten.«

Das Denkmal beim Rathaus von Kiruna zeigt, wovon die Stadt lebt: vom Erz und von den unermüdlichen Grubenarbeitern.

Der Küster verschließt die Kirche, die 2001 von den Schweden zum schönsten Bauwerk des Landes gewählt wurde, und wir gehen den Kirchhügel hinunter zum modernen Zentrum der Stadt. Wir laufen vorbei an der hölzernen Feuerwehrstation, deren rot gestrichener Wachturm wie ein Leuchtturm aussieht, und an dem Holzbau des alten Krankenhauses. Die Stadt ist seit dem Bau der Kirche sehr stark gewachsen, und die schönen Holzhäuser aus der Gründerzeit sind nur noch eine Minderheit in einem Häusermeer, das auch durch die Sozialbauten aus den 1970ern geprägt ist. Dieser Eindruck wird bei einem Gaststättenbesuch am Busbahnhof verstärkt. Das Radio spielt samische Musik, und an den kahlen Tischen sitzen einige müde Gestalten, die direkt aus einem Kaurismäki-Film zu kommen scheinen.
Am nächsten Tag treffen wir uns mit Mitarbeitern der Stadtverwaltung zum Gespräch im Rathaus. Auch dieser preisgekrönte Backsteinbau aus den 1960er Jahren ist übrigens an seinem Platz gefährdet und soll irgendwann versetzt werden. Anneli Taavola, die Jugendbeauftragte der Stadt, und Mats Nilsson, zuständig für die Öffentlichkeitsarbeit, sind derzeit vor allem damit beschäftigt, die Kommunikation innerhalb der Stadt und mit den übrigen an der Verlegung beteiligten Gruppen zu organisieren, und sie erzählen uns von ihrer Arbeit.
Die Idee, die Stadt zu verlegen, ist noch nicht sehr alt: Im März 2004 wurde von der LKAB die offizielle Anfrage gestellt, in den Gebieten unterhalb der Stadt weiter Erz abzubauen. Der Zeitplan sieht die endgültige Beschlussfassung noch 2006 vor, ein extrem ehrgeiziger Plan. Dabei setzt die Stadt auf eine möglichst umfassende Informationspolitik, alle Alternativen werden im Internet publik gemacht, denn, so Mats Nilsson: »Wir müssen bereits vorher eine größtmögliche Einigkeit erzielen. Wir haben einfach nicht die Zeit für spätere langwierige Prozesse.« Die Zeit läuft tatsächlich, denn selbst wenn die Stadt keine Genehmigung für den weiteren Betrieb geben würde, ist bereits abzusehen, dass Teile der Stadt von der Absenkung bedroht sind. Darüber hinaus hat die Kommune eigentlich gar keine Möglichkeit, sich der Anfrage zu verweigern: »Die Alternative heißt Arbeitslosigkeit für die ganze Stadt«, macht Anneli Taavola deutlich.

Bei zahllosen Treffen bemühen sich die Hauptakteure um Einigkeit. Da ist die Kommune, die auch für die Bewohner Kirunas sprechen muss. Da ist die inzwischen staatliche Erzgesellschaft LKAB, die neben der Erzgewinnung auch die Weiterverarbeitung und den Transport per Zug zu den Erzhäfen Luleå und Narvik organisiert. Da ist die staatliche Eisenbahngesellschaft, die für Gleise und Streckenführung zuständig ist. Da ist die Straßenbaubehörde, die die übrigen Verkehrswege plant. Nicht zuletzt betrifft es den Staat selbst, der nicht nur als Eigner der meisten beteiligten Akteure auftritt, sondern auch noch übergeordnete staatliche Interessen vertreten muss. So nimmt es nicht wunder, dass auch Staatspräsident Göran Persson bereits in Kiruna war, um sich ein Bild zu machen.
Die Stadt selbst, die ja nicht wie die anderen Beteiligten hierarchisch aufgebaut ist, muss ihrerseits zunächst klären, was in ihrem Interesse ist. Daher wurde eine breit angelegte Informationskampagne auf die Beine gestellt, um die Bevölkerung auch wirklich zu erreichen. Wichtigste Zielgruppen sind dabei die Jugendlichen und die Frauen. »Für die heutigen Jugendlichen sind dreißig oder fünfzig Jahre natürlich ein Zeitraum, der ihre Vorstellungskraft nahezu überfordert, aber sie sind es, die mit einem neuen Kiruna, wie immer es aussieht, leben müssen«, meint Anneli Taavola. Frauen sind insofern besonders wichtige Adressaten der Kampagne, als im Gegensatz zum sonst so egalitären Schweden die Arbeitswelt in Kiruna doch noch sehr männlich geprägt ist, so dass die Männer sich mit einer Lösung, die den Arbeitgeber LKAB berücksichtigt, eher anfreunden können, während für die Frauen andere Lebensbereiche wichtiger sind. »Aus all den verschiedenen Interessen müssen wir ein oder zwei Alternativen destillieren«, sagt Mats Nilsson.
Ginge es nach der LKAB, so würde das Zentrum am besten nordwestlich der Stadt neu aufgebaut werden – nördlich des kleinen Sees Loussajärvi. Die Kommune dagegen möchte es lediglich innerhalb der Stadt nach Osten verschieben. »Man kann ja nicht eine völlig neue Stadt bauen und dann sagen: nächsten Mittwoch ziehen wir um!«, gibt Mats Nilsson zu bedenken. Noch ist daher unklar, was genau geschehen wird. Das drängendste Problem ist die Eisenbahn, die samt Bahnhof verlegt werden

muss. Sie braucht die längste Vorlaufzeit. »Eine Eisenbahn baut man nicht an einem Nachmittag«, betont Mats Nilsson, »da wird mit Amortisationszeiten zwischen fünfzig und hundert Jahren gerechnet.«
Flexibler ist da schon der Straßenbau: Die E 10 zwischen Narvik und Luleå kann man vergleichsweise schnell verlegen. Selbst die großen öffentlichen Einrichtungen sind theoretisch problemlos zu versetzen. Es gibt bereits das Angebot einer Baufirma, das riesige Rathaus als Ganzes

Die Kirche, ein Geschenk der Bergbaufirma LKAB, wurde 1912 eingeweiht. In wenigen Jahren muss sie vermutlich dem Bergbau weichen und an anderer Stelle neu aufgebaut werden.

an eine andere Stelle zu transportieren, wenn denn die Straßen breit genug sind.
Natürlich wird das alles Unsummen kosten und kann nur bezahlt werden, wenn der Erzabbau genügend abwirft. Ein Fluglotse, dem wir später die Frage stellen, ob es auch kritische Stimmen gäbe, meint nur: »Man muss die Gelegenheit nutzen, weil zurzeit die Weltmarktpreise für Stahl stabil sind, und man weiß nicht, ob es der Firma LKAB immer so gut gehen wird wie gerade jetzt.«

So scheint die Stadt, die die Verhandlungen nicht an einem festen runden Tisch, sondern in verschiedenen kleineren Gruppen organisiert, bisher gute Arbeit geleistet zu haben. Wen immer wir auch zur Verlegung der Stadt fragen, die Antworten sind zumindest verhalten zustimmend, aber auch ehrlich begeistert.

Doch wir haben unsere Selma Lagerlöf nicht vergessen. Sie schreibt ja nicht nur von den schwedischen Neubürgern, den Arbeitern und Ingenieuren, sondern auch von den Lappen oder, wie man heute sagt, Samen, die ihr Lager am anderen Ufer des Sees aufgeschlagen haben. Wo leben sie jetzt, und was ist ihre Meinung zur Verlegung der Stadt?

Im Samegården, dem samischen Kulturzentrum der Stadt, treffen wir Hans Inga, einen Vertreter der Laevas-Samengemeinde. Das Gebiet dieser Samengemeinde reicht von den Bergen an der norwegischen Grenze vorbei an Kiruna bis in die waldigen Tiefländer an der Grenze zu Norrbotten. Auch das Land der übrigen Samengemeinden erstreckt sich traditionell in solch langen schmalen Streifen von den Bergen bis zur Tiefebene, denn es war und ist zum Teil heute noch die Gewohnheit dieses Nomadenvolkes, den Rentieren zu ihren Weideplätzen zu folgen.

Hans Inga ist mit den Plänen der Kommune überhaupt nicht glücklich. »Wie auch immer sie sich entscheiden werden, für uns Samen wird die Situation schlechter«, sagt er beinahe resignierend, »denn jede Variante wird die Zugrouten der Rentiere beeinträchtigen. Bereits durch die Stadt Kiruna wurden die Jahrhunderte alten Rentierwege von der Sommer- zur Winterweide und zurück eingeschränkt. Jetzt wird es, vor allem durch die geplanten Eisenbahntrassen, noch schwieriger.«

Es sieht so aus, als ob zumindest eine der beiden der Stadt benachbarten Gemeinden in ihrer traditionellen Lebensweise, zu der eben auch die Rentierzucht gehört, stark eingeschränkt würde. So kann man nur hoffen, dass bei all der Aufbruchsstimmung in der Stadt die Samen nicht vergessen werden.

Spät am Abend steigen wir beim Schein der immer noch hoch stehenden Maisonne auf den schneebedeckten Loussavaara. Auch hier sind die Spuren des Erzabbaus deutlich zu sehen, wenn auch nicht so brutal wie beim gegenüberliegenden, terrassierten Kirunavaara. Unter uns, zwischen den Bergen, liegen die ausgedehnte Stadt und der kleine See, von dem Selma Lagerlöf erzählt. Vor hundert Jahren jedenfalls konnten hier die Samen und die Schweden trotz ihrer unterschiedlichen Gewohnheiten auf dem gleichen Land leben und ihr Auskommen finden.

Praktische Hinweise

Information: **Kiruna Lappland Turistbyrå,** Lars Janssonsgatan 17 (Folkets Hus), Box 113, 98122 Kiruna, Tel: (0)980/18880, Fax: (0)980/18286, www.lappland.se. Hier werden auch Besichtigungstouren in die **Grube der LKAB** vermittelt. **Stadshuset** (sehenswertes Rathaus), geöffnet Mo–Fr 8–17 Uhr. **Kiruna Kirche,** Kyrkogatan 8, 98131 Kiruna, geöffnet tägl. 11–16.45. **Hjalmar Lundbohmsgården,** Ingenjörsgatan 1, 98137 Kiruna, Tel: (0)980/70110 oder (0)70/5474954, geöffnet Di, Do, Fr 8–16, Mi 10–16 Uhr, Eintritt 20 SEK, Führung 35 SEK.
Anfahrt: Von Stockholm sind es über 1300 km nach Kiruna, zunächst auf der E 4 entlang der Küste und dann auf der E 10 durch Lappland.
Essen und Einkaufen: **Café Safari** (gutes kleines Café-Restaurant im Stadtzentrum), Geologgatan 4, 98131 Kiruna, Tel: (0)980/17460, www.cafesafari.com.
Tipps: Im **Samegården** kann man sich über die Kultur der Samen informieren, aber auch übernachten, Brytaregatan 14, 98134 Kiruna, Tel: (0)980/17029, Fax: (0)980/17029. Weitere Information über die Samen findet man z.B. unter www.samer.se.
Unter www.kommun.kiruna.se, dann auf den Link »Kirunas framtid«, kann man sich über die **geplante Stadtverlegung** informieren, hier findet man auch die Links zu den übrigen Beteiligten, z.B. der staatlichen Eisenbahn: www.banverket.se, dann unter »Byggprojekt från A-Ö« zu »Kiruna – ny järnväg« scrollen.

Jämtland und Härjedalen

In der Sage von Jämtland erfährt Nils Holgersson, wie der mächtige Asa-Tor die einst kahle Hochebene durch das Blendwerk einer Riesin für eine große Wohnstube hält und dort, ohne es recht zu merken, das Land zum Guten verändert. Zum Schluss erklärt die Riesin ihm:
»Es ist gar nicht merkwürdig, dass du den Weg durch meine Stube lang fandest; da bist du über die ganze Hochebene, die Jämtland genannt wird, hingegangen. Und als du das Wasser auf dem Boden in Rinnen leitetest, hast du Furchen und Vertiefungen geschaffen, die jetzt Flüsse und Seen sind. Es war kein geringer Beweis deiner Stärke, dass du die Mühle einmal im Kreise herumgebracht hast, denn zwischen den Steinen war kein Korn, sondern Kalksteine und Schiefer, und mit der einen Drehung hast du so viel gemahlen, dass die ganze Hochebene mit guter fruchtbarer Erde bedeckt worden ist.«
Über Härjedalen erfährt Nils, dass sich einst ein Mann namens Härjulf sowohl mit dem schwedischen als auch mit dem norwegischen König zerstritten hatte und beider Länder verwiesen wurde. Da er aber nicht ins Ausland wollte, ließ er sich in der Wildnis zwischen beiden Reichen nieder – in Härjedalen.
Diese Geschichte charakterisiert beide Landschaften: Über lange Jahre waren sie ein Streitpunkt zwischen den Ländern. Seit 1645 gehören sie endgültig zu Schweden, aber immer noch sind die Verbindungen zu Norwegen eng. Beide bilden zusammen das Jämtland Län und werden oft in einem Atemzug genannt. Jämtland spielt dabei die Rolle des »großen Bruders«, von hier wird die Region verwaltet und hier liegt mit Östersund am riesigen Storsjö die einzige Stadt. Die fruchtbare Hochebene um den See bildet den Kern der Region, um diese herum liegt im Osten der Wald, im Westen das Gebirge. Für beide Landschaften spielen der Tourismus und insbesondere der Wintersport eine wichtige Rolle.

Östersund

DER AUSSICHTSTURM AUF DEM ÖSTBERG

Nach dem Sommer in Lappland ist Nils recht zufrieden, als Akka, die Wildgänse, Martin und Daunenfein zusammen mit den jungen Gänschen wieder gen Süden aufbrechen. Nicht, dass er die Landschaft nicht wunderschön fände, doch er sehnt sich mehr und mehr danach, wieder ein Mensch zu werden.

So gelangen die Reisenden an einem nebligen Oktobertag nach Jämtland. Der Junge sucht Zuflucht vor der Nässe auf einem hohen Aussichtsturm, wo er die Nacht verbringt, und als ihn die Morgensonne weckt, bietet sich ihm ein wunderschönes Bild:

Als er seine Augen aufschlug und sich umschaute, konnte er zuerst gar nicht begreifen, was er sah oder wo er sich befand. Er war früher einmal auf einem Jahrmarkt in einem Zelt gewesen und hatte da ein mächtig großes Panorama gesehen; und jetzt war es ihm, als stehe er wieder mitten in so einem großen runden Zelt, mit einer schönen roten Decke über sich, während an den Wänden und am Boden eine prächtige weite Landschaft gemalt war, mit großen Dörfern, Wiesen, Landstraßen und Eisenbahnen, ja sogar mit einer ganzen Stadt. Sie breitete sich am Seeufer aus, dicht hinter ihr ragte ein Berg auf, der sie beschützte, und ringsumher lag eine reiche, dicht bevölkerte Landschaft.

Dieses prachtvolle Panorama bietet sich Nils von einem Aussichtsturm bei Östersund, der auf der Insel Frösön im See Storsjön zu finden ist. Hier muss Nils eine Weile aushalten, denn eine Gruppe junger Leute hat den Aussichtsturm erklommen und genießt nicht allein die Aussicht, sondern vergleicht das Land auch mit dem, was auf einer Landkarte zu sehen ist. Darüber verpasst Nils den Abflug seiner Reisekameraden, doch der Rabe Bataki hilft ihm, wieder den Anschluss zu bekommen.

ANDERS ALS NILS HOLGERSSON reisen wir vom Osten an, doch auch uns beschleicht ein Gefühl von Unwirklichkeit. Von der Ostküste Schwedens bis nach Östersund haben uns nämlich nur dichte Wälder, Flüsse und Seen begleitet, die Zahl der menschlichen Behausungen ist dürftig, die Dörfer sind weit voneinander entfernt, das Land wird herber, je weiter wir in den Westen kommen. Und plötzlich: Östersund, eine trubelige Stadt mit flanierendem Volk, Restaurants, Cafés und Einkaufsmöglichkeiten ohne Ende. Ein kleiner Kulturschock.

»Wir sind umgeben von einem Meer des Waldes«, sagt auch Gunilla Nilsson Edler, Führerin im Freilichtmuseum Jamtli, mit der wir uns später über Jämtlands Geschichte und Bedeutung unterhalten. Das Land war seit jeher Durchgangsland zwischen Ost und West und immer auch ein Spielball zwischen Schweden und dem lange Zeit dänischen Norwegen. »Die Menschen waren norwegisch im Herzen. Es hat lange gedauert, bis Jämtland eine schwedische Landschaft wurde«, erzählt sie. Östersund ist die einzige Stadt in diesem großen Landesteil, und so kommt ihr auch eine besondere Bedeutung zu.

Selma Lagerlöf, so meint Gunilla Nilsson Edler, war aber selbst nie hier, obwohl ihre Beschreibung der Landschaft so perfekt stimmt. »Ich habe gehört, sie habe zwei Studenten hier gehabt, die ihr alles so genau beschrieben haben.«
Natürlich machen wir es wie Nils Holgersson und sehen uns das Ganze zunächst einmal von oben an. Den Aussichtsturm, auf dem der Däumling die Nacht verbringt, gibt es wirklich. Er steht auf der Insel Frösön,

Blick vom Frösönturm bei Östersund Richtung Westen. Bei klarem Wetter kann man bis zu den Bergen an der Grenze zu Norwegen sehen.

die mit dem Festland durch eine Brücke verbunden ist. Der Blick ringsumher, bis hin zu den schneebedeckten Bergen Norwegens, ist wirklich grandios. Ja, Schnee im August, und auf unserer Weiterfahrt nach Norwegen einen Tag später erwischt uns ein Gewitter mit zentimeterdickem Hagel auf der Straße. Das Wort vom »wilden Westen« ist nicht ganz unangebracht. Noch aber freuen wir uns über strahlenden Sonnenschein, und der viertgrößte See Schwedens, der Storsjön, glitzert verheißungsvoll unter uns. Er beherbergt übrigens ein Ungeheuer à la Nessie – wo-

rauf in Touristenbroschüren und auch in unserem Aussichtsturm gerne hingewiesen wird.
Der Turm selbst hat eine wechselvolle Geschichte hinter sich. 1887 erhielt der Schwedische Touristenverband das Land auf dem Östberg, wo zunächst ein einfacher Aussichtsturm entstand, der 1929 abgerissen und neu aufgebaut wurde. Im Herbst 1979 brannte dieser ab, und seit 1981/82 gibt es den neuen Frösötornet, wieder aus Holz und mit einem gemütlichen Café verbunden. Wer es übrigens lieber modern mag, der findet oberhalb der Stadt den großen Warmwassertank Arctura. Im Dachgeschoss des 65 Meter hohen Turmes kann man über 26 Millionen Litern Warmwasser elegant speisen und die Aussicht genießen.
Wir aber wenden uns der eigentlichen Hauptattraktion Östersunds zu, dem Freilichtmuseum Jamtli. Es bietet so viele spannende und unterhaltsame Möglichkeiten, Geschichte lebendig zu erleben, dass uns ein ganzer Tag als zu kurz erscheint. Es handelt sich um ein Freilichtmuseum im ursprünglichen Sinn, doch wirklich lebendig wird es durch die Schauspieler, die hier das Leben vergangener Zeiten anschaulich machen. »Wir nennen uns aber nicht Schauspieler, wir sind Akteure«, sagt Gunilla Nilsson Edler, die hier nicht nur als Führerin arbeitet, sondern eben auch in die Rolle einer Bäuerin der Zeit vor hundert Jahren schlüpft. Sie ist eine historisch und politisch sehr interessierte Frau, sie hat gemeinsam mit Kollegen an dem sehr gut gemachten »Drehbuch« mitgeschrieben, und zu unserem Gespräch empfängt sie uns bereits in Verkleidung. Den ganzen Tag über bemüht sie sich, nicht aus der Rolle zu fallen, wenn wir uns immer mal wieder auf dem großen Gelände begegnen.
Unser Rundgang beginnt auf dem Marktplatz von Östersund aus dem Jahr 1895. Ein Markt mit Leierkastenmann, mit Buden zum Bällewerfen und Fischeangeln, mit Kettenkarussell und mit Zuckerwatte. Hinter dem Holztresen stehen junge Jämtländerinnen in der Kleidung des 19. Jahrhunderts, was die freundlich dargebotene Zuckerwatte in den Augen unserer Kinder noch wertvoller macht.
Dann gibt es über das Gelände verteilt verschiedene Stationen, nach Epochen gegliedert. Wir laufen sie mit einem Führer ab, der uns eine

Zeitreise verspricht. An jeder Station werden kurze Szenen gespielt, die Zuschauer werden als Akteure eingebunden und erleben Geschichte so hautnah.

An der Tankstelle aus den 1950er Jahren zum Beispiel streitet sich ein junges Ehepaar bei der Vorbereitung einer Reise nach Norwegen, was denn alles an Gepäck mitdarf – unter den guten Ratschlägen aus dem Publikum. Von dort gelangen wir nach Näs, einem Hof aus dem Jahr 1895, in dessen guter Stube ein Feuer angezündet wird, als uns draußen ein kurzer Pladderregen überrascht. An den Wänden hängen natürlich die Bilder des Königspaares, König Oscar II. und Königin Sofia, und wir müssen peinlicherweise gestehen, dass wir das Bild des deutschen Kaisers, das dort auch hängt, nicht gleich erkannt haben. »Den habt ihr wohl noch nie gesehen«, vermutet die Bäuerin verständnisvoll.

Vor der Sennhütte (Fäboden), die am oberen Ende des Geländes liegt, streiten sich eine Sennerin und unser Führer lautstark über den angeblichen Diebstahl eines Käses. »Du setzt deinen Fuß nie wieder hierher!«, zetert die Sennerin, und wir machen uns besser aus dem Staub. Später dürfen unsere Kinder allerdings hier Ziegen streicheln und das Stroh im Stall auf dem Boden verteilen. Es gibt in Jamtli auch für junge Besucher interessante Programme. Unter anderem können sie »Kind für einen Tag« sein, und die beiden Mädchen, die in Kopftuch und Schürze helfen, Wasser zu tragen und am Feuer in der Hütte die Molke zu rühren, fühlen sich offensichtlich wohl in der Rolle einer Magd. Der Mesost, Molkekäse, den die Sennerin hier stundenlang und mit großer Geduld kocht, schmeckt übrigens vorzüglich – vor allem mit dem frisch gebackenen Tunnbröd, dessen Zubereitung wir kurz zuvor auch miterleben konnten.

Besonders interessant finden wir das Sonderprogramm, das in diesem Jahr angeboten wird. 1905, vor genau hundert Jahren also, sagte sich Norwegen von der Union mit Schweden los, und um ein Haar wäre der große Bruder im Nachbarland einmarschiert. Diese so genannte Unionskrise wird in Jamtli dramatisiert, und anhand des gut gelungenen Rol-

lenspiels, in das die Zuschauer immer wieder einbezogen werden, wird gezeigt, was dieses Ereignis für die einzelnen Menschen bedeutete.
Noch im Museumsgebäude werden wir mit einer Diaschau und von der Grundschullehrerin Fröken Grundström auf das Thema vorbereitet, es werden Parallelen zu den Kriegen unserer Tage gezogen. Auf dem Hof Näs aber tauchen wir ein in die Geschichte einer schwedischen Bauernfamilie. Die Hausfrau ist gebürtige Norwegerin, der Sohn mit einer Norwegerin verlobt. Was hat der drohende Krieg wohl für Auswirkungen auf diesen privaten Bund? Ist das Wort vom Brudervolk bloßes Gerede? Wie werden sich die Menschen entscheiden, wenn es hart auf hart kommt? Anhand von Tafeln mit Nej oder Ja entscheiden die Zuschauer mit, welche Variante des Spiels heute gespielt wird. Bei der Vorbereitung zum Vaterländischen Fest wird zum Beispiel heftig diskutiert, ob man nun wie bisher die norwegische Hymne auch singen darf. Heute ergibt die Abstimmung ein eindeutiges Ja, und so singen wir neben »Du gamla, Du fria« auch »Ja, vi elsker dette landet«.
Es gibt in Trondheim ein ähnliches Museum, Sverresborg, wo die Geschichte von der norwegischen Seite her aufgerollt wird. Dort gelten unsere Tickets ebenfalls, und so können wir die Braut Signe kennen lernen und während des Spiels ebenfalls ins Geschehen eingreifen. Hier in Norwegen, wo wir uns das Spiel einen Tag später ansehen, ist alles natürlich viel dramatischer. Schließlich mussten die Norweger im Ernst fürchten, dass die Schweden einmarschieren. Und das Publikum steht hier, das zeigen die Abstimmungen, deutlich auf der Seite der Abtrünnigen.
Selma Lagerlöf übrigens, die eigentlich politisch sehr interessiert war, hat die Unionskrise unerwähnt gelassen. Vielleicht war ihr alles noch zu frisch, vielleicht fand sie aber auch, dass dies in einem schwedischen Schulbuch nichts zu suchen habe: Je mehr wir uns mit der schwedischen Geschichte befassen, desto klarer wird uns, dass sie sich im »Nils Holgersson« nie kritisch über ihr Land äußert. Das Buch sollte das Heimatgefühl der jungen Leser stärken, und da hatten Kriegsdrohungen oder der zum Teil brutale Umgang mit streikenden Arbeitern nichts zu suchen.

Die Sennerin im Freilichtmuseum Jamtli diskutiert mit den Besuchern über die Lebensbedingungen junger Frauen im 18. Jahrhundert.

In Jamtli haben unsere Töchter noch Gelegenheit, an einer speziellen Zeitreise für Kinder teilzunehmen. Es beginnt damit, dass sich alle Teilnehmer in einem Kreis auf den Boden setzen. Eine Kerze sorgt für feierliche Stimmung, und dann lässt die Führerin einen Topfdeckel wie einen Kreisel auf dem Boden trudeln. Als dieser ausgedreht hat, ist man in einer anderen Zeit gelandet. »Manchmal kommt dann ein bisschen ängstlich die Frage: Und wie kommen wir wieder zurück?«, hat uns Gunilla Nilsson Edler erzählt. Die Kinder bekommen Schürze und Kopftuch sowie einen neuen Namen zugeteilt. Es könnte auch Åsa dabei sein, denn mit dem Ranzen auf dem Rücken oder mit der Lure in der Hand, dem Instrument, mit dem die Hirtinnen ihre Tiere beisammenhalten, sehen die Mädchen aus wie das Gänsemädchen, dem Nils Holgersson immer wieder begegnet.

Für die Besucherkinder ist diese Art, Geschichte zu erleben, sehr eindrucksvoll und ersetzt so manche Geschichtsstunde in der Schule. Unter dem Titel »Tidsresan« (»Zeitenreise. Spiel und Phantasie als pädagogische Methode«) ist dieser spielerische Unterricht auch als pädagogisches Konzept beschrieben, als Ideenlieferant für Schulen und Lehrer. In Jamtli können die Kinder das nicht nur mit einer eigenen Zeitreise oder anhand des Programms »Kind für einen Tag«, sondern auch spielerisch im Häckåsgården erleben. Darüber hinaus gibt es noch unzählige Angebote, für die diesmal unsere Zeit nicht reicht. Auch die Ausstellung im Hauptgebäude, in der viel Wissenswertes unter anderem über die samische Tradition gezeigt wird, in der die am besten erhaltenen Wikingerteppiche der Welt ausgestellt sind oder eine Sonderausstellung über japanische Mangas (Comiczeichnungen) auf die Moderne hinweist, müssen wir aus Zeitgründen links liegen lassen. Das nächste Mal nehmen wir uns mindestens zwei Tage für Jamtli vor ...

Praktische Hinweise

Information: **Turistbyrån Östersund,** Rådhusgatan 44, 83182 Östersund, Tel: (0)63/144001, Fax: (0)63/127055, www.turist.ostersund.se.
Jamtli (Freilichtmuseum, Teil des Jämtlands läns museum) Museiplan, Box 709, 83128 Östersund, Tel: (0)63/150100 oder (0)63/150110, Fax: (0)63/106167, www.jamtli.com, geöffnet Sept.–Ende Juni Di–Fr 10–16, Sa, So, Ende Juni–August tägl 11–17 Uhr, Eintritt 60 SEK, in der Hauptsaison 90 SEK, Kinder bis 17 Jahre in Begleitung Erwachsener gratis. **Frösötornet** (Aussichtsturm auf dem Östberg), Tel: (0)63/128169, www.froson.com/tornet, geöffnet tägl. Mitte Mai–Ende Juni 11–18 Uhr, Ende Juni–Mitte August 10–18 Uhr, Mitte August–Mitte Sept. 12–18 Uhr. **Arctura** (Warmwasserspeicher-Hochhaus mit Aussichtsplattform außerhalb der Stadt), Tel: (0)63/161560, www.arctura.se.
Anfahrt: Östersund liegt am Storsjön im Landesinneren an der E 14, 180 km von Sundsvall und der Küste entfernt.
Essen und Einkaufen: Restaurant Hov, Tel: (0)63/150103) und Café im Museum Jamtli, Dach-Restaurant im Arctura-Hochhaus, Café im Frösöturm. Souvenir- und Buchladen in Jamtli, ungewöhnlich große Auswahl an Geschäften in Östersund selbst.
Tipps: Zwei günstige Übernachtungsmöglichkeiten jeweils am Ort des Geschehens: **Vandrarhem Frösötornet,** Utsiktsvägen 10, 83246 Frösön, Tel: (0)63/515767, Fax: (0)63/513251, www.froson.com/vandrarhem und **Jamtli Vandrarhem** (mitten im Museum), Tel: (0)63/122060, vandrarhemmet@jamtli.com.

Värmland und Dalsland

Wieder ist es eine Riesen-Sage, mit der Selma Lagerlöf diese beiden Landschaften beschreibt. Sieben Söhne aus Västergötland machen sich eines Tages auf, das unwirtliche Land nördlich des Vänern zu pflügen. Jeder zieht eine große Furche, und am Abend betrachten sie gemeinsam ihr Werk. Der Vater sagt, *sie hätten viele fischreiche Seen und fruchtbare Täler geschaffen. Die Flüsse und Bäche hätten einen ordentlichen Fall, dass sie Mühlen, Sägewerke und Eisenhämmer treiben könnten. Auf den Bergrücken zwischen den gezogenen Furchen sei Platz für Wälder, wo Waldbau und Kohlenbrennerei betrieben werden könne, und jetzt sei auch die Möglichkeit da, zu den großen Erzlagern in dem Bergwerksdistrikt gute Straßen anzulegen.*
Damit ist nicht nur die wirtschaftliche Grundsituation der beiden Landschaften beschrieben, sondern auch deren Aussehen. Auf der Landkarte kann man die Furchen und Rücken gut erkennen, aber auch in der Natur ist das an einigen Stellen gut zu sehen, etwa oberhalb des Fryken in Värmland oder von dem Berg Sörknatten in Dalsland aus. Während jedoch Värmland – nicht zuletzt wegen Selma Lagerlöf – als Landschaft der Dichter in Schweden eine Sonderstellung einnimmt, wird dem sehr viel kleineren, aber nicht weniger schönen Dalsland kaum ein eigener Charakter zugesprochen.

Mårbacka

EIN KLEINER HERRENHOF

Von Östersund aus reist Nils zunächst mit dem Raben Bataki alleine weiter. Dabei erfährt der Junge von den wahren Bedingungen, zu denen er seine menschliche Gestalt wieder erlangen kann: Er soll den Gänserich Martin wohlbehalten nach Hause bringen, nur damit dieser geschlachtet werden kann. Bataki führt Nils schließlich wieder mit den Wildgänsen zusammen. Der Junge tritt die Weiterreise schweren Herzens an, denn er will seinen Freund Martin unter keinen Umständen opfern.
Auf dem Weg in den Süden machen die Wildgänse Station auf einem Moor in Värmland. Da der Junge das Quartier zu unerfreulich findet, wandert er weiter zu einem nahe gelegenen Herrenhaus.
Er kam auf einen von roten Gebäuden umgebenen Hof, der so groß wie ein Marktplatz war. Als der Junge diesen Hof durchschritten hatte, kam er in einen zweiten Hof, und da sah er das Wohnhaus mit seinen Seitenflügeln, mit einem Kiesweg und einem großen Rasenplatz davor und einem großen Garten mit vielen Bäumen dahinter. Das Hauptgebäude selbst war nur klein und unansehnlich; aber der Rasen war von einer Reihe mächtiger Ebereschen eingefasst, die so dicht standen, dass sie eine ganze Wand bildeten, und dem Jungen war es, als sei er in einen prächtigen, hoch gewölbten Saal hineingekommen. Darüber schimmerte ein blassblauer Himmel, die Ebereschen hatten gelbe Blätter und große, rote Beerenbüschel; der Rasen war zwar noch grün, aber an jenem Abend goss der Mond einen

so strahlend hellen Glanz vom Himmel herab, dass das Gras wie Silber glänzte.

Es wird bald klar, dass es sich hierbei um Mårbacka handelt, den Gutshof, wo Selma Lagerlöf geboren ist. Nils ist froh, im Obst- und Gemüsegarten Nahrung zu finden, doch noch während er einen Apfel verspeist, wird er von einer Eule angegriffen. Zu Hilfe kommt ihm Selma Lagerlöf selbst, die sich zufällig hier aufhält: *Aber nun muss ich erzählen, wie wunderbar es sich traf, dass gerade in diesem Jahre, als Nils Holgersson mit den Wildgänsen umherzog, in Schweden eine Schriftstellerin war, die ein Buch über Schweden schreiben sollte, das den Kindern als Lesebuch in der Schule dienen könnte. Von Weihnachten bis zum Herbst hatte sie sich über ihre Aufgabe Gedanken gemacht, aber bis jetzt war noch nicht eine einzige Zeile an dem Buche geschrieben, und schließlich war sie der ganzen Aufgabe so überdrüssig geworden, dass sie sich sagte: »Auf diese Weise bringst du nichts zustande, setz dich lieber hin und dichte Geschichten und Märchen wie sonst und lass jemand anders dieses Buch schreiben, das lehrreich und ernst sein soll und in dem kein unwahres Wort stehen darf.«*

Um doch noch eine Idee zu bekommen, reist sie in ihre Heimat, zu dem kleinen Herrenhof, der nun im Besitz fremder Menschen ist.

Eigentlich trug sie immer eine Art Heimweh nach dem alten Hofe mit sich herum, sie mochte sein, wo sie wollte. Sie sah ja wohl, dass andere Orte schöner und besser waren; aber nirgends fühlte sie sich so wohl und geborgen wie in diesem Haus während ihrer Kindheit.

Als ihr eine Schar Tauben entgegenfliegt, empfindet sie dies wie einen Gruß ihres verstorbenen Vaters. Sie beauftragt die Vögel, ihn zu fragen, ob sie nicht bald wieder nach Mårbacka zurückkehren dürfe. Da entdeckt sie Nils, rettet ihn vor der Eule und lässt sich seine Geschichte erzählen.

»Ach, welch ein Glück, dass ich jemand treffe, der durch ganz Schweden auf einem Gänserücken gereist ist!«, denkt sie und beschließt, all das in ihrem Buch zu verwenden: »Wie gut ist es, dass ich nach Hause gereist bin! Wie merkwürdig, dass die Hilfe gekommen ist, sobald ich den alten Hof betreten habe!« Und sie fragt sich, ob es ihr Vater gewesen sei, der ihr geholfen habe.

AUS JEDER ZEILE, die Selma Lagerlöf im »Nils Holgersson« über Mårbacka schreibt, spricht großes Heimweh, Sehnsucht nach der Kindheit und nach dem geliebten und bewunderten Vater. Mit dem Geld, das sie mit ihren Büchern verdiente, kaufte sie schließlich das Heim ihrer Kindheit zurück. Als sie zwei Jahre später den Nobelpreis erhielt, erwarb sie auch den Grund und Boden ringsum und machte das Gut wieder zu dem, was es einmal gewesen war. Mit dem finanziellen Erfolg ihrer Bücher war es ihr schließlich sogar möglich, den Hof auszubauen und in einen repräsentativen Gutshof umzuwandeln. Der Traum ihres Vaters von einem großen und standesgemäßen Wohnsitz, in dem er eines Tages sogar den König empfangen würde, war wahr geworden. Die erfolgreiche Tochter hat für die Realisierung der hochfliegenden Pläne des Vaters gesorgt. Und so können die Besucher heute zweierlei erkennen und bewundern: das alte Mårbacka, das an eine glückliche Kindheit erinnert, und das neue Mårbacka, das vom Erfolg der Schriftstellerin und ihrer Stellung in der Welt erzählt.

Wer sich in das Erstere einfühlen will, kommt nicht umhin, Selma Lagerlöfs Kindheitserinnerungen zu lesen. In den drei Bänden »Mårbacka«, »Aus meinen Kindertagen« und »Tagebuch für Selma Ottilia Lovisa Lagerlöf«, erschienen in den Jahren 1922, 1930 und 1932, berichtet sie so anschaulich von den Menschen, die diesen Hof bewohnt haben, dass man meint, ihnen bei einem Rundgang begegnen zu können. Sie erzählt von der dreieinhalbjährigen Selma, die eines Tages ihre Beine nicht mehr bewegen kann und dadurch eine Sonderstellung in der Familie einnimmt. Doch die Zeit der Verwöhnung hat ein Ende, als die kleine Schwester Gerda auf die Welt kommt. Später wird sie der Jüngeren nach Falun folgen und gemeinsam die Betreuung der Mutter und der Tante Lovisa übernehmen.

Während einer Reise an die Westküste, nach Strömstad, wird Selma wieder so gesund, dass sie laufen kann, wenn sie auch zeit ihres Lebens leicht hinken wird. Auslöser dieser Heilung ist ein »Paradiesvogel«, zu dem sie, von Neugierde getrieben, auf eigenen Beinen läuft. Und heute noch werden die Besucher Mårbackas vom Kreischen eines Pfaus begrüßt, der hier stellvertretend für den Heil bringenden »Paradiesvogel« gehalten wird.

Eingebettet in die Familiengeschichte der Wennerviks und der Lagerlöfs, die mit der Heirat der Großmutter Lisa-Maja mit dem Regimentsschreiber Daniel Lagerlöf zusammengeführt werden, ist auch die Erzählung von einem weißen Gänserich. Eines Tages im Frühjahr zieht er mit den Wildgänsen von Mårbacka fort und kehrt im Herbst mit einer Partnerin und einer Schar von jungen Gösseln heim. Im Gegensatz zu unserer Geschichte gibt es hier allerdings kein Happy End: Die böse Stiefmutter Lisa-Majas nimmt das Messer und schlachtet die ganze Schar.

Die Kindheitserinnerungen Selma Lagerlöfs sind sehr stark geprägt von ihrem Vater, dem Oberleutnant Erik Gustav Lagerlöf. Er muss ein unterhaltsamer, belesener Mann gewesen sein, ein richtiger Kavalierstyp, der jedes Fest zum Leuchten bringen konnte. Nachzulesen ist dies in der Schilderung seines Geburtstages am 17. August, der auf Mårbacka zu einem großen Festtag erklärt wurde. Wirtschaftlich war ihm, der nach seinem Abschied vom Militär als Landwirt arbeitete, kein großer Erfolg beschieden. Etliche seiner Pläne schlugen fehl oder wurden nur unter großen Schwierigkeiten verwirklicht. So ist es nicht verwunderlich, dass die Tochter mit dem Umbau des Herrenhauses seine Pläne sozusagen nachträglich realisieren wollte.

Sie selbst verbrachte bis zu ihrem 24. Lebensjahr hier glückliche Kinder- und Jugendjahre. Zu der Zeit war Mårbacka ein anspruchsloser Hof, der aus einem einstöckigen roten Holzhaus mit vier Zimmern, Küche und zwei Giebelzimmern bestand. Dazu gehörten zwei Flügelbauten, die das Hauptgebäude flankierten und einen offenen Hof umschlossen. Als der Vater verarmt starb, musste Mårbacka 1887 verkauft werden, die Möbel wurden größtenteils versteigert.

Das unscheinbare rote Holzhaus ihrer Kindheit verwandelte Selma Lagerlöf in ein stattliches Steingebäude.

1907 kam Selma Lagerlöf anlässlich der Beerdigung ihrer Tante Lovisa nach Östra Ämtervik und sah, wie verfallen Mårbacka mittlerweile war. Da kaufte sie das Haus und den Garten, 1909 folgte der Erwerb des gesamten Hofes. 1910 ließ sie das Hauptgebäude renovieren und machte es zu ihrem offiziellen Wohnsitz. Die Winter verbrachte sie weiterhin in Falun. Den Sommer über aber war sie in ihrem geliebten Mårbacka, das sie mit der Zeit und unter großen persönlichen Opfern zu einem Schmuckstück aus- und umbaute. In den Jahren 1921 bis 1923 ließ sie

das jetzige weiße Steingebäude um das alte Holzhaus herum errichten. Man kann heute noch erkennen, welche Teile aus alter Zeit stammen. Besucher aus aller Welt werden in kleinen Gruppen durch die Räume geführt, ein Programm, das absolut empfehlenswert ist.
Wann immer wir in Mårbacka waren: Die Führer waren hervorragend. Es sind meist junge Männer und Frauen, die ein wohlklingendes Schwedisch sprechen und in ihrem Vortrag perfekt Information und Anekdoten mischen. »Wir nehmen vor allem junge Leute, die Interesse an Selma Lagerlöf haben und sich gut ausdrücken können«, erklärt Lina Johansson, die Leiterin der Führer. Die junge Frau, die gemeinsam mit der Intendantin Britt Wendling das ganze Jahr über für den Betrieb sorgt, versieht uns im benachbarten Café, der ehemaligen Post, mit Informationen über das heutige Mårbacka. Sie ist Vorgesetzte einer Reihe von jungen Angestellten, die in den Sommermonaten hier arbeiten.
»Die Führer werden im Februar/März angestellt und haben sich dann meist schon vorbereitet«, berichtet Lina Johansson, »es müssen nicht unbedingt Schwedisch-Studenten sein, denn wir wollen hier keine Bücher analysieren. Es geht vielmehr um Selma Lagerlöfs Heim, um ihr politisches Engagement in der Kommune, um ihr Leben als Schriftstellerin, aber auch um ihr wirtschaftliches Engagement für die Gegend.«
An erster Stelle steht also die Begeisterung für die Schriftstellerin, und so bekommt man von Mårbacka den Eindruck eines sehr lebendigen Museums, in dem sich die Mitarbeiter das Leben und Werk der Autorin zu einer Herzensangelegenheit gemacht haben. Unsere Führerin heute heißt Marina. Sie beginnt damit, ein Stück aus den Kindheitserinnerungen zu lesen, und sie liest gut und mit offensichtlicher Freude. Es ist das Kapitel über den Geburtstag des Vaters. Dieser, sagt sie, habe viel für Selma Lagerlöf bedeutet, sie habe ihn aber auch idealisiert. Hier in Mårbacka wird offen angesprochen, dass der Vater am Ende seines Lebens Alkoholiker war und eine nicht immer unkomplizierte Persönlichkeit.
Gleich im Eingang des Hauses werden die Besucher an Nils Holgersson erinnert, denn auf einem Regal steht eine ausgestopfte Wildgans, ein Geschenk von Schulkindern aus Schonen. Die Diele war nicht nur

Durchgangszimmer, hier empfing Selma Lagerlöf auch oft Besuch, oder man saß abends zusammen und hörte Radio.
Der anschließende Salon, ein helles Zimmer, ist durch die Zusammenlegung von Salon und Schlafzimmer des alten Mårbacka entstanden. Von dessen Möbeln sind die meisten verkauft worden, doch einige wie die Rokoko-Stühle und der vergoldete Spiegel stammen noch aus der Kinder- und Jugendzeit der Autorin. Am meisten aber erinnert das Esszimmer an das alte Mårbacka, das mit Kohlezeichnungen Christoffer Wallroths, eines Onkels mütterlicherseits, geschmückt ist. Im Schaukasten dieses Raumes liegen etliche von Selma Lagerlöfs Auszeichnungen, unter anderem die Große Goldmedaille der Schwedischen Akademie (1904) und die Goldmedaille der Nobelstiftung (1909). Das Anrichtezimmer war früher die Küchenstube, ein Ort, der oft in den Lebenserinnerungen erwähnt wird. Hier wohnten die Großmutter und Tante Lovisa, eine Schwester des Vaters. Von der alten Küche ist nur noch die Kräuterkammer bewahrt; die jetzige Küche liegt im angebauten Teil des Hauses und ist mit einem für damalige Verhältnisse sehr modernen Herd ausgestattet.
Das ursprüngliche Haus war einstöckig. Selma Lagerlöf ließ in den Jahren 1921 bis 1923 ein Geschoss mehr errichten, in dem man zu festlichen Anlässen spielen und tanzen konnte, und das Gebäude wurde mit einem Schieferdach versehen. In der oberen Diele hängen Zeichnungen des Hauses aus verschiedenen Zeitabschnitten, das kleine Zimmer rechts war das der Haushälterin Ellen Lundgren.
Das Zimmer links der Diele diente als Salon und wurde nach dem Tod der Freundin und »Reisekameradin« zu einer Gedenkstätte für Sophie Elkan, die oft längere Zeit in Mårbacka wohnte. Daneben liegt das Schlafzimmer Selma Lagerlöfs. Es ist die alte Dachkammer, in der die Lagerlöf-Kinder in Schlafkommoden schliefen, die oft mitten in der Nacht auseinander fielen. Gleich nach ihrer Rückkehr nach Värmland machte sie aus der Kinderstube ihr Schlafzimmer. Der dunkle Speicher zwischen den zwei Giebelzimmern, über den die Kinder nur ungern gingen, wurde beim Umbau zur Bibliothek, zum Arbeitszimmer und damit

stilles Herzstück des Hauses. Die letzten Tage ihres Lebens verbrachte die Schriftstellerin aber im helleren Sophie-Elkan-Zimmer, wo sie am 16. März 1940 starb.
Unser Rundgang endet mit einem kurzen Radiobeitrag, einer Rede, die sie an ihrem 80. Geburtstag hielt. Als die leicht pathetische Stimme der Schriftstellerin erklingt, laufen uns kleine Schauer über den Rücken. Die große alte Dame wusste eben gut, sich in Szene zu setzen, sie hatte mündlich wie schriftlich das Talent, die Menschen mit ihrer Erzählkunst in ihren Bann zu ziehen.

Tief im Wald zwischen dem See Fryken und der Ortschaft Arvika verborgen: einer der vielen värmländischen Seen in Selma Lagerlöfs Heimat.

In ihrem Testament bestimmte Selma Lagerlöf, dass Mårbacka als Familienbesitz und Gedenkstätte erhalten werden soll. Alles ist so geblieben, wie es am Tag ihres Todes aussah. Es steht Besuchern aus aller Welt offen und ist gleichzeitig Familieneigentum: Die Familie kann über den zweiten Stock verfügen, wenn sie zu Besuch kommt. Seit 1967 steht das Gut, das heute von einer Stiftung verwaltet wird, unter Denkmalschutz. Im Sommer sind 20 bis 25 Mitarbeiter zur Instandhaltung und Pflege angestellt, um alles zu erhalten, wie es war. Es gibt jedes Jahr Ausstellungen zu verschiedenen Bereichen ihres Schaffens, und seit 1972 verteilt die Stiftung jedes zweite Jahr einen Mårbacka-Preis an Verfasser, bildende Künstler, Wissenschaftler oder Personen, die sich für Selma Lagerlöfs Werk eingesetzt oder in ihrem Geist gearbeitet haben. Preisträger waren unter anderem Tove Jansson und Kerstin Ekman.

»Es war ganz in Selma Lagerlöfs Sinne, Mårbacka privat zu lassen«, meint dazu Lina Johansson, die große Bewunderung unter anderem auch für die Geschäftsfrau Selma Lagerlöf hegt. So existiert heute noch die von ihr gegründete Aktiengesellschaft Mårbacka Havremjöl, die das Hafermehl der Gegend um den Fryken-See in ganz Schweden vertreibt und mit der die Schriftstellerin etliche Arbeitsplätze für die Bevölkerung schuf. Auch den Hof habe sie nicht allein aus nostalgischen Gründen zurückgekauft, meint Lina Johansson, sondern um den Menschen der Gegend Arbeit zu verschaffen.

Ein weiterer, nicht unerheblicher Punkt in ihrem Leben war der Einsatz für die Emanzipation der Frau und für den Kampf um das Frauenwahlrecht. »Selma Lagerlöf hat sich immer gerne mit intellektuellen Frauen umgeben, sie hat Reden zum Thema Wahlrecht gehalten. In Falun hat sie bei einer dieser Gelegenheiten Valborg Olander kennen gelernt, die ihr eine große Hilfe bei der Arbeit am ›Nils Holgersson war‹«, erzählt Lina Johansson. Die Schriftstellerin sei in vieler Hinsicht ihrer Zeit voraus gewesen: »So passt es auch, dass sie oft Orte beschrieben hat, die heute zum Weltkulturerbe der Unesco zählen.«

Mårbacka selbst ist nicht nur das Vorbild für den »Kleinen Herrenhof« im »Nils Holgersson« oder Schauplatz der Kindheitserinnerungen, es ist auch Vorbild für Lövdala, Liljecronas Hof in ihrem Erstlingswerk »Gösta Berling«. Wer aber auf dessen Spuren reisen will, muss an das Westufer des Fryken-Sees fahren – nach Rottneros. Der herrliche Park mit seinen Skulpturen wurde erst in den 50er Jahren des 20. Jahrhunderts angelegt, doch das dazugehörige, heute noch bewohnte Herrenhaus diente als Vorlage für das »Ekeby« im »Gösta Berling«. Selma Lagerlöf selbst begegnen wir unten am Ufer – zumindest ihrer Statue. Sie hält Papier und Stift in der Hand und blickt über ihren geliebten Fryken-See.

»Gösta Berling« ist sozusagen ein Schlüsselroman für die gesamte Gegend um den Fryken. Die Autorin hat zwar die Namen der Orte und Herrenhöfe alle verändert, doch die Schilderung ist so genau, dass man auch hier mit dem Buch in der Hand durch das Land fahren kann.
Wir treffen in Rottneros erneut auf den Nils Holgersson, der nicht nur als Bronzeskulptur mit seinen Gänsefreunden abgebildet ist, sondern einem Abenteuer-Spielplatz seinen Namen geliehen hat. Hier können die Kinder mit einem kleinen Boot oder einem Floß über einen Teich fahren, sich über Brücken hangeln oder mit einer kleinen Gondel rauf- und runterschweben. Alles ist nicht sehr spektakulär, aber für unsere kleinen Touristen, die noch nicht so viel Interesse für alte Herrenhäuser aufbringen wie ihre Eltern, doch eine nette Abwechslung. Und wenn das Wetter es erlaubt, kann man seinen Besuch mit einem Picknick oder einem Bad im schönen Fryken abschließen.

Praktische Hinweise

Information: Mårbackastiftelsen (Mårbacka-Stiftung), Box 306, 68626 Sunne, Tel: (0)565/31027, Fax.: (0)565/31029, www.marbacka.s.se, geöffnet Mai–August tägl. 10–16 Uhr, im Winter gibt es samstags um 14 Uhr eine Führung, weitere Führungen können vereinbart werden. Eintritt (nur mit Führung) 60 SEK. **Rottneros Park,** 68694 Rottneros, Tel: (0)565/60295, Fax: (0)565/60035, www.rottnerospark.se, geöffnet Mitte Mai–Mitte September tägl. 10–16 Uhr, Ende Juni–Mitte August bis 18 Uhr, im Park selbst kann man sogar bis 20 Uhr bleiben, Eintritt Nebensaison 100 SEK, Rentner 75 SEK, Kinder (4-15) 40 SEK, Hauptsaison 120 SEK, Rentner 80 SEK, Kinder 45 SEK. Der Nils-Holgersson-Abenteuerpark (der außer dem Namen nicht allzu viel mit Nils gemein hat) öffnet immer um 10.30 Uhr und schließt jeweils eine Stunde vor dem Park.

Anfahrt: Mårbacka liegt rund 50 km nördlich von Karlstad. Von dort fährt man auf der Straße Nr. 62 über Forshaga und Deje Richtung Munkfors, biegt dann zwischen Deje und Munkfors nach Sunne ab und erreicht Mårbacka knapp 10 km vor Sunne. Rottneros liegt ebenfalls südlich von Sunne, aber auf der Westseite des Sees Fryken, direkt an der Straße Nr. 45.

Essen und Einkaufen: Café und Buchhandlung in Mårbacka, Restaurant in Rottneros.

Tipps: Nach **deutschsprachiger Führung** durch Mårbacka fragen. Es gibt eine jährlich wechselnde **Ausstellung** zu einem Aspekt im Leben Selma Lagerlöfs und im November eine große Julmesse, einen **Weihnachtsmarkt,** der mehrere Tage dauert, mit traditioneller Handwerkskunst und viel schwedischem Brauchtum. In Rottneros gibt es interessante **Theatervorstellungen.** In Östra Ämtervik, einige Kilometer südlich von Mårbacka, kann man **Selma Lagerlöfs Grab** besuchen.

Bohuslän

Selma Lagerlöf beschreibt Bohuslän als eine einzige niedrige Mauer, errichtet, um dem Meer Widerstand zu leisten. Inzwischen ist diese Mauer aber so verfallen, dass sich das Meer an vielen Stellen dazwischen geschoben hat. Die felsige Küste mit ihren vielen hübschen Fischerdörfern hat ein eher norwegisches Gepräge. Tatsächlich war die Landschaft lange Zeit zwischen den drei skandinavischen Nachbarn umstritten, erst seit 1658 gehört sie endgültig zu Schweden. Verwaltungstechnisch gehören Bohuslän und das südlich davon gelegene Göteborg zusammen, und die pittoreske Küste sollte nicht darüber hinwegtäuschen, dass sich hier nach Stockholm der zweitgrößte Wirtschaftsraum Schwedens befindet, mit Raffinerien, Auto- und Zulieferindustrien und dem größten Hafen des Landes. Er ist nach wie vor Schwedens Tor zur Welt, und diesen Vorteil hat Selma Lagerlöf sehr bildhaft dargestellt:

Und ebenso wenig darf man vergessen, dass Bohuslän an der Grenze der großen Flur liegt, die allen Menschen auf der Welt gemeinsam gehört. Die Leute von Bohuslän können Wege benutzen, die sie nicht erst zu bauen, noch instand zu halten brauchen. Sie können Herden einfangen, die sie weder zu bewachen noch auf die Weide zu führen haben, und ihre Beförderungsmittel werden von Zugtieren gezogen, denen sie kein Futter und Obdach geben müssen. Deshalb sind sie auch nicht so abhängig vom Ackerbau oder von der Viehzucht wie die Bewohner anderer Bezirke, und sie fürchten sich nicht, ihr Heim auf sturmgepeitschten Schären aufzuschlagen, wo kein Grashälmchen wächst, oder auf dem schmalen Streifen Uferland am Fuße der Berge, wo kaum Platz zu einem kleinen Kartoffelfeld ist; denn sie wissen, dass das große reiche Meer ihnen alles geben kann, was sie brauchen.

Väderöarna

DAS GOLD AUF DER SCHÄRE

Von Värmland aus gelangen die Wildgänse über Dalsland an die Westküste, nach Bohuslän. Während sich der Gänserich Martin auf seinen Stall in Västra Vemmenhög freut, ist Nils in Versuchung, mit der Wildgänseschar weiter ins Ausland zu reisen, zumal er noch nicht weiß, wie er seine ursprüngliche Gestalt wieder erlangen kann, ohne dem Gänserich Martin Schaden zuzufügen. Die Schar lässt sich auf einer kleinen Schäreninsel nieder, doch mitten in der Nacht weckt Akka den Jungen, um mit ihm und sieben alten Gänsen einen Ausflug zu einer kleinen Insel zu machen, wo sie mit dem Adler Gorgo zusammentreffen.

Zuerst ging es über eine Reihe großer und kleiner, nahe an der Küste liegender Inseln hin, dann über ein breites, offenes Wasser, und schließlich erreichten sie die große Väderöer Inselgruppe, die ganz draußen dicht am offenen Meere liegt. Es waren lauter niedrige, felsige Inseln, und im Mondschein konnte man deutlich sehen, dass sie an ihrer Westseite von den Wogen ganz glatt geschliffen waren. Einige davon waren ziemlich groß, und auf diesen unterschied der Junge einige Häuser. Akka suchte eine der kleinsten dieser Schäreninseln auf und ließ sich darauf nieder.

Die alte Akka hat ihren besonderen Grund, diese kleine Insel aufzusuchen, denn als sie mit ihrer Schar vor vielen Jahren einmal hier gestrandet ist, haben die Vögel Säcke mit Goldstücken entdeckt. Nils soll für sie nachsehen, ob das Gold noch da ist. Und dann bietet sie ihm den Schatz als Lohn für die Hilfe an, die er den Wildgänsen bei ihrer Reise in den

Norden geleistet hat. Nils aber möchte noch nicht den Abschied erhalten. Er zieht es vor, mit den Gänsen weiterzuziehen.
Der Adler Gorgo ist mit einer schlechten Botschaft für Nils auf die Väderöarna gekommen: Es geht dessen Eltern mittlerweile sehr schlecht und sie brauchen dringend Hilfe. Nils aber fürchtet, er müsse bei einer Heimkehr den Gänserich Martin opfern – und dies kommt für ihn nicht in Frage.

EINEN GOLDSCHATZ haben wir auf den Väderöarna vor der Küste Bohusläns nicht gefunden. Die Schätze, die man hier finden kann, sind mehr kulinarischer Art: Auf der Hauptinsel der »Wetterinseln«, einem kargen Eiland mit wenigen Häusern, gibt es ein besonders gutes Restaurant. Der Ruf der hiesigen Küche ist sogar bis nach Stockholm gedrungen, und so machen viele Schweden gerne einen Ausflug hierher.
Auch darüber hinaus sind die Väderöarna mit ihren an die hundert Inseln und Inselchen eine Reise wert. Hier scheint die Zeit stehen geblieben zu sein, und wer Ruhe und viel Natur einerseits, wenig Luxus andererseits als erholsam empfindet, der stößt hier auf ein besonders schönes Fleckchen Erde. »Ja, wir versuchen, ohne Uhr zu leben«, meint Anders

Schönbeck, Eigner, Bootsführer und Koch in einer Person. Das beginnt bereits im Hafen von Hamburgsund, einem kleinen und gemütlichen Fischerstädtchen, in dem wir uns mühsam zum winzigen »Fähranleger« durchfragen. Das Boot liegt am Kai, doch Menschen sind vorerst nicht zu sehen. Also setzen wir uns zu einem kleinen Frühstück ans Wasser, lassen die Beine baumeln und warten auf unsere Mitreisenden. Während der Bootseigner Kiste für Kiste mit Nahrungsmitteln auf das Boot lädt, läuft uns schon das Wasser im Mund zusammen: große Fische, Muscheln, Krabben, es verspricht, ein leckeres Abendessen zu werden.

Ein rotes Haus, ein Boot, Felsen und Wasser: Die Väderöarna sind ein Paradies für Naturfreunde und Ruhesuchende.

Die halbstündige Fahrt zur Storö, zu Deutsch Große Insel, einer von zwei bewohnten Inseln, ist herrlich. Wir gleiten vorbei an den für Bohuslän typischen farbenprächtigen Bootshäusern und großen Felsbrocken. Das Wasser glitzert, die roten Schuppen leuchten, und wir strahlen auch. Allerdings müssen wir im Lauf der Reise von der hinteren Bank, von der man den besten Ausblick hat, flüchten, um nicht pitschnass zu

Zimmer mit Aussicht: Das Vandrarhem auf der Hauptinsel der Väderöarna ist von Felsen und dem glitzerndem Meer umgeben.

werden. Anders Schönbeck manövriert nicht gerade langsam durch die kleinen Felsinseln, und als wir das offene Meer erreichen, zieht er das Tempo noch einmal ordentlich an.
Auf Storö angekommen, gibt es einen kleinen Imbiss: selbst gebackenes Brot mit Lachs oder Hering. Für ein Wandererheim, als das sich unser Domizil bezeichnet, ein geradezu großartiger Empfang. Aber das vandrarhem ist eben zugleich auch värdshus, und das bedeutet »gehobene Klasse«. Unser Führer Anders lockt uns anschließend auf den »Aussichtsturm«, den höchsten Punkt der Insel, von dem aus eine Wetterstation Daten zum Festland sendet. »Dies ist der wärmste und zugleich windigste Platz von ganz Schweden«, meint Anders: entlang der Küste verläuft eine warme Strömung, die zum Teil für zehn Grad Unterschied zum Festland sorgt.
Die Hauptinsel der Väderöarna war lange Zeit, von 1750 bis 1967, Lotsenstation. »Bis Mitte der 60er Jahre Radar und Echolot den Lotsen überflüssig machten, arbeiteten hier viele Männer. Aber als das Leuchtfeuer elektrifiziert wurde, brauchte es niemanden mehr, der das Licht bewachte«, berichtet Anders und erzählt uns von einem besonders faulen Leuchtturmwärter, der die Planken der Zwischendecke über seinem Bett fortnahm, um das Feuer im Liegen überwachen zu können.
Die Lotsen hatten keine spezielle Ausbildung, der Beruf wurde vom Vater auf den Sohn vererbt. Lohn war das lukrative Fischereirecht Das Wasser hier im Westen ist salzhaltiger, und daher gibt es auch deutlich mehr Schalentiere als an der Ostküste. Für die Lotsen aber war auch das Recht entscheidend, Wracks nach Brauchbarem abzusuchen. »Es gab Lotsen, die wegen Seeräuberei angeklagt wurden«, grinst Anders.
Heute gehört die Insel dem Staat, und man versucht, sie ein bisschen mehr für den Tourismus zugänglich zu machen. So wird, als wir einen Rundgang durch den klitzekleinen Ort machen, eifrig am neuen Yachthafen gezimmert. Es gibt am Nordende aber auch einen kleinen Naturhafen, der bereits in früheren Zeiten Seeräubern als Versteck gedient hat und Heringsfischern Schutz vor Stürmen bot. Es handelt sich um eine längere Fahrrinne, die von der Hauptinsel und einer kleineren Felseninsel eingerahmt ist. Hier weht der Wind nicht so stark, hier legen die

Sportsegler eine Pause ein, nehmen ein Sonnenbad und vertreten sich ein bisschen die Beine.
Der Weg vom Wandererheim zum Naturhafen ist etwas beschwerlich. Er führt über karge Felsen, denn außer dem Pfad zum Aussichtsplatz gibt es auf der Insel keine Spazier- oder Wanderwege. Man sucht sich mühsam einen Weg über Granit- und Gneisfelsen, landet von Zeit zu Zeit in einer Sackgasse oder muss kleine Schluchten überwinden, deren Grund aus Sumpf besteht. Manchmal wünschen wir uns markierte Pfade, vielleicht auch nur, um die Flechten, die viele Jahre brauchen, um zu wachsen, vor

Auf dem Weg von Hamburgsund zu den Väderöarna kommen wir an den für Bohuslän typischen Bootshäusern vorbei.

den Fußtritten der Besucher zu schützen. Aber nach einer Gewöhnungsphase macht es auch Spaß, sich voranzutasten und die Insel auf eigene Faust zu erkunden. Richtige Badeplätze gibt es nicht, aber mehrere schöne Badestellen, die allerdings mehr für Kletterer geeignet sind. Nein, touristisch sind die Väderöarna nicht, aber ausgesprochen gastfreundlich.
Wir haben unser heutiges Ziel erreicht und lassen uns oberhalb des Naturhafens nieder, an dessen Holzsteg ein großes Segelboot festgemacht hat. Wir beobachten die eleganten Seeschwalben mit ihren schwarzen

Köpfen und hellroten Schnäbeln, die sich kopfüber ins Wasser fallen lassen, um sich ihr Mittagessen zu besorgen. Plötzlich ein lauter Ruf: »En, två, tre!« Ein mächtiges Platschen. Zwei der Segler sind mutig ins noch eiskalte Wasser gesprungen.

Ja, die Insel ist ein Paradies für pausierende Segler, für Vogelbeobachter – und für Gourmets. Das dem Wandererheim angeschlossene »Wirtshaus« genießt zu Recht einen besonders guten Ruf, und so findet sich hier ein sehr interessant gemischtes Publikum ein. Die Segler halten sich bislang mehr am Naturhafen auf, verschmähen aber die gute Küche durchaus nicht. Dann gibt es eine große Gruppe Aquarellmalerinnen, die sich um ihren weißhaarigen Lehrer schart, ein Göteborger Ehepaar, das hier zwei ruhige Tage mit dem Beobachten von Vögeln genießen möchte, ein junges Paar aus Stockholm, das seine Hochzeitsreise auf die Väderöarna macht. Und dann ist da noch eine Gruppe von acht Geschäftsmännern in offensichtlich teurer Outdoorkleidung, die allesamt versuchen, jung und dynamisch auszusehen. Mindestens zwei von ihnen sind ständig mit ihrem Handy beschäftigt und führen lautstark und auf Englisch wichtige Gespräche. Am anderen Tag sehen wir sie im Windschatten eines Holzschuppens sitzen und konzentriert arbeiten.

Uns alle vereint der Höhepunkt des Tages: middag. Das schwedische Mittagessen findet ja abends um sechs Uhr statt und ist hier auf Storö wirklich etwas Besonderes. In der Küche steht heute Koch Erik, und Erik macht die besten Fischgerichte, die man sich denken kann. Allein für seine Muschelsuppe hat sich die Fahrt gelohnt, und die Fischpaté mit Meerrettich ist ein absoluter Genuss. Jedes Mal, wenn wir im Laufe des Tages unser Domizil betraten, kam uns ein herrlicher Duft entgegen: mal war es die Muschelsuppe, mal war es frisch gebackenes Brot. In Schweden, wo es fast ausschließlich weiches und gesüßtes Brot gibt, weiß man frisch gebackenes besonders zu schätzen.

»Ein Wandererheim ist dies eigentlich nicht«, meinen unsere Tischgenossen, »eigentlich mehr ein Spitzenrestaurant.« Das stimmt: Das Essen ist herausragend, und die beiden Mädchen, die hier Dienst tun, haben den Tisch wunderschön mit Blumen und Kerzen geschmückt. Dagegen sind die Zimmer eher einfach. Die Jugendherberge, 1999 im Haupthaus eingerichtet, verfügt über mehrere Zimmer, die nach Lotsen der Insel benannt wurden. Die Einrichtung ist sehr gemütlich, aber eher spartanisch. Es stehen nur zwei Toiletten für alle Besucher zur Verfügung, und da es auf der Insel kein Frischwasser gibt, wird man dazu angehalten, sparsam damit umzugehen. Duschen soll man also nur im Notfall, und auf einem Schild am Duschhaus wird man dazu aufgefordert, doch lieber ins Meer zu springen.

Nur aus diesem Grund sind wir am Abend auch sparsam mit dem Wasser, trinken lieber den ausgezeichneten Hauswein zum Essen und genießen nette Gespräche mit den Göteborgern an unserem Tisch. Wie hat Anders doch heute Mittag gesagt? »Wenn man sich gut versteht, dann hat man hier eine schöne, gemütliche Zeit.«

Praktische Hinweise

Information: Väderöarnas Vandrarhem, Postadresse: Falkevägen 2, 45071 Fjällbacka, Tel: (0)525/32001, Fax: (0)525/32006, www.vaderoarna.nu, bis auf eine kurze Unterbrechung im Spätwinter ganzjährig geöffnet. Betreiber und Anfahrtshafen haben seit unserem Besuch gewechselt, das Konzept ist aber geblieben, so dass wir hoffen, dass es noch ebenso empfehlenswert ist.
Anfahrt: Das Boot von Fjällbacka (nicht mehr Hamburgsund) braucht etwa eine halbe Stunde, die Überfahrt kostet hin und zurück 200 SEK, Kinder (1–12) 120 SEK. Fjällbacka liegt etwas mehr als 100 km nördlich von Göteborg, gute 10 km abseits der E 6, die von Göteborg nach Norwegen führt.
Essen: Im Vandrarhem wird man bestens verpflegt, einen Laden gibt es nicht.
Tipps: Anmeldung empfehlenswert. Man wohnt in **einfachen Zimmern** mit Gemeinschaftstoilette. Man kann die Inseln auch **mit dem eigenen Boot** ansteuern: 58°34,5' Nord, 11°04' Ost. Inzwischen gibt es in einem Haus in der Nähe des Vandrarhem eine **Ausstellung** zu Geschichte und Umgebung der Inselgruppe.

Von Strömstad bis Marstrand

SILBER IM MEER

Als die Wildgänse über Bohuslän fliegen, finden sie alles eher ruhig: kein Leben in den Fischerdörfern, keine Boote auf dem Wasser, die Lotsenstationen und Badehäuser geschlossen, nur die Bauern und die Männer in den Steinbrüchen und Werften sind bei der Arbeit.

Aber mit einem Schlag verändert sich alles: Vögel wie Seehunde und Delfine, alle Tiere stürzen in plötzlicher Hast südwärts. Als die Wildgänse erstaunt fragen, was denn los sei, bekommen sie zur Antwort: Die Heringe sind in Marstrand eingetroffen. Auch die Menschen beeilen sich, ihre Boote aufs Wasser zu bringen und die Netze auszuwerfen.

In dem breiten Fjord zwischen der Marstrandinsel und der Paternosterschäre fuhren die Fischerboote immer zu drei und drei nebeneinander her. Da, wo die See dunkler aussah und in kleinen kurzen Wellen aufschäumte, waren die Heringe. Die Fischer wussten das wohl und warfen an diesen Stellen vorsichtig die langen Netze ins Wasser, fassten sie ringsum zusammen und schnürten sie unten zu, so dass die Heringe nun wie in einem ungeheuren Sack lagen; dann zogen und schnürten sie sie enger und enger zusammen, so dass der Raum immer kleiner wurde und das Schleppnetz schließlich, mit glitzernden Fischen gefüllt, herausgezogen werden konnte.

Wie die Erde reich an Bodenschätzen ist, so ist das Meer reich an diesem Silber, und jetzt im Oktober, mit der Ankunft der Heringe, ist plötzlich Leben und Bewegung da.

BOHUSLÄN mit seiner inselreichen und felsigen Küste spielte im Leben von Selma Lagerlöf eine große Rolle, und die recht genaue Beschreibung der Heringsfischerei vor Marstrand zeugt von der Sachkenntnis und der Liebe zu dieser Landschaft gleichermaßen.
Als Kind verbrachte Selma mit ihrer Familie einen Sommer in Strömstad im nördlichen Bohuslän, wo man sich Linderung ihrer Krankheit, eines Hüftleidens und zeitweiliger Kinderlähmung, erhoffte. Doch zunächst will sich bei dem kranken Mädchen keine Besserung einstellen. Erst als die Vermieterin, die Frau eines Kapitäns, von dem Paradiesvogel erzählt, der ihren Mann auf seinen Reisen beschütze, hofft die Kleine, dieser Vogel aus dem Paradies werde auch ihr helfen. Wie heute vermutet wird, handelte es sich dabei nicht um diesen Singvogel aus Australien, sondern vielmehr um einen Pfau mit »langen, glänzenden, hängenden Federn«, wie es in den Kindheitserinnerungen »Mårbacka« heißt.
Die Familie gelangt mit einem Ruderboot auf das Schiff, wo sich das Tier befindet, und hier macht sich Selma voller Neugier selbstständig auf den Weg, den Paradiesvogel zu suchen. Erst, als die Familie ihr folgt, wird klar, was passiert ist: »Und nun kam es auch ihr selbst zu Bewusstsein, dass sie über das Deck gegangen, die Treppe heruntergegangen, in die Kajüte gegangen war, und dass niemand sie getragen hatte.«

Auch später sollte die Schriftstellerin immer wieder an die Küste reisen, und wir nehmen uns ebenfalls einige Tage Zeit für diesen Landesteil. Strömstad ist heute ein ausgesprochen netter Badeort mit einem großen Gästehafen, ein attraktives Ziel für Segler. Uns kam die Stadt, wie sie in der Abendsonne lag, alt und gemütlich mit ihrem Kaltbadehaus der Jahrhundertwende und zugleich elegant mit ihren Restaurants und Bars vor.

Am nächsten Morgen fahren wir auf die Insel Klädesholm im Süden, auf die man über eine Brücke gelangt. Dies ist ein eher beschaulicher Ferienort mit alten Holzhäusern und einem kleinen Heringsmuseum, in dem über die Zeit der intensiven Fischerei und Fischverarbeitung berichtet wird. Wir betrachten die Bilder von den Arbeiterinnen in den Fischfabriken, und bevor die Reise weitergeht, kaufen wir Hering aller Art. In Klädesholm sind nämlich die wenigen Konservenfabriken ansässig, über die Bohuslän noch verfügt. In einer von ihnen gibt es einen kleinen Laden, in dem sich die Feriengäste ihre Fischkonserven holen. Allerdings stammt dieser »Sill« nicht aus dem schwedischen Meer: Der in Nordskandinavien, vor allem vor Island, gefischte Hering wird hier nur noch verarbeitet.

Unser eigentliches Ziel aber ist Marstrand. Die Stadt ist zweigeteilt Von der Insel Koön aus, zu der man mit dem Auto über Brücken gelangt, fährt in regelmäßigen Abständen die Fähre »Lasse-Maja III.« nach Marstrandsön und zurück. Die Stadtverwaltung war so schlau, die Tarife für Personenwagen so teuer zu gestalten, dass die Insel praktisch autofrei ist. So laden die ansteigenden Gassen und der Kai geradezu zum Bummeln ein. Auch die zahlreichen Segler, die im Gästehafen ankern, wissen dies zu schätzen.

In der Vergangenheit war der Ort einzig und allein vom Fischfang abhängig. Da die Heringe immer nur periodisch auftraten, für etwa zwanzig oder dreißig Jahre, wechselten sich Reichtum und große Armut ab. Nach einer längeren Pause kehrten die Heringe Mitte des 18. Jahrhunderts wieder zurück, und mit ihnen der Wohlstand. 1775 erhielt Marstrand einen Freihandelshafen, der auch Straftäter anlockte, die hier bei

geringeren Vergehen Straffreiheit genossen. Für den Bau der Festung Carlsten oberhalb der Altstadt im 18. und 19. Jahrhundert wurden dagegen Sträflinge zur Arbeit herangezogen. Sie mussten schwere Steine schleppen, und eine zwei Kilo schwere Eisenkugel hinderte sie an der Flucht. Erst 1854 wurde die so genannte Marstrand-Arbeit abgeschafft.
Zu den Gefangenen der Festung gehörte übrigens auch Lasse-Maja, der Namensgeber der Fähre zwischen den beiden Stadtteilen. Er war ein geschickter Dieb, und um sich zu verstecken, verkleidete er sich lange Zeit als Frau. Als er schließlich doch gefasst wurde, leistete er seine Strafe als Koch ab, denn in seiner Zeit in Frauenkleidern hatte er kochen gelernt ...
Nachzulesen ist dies in einer deutschsprachigen Broschüre des Touristenbüros am Kai, doch wir stoßen bei unserer Suche nach Spuren von Selma Lagerlöf auf eine andere Fundgrube: Stig Christofferson, Vorsitzender des Marstrander Heimatvereins (hembygdsföreningen), ist ein sehr belesener alter Herr. Er hilft uns nicht nur mit Informationen weiter, sondern fördert auch Schwarz-Weiß-Fotos jener Zeit und einen Stadtplan für Touristen aus dem Jahr 1892 zutage. Er lädt uns in die Bibliothek ein, in der das Archiv des Vereins untergebracht ist, und wir dürfen nach Herzenslust stöbern.
Die große »sillperiod«, die Zeit des Herings, die von Selma Lagerlöf so bildhaft beschrieben wurde, begann nach einer langen Pause. Im Oktober des Jahres 1877 erschienen die ersten Heringsschwärme im Norden der Bohuslän-Küste wieder, und in den folgenden Jahrzehnten verdiente ganz Marstrand gut an der Fischerei. Anfang des 20. Jahrhunderts wurden jedoch die ersten Motorboote gebaut, und so war man nicht mehr darauf angewiesen, dass die Fische nach Marstrand kamen. Man fuhr einfach hinaus ins Skagerrak und fischte dort.
Der frische Hering, mit Eis haltbar gemacht und von den schnelleren Dampfbooten transportiert, wurde vor allem nach Deutschland und England verschifft, während das Salz zum Konservieren wiederum aus den deutschen Salinen kam. »1892 und 1893 exportierte man zum Beispiel 190.169 lådor, das sind Kisten von ungefähr hundert Kilo, nach Deutschland«, berichtet Stig Christofferson. Dies hatte ein Ende, als

nach dem Ersten Weltkrieg viele Unternehmen Pleite gingen. In den 70er Jahren des 20. Jahrhunderts war dann ganz Schluss mit der Fischerei. »Heute gibt es nur noch zwei Jungs, die hier beruflich fischen«, erzählt Stig Christofferson.

Zur Zeit Selma Lagerlöfs war Marstrand ein bedeutender Kurort. Schon 1822 hatte ein Kaufmann die alten Heringssalzereien zu Badehäuschen

An der Küste von Bohuslän, hier vor der Insel Orust in der Nähe von Hälleviksstrand, reiht sich ein Fischerdörfchen an das andere.

umgebaut, und 1843 entstand ein kombiniertes Warmbade- und Kurhaus. Dessen Nachfolger, Marstrands »Varmbadhus/Båtellet«, aus dem Jahr 1858, in dem unter anderem auch in Seetang gebadet wurde, dient heute als Sportzentrum. Im Obergeschoss ist eine Art Wandererheim untergebracht. Im Übrigen gab es ab Mitte des 19. Jahrhunderts so genannte »flyttande bassenger«, von denen uns Stig Christofferson erzählt hat. Sie sind in vielen alten Küstenorten zu finden: Holzkonstruktionen, die es ermöglichten, in Meerwasser zu baden, ohne den Gefahren der See trotzen zu müssen – Frauen und Männer streng getrennt natürlich.

Der Bau des heute denkmalgeschützten Kurhauses am Kungsplan wurde 1886 notwendig, als König Oscar II., der hier oft ungestört flanierte, Seebäder in Mode brachte. Heute dient das »Societetshus« genannte Kurhaus als Vergnügungszentrum, auch für die vielen Tagestouristen, die aus der Göteborger Gegend hierher kommen.

Gemeinsam mit ihrer Freundin Sophie Elkan verbrachte Selma Lagerlöf mehrere Sommer hier im gelben Haus an der Promenade von Marstrand.

Selma Lagerlöf kannte sich ziemlich gut aus, denn zusammen mit ihrer Freundin und Reisekameradin Sophie Elkan, deren Familie aus der näheren Umgebung Göteborgs stammte, war sie des Öfteren hier. Im Sommer 1900 mieteten sich die beiden auf der Insel ein. Ihre Vermieterinnen besaßen unten neben dem Sommerhotel ein gelbes und ein weißes Haus, die eigens für Badegäste gebaut worden waren. Stig Christofferson zeigt uns die Veranda, wo die Schriftstellerin gesessen und an ihrem Buch »Jerusalem« gearbeitet hat. Im weißen Haus befindet sich heute übrigens eine Konditorei, die nicht nur sehr nett eingerichtet ist (mit königlichen Porträts an den Wänden), sondern auch hervorragende kleine Gebäckstückchen verkauft.

Dort aber, wo in der Vergangenheit die Fischer mit ihren Booten ablegten und ein Vaterunser beteten, bevor sie zwischen der Marstrandinsel und der Paternosterschäre (daher der Name) aufs offene Meer fuhren, dort springen heute Jugendliche ins eisige Meerwasser. Zwar ist der Tag schön sonnig, doch der vergleichsweise schlechte Sommer hat in diesem Jahr für kühlere Badetemperaturen gesorgt. Und so tauchen wir »Südländer« nicht viel mehr als die große Zehe ins Wasser – und widmen uns dann gemütlich unserem Picknick mit Lachs vom Büdchen am Kai. Wer in Bohuslän ans Essen denkt, der denkt an Fisch, mag dieser auch von fernen Landen kommen ...

Praktische Hinweise

Information: Strömstad Tourist, Tullhuset, Torget, N Hamnen, Box 98, 45222 Strömstad, Tel: (0)526/62330, Fax: (0)526/62335, www.stromstadtourist.se. **Klädesholmen** hat kein eigenes Touristbüro, das nächste ist in Skärhamn: Södra Hamnen, 47132 Skärhamn, Tel: (0)304/671040, Fax: (0)304/671670, skarhamn@bastkusten.se. **Sillebua** (Klädesholmens Heringsmuseum), Sillgränd 8, 47151 Klädesholmen. Tel: (0)304/673308 oder (0)304/673052, http://home.swipnet.se/sillebua/, geöffnet Mittsommer–Mitte August tägl. 15–19 Uhr. **Marstrands turistbyrå,** Hamngatan 33, 44030 Marstrand, Tel: (0)303/60087, Fax: (0)303/60158, www.marstrand.se.
Anfahrt: Strömstad liegt 5 km abseits der E 6, 170 km nördlich von Göteborg, kurz vor der Grenze nach Norwegen. Klädesholmen liegt auf der Insel Tjörn und ist über die Brücke bei Stenungsund von Göteborg nach ca. 70 km erreicht. Marstrand liegt gute 40 km nordwestlich von Göteborg. Die Fähre zur Hauptinsel kostet 20 SEK, für Kinder 15 SEK.
Essen und Einkaufen: Die ganze Bohuslänküste ist auf Besucher eingestellt, man kann überall gut essen, z. B. in Klädesholmen: Restaurant **Salt & Sill,** Danmark, 47151 Klädesholmen Tel: (0)304/673480, www.saltosill.com. **Fischkonserven** ab Fabrik kauft man z. B. bei PK Konserver AB, 47151 Klädesholmen, Tel: (0)304/673190, www.pkkonserv.se.

Västergötland und Halland

Västergötland ist eine alte Kulturlandschaft. Von der Fülle neolithischer Funde über die ersten christlichen Kirchen bis zu den vielen kleinen Städtchen findet man hier ein von Menschen geprägtes Land vor.

In einer Sage, in der Selma Lagerlöf zwei Schiffbrüchige mit einem Riesen wetteifern lässt, wer der Landschaft mehr seinen Stempel aufgedrückt hat, wird klar, dass es sich zur Zeit der Riesen um ein karges, unfreundliches Land gehandelt haben muss, das von diesen nicht gerade verschönt wurde. Doch die beiden Schiffbrüchigen können berichten, wie sehr sich alles zu Gunsten der Menschen verändert hat, die nun allein die Herren über die Ebene und das Gebirge sind. Västergötland hat mit Göteborg zwar einen wichtigen Zugang zum Meer, geprägt ist das Land aber durch seine Binnenlage zwischen den großen Seen Vänern und Vättern.

Halland dagegen ist wie Bohuslän ganz dem Meer zugewandt. Prägend sind hier lange Buchten mit Sandstrand, an denen sich ein Badeort an den anderen reiht. Halland wird nicht so recht als eigene Landschaft beschrieben, der Osten gleicht Småland, die Küste ist anfangs wie in Bohuslän, dann wie in Schonen. Es soll aber durchaus eine Geschichte gegeben haben, mit der Selma Lagerlöf Halland beschrieb: Sie handelt von Hausierern, die von Ort zu Ort reisen, um ihre Waren zu verkaufen. »Das war den Leuten aus Halland nicht recht, sie protestierten, und so wurde dieses Kapitel nie veröffentlicht«, erzählt uns Lars Israelsson, ein Lagerlöf-Kenner, der selbst schon auf Nils Holgerssons Spuren gereist ist. Vielleicht wird man es irgendwann in einer zukünftigen Ausgabe des Buches finden.

Nääs

DER GROSSE HERRENHOF ALS WERKSCHULE

In Västergötland hilft Nils Holgersson einer Volksschullehrerin, eine gute Tat zu tun. Sie singt mit ihren Schulkindern für den schwerkranken Otto Salomon, den Begründer der Slöjd-Seminare auf Nääs, und holt ihn so ins Leben zurück. Die Lehrerin hatte als junge Frau die Gelegenheit, einen Lehrgang auf Nääs mitzumachen, und war sehr beeindruckt von dem pädagogischen Konzept.

Slöjd ist ein in Deutschland unbekannter Begriff. Es handelt sich um Lehrgänge, die mit »Werkunterricht« nur unzureichend beschrieben werden. Es geht dabei darum, Lehrer in künstlerischen und kunsthandwerklichen Tätigkeiten auszubilden, damit sie diese Kunst an ihre Schüler weitergeben können. Ziel ist einerseits die Bewahrung der alten Handwerkstradition, andererseits sollen auch kulturelle Traditionen wie Gesang und Tanz lebendig erhalten bleiben.

Die junge Lehrerin erhält die Aufforderung, an einem dieser Lehrgänge teilzunehmen, doch sie ist außerordentlich schüchtern und tut sich sehr schwer damit, unter all den fremden Menschen zu leben und zu werken. Erst als am Abend ein alter Volksschullehrer erzählt, wie das Slöjdseminar entstanden ist, taut sie auf. Er berichtet, Nääs sei ein sehr altes Gut, sei aber früher nie etwas anderes gewesen als ein großer, schöner Herrenhof, bis der alte Herr, dem er jetzt gehöre, hierher gezogen sei. Dieser, ein sehr reicher Mann, habe einen jungen Neffen zu sich geholt, der bei der Bewirtschaftung helfen sollte.

Der junge Mann machte sich aber allerlei Gedanken bei seiner Arbeit: *Es fiel ihm auf, dass sich in den meisten dieser Wohnungen an den langen Winterabenden weder Männer noch Kinder, ja oft nicht einmal die Frauen mit irgendeiner Handarbeit beschäftigten. In den früheren Zeiten hatten die Leute ihre Hände zur Herstellung ihrer Kleider und ihres Hausgeräts fleißig rühren müssen, aber jetzt, wo man alle diese Dinge kaufen konnte, hatten diese Arbeiten aufgehört. Und da glaubte der junge Herr zu sehen, dass in den Häusern, wo man dieses häusliche Gewerbe aufgegeben hatte, auch das häusliche Behagen und der häusliche Wohlstand verloren gegangen seien.*

Der alte und der junge Herr beschließen, eine Slöjdschule für Kinder einzurichten. Die Kinder sollen lernen, einfache Geräte aus Holz herzustellen. Die Schule ist recht erfolgreich, und um noch mehr Kinder zu erreichen, werden nun Lehrerinnen und Lehrer aus dem ganzen Land unterrichtet.

Die Schule, der der junge Herr vorsteht, genießt bald auch außerhalb Schwedens einen guten Ruf. Um die Jahrhundertwende gibt es keinen schwedischen Ort, der im Ausland so bekannt ist wie Nääs. Und unsere junge, schüchterne Lehrerin bekommt durch die Erzählungen von den Anfängen des Slöjdseminars neuen Mut.

Jetzt sah sie, wie liebevoll im ganzen Seminar alles für die Teilnehmer an den Kursen eingerichtet war. Diese Teilnehmer wurden bei weitem nicht nur in Handarbeit unterricht; der Vorstand hielt Vorträge über Erziehung, er gab Turnunterricht, er bildete einen Gesangsverein, und beinahe jeden Abend traf man sich, um zu musizieren und Vorlesungen zu hören. Und außerdem standen Bücher, Boote, Badehäuser und Klaviere zur Verfügung; alle sollten es gut haben, sich wohl fühlen und vergnügt sein.

Die junge Lehrerin fühlt sich mittlerweile auch wirklich wohl auf Nääs.

Das Schloss, in dem der alte Herr wohnte, lag auf einem Hügel, der fast ganz von einem See umgeben und durch eine schöne steinerne Brücke mit dem Lande verbunden war. Die Lehrerin hatte noch nie etwas so Schönes gesehen wie die Blumenbeete auf den Terrassen vor dem Schlosse, wie die alten Eichen im Park, wie den Weg am Seeufer entlang, wo die Bäume sich über das Wasser neigten, oder wie den Blick über den See vom Pavillon auf dem Felsen. Die Schulgebäude lagen auf dem Festland, dem Schloss gerade gegenüber auf grünen, schattigen Wiesen, aber es stand den Schülern frei, ganz nach Belieben im Schlosspark spazieren zu gehen.

Als die Lehrerin Jahre später hört, dass der Vorsteher auf Nääs gefährlich erkrankt ist, beschließt sie, mit ihren Schulkindern zum Seminar zu wandern, um ihn mit einigen Liedern zu erfreuen. Bei der Wanderung nach Nääs begegnet Nils Holgersson der Schar und begleitet sie unbemerkt zum Haus des Slöjd-Vorstehers. Unterwegs erzählt die Lehrerin ihren Schülern nicht nur Sagen über Westgötland, sondern auch von den Anfängen des Slöjd-Seminars, und Nils' Achtung für den Pädagogen wird geweckt.

Die Lehrerin aber möchte beinahe umkehren, sie ist unsicher, ob ihre Gabe wirklich willkommen ist. Erst als Nils ihr einflüstert, daran zu denken, dass der Slöjd-Vorsteher nicht sterben dürfe ohne einen letzten Gruß seiner Schüler, stimmt sie mit den Kindern ihren Gesang an.

OTTO SALOMON, der Gründer der Slöjdschule auf Nääs, hat das Erscheinen des zweiten Nils-Holgersson-Bandes leider nicht mehr erlebt, er starb im Jahr 1907. Mit ihrem Kapitel »Ein großer Herrenhof« hat Selma Lagerlöf ihrem Freund, dessen Arbeit sie sehr schätzte, ein literarisches Denkmal gesetzt. Durch ihre anschauliche Schilderung wird die besondere Atmosphäre von Nääs bis in die Gegenwart wach gehalten. Auch heute, da die Menschen immer noch zu Lehrgängen kommen, ist etwas von der besonderen Stimmung der Schule zu spüren.

Die Schriftstellerin war durch ihre Reisekameradin Sophie Elkan, eine Schwester Otto Salomons, mit Nääs bekannt geworden. Die beiden Freundinnen verbrachten manchen Sommer in einem mit wildem Wein bewachsenen Flügel des Herrenhauses oberhalb des Sävelången-Sees. Hier

Aus der Luft sieht man gut, wie weitläufig die Anlage von Nääs ist. Vänhem, das Sommerhaus der Abrahamssons, beherbergt heute ein Ausstellung über die Slöjdbewegung.

beschäftigten sie sich mit Büchern und Zeitschriften, »eifrig die Ereignisse der Zeit ausdiskutierend und neue Reisen planend«, wie es in einer Broschüre über Nääs heißt. Sie nahmen nicht an den Werkkursen auf der anderen Seite der schmalen Brücke teil, wohl aber an den Vergnügungen der Sommerkurse wie Volkstanz, Bauernhochzeit, Theateraufführungen. Zuweilen las Selma Lagerlöf aus ihren Büchern vor – für manche der Lehrgangsteilnehmer einer der Höhepunkte im Programm. Das Kapitel »Ein großer Herrenhof« stellte sie unter großem Zeitdruck fertig, denn sie wünschte, dass Otto Salomon es lesen könnte, bevor er starb.
Der 1849 in Göteborg geborene Otto Salomon war der Spross einer jüdischen Familie, deren Vorfahren aus Preußen eingewandert waren. War

es Juden bis Ende des 18. Jahrhunderts noch verboten, sich in Schweden niederzulassen, so erlaubte man später die Gründung jüdischer Gemeinden in Stockholm und in Göteborg. Doch die Bedingungen waren nicht leicht: Juden durften sich anfangs nur in größeren Städten niederlassen, es war eine bestimmte Anzahl an Handwerkern zugelassen, und wer Handel treiben wollte, musste eine sehr hohe Summe bezahlen. Erst Mitte des 19. Jahrhunderts sorgten Reformen für Erleichterung: Das Berufsverbot wurde aufgehoben, die Freizügigkeit eingeführt, Juden durften Grund und Boden erwerben und Christen heiraten. 1870 erhielten sie dann alle bürgerlichen Rechte.

Otto Salomons Onkel August Abrahamsson, 1817 in Karlskrona geboren, war der Sohn armer Juden. Er sprang mit elf Jahren für den kränklichen Vater ein, zog mit 13 nach Göteborg, um eine kaufmännische Ausbildung zu absolvieren. Als 23-Jähriger erhielt er die Erlaubnis, eigenständig Handel mit Kurzwaren zu treiben, und wurde mit der Zeit zu einem reichen Kaufmann. Zusammen mit seiner Frau Euphrosyne, einer ehemaligen Opernsängerin, gehörte er zu einer Gruppe assimilierter Juden. In dieser Gemeinschaft wurden jüdische und christliche Traditionen gemischt.

Vänhem, das Sommerhaus der Abrahamssons, das später nach Nääs versetzt wurde und heute noch ein wichtiger Bestandteil der Einrichtung ist, diente bereits in Göteborg als eine Schule für arme Kinder des Wohnviertels. 1868 kaufte das Ehepaar Stora Nääs bei Lerum am See Sävelången. August Abrahamsson überließ die Geschäfte seinen Brüdern, und nach dem Tod Euphrosynes holte er seinen Lieblingsneffen Otto, der damals am Technologischen Institut in Stockholm studierte, zur Bewirtschaftung des Gutes nach Nääs.

Dessen zwei Schwestern erhielten Wohnrecht im südlichen Flügel, und so verbrachte Sophie Elkan den Sommer auf Nääs, den Winter in Göteborg, wenn sie nicht gerade mit Selma Lagerlöf auf Reisen war. Sophie wird in Biografien Selma Lagerlöfs oft als eher schwieriger Charakter beschrieben. Sie hatte mit 19 Jahren ihren Cousin Nathan Elkan geheiratet, doch der Mann und die zweijährige Tochter starben früh an Lungentuberkulose. Von da an trat Sophie Elkan als »Witwe aus Berufung«, wie man es nennen könnte, ausschließlich in schwarzer Kleidung auf. Sie machte für ihren Bruder Otto Übersetzungsarbeiten und schrieb einige historische Romane. Als Selma Lagerlöf ihr bei einer Neujahrsfeier 1894 zum ersten Mal begegnete, soll sie ihren Trauerflor aufgehoben, ihr ins Gesicht geschaut und gesagt haben: »Sie sind sehr hübsch. Ich weiß, dass wir Freundinnen werden.«

Für den Bruder Otto Salomon hegten die beiden Frauen größte Bewunderung. Er hatte 1872 auf Nääs mit der Einrichtung der Handwerksschule für Knaben begonnen und sich von da an nicht mehr so sehr für die Bewirtschaftung des Gutes als vielmehr für seine pädagogischen Ziele interessiert. Darin wurde er sehr von seinem Onkel unterstützt. Dieser war mit elf Jahren gezwungen gewesen, die Schule zu verlassen und Geld zu verdienen. Jetzt wollte er den Kindern die Gelegenheit geben, es besser zu haben.

In seinen Beweggründen war Otto Salomon ganz Kind seiner Zeit. »Man hatte in der Zeit der Industrialisierung Angst, dass das alte Handwerk verschwinden könne«, erklärt Gunilla Hallset, Antiquarin der Stiftung Nääs. Die Historikerin kümmert sich um die Bewahrung des kulturhistorischen Milieus. Dabei arbeitet sie mit der Göteborger Universität und mit Konservatoren zusammen, um herauszufinden, wie Nääs einst ausgesehen hat.

30 Jahre vor Nääs war bereits die Vereinigung Svenska Hemslöjd Föreningar gegründet worden; auch in England existierte die Idee des »educational sloid« schon. »Otto Salomon war also nicht der Begründer der Slöjd-Seminare, doch er hat sie in aller Welt bekannt gemacht«, sagt Gunilla Hallset. In vielen Ländern übernahm man diese Idee und richtete weitere Schulen dieser Art ein. Bis in die zwanziger Jahre des vorigen Jahrhunderts waren es meist Volksschullehrer, die hier an den Lehrgängen teilnahmen. Später kamen auch erfahrene Handwerker, die sich so zum Fachlehrer ausbilden ließen. Heute kann jeder teilnehmen, der Interesse hat.

Tradition, sei es in der Bauweise der Häuser, sei es in der Haltung zu Musik und Tanz, hat in Schweden einen ganz anderen Stellenwert als in

Deutschland. Noch heute findet man im ganzen Land in den kleinsten Orten einen »Hembygdsgård«. Auch diese oft winzigen Heimatmuseen sind dem gleichen Gedankengut entsprossen wie Nääs. Und wer sich sein Sommerhäuschen originalgetreu herrichten will, der kann sich hier im Byggnadsvård, einem Institut für Denkmalspflege, das in dem alten Seminargebäude Kallnääs eingerichtet ist, Rat holen. Otto Salomons Nachfolger setzte die Arbeit fort, brachte aber keine neuen Ideen ein, und so ließ das Interesse an der Slöjd-Schule nach. 1966 wurden die letzten Slöjd-Lehrer hier ausgebildet. Die Gebäude verfielen, aber Nääs als pädagogisches und kulturhistorisches Milieu blieb erhalten und ist auch heute noch, wenn auch in weitaus geringerem Maß, attraktiv für Besucher aus aller Welt.

Heute wie vor hundert Jahren sitzen die Seminarteilnehmer in der Sonne und arbeiten konzentriert an ihren Werkstücken.

Wir kommen am späten Nachmittag, das große Gelände mit den alten und schön verzierten Holzhäusern liegt ruhig und verlassen da. In den Werkstätten aber sitzen immer noch Menschen mit Lederschürzen, die an ihren Holzstücken arbeiten und dabei fröhlich plaudern. Der Empfang ist herzlich, die Stimmung gelassen und harmonisch.

Am nächsten Morgen werden wir von Flötenklängen geweckt, auf der gegenüberliegenden Seite wird am Lekhus, am großen Veranstaltungshaus, die schwedische Fahne gehisst. Hier versammeln sich die Seminarteilnehmer in der noch kühlen Morgensonne, es gibt einen Kurzvortrag über traditionelle Tänze, und wir machen uns auf zu einer Führung durch Seminar- und Schlossgebiet.

Vom Seminargebäude sind es nur wenige Meter zwischen den Buchen hindurch bis zur Badestelle am See Sävelången.

Unsere Führerin heißt Marie und ist mit einer altmodischen Schürze bekleidet, die die Frauen um die Jahrhundertwende bei ihrer Arbeit trugen. Sie erzählt sehr lebendig von der Zeit vor hundert Jahren. Unter ihren Zuhörern sind zwei ältere Damen, die selbst als Slöjd-Lehrerinnen gearbeitet haben und mit Erinnerungen an diese Arbeit zur Führung beitragen. »Man begann mit kleinen Dingen wie Pflanzhölzern, mit der Zeit wurden die Arbeiten aber immer komplizierter. Immer aber waren es Gebrauchsgegenstände und keine Luxusartikel«, berichtet Marie, als sie uns die Werkstatt zeigt. Und sie bedauert, dass damals zwar die Frau-

en lernten, mit Holz zu arbeiten, die Männer aber nicht im Kochen und Nähen unterrichtet wurden.
Im alten Schlafraum mit den einfachen, aber schönen Möbeln hängen Fotos, die ein bisschen von der Nääs-Atmosphäre vermitteln. Da bis 1921 Volksschullehrerinnen nur unterrichten durften, solange sie ledig waren, kamen hier verheiratete Männer und unverheiratete Frauen zusammen. »Das war wohl nicht immer unproblematisch«, lächelt Marie. Die Stimmung beschreibt sie als »royalistisch und national gesinnt, aber zugleich weltoffen«. Die soziale Herkunft sollte keine Rolle spielen, auch Bauern sollten in der schwedischen Slöjdvereinigung mitmachen. »Die Leute kamen aus Japan, aus Südamerika, aus Australien«, beschreibt Marie die internationale Begegnung in Südschweden.
Sie führt uns abschließend zum Vänhem, dem mit seinen geschnitzten Holzgiebeln schönsten Haus auf dem Gelände. Es war ursprünglich das Sommerhaus der Familie Abrahamsson bei Göteborg und wurde 1873/74 nach Nääs versetzt. Hier gibt eine kleine, aber feine Ausstellung einen Einblick in die Geschichte der Schule. Diese gehört heute der August-Abrahamssons-Stiftung, die seit 1901 eine staatliche Stiftung ist. Für Otto Salomon war nicht allein der Unterricht entscheidend, auch Bewegung und Spaß spielten eine große Rolle in seinem Konzept. Für Unterhaltung war immer gesorgt. Es gab ein Badehaus am See, es gab Schwimmkurse, und dann war da noch das Lekhus, das große Spielhaus, in dem wir abends an einem Tanzkurs teilnehmen dürfen. Zunächst beobachten wir zwei junge Männer, die mit ihrer blonden Tangolehrerin elegante Runden drehen, dann beginnt der Kurs »gammal dans«. Von den Seminarteilnehmern sind viele gekommen, Alte wie Junge, um die traditionellen Volkstänze zu lernen. Angeleitet von einem älteren Ehepaar tanzen sie sich auf den Holzdielen des Versammlungshauses warm und haben viel Spaß an den pantomimischen Gesten und Grimassen, die zu manchen der Tänze dazugehören. Auf der großen Wiese vor dem Lekhus kühlt man sich dann in der Pause ab und genießt die Abendsonne. Hier wird im Juni großer Trubel herrschen: das Mittsommernachtsfest auf Nääs ist eine große Angelegenheit, die Feierlichkeiten mit bis zu

zehntausend Besuchern werden im Fernsehen übertragen, und die Tänzer bereiten sich schon auf ihre Vorführungen vor.
Nachdem wir in der ersten Nacht in Björkenääs übernachtet haben, dem Haus, in dem Otto Salomon gelebt hat und das der Sommerresidenz des russischen Zaren nachempfunden ist, dürfen wir uns in der zweiten Nacht als Schlossbewohner geadelt fühlen. Wir schlafen im Seitenflügel des Schlosses, in dem Raum, in dem Selma Lagerlöf so oft gewohnt hat. Er ist klein, aber besonders gemütlich eingerichtet. Hier in diesem Gebäude finden wir eine Art winzige Jugendherberge vor, wie es sie in Schweden so oft gibt: vergleichsweise billig, spartanisch, aber gemütlich. Der zweite Schlossflügel uns gegenüber aber hat schon bessere Tage gesehen.
Das Schloss selbst, ein symmetrischer Kasten mit einer riesigen Treppe davor, beherbergt Schwedens am besten konserviertes Interieur aus dem 19. Jahrhundert. Marie, die uns auch hier durch die Räume leitet, entschuldigt sich zwar für eine moderne Lampe, doch im übrigen sei alles so eingerichtet wie zur Zeit August Abrahamssons und Otto Salomons. Bei seinem Tod bestimmte der Onkel, dass sein ganzes Eigentum an die August-Abrahamssons-Stiftung gehen sollte, die bis heute Betreiber der Schule ist. Von ihm wird erzählt, er habe angekündigt, nach hundert Jahren wieder zu kommen, und deshalb sollte die Einrichtung nicht verändert werden. Alles ist -neo: Neo-Renaissance, Neo-Rokoko, Neo-Barock, Neo-Klassizismus. Die Teppiche sind maschinengewebt und die Gläser maschinengearbeitet, nicht weil das zu der damaligen Zeit billiger war, sondern weil das etwas Besonderes, Modernes war. »Alles ist so geblieben, wie es war, und so wird er das Schloss auch trotz der Ikea-Lampe wieder erkennen«, meint Marie spitzbübisch.
Die Umgebung des Schlosses aber sah früher völlig anders aus. Es würde einfach zu viel Geld kosten, den Park wieder herzurichten, hatte uns am Tag zuvor die Antiquarin Gunilla Hallset gesagt. Zu Selma Lagerlöfs Zeiten nannte man einen Park, wie er auf Nääs eingerichtet war, einen »tysk park«, einen deutschen Park. Dieser entspricht im Großen und Ganzen unserem französischen Garten. Heute gleicht das 1480 Hektar

große Anwesen eher einem englischen Garten. Ein Teil ist verpachtet, so zum Beispiel an eine Reitschule. »In etwa zehn Jahren, so hoffen wir, soll alles wieder so aussehen wie zu August Abrahamssons Zeiten«, sagt Gunilla Hallset.

Selma Lagerlöf und ihre Freundin Sophie Elkan verbrachten hier auf Nääs, im Südflügel des Schlosses wie auch in dem gegenüberliegenden Schulbereich, herrliche Sommerwochen mit anregenden Gesprächen. »Natur und Kunst, Luxus und Gemütlichkeit«, so beschreibt es Sophie Elkan in einem Brief, und dazu eine pädagogische Atmosphäre, die der Lehrerin Selma Lagerlöf perfekt erscheint. So ist ihr das Kapitel »Ein großer Herrenhof« zu einer Huldigung geraten, ein Denkmal für Otto Salomon und seine Slöjd-Schule.

Praktische Hinweise

Information: August Abrahamsons stiftelse, 44892 Floda, Nääs slott, Tel: (0)302/31839, Fax: (0)302/30444, **Turistbyrå,** Tel: (0)302/31225, www.naas.se, **Schlossführungen** Mai–Mitte Juni und Mitte August–Mitte Sept. am Wochenende, Mitte Juni–Mitte August tägl., Eintritt 50 SEK, Kinder (8–16) 20 SEK. **Ausstellung** im Haus Vänhem Mai–Mitte Sept. Mo–Fr 11–18 Uhr, Sa, So 12–17 Uhr, von hier auch Führungen durch das Seminargelände.

Anfahrt: Nääs liegt an der E 20 in Lerums kommun, 30 km östlich von Göteborg.

Essen und Einkaufen: Restaurant und Kunsthandwerk auf der Schlossseite.

Tipps: Am schönsten ist Nääs, wenn man sich unter die Teilnehmer mischt, Fragen stellt und vielleicht sogar bei Veranstaltungen mitmacht.

Übernachten kann man entweder wie Selma Lagerlöf in den Seitenflügeln des Schlosses (etwas teurer) oder auf der anderen Seite in den Seminarhäusern Björkenääs oder Vänhem. Für Forscher gibt es eine internationale **Bibliothek zum Thema Slöjd.** Man kann auf Nääs sehr stilvoll **heiraten.** Beim **Byggnadsvård Nääs,** Nääs Slott, 44892 Floda, Tel: (0)302/520530, Fax: (0)302/36364, www.bvn.nu, holt man sich Rat, wenn man traditionell bauen und Gebäude bewahren möchte.

Die Rückkehr nach Vemmenhög

Während die Wildgänse den südlichen Teil Schwedens überfliegen, fragen die jungen Gänschen immer nach, wie es wohl im Ausland aussehe. Erst, als die Schar Schonen erreicht hat, zeigt ihnen Akka die verschiedenen Facetten des Landes: *So sieht es im Ausland aus, von der Küste der Ostsee bis hinunter zu den hohen Bergen, und weiter als bis zu diesen sind wir nie gereist.*

Es ist, als möchte sie Nils zeigen, dass es nicht nötig sei, ins Ausland zu reisen, wenn man in Schonen zu Hause sei, doch dieser ist längst schon von Heimweh gepackt. Als die Gänse bei der Skuruper Kirche weiden, schlägt Akka daher vor, einen kurzen Besuch in Vemmenhög zu machen. Und wie wenn es um einen Abschied für immer ginge, gibt sie ihm noch einen Wunsch mit auf seinen künftigen Weg:

»Wenn du etwas Gutes gelernt hast, Däumling, dann bist du vielleicht jetzt nicht mehr der Ansicht, dass die Menschen allein auf der Welt herrschen sollten. Bedenke, ihr habt ein großes Land für euch, und deshalb könnt ihr uns recht gut ein paar Schären und einige sumpfige Seen und Moore sowie einige öde Felsen und abgelegene Wälder überlassen, wo wir armen Tiere in Frieden leben könnten. Solange ich lebe, bin ich nun beständig verfolgt und gejagt worden. Es wäre eine Wohltat, wenn sich für solche Geschöpfe, wie wir sind, auch irgendwo eine richtige Freistatt fände.«

Nils kann nicht glauben, dass er jemals so viel Macht und Ansehen bei den Menschen haben könne, dass er in dieser Sache helfen kann, und

An der Südküste von Schonen verlassen die Wildgänse Schweden, um über die Ostsee nach Süden zu fliegen.

betrübt sieht er sich alleine auf dem Hof um. Die Kuh Majros ist die Erste, die er begrüßt, und sie findet, dass er sich sehr zu seinem Vorteil verändert hat. Doch sie muss ihm berichten, dass auf dem Hof großes Unglück herrscht: das neue, teure Pferd lahmt, die anderen Kühe mussten verkauft werden, die Eltern grämen sich, weil sie denken, dass ihr eigener Sohn ihnen den Gänserich gestohlen hat, und sie stehen kurz davor, den Hof verkaufen zu müssen.
Das neue Pferd erzählt dem Jungen aber, dass es nur etwas Spitzes in den Fuß bekommen hat, was der Tierarzt nicht entdecken kann. So ritzt er in den Huf die Worte *»Nimm das Eisen ab!«*, sodass der Vater die Ursache des Lahmens entdecken kann. Währenddessen kommen das Gänsemädchen Åsa und dessen Vater, um den Eltern zu erzählen, dass Nils ihnen während ihrer Reise mehrere Male sehr geholfen habe und dass sie ihrerseits ihnen jetzt gerne helfen würden. Dies macht die Eltern wieder froher, denn all die Monate hatte sie der Gedanke niedergedrückt, ihr Sohn sei ein Taugenichts.

Doch auch der Gänserich Martin hat Lust bekommen, Daunenfein und den jungen Gänschen sein altes Zuhause zu zeigen. Dabei werden sie von Nils Holgerssons Mutter gefangen und sollen geschlachtet werden. Nils möchte seine Reisegefährten gerne retten, kann sich aber zunächst nicht dazu entschließen, sich vor seinen Eltern in seiner jetzigen Gestalt sehen zu lassen. Schließlich aber klopft er an die Tür und ruft: *»Mutter, du darfst der Gans nichts tun!«* Und zu seiner großen Überraschung verwandelt er sich genau in diesem Moment wieder in einen Menschen und kann zu seinen Eltern zurückkehren.

Am nächsten Morgen wandert er zum Strand, denn er sehnt sich nach den Wildgänsen. Als er aber auf seine Schar trifft, muss er enttäuscht feststellen, dass sie nicht mehr die gleiche Sprache sprechen, und so nehmen sie voneinander Abschied.

Aber die Schar zog in regelmäßiger, schöner Ordnung mit starken und kräftigen Flügelschlägen übers Meer. Da ergriff den Jungen eine schmerzliche Sehnsucht nach den Davonziehenden, und es hätte nicht viel gefehlt, so hätte er sich gewünscht, wieder der Däumling zu sein, um mit einer Schar Wildgänse über Land und Meer hinfliegen zu können.

REGISTER

Nils Holgerssons Reise mit den Gänsen
Nils als Gefangener der Krähen
Nils Flug mit dem Adler Gorgo
S. 175
Seitenzahl des Kapitelanfangs
Staatsgrenze
Landschaftsgrenze
0
100 km
68°
68°
66°
66°
Polarkreis
Torneträsk
Kebnekaise
2111
Kiruna
S. 218
Stora
Sjöfallet
Malmberget
Gällivare
S. 209
Pajala
NORWEGEN
Jokkmokk
Lappland
Norbotten
Arjeplog
Haparanda
Kalix
Boden
Gammelstad
S. 201
Luleå